"十三五"江苏省高等学校重点教材(编号:2017-2-039)
高等职业教育旅游与酒店管理类专业"十三五"规划系列教材

旅 游 概 论

主 编 李 芸 董广智
副主编 赵金霞
参 编 徐卫萍 董长云

东南大学出版社
SOUTHEAST UNIVERSITY PRESS
·南京·

内 容 简 介

本教材以"教学做创合一"职业教育理念为指导思想,按照学习者的认知规律和旅游行业的实际运营规律,将内容架构为 10 个项目、35 个模块。设计了项目导读、引导案例、教学互动、相关链接、同步案例、项目检测和拓展阅读等栏目,介绍旅游专业知识,贴近旅游企业经营管理实际,符合学生学习规律。情景案例新颖别致,务实并具有创新性。实现了学习理论知识、完成实践任务、创新研究设计的同步或交替进行。教材内容丰富,结构清晰,条理性强,具有前沿性、实用性、创新性,是一部适应现代旅游人才培养需要的项目化新型教材。

本教材主要适用于高等职业院校旅游管理、酒店管理、旅行社经营管理、导游、餐饮管理等旅游专业教学,也可作为旅游企业从业人员岗位培训用书,以及国家导游员职业资格证书考试培训参考教材。

图书在版编目(CIP)数据

旅游概论/李芸,董广智主编. —南京:东南大学出版社,2018.6
 ISBN 978-7-5641-7803-1

Ⅰ.①旅… Ⅱ.①李… ②董… Ⅲ.①旅游—高等职业教育—教材 Ⅳ.①F590

中国版本图书馆 CIP 数据核字(2018)第 122995 号

旅游概论

出版发行	东南大学出版社
社　　址	南京市四牌楼 2 号　邮　编　210096
出 版 人	江建中
网　　址	http://www.seupress.com
电子邮箱	press@seupress.com
经　　销	全国各地新华书店
印　　刷	兴化印刷有限责任公司
开　　本	787 mm×1 092 mm　1/16
印　　张	16.5
字　　数	395 千字
版印次	2018 年 6 月第 1 版　2018 年 6 月第 1 次印刷
书　　号	ISBN 978-7-5641-7803-1
定　　价	38.00 元

本社图书若有印装质量问题,请直接与营销部联系。电话(传真):025-83791830。

前　言

本书是"十三五"江苏省高等学校重点教材，适用于高等职业院校旅游管理、酒店管理、旅行社经营管理、导游、餐饮管理等旅游类专业教学。

随着世界旅游业的持续发展，旅游业成为全球经济中最大和增长最快的行业，成为创造就业、出口创汇以及推动基础设施建设的重要驱动力。在中国，旅游业对经济和就业的综合贡献率均已超过10%。中国政府高度重视发展旅游业，将旅游业确定为国民经济的战略性支柱产业。旅游业高速发展，对旅游专业人才的需求日益迫切。

本书体现了现代职业教育新理念，贯彻了高职教育改革发展新要求，反映了旅游行业最新动态和发展趋势，是一部适应现代旅游人才培养需要的，具有前沿性、实用性、创新性的项目化新型教材。

本书具有以下特色与创新之处：

第一，理念创新。本书以"教学做创合一"职业教育理念为指导思想，以技能型高级旅游人才培养的实际需要为编写依据，培养学生的旅游宏观认知、学以致用的意识、职业意识和创新创业能力。本书着重解决已有《旅游概论》教材中存在的重理论轻实践、缺乏就业导向、忽视旅游业新动态等偏颇，拓展课程功能，提高教学效果。

第二，内容创新。摈弃一些与实际脱节的抽象理论，吸纳旅游+、全域旅游、"一带一路"旅游先行、旅游"双创"、旅游厕所革命、旅游外交等国家旅游发展战略，以及旅游O2O、旅游特色小镇、民宿发展、邮轮旅游、研学旅游、休闲农业、养生旅游等旅游新业态等内容，培养学生前瞻意识、创新思维。教材中的许多案例、实训项目来自于行业、企业的真实工作，具有很强的即时性、实战性。本书首创引入了"旅游职业"项目，在学生掌握旅游职业分析、旅游职业素质、旅游职业规划相关理论的基础上，开展旅游职业生涯规划设计实训。

第三，体系创新。作为高等职业教育的教材，其目的不仅让学生掌握旅游基础理论，更要培养学生的职业能力和职业素养，养成学以致用的意识。本书设计了项目导读、引导案例、教学互动、相关链接、同步案例、项目检测和实训等环节，实现学习理论知识、完成实践任务、创新研究设计的同步或交替进行。

第四，概论具体化。《旅游概论》涉及大量专业术语和基础理论。按照一般的概论性教材写法，多从学理上探讨各种基本概念，综合各家之言，得出相对公允的结论。按照"理论够用"的高职人才培养原则，过多的理论研讨违背了高职教育理念，也不利于激发学生的学习兴趣。本书淡化了理论的系统性，引入了旅游发展新情况、新实践，设置互动、分析、实践等教学环节，旨在引导学生从旅游现象的分析中得出一般理论，或运用理论分析解决实际问题，这样既便于学生理解抽象理论，又能培养学生"从具体到一般，从抽象到具体"的辩证思维能力和学以致用的能力。

第五，资源数字化。本书与超星泛雅合作，建立《旅游概论》网络开放课程，以"用户普适、内容全面、形式丰富、使用便捷"为基本原则,构建融"学生自主学习＋教师个性化教研＋企业员工培训＋社会终身学习"等功能为一体的开放服务平台,实现教学资源共享,极大地方便教师个性化课程建设、组织教学,支持学生个性化学习需求以及社会人员终身学习。同时,制作了配套的数字化教学辅助资源包,内含课程标准、电子教案、电子课件、习题集、试题库、实训指导书、教学视频、真实案例以及案例分析、教学互动、项目检测的参考答案等教学资源,构成和谐的立体化教材体系。

  本书由扬州职业大学"旅游概论"教学团队编写,由李芸教授、董广智副教授共同主编。教材编写的分工情况是:李芸教授编写了项目二、项目三,董广智副教授编写了项目四、项目十,赵金霞副教授编写了项目七、项目八,徐卫萍副教授编写了项目一、项目五,董长云副教授编写了项目六、项目九。董广智负责统稿,在统稿过程中,增写了许多新案例、新知识。

  本书吸纳了教学团队长期的教学实践成果。高水平的编写队伍是教材质量的根本保障。主编李芸教授是江苏省高等职业教育高水平骨干专业——旅游管理专业、江苏省"十三五"高等学校重点专业——旅游管理及在线运营专业群建设的负责人;第二主编董广智副教授是江苏省"十二五"高等学校特色专业——旅游管理专业、江苏省"前店后院"式旅行社人才培养创新实验基地建设的负责人,扬州九州行国际旅行社副总经理。

  编写工作得到了扬州市导游协会、扬州瘦西湖发展公司、扬州创新导游服务公司、扬州九州行国际旅行社等单位的大力支持。项目组聘请了江苏瘦西湖发展公司总经理、全国五一劳动奖章获得者、全国文明导游徐顺美和扬州市导游协会副会长、扬州创新导游服务公司总经理王荣担任特别顾问,他们为教材提供了行业案例和实训项目,提出了很多有益的建议。江苏省旅游学会会长、南京师范大学黄震方教授和南京旅游职业学院院长周春林教授担任项目审定专家,给予了本书积极评价。东南大学出版社张丽萍老师为本书申报"十三五"江苏省重点教材提供了许多帮助,并为本书编写提出了合理化建议。在此,我们对所有支持、帮助本书编写的专家、领导、老师表示衷心感谢。

  最后,我们衷心期待使用本教材的广大老师、学生提出宝贵建议,使本书在未来修订中臻于完善。联系方式:董广智,电话13921900058,邮箱1084858639@qq.com。

目　录

项目一　旅游的产生和发展 ………………………………………………… 1
　　模块一　古代旅行的产生 ………………………………………………… 1
　　模块二　近代旅游活动兴起与旅游业开端 ……………………………… 6
　　模块三　现代旅游活动和旅游业快速发展 ……………………………… 11

项目二　旅游活动 …………………………………………………………… 17
　　模块一　旅游活动概述 …………………………………………………… 17
　　模块二　旅游活动的本质和特点 ………………………………………… 24
　　模块三　旅游活动的类型 ………………………………………………… 31

项目三　旅游者 ……………………………………………………………… 47
　　模块一　旅游者概述 ……………………………………………………… 47
　　模块二　旅游者的类型 …………………………………………………… 54
　　模块三　旅游者的权利和义务 …………………………………………… 58

项目四　旅游资源 …………………………………………………………… 66
　　模块一　旅游资源概述 …………………………………………………… 66
　　模块二　旅游资源调查与评价 …………………………………………… 76
　　模块三　旅游资源开发与保护 …………………………………………… 86

项目五　旅游业 ……………………………………………………………… 98
　　模块一　旅游业概述 ……………………………………………………… 98
　　模块二　旅行社 …………………………………………………………… 101
　　模块三　旅游饭店 ………………………………………………………… 109
　　模块四　旅游交通 ………………………………………………………… 115
　　模块五　旅游景区 ………………………………………………………… 121
　　模块六　旅游商品 ………………………………………………………… 126
　　模块七　旅游娱乐 ………………………………………………………… 130
　　模块八　旅游产品 ………………………………………………………… 132

项目六　旅游市场 …………………………………………………………… 139
　　模块一　旅游市场概述 …………………………………………………… 139

模块二　国际旅游市场概况 ………………………………………………… 144
　　模块三　我国旅游市场概况 ………………………………………………… 151

项目七　旅游管理 ……………………………………………………………… 160
　　模块一　旅游管理体制 ……………………………………………………… 160
　　模块二　旅游行业组织 ……………………………………………………… 170
　　模块三　旅游行业管理的内容与方法 ……………………………………… 182

项目八　旅游影响 ……………………………………………………………… 191
　　模块一　旅游的经济影响 …………………………………………………… 191
　　模块二　旅游的社会文化影响 ……………………………………………… 198
　　模块三　旅游的环境影响 …………………………………………………… 203

项目九　旅游业发展趋势 ……………………………………………………… 210
　　模块一　世界旅游业发展趋势 ……………………………………………… 210
　　模块二　中国旅游业发展趋势 ……………………………………………… 214
　　模块三　旅游业可持续发展 ………………………………………………… 218

项目十　旅游职业 ……………………………………………………………… 226
　　模块一　旅游职业分析 ……………………………………………………… 226
　　模块二　旅游职业素质培养 ………………………………………………… 234
　　模块三　旅游职业生涯规划 ………………………………………………… 243

参考文献 ………………………………………………………………………… 255

项目一　旅游的产生和发展

学习目标

- 了解旅游活动的发展简史
- 理解古代旅行活动的特征、近代旅游的产生背景、现代旅游的特点
- 掌握现代旅游及旅游业的发展规律

项目导读

旅游的产生和发展不是偶然的,旅游是社会、经济、文化发展到一定阶段的产物,并随着人类历史的演变而不断发展变化。纵观世界旅游发展的历史,旅游活动从早期人类的迁徙活动开始萌发,经历了古代旅行、近代旅游和现代旅游三个发展阶段,发展成为人类重要的生活方式之一。

模块一　古代旅行的产生

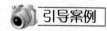引导案例

"华商始祖"——王亥

夏朝时,商丘为诸侯国商部落之所在。商部落第七代首领名叫王亥(公元前1854—公元前1803年),是个英明能干的首领,把商部落治理得欣欣向荣。商部落经济发达,货物充足,王亥发明了牛车并驯牛拉车,亲自率队用牛车拉着货物,到其他部落去进行以物易物的贸易,深受欢迎。由于他们来自商部落,人们就称他们为"商人"。而王亥,自然也就成为"华商的始祖"。这就是"商人"一词的由来。后来商取夏而代之,王亥和他肇始的商业活动功不可没。

思考:王亥早期活动的主要目的是什么?王亥的活动跟旅行有什么关系?

一、原始社会人类迁徙活动

(一)原始社会早期的人类迁徙活动

原始社会早期生产力水平极其低下,原始人类主要使用简陋的生产工具,靠渔猎采集为生。人类的生存无时不处于饥饿以及自然灾害侵袭的威胁之中。

到了新石器时代,随着磨制石器的出现,生产效率开始有了较大的提高。这一时期,原始饲养业和原始农业开始出现,并导致人类历史上第一次社会分工的出现。这一时期,尽

管人类还发明了制陶术和弓箭,但所有这些进步的出现,都未能有效改变当时社会生产的落后面貌。人们的劳动所获,除了供自己食用之外,几乎没有剩余。同时,人们社会活动的范围基本上只限于自己所属的氏族部落内。这些事实表明,由于物质基础的缺乏和社会生活范围的制约,截至新石器时代中期,人类并不存在有意识地自愿外出旅行的需要。

虽然原始人群也有从一个地方到另外一个地方的迁徙活动,但主要是由他们求取生存的需要所决定的。首先,当时人类的迁徙活动具有一定的被迫性,或者迫于某些自然因素,如气候变化、重大天灾等因素对人类生存环境的影响;或者迫于特定人为因素,如战争的威胁。其次,原始人类的迁徙活动还具有求生性的特点,是为了逃荒、避难或移民,而不是发自内心的自愿、主动行为。

所以,迁徙活动本身并不符合现代旅行的概念。但在客观上迁徙与旅行却有共同的外部特征,那就是空间转移。所不同的是,迁徙是早期人类为了生存而被动适应自然环境的一种自然行为,旅行则是人类社会进化到一定阶段,具有明确目的意识的一种自由行为。

综上所述,我们可知:在原始社会早期,由于社会经济条件的限制,人们客观上不具备能借以开展旅行活动的物质基础,主观上也不存在外出旅行的愿望。虽然当时存在原始人类的迁徙活动,但这些活动具有被迫性和求生性的特点,他们不属于真正意义上的旅行,更不是今天的旅游活动。

(二)人类旅行需要的产生

原始社会末期,随着社会分工范围的不断扩大,社会生产效率大大提高,劳动剩余产品的数量也在不断增多,产品交换的规模以及所涉及的地域范围也在不断扩大,特别是手工业,其从事生产的直接目的是用于交换。随着产品交换的发展,到了原始社会瓦解和奴隶社会开始形成之际,出现了专门从事贸易的商人,商业随之诞生。为了实现产品交换,人们需要了解其他地方的产品生产和市场需求情况,前往其他地区去交换产品。商业的发展催生了古代旅行的出现。

因此,人类最初的旅行活动是一种现实主义的交换活动,是一种经济活动。联合国世界旅游组织报告中指出:"在最初的年代中,主要是商人开创了旅行的通路。"

教学互动1-1

问题:原始社会的迁徙活动和原始社会末期的旅行活动能不能算旅游活动?为什么?

二、古代旅行活动

(一)奴隶社会时期的旅行

1. 欧洲旅行活动的发展

(1) 古罗马旅行活动的发展

古罗马时代(公元前8世纪至公元5世纪)是世界古代旅行的全盛时期。在古罗马帝国强盛时期,其疆域空前广大,北部边界深入到现在欧洲的英格兰、德国、奥地利、匈牙利、罗马尼亚等地,东部边界达到西亚的幼发拉底河,南部包括了非洲的埃及和苏丹北部,西部边界濒临大西洋。随着罗马帝国大规模侵略扩张活动的停止,国内社会秩序相对稳定,社会经济在原有基础上进一步发展。在生产技术、建筑领域、矿山开采、手工业、农业等方面都取得了长足进步。航海技术也取得了巨大进步,这就使得地中海变成了罗马帝国的"内湖",海上运输十分发达。

罗马帝国为了加强其统治,修建了以罗马为中心,通向四面八方的大道。据史料记载,罗马人共筑硬面公路8万公里。这些大道促进了帝国内部与外部的贸易交流以及文化交流。据说,当时从意大利半岛乃至欧洲的任何一条大道开始旅行,只要不停地走,最终都能抵达罗马。这就是"条条大路通罗马"这句话的最初含义。虽然这些道路网络的兴建是出于政治和军事目的,但客观上也为人们沿路旅行提供了很大方便。另外,罗马帝国政府还在这些道路沿途每隔8~10公里设立一座驿站,起初是供政府公务人员中途休息,后来也接待民间旅客。随着过往旅行者人数的增多,许多私人也沿途开设旅店。这些住宿设施为旅行者带来便利,推动了旅行活动的发展。

古罗马帝国繁荣的社会经济使得古罗马的旅行活动达到古代世界的最高峰。海上运输十分通畅,大宗贩运的货物有粮食、酒、油、陶器等日用品。此外,还有各地生产的奢侈品,如非洲的象牙、东方的香料和丝绸、北欧的琥珀等。这一时期,奴隶主贵族、商人、学者、宗教人士的旅行已经十分频繁。

公元5世纪后,随着古罗马帝国衰亡和社会秩序的动荡,旅行活动发展进入低谷。

相关链接 1-1

航海经商民族——腓尼基人

腓尼基人是历史上一个古老的民族,自称为闪美特人,又称闪族人,生活在今天地中海东岸,相当于今天的黎巴嫩和叙利亚沿海一带,他们曾经建立过一个高度文明的古代国家。公元前10世纪至公元前8世纪是腓尼基城邦的繁荣时期。腓尼基人是古代世界最著名的航海家和商人,他们驾驶着狭长的船只踏遍地中海的每一个角落,地中海沿岸的每个港口都能见到腓尼基商人的踪影。他们不仅贩卖自己制作的各种精美的手工艺品,如玻璃花瓶、珠宝饰物、金属器皿和武器等等,而且销售来自各个地方的特产,所有货物都汇集到了腓尼基人手里,经他们的手再卖出去。随着商业的发达,腓尼基人在地中海沿岸建立了许多商站或殖民地,这些商站都成了当地经济最繁华的地方,很多商站后来成了著名的商业城市,如今天法国的马赛,有些城市当年还是强大的城邦国家,非洲北部迦太基(今突尼斯境内)是它最大的殖民地。腓尼基人的商业旅行在世界古代旅行中占有极为重要的地位。

(2) 古希腊旅行活动的发展

公元5世纪,古希腊的奴隶制度高度发展,宗教、公务、贸易、考察旅行者络绎不绝。其中,宗教旅行的发展最为突出。古希腊的提洛岛、特尔斐和奥林匹斯山是当时世界著名的宗教圣地。在建有宙斯庙的奥林匹亚村,奥林匹亚赛会是最负盛名的庆典。奥林匹亚赛会既是宗教集会,又是体育盛会。在奥林匹亚村,每年4月都会举行盛大的祭祀宙斯神的活动,节庆期间,还举行赛马、赛车、角斗等体育活动,各类体育竞技活动吸引了大量的参赛者和参观者。这是古代最盛大的体育旅行活动,也是今天奥运会的前身。

2. 中国旅行活动的发展

中国的奴隶社会从公元前21世纪到公元前476年,历经夏、商、西周、春秋四个阶段。商代是中国奴隶社会的鼎盛时期,青铜文化促使生产工具和生产技术进步,社会分工细化,劳动生产率提高,剩余劳动产品不断增多,从而刺激了交换活动的较快发展。商人阶层不断壮大,以贸易经商为主要目的的旅行活动不断发展,使得商代成为我国古代旅行活动的一个活跃时期。这个时期,奴隶主阶层的享乐旅行、士人为宣传主张而周游列国的旅行、各国使节的外交旅行也比较盛行。

(二) 封建社会时期旅行活动的发展

1. 欧洲的旅行活动

封建社会生产力发展缓慢,自给自足的自然经济占据统治地位,商业活动受到压制,社会财富积累缓慢,使中世纪欧洲人的思想受到禁锢,旅行活动也受到影响。特别是从11世纪到14世纪,欧洲出现了无休止的战乱,使得这一时期欧洲旅行活动的发展受到了严重制约,基本上处于停滞状态,甚至还出现了倒退的趋势。值得一提的是,意大利的旅行家马可·波罗因经商随其叔父来到中国,得到忽必烈的赏识。他先后到过新疆、甘肃、浙江、福建等十几个地区,回国以后写下了《马可·波罗游记》。

2. 中国的旅行活动

中国的封建社会具有2 000多年的历史,其间除了分裂和战乱的年代,各统一朝代的社会政治相对比较稳定,生产技术和社会经济较前都有了很大的发展。无论在农业生产技术、水利工程技术方面,还是在手工业、冶炼、纺织、造纸、瓷器生产等方面,都曾领先于当时的西方世界,这些都为当时旅行活动的发展提供了物质基础和社会条件。我国封建社会曾出现过内容各异、形式多样的旅行活动。

(1) 帝王巡游。帝王巡游是指帝王为了显示权威、震慑人民、饱览风景名胜、了解民情、封禅等进行的旅行活动。周穆王、秦始皇、汉武帝、隋炀帝、康熙、乾隆等是帝王巡游的典型代表。据史料记载,秦始皇曾率文武百官五次出巡,周游全国,南到洞庭,北到碣石,东到芝罘、蓬莱。汉武帝七登泰山,六出萧关,北抵崆峒(今甘肃平凉),南达浔阳(今江西九江),许多名山大川都有他的行迹。真正把帝王巡游发展到极致的还是清代的康熙皇帝和乾隆皇帝。他们曾数幸东北,巡西北,曾六下江南,成为千古传颂的佳话。

(2) 士人漫游。士人漫游是指文人墨客以消遣排忧为目的的旅游。士人漫游兴起于先秦、魏晋南北朝时期,由于社会政治动荡引起一些士大夫对现实的不满和失望,他们开始把注意力转向自然,寄情山水。唐宋时期士人漫游达到顶峰。这一时期的代表人物有李白、杜甫、欧阳修、苏轼、陆游等人。苏轼被誉为"千古第一文人",是唐宋时期士人漫游的杰出代表。千百年后,我们沿着他的诗词地图求索,发现他的足迹布满了大江南北,从北至南,从东向西,东坡文化洒满九州大地;平顶山的三苏墓、常州的东坡公园、杭州西湖的苏堤、眉山的三苏祠、惠州的白鹤峰东坡故居、儋州的东坡书院等。

同步案例 1-1

"五岳寻仙不辞远,一生好入名山游"

唐代著名大诗人李白,一生酷爱祖国山水。他26岁开始漫游名山大川,游历长江,泛舟洞庭,畅游襄汉,东上庐山,南下金陵、扬州,远到海边,他先后去过206个州县、80多座名山,能去的中国之地他差不多转了一个遍。在众多名胜古迹中,都留下了李白的名诗佳作,其仙踪遗迹,至今仍是我们欣赏凭吊的古迹胜地。例如,《黄鹤楼送孟浩然之广陵》"故人西辞黄鹤楼,烟花三月下扬州。孤帆远影碧空尽,唯见长江天际流"写了黄鹤楼和扬州。《早发白帝城》"朝辞白帝彩云间,千里江陵一日还。两岸猿声啼不住,轻舟已过万重山"写了长江三峡和白帝城。《望庐山瀑布》"日照香炉生紫烟,遥看瀑布挂前川。飞流直下三千尺,疑是银河落九天"写了庐山。

(资料来源:新浪微博 http://blog.sina.com.cn/s/blog_5eced75b0102w3po.html 编者根据需要改编而成)

讨论: 你所知道的中国古代士人留下了哪些脍炙人口的与名胜古迹相关的诗篇?试列举5首并进行吟诵。

(3)宗教旅行。宗教旅行是以朝觐求佛为主要目的的旅行活动。中国古代的宗教旅行,主要以佛教徒的朝拜、学佛传法为目的。西汉末年,佛教传入中国,至隋唐达到鼎盛。玄奘是我国唐代最著名的僧人旅行家。他于太宗贞观三年(629年)从长安出发,经秦州(今甘肃天水)、兰州、凉州(今甘肃武威)、瓜州(今甘肃安西)出玉门关,沿天山南路西行,经西域16国,前后4年到达天竺(古代印度)。他遍游天竺五部(即东、西、南、北、中印度),尽取佛学要义。他的《大唐西域记》详细记述了玄奘西游路上所经历国家在地理、交通、气候、物产、风俗、文化等方面的情况。鉴真则是另一位具有世界影响力的唐代高僧,日本律宗的创始人。天宝元年(742年),日本派学问僧荣睿和普照等邀他东渡日本授戒传律,他欣然应允。天宝元年至十年(742—751年),鉴真5次东渡,都未获得成功,且因感受暑热,致使双目失明。他东渡日本的决心始终不渝。天宝十二年(753年),他带23人搭乘日本遣唐使的便船第6次东渡,获得成功,受到日本朝野僧俗的盛大欢迎。他把中国的建筑、雕塑、文学、医药、书法、绘画、刺绣等介绍给日本,在中日文化交流史上占有突出地位。

相关链接 1-2

宗教旅行代表——法显

法显本姓龚,平阳武阳(今山西临汾)人,出家后立志将前人传译的戒律搜求完整。法显于晋隆安三年(公元399年)携慧景、道整、慧应等人,从长安出发,西行来到西域的茫茫大沙漠。法显以寻佛经为使命,克服了各种艰险困苦。他们越过大沙漠来到葱岭,山上的积雪常年不化,山路艰险,悬崖峭壁高耸入云。过去曾有人来过这里,凿石通路,修有梯道,共有700多阶。他们抓着悬挂在河两岸的绳索渡过河去。类似的险途有好几十处,都是汉代的张骞、甘英所不曾到过的地方。法显前后共游历30多个国家,后来,他将自己的佛游见闻写成《佛国记》。

(资料来源:百度互动百科 http://www.baike.com/wiki,编者根据需要进行了改编)

(4)公务旅行。公务旅行是指以某种公务为主要目的的旅行,其中最具影响力的人物是西汉的张骞和明代的郑和。西汉时期的张骞通西域,是中国历史上最具代表性的公务旅行。张骞富有开拓和冒险精神,建元二年(公元前139年),奉汉武帝之命,由甘父做向导,率领一百多人出使西域,打通了汉朝通往西域的南北道路,汉武帝以军功封其为博望侯。张骞是丝绸之路的开拓者,被誉为"第一个睁开眼睛看世界的中国人"。他将中原文明传播至西域,又从西域诸国引进了汗血马、葡萄、苜蓿、石榴、胡麻等物种到中原,促进了东西方文明的交流。张骞不畏艰险,两次出使西域,沟通了亚洲内陆交通要道,与西欧诸国正式开始了友好往来,促进了东西经济文化的广泛交流,开拓了从我国甘肃、新疆到今阿富汗、伊朗等地的陆路交通,即著名的"丝绸之路"。

(5) 商旅活动。商旅活动是指经商而往返各地的商业旅行活动。在封建社会时期,中国社会经济发展水平领先于世界。经济的繁荣促进了商业活动的进一步发展,交通条件也不断改善,不仅各地漕运水路四通八达,驿道陆路遍及各地,而且西南各省有栈道,沿海地区有海运,形成了一批举世闻名的"商路",使中国的货品行销五洲,经商旅行在中国封建社会发展历史中扮演了举足轻重的角色。直至今日,部分商路又演变为历史古迹,成为现代旅游的优良资源,其中最著名的有"丝绸之路""海上丝绸之路""茶马古道"等等。

(6) 科学考察旅行。科学考察旅行是指以求知为主要目的的旅行。郦道元、李时珍、徐霞客是这类旅行家中的杰出代表。明代医药学家李时珍为了编写《本草纲目》,他带着学生和儿子建元,脚穿草鞋,身背药篓,翻山越岭,访医采药,足迹遍及河南、河北、江苏、安徽、江西、湖北等广大地区,登临牛首山、摄山(今栖霞山)、茅山、太和山等名山,历时27年,走了上万里路。明代旅行家、地理学家、文学家徐霞客22岁起就在母亲支持下,"周游名山大川,以阔大心胸,增广见闻"。他北抵燕幽,东达粤闽,西入滇南,历时30多年,足迹遍及江苏、浙江、安徽、山东、河北、河南、山西、陕西、福建、江西、湖北、广东、广西、贵州、云南和北京、天津、上海等地。他跋山涉水,风餐露宿,对祖国的锦绣河山、地质矿产、水利资源以及各种生物、植被、洞穴、岩溶进行了详尽的考察研究,并每天坚持写日记,以清新简练的艺术语言记述了旅途见闻和考察心得,被后人编成《徐霞客游记》。

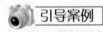

教学互动1-2

问题:封建社会有没有出现旅行活动?为什么?

三、古代旅行活动的特征

古代旅行活动受到当时社会经济条件的制约,有着自身的发展规律和特征:

第一,旅行活动的规模、范围、形式和内容与国家的政治经济状况有着密切的联系。

第二,旅行活动的形式简单,种类较少,以经商旅行和宗教旅行为主,非经济目的的消遣性旅行较少。

第三,参加人数少,主要是统治阶级、富商大贾、宗教人士和一部分文人学士。

第四,出现了为旅行活动服务的驿站、旅店、饭馆等服务行业。

模块二 近代旅游活动兴起与旅游业开端

引导案例

铁路运输诞生了

1814年,英国人斯蒂芬森33岁时,终于造出了第一台蒸汽机车。这台机车有两个汽缸,能牵引30吨货物,时速7千米,可以爬坡。斯蒂芬森的火车大大提高了前人试制的机车的效率,斯蒂芬森所创造出的这种新的陆路运输工具,开创了运输事业的新时代。1825年9

月27日,当斯蒂芬森亲自驾驶着他自己制造的"旅行"号机车,载了450名旅客,以时速24千米从达林顿驶到斯托克顿时,铁路运输事业诞生了。从此,火车终于被世人承认。

（资料来源:360个人图书馆 http://www.360doc.com/content/编者根据需要进行了改编）

思考:斯蒂芬森发明火车对于近代旅游业有何影响？

就整个世界的发展情况来说,到了19世纪初期,旅行在很多方面都已开始具有了今天意义上的旅游的特点,正是因为如此,旅游(TOURISM)一词也于此时开始问世。在19世纪中叶,无论是国内旅游还是国际旅游都有了突破性的发展,这在很大程度上是和产业革命的影响分不开的。

一、产业革命对近代旅游业的影响

产业革命指的是资本主义机器大工业代替工场手工业的过程,是资本主义政治经济发展的必然产物。产业革命最先发生于18世纪60年代的英国,当时的英国,资本主义已经存在,并且成为当时世界上资本主义最发达的国家。到了19世纪30年代末,产业革命在英国基本完成。与此同时,美、法、德、日等国家的产业革命也先后在19世纪内完成。这场产业变革从生产关系的变革入手,最终极大地促进了生产力的发展,提高了生产社会化的程度,通过技术领域的革新影响到人类社会的方方面面,包括旅游的发展。

产业革命对旅行向旅游转化的影响主要体现在以下几个方面:

(一)产业革命推动了交通工具的革新,使远距离旅行成为可能

产业革命最主要的标志之一就是蒸汽机的发明和应用。1769年,詹姆斯·瓦特发明了蒸汽机。作为一种新的动力,蒸汽技术很快被应用到新式交通工具的制造中。1804年,英国人理查·特立德维锡克制造了世界上第一台蒸汽机车。1807年,美国人罗伯特·富尔顿发明了第一种现代水上交通运输工具——蒸汽机船。1814年,英国人斯蒂芬森创造出了世界上第一台能在铁轨上行驶的蒸汽机车。

无论是火车还是汽船,其动力都远非过去的马车和舟楫可比,一次性运输能力得到了极大的提高,而且其速度也比传统的运输方式要快很多,因此,过去对于人们来说很远的距离,在火车与汽船应用之后,从旅行所用的时间上来看,都不再那么遥远了,这两点,当然都极大提高了大规模、远距离旅游得以开展的可行性。另一方面,由于新的交通运输方式可以实现大规模的运输,运输所需的人均成本大为降低,这在经济的角度上也为旅游活动的开展提供了便利。

据资料统计,1802年,伦敦只有2万人乘坐帆船去旅游胜地马盖特观光,而汽船应用之后,旅游者的数量大幅增加,1830年就上升为约10万旅客。由此可见,现代化的交通运输技术给旅游发展带来的巨大影响。

(二)产业革命加速了城市化进程,人们的旅游欲望被激发出来

产业革命使得人们的工作和生活中心从农村转移到城市,大批农村人口涌进城市,使得人们的生存空间日益缩小,节奏紧张的城市生活和嘈杂拥挤的城市环境导致人们产生了回归自然的需求,从而产生强烈的旅游动机。

(三)产业革命带来阶级关系的新变化,使旅游的阶层迅速扩大

产业革命带来了阶级关系的新变化,促进了社会财富总量的大幅度增长,并使其分配呈现新的形态。工业革命造就了资产阶级,也促成了工人阶级的产生,工人阶级为了争取自己的权益不断斗争,使得工资待遇增加,带薪假期延长。有条件外出旅游消遣的人数有了明显增加,这就使得参加旅游活动的人员结构发生了变化。

教学互动 1-3

小组讨论:为什么说产业革命直接推动了近代旅游业的诞生?

二、托马斯·库克与近代旅游业的诞生

产业革命带来了社会经济的繁荣,并且随着交通运输能力的增加,更多的人外出旅游成为可能。但当时的绝大多数人缺乏旅行的经验,人们对异国他乡的情况并不了解,不知道如何办理旅行手续,语言和货币方面也存在障碍,这些都限制了旅游活动的广泛开展。人们迫切需要一种专门的中介行业来帮助他们解决出游过程中存在的一系列问题。英国人托马斯·库克敏锐地抓住了这个机会,正是他所做的诸多开创性的工作,使他成为近代旅游业的奠基人,并开创了人类旅游活动的全新时代。

相关链接 1-3

托马斯·库克与禁酒运动

托马斯·库克(Thomas Cook),近代旅游业的先驱者,也是第一个组织团队旅游的人,1808年11月22日出生于英格兰墨尔本,自幼家境贫寒,3岁丧父,母亲改嫁。迫于生计,托马斯·库克10岁时不得不辍学从业。先在一家蔬菜花木店当帮工,每周的工钱仅为6个便士。结果店主嗜酒如命,在一次饮酒过量以后就猝死了。以后他又跟着姑父学木工,姑父也是暴饮之徒,后来也因为酒精中毒而死亡。这两件事情使托马斯·库克对饮酒十分痛恨。托马斯·库克17岁时进入拉特兰浸礼教会做诵经人,1826年成为一名传教士,云游四方,散发浸礼教会的小册子,宣传教义。这使得托马斯·库克游历了英格兰的许多地方,对旅游产生兴趣。另外,出于宗教信仰的原因,他后来成为一位积极的禁酒工作者。

(一)1841年的创举

1841年7月5日,托马斯·库克采用包租火车的方式,组织570人从莱斯特前往洛赫伯勒参加禁酒大会。托马斯·库克精心组织和策划了这次活动,并亲自担任全陪。这是世界上第一次集体包租火车的旅行,也是托马斯·库克发展旅游业的起点。这次活动举办成功,被公认为是近代旅游及旅游业的开端。

这次活动使得托马斯·库克名声大噪。在此后的三年中,托马斯·库克每年都应邀为一些公司或社团策划和组织团体旅游活动,甚至连英国王室有时也邀请托马斯·库克帮助安排度假计划。不过,托马斯·库克所做的这一切都是自己尽义务的"业余活动"。正是通过这些活动的组织,丰富了托马斯·库克组织团体旅游的工作经验,从中他也清楚地认识到,人们外出旅游的需求已经成熟,借助这一市场开展商业性经营的机会已经到来。

(二)1845年的商业活动

1845年,托马斯·库克旅行社正式成立,总部设在莱斯特。当年8月,托马斯·库克又成功组织了350名游客从莱斯特出发前往利物浦参加为期一周的团体旅游活动,并为这次出行亲自编写《利物浦之行手册》。在整个旅游活动中,托马斯·库克担任全程陪同并在沿

途聘请了导游,这次活动从考察线路、组织产品、宣传广告,直至陪同和导游,都体现了当代旅行社的基本业务,开创了旅行社业务的基本模式。

同过去所组织的团体旅游活动相比,这次团体旅游活动的组织具有以下一些独特的特点。

1. **商业性**

这次活动完全是出于商业目的。托马斯·库克从曾经组织过的旅游活动经历中看到了旅游市场发展潜力巨大,创办相应业务的时机已经成熟。

2. **多日过夜**

之前组织的都是当日往返的一日游,而这一次则是在沿途多次停留访问,并在外过夜多日的长途旅游。

3. **规划线路**

托马斯·库克事前做了大量的实地考察,以确定沿途停靠地点和游览项目,并对沿途住宿情况也做了充分的调研。

4. **编写指南**

为了使这次出行活动顺利开展,托马斯·库克特地组织编写了《利物浦之行手册》,内容为全程活动过程中的有关时间安排、停留地点、活动内容、活动方式、有关要求以及注意事项等。

5. **导游服务**

托马斯·库克在这次旅游过程中,担任全程陪同,并且在途中还聘用当地人担任解说和导游。

(三) 其他开创性活动

1855 年,托马斯·库克组织了从英国莱斯特前往法国巴黎参观第二届世界博览会的团体旅游,这次旅游活动在巴黎停留游览 4 天,全程采用一次性包价,其中包括在巴黎的住宿和往返旅费,总计 36 先令。这是世界上组织出国包价旅游的开端。当时的《曼彻斯特卫报》称此举是"铁路旅游史上的创举"。

1865 年,托马斯·库克在伦敦开设了营业场所,将原来的托马斯·库克旅行社更名为托马斯·库克父子公司,将总部迁到伦敦。1866 年,托马斯·库克父子公司组织了第一批从欧洲到美国的团体旅游。1867 年托马斯·库克还设计推行了旅行代金券。

1872 年,托马斯·库克还组织了一次 9 人团体环球旅游,历时 220 天。在环球旅游开展期间,英国《泰晤士报》动用当时最先进的通信技术,以最快的速度进行了连续跟踪报道,从而使托马斯·库克及其旅行社名声大噪。1872 年,乘美国经济兴起之机,托马斯·库克父子公司迁移到美国,改名为美国通济隆公司。

三、近代中国旅游业的发展

中国近代旅游是指 1840 年鸦片战争以后到中华人民共和国成立之间的旅游发展历程。

由于近代中国社会的落后,导致近代中国的旅游也远远落后于同时期的西方国家。鸦片战争后中国的一些有识之士提出了"师夷长技以制夷"的主张,举办洋务运动,一些人到国外学习和考察,代表人物有容闳、王韬、郭嵩焘、黄遵宪、严复、刘步蟾等。我国从 1872 年开始先后向美国派出了四批小留学生;其中包括中国第一个铁路工程师詹天佑。到 1906

年，留学生人数已经达到了8 000多人。他们把自己在西方的所见所闻写成游记介绍给国人，打开了中国人的眼界。与此同时，外国的商人、传教士、学者、官员等纷纷来到中国，在中国进行着他们各自的活动。随着中外人员交往的增多，一些外国旅行社如美国的通济隆公司、运通旅游公司开始在上海等地设立旅游代办机构，代理中国旅游业务，雇用中国人为向导。

中国旅游业形成的标志是中国旅行经营机构的建立。1923年8月，上海商业储蓄银行总经理陈光甫为适应旅行游览的发展需要，在该银行中附设了旅行部，其业务范围包括代售国内外各种交通票据、代理预订住宿和餐饮服务、组织团体旅游、出版期刊和编印宣传品、代办出国手续和旅行证件；另外，还提供旅途服务，接待来沪访问的旅游者，提供导游服务，代办邮政电报，经售上海银行的旅行支票及各地土特产品，代办货物报关和运输保险，以及代理陆海空运输业务，等等。该旅行部一经成立，深受国内外人士的欢迎，加上刻苦经营，业务大有发展。1924年春，该旅行部组织了第一批国内旅游团，由上海赴杭州游览。1925年春，该旅行部开始承办出国旅游业务，第一次组织了由20人参加的赴日本"观樱"旅游团。1927年春，旅行部出版了中国第一本旅游类杂志《旅行杂志》，同年，上海商业储蓄银行的旅行部更名为中国旅行社，组织机构也相应扩大，中国旅行社是我国第一家旅行社。1931—1937年，是中国旅行社业务发展最快的阶段。随着业务范围和业务量的增大，中国旅行社开始在国内各大城市设立办事机构，并相继在新加坡、马尼拉、加尔各答、仰光等外国城市设立了驻外办事机构。此外，中国旅行社还特约美国著名作家埃德加·斯诺为该旅行社撰写英文导游小册子，并在芝加哥博览会上进行散发。1947年，在伦敦举办的首届世界博览会上，中国旅行社曾以巨幅画作"中国名胜图"参展。中国旅行社始终坚持发扬国光、服务广大行旅的宗旨，赢得了良好的信誉，为发展中国旅游业、维护国家利益作出了巨大贡献。

在旅游交通方面，由于当时中国备受欺凌，近代中国的交通运输发展较慢。水上航运方面，内河航运里程仅7.36万千米，并且缺少现代船只，79%的运输依靠木帆船完成。没有自己的远洋船队。但在经济发展较好的沿海地区，传统的非机动船逐渐被轮船所取代，上海成为中国轮运中心，不仅有连接江苏、浙江、安徽、山东等地的内河航线，还有直达欧美、日本、东南亚的国际航线。清朝同治年间，中国开始兴办铁路，1887年至1944年的58年间，中国共修建铁路24 114千米，逐渐形成了中国铁路网。但是，旧中国的铁路，普遍存在数量少、分布偏、标准杂、质量低、管理分割、营运落后的问题。当然，铁路运输毕竟是一种先进的陆路运输方式，对于旅游发展还是起到了一定的作用。1930年8月和1931年3月，国民政府先后与美国拓展公司和德国汉沙航空公司合办了中国航空公司和欧亚航空公司，产生了民用航空业。

近代饭店是在清代末期发展起来的，主要有外资经营的西式饭店、民族资本经营的中西式饭店、铁路沿线的招商饭店以及公寓等。除了少量的西式饭店、中西式饭店外，住宿设施多为传统式的简单旅馆或饭店，上档次的住宿设施为数很少。

这一时期类似今天的旅游资源开发和营销工作也有一定进展，比如在庐山、北戴河等地建设了避暑区，很多宫殿园林、风景名胜纷纷开辟成为向公众开放的旅游景点，在上海举办了国货博览会和在杭州举办了西湖博览会等。但旅游业的规模和影响在整个社会生活中还比较弱小，还没有形成具有重要产业地位的经济部门。

同步案例 1-2

"气"出来的中国旅行社

清末民初,我国旅游业为英、美、日等帝国主义的洋商所垄断,在上海登陆的有英国的通济隆、美国的运通和日本的国际观光局等,中国人要出国,办理旅游手续都要经过他们之手。陈光甫留美多年,又酷爱旅游,他之所以决心创办中国第一家旅行社,主要动机是"挽回中国之利权"。他在《回忆录》中谈到:"我小时候曾坐扬子号汽船往返于镇江和上海之间,这段旅程让我深识旅行的不便和不舒服。……三等舱,用英语来说即'中国人统舱',与提供西餐餐厅的头等舱是分开的。如果一个中国人踏进这个餐厅用西餐,他会受到服务员的斥责,甚至是毒打。三等舱位于船尾,包括一个大的肮脏的木板铺位的舱家,服务很粗鲁。"陈光甫认为他开办旅行社最早的思想渊源即始于此。当时的外国旅行社对中国游客不仅收费高昂,而且态度傲慢。陈光甫自述一段亲身经历:"数年前,余自香港往云南,至西人经营之某旅行机构买船票。入门见柜内少年西人正与一女子娓娓交谈,初以为必问旅行事无疑;乃候之久,而言仍未已,后始知所谈者毫无涉于旅行。此少年目击余之伫立,竟不招待,殊属无礼,余乃废然而返,改至运通银行购票。途中自忖外人之所以藐视余者,因我非其族类。"这让陈光甫深刻认识到,必须由中国人自办旅行社,训练一批熟知中国文化的导游,为旅游者提供专业、优质的服务,一方面能够"帮助国人强健身体,开拓心襟,并且认识历史和地理,增加知识,并且启发爱国思想";另一方面"向国外宣扬中国名胜,不仅要使来游之人认识现有的风景胜迹,而且要使他们知道每一名胜的历史由来",使外国游客真正了解中国文化,从而提高中国的国际形象。

(资料来源:郑焱,蒋慧.陈光甫传稿[M].长沙:湖南师范大学出版社,2009)

讨论: 从陈光甫身上,我们应该学习什么品质?中国独立自主发展旅游业有何意义?

模块三 现代旅游活动和旅游业快速发展

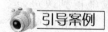

"投其所好",吸引中国游客

2017年11月8日国家旅游局发布的《2016年中国旅游业统计公报》显示,2016年,中国旅游业总收入4.69万亿元,旅游业对GDP的综合贡献达8.19万亿元,占GDP总量的11.01%,国内旅游人数已增长到44.4亿人次;中国出境旅游人数达1.22亿人次,旅游花费7 273.7亿元,分别同比增长4.3%和5.1%,呈现逐年提升趋势。旅游业的发展实绩表明,中国旅游业既有政策支持,又有旺盛的市场需求,发展势头强劲,已成为国民经济战略性支柱产业。

世界旅游组织发布的报告显示,2016年,中国市场以12%的出境开支增幅名列前茅,引领国际出境游的潮流。世界旅游组织秘书长塔勒布·瑞法依对此表示,这对全球各大目的地而言都是好事,旅游能带动一国经济增长、就业发展及其他发展机遇。洛丽亚·格瓦拉也赞叹,中国游客促进了全球许多旅游城市的发展。

泰国《曼谷邮报》指出,中国是亚太地区旅游业发展的最大驱动力。据统计,2016年,中国游客出境游目的地前10位分别为中国香港、中国澳门、泰国、韩国、日本、越南、中国台湾、美国、新加坡、马来西亚,多数集中在周边地区与国家。

为吸引中国游客,中国周边国家推出多项针对性举措。中国已成为泰国旅游最大的国外客源地市场,在2017国际旅游交易会上,泰国国家旅游局邀请数十家中国旅行商面对面洽谈,了解需求,推介更符合中国游客品位的旅游产品。马来西亚政府2016年推出电子签证以方便中国游客,并鼓励旅游从业者根据中国游客的需求和喜好提供"量身定做"的旅游产品,例如,针对不少中国游客喜欢来马钓鱼,旅游部门专门推出各种钓鱼活动。越南则在支付方式上积极改进,以适应中国游客使用微信、支付宝的支付习惯。

(资料来源:尹婕.世界关注中国旅游指数[N].人民日报海外版,2017-11-29(12))

思考:中国出境旅游为什么会如此火?近年来中国旅游的迅速发展受到哪些因素的影响?

一、现代旅游发展的原因

现代旅游指的是第二次世界大战以后,特别是20世纪60年代以来迅速普及于世界各地的社会化大众旅游。二战后,世界政治、经济格局发生了巨大的变化,社会发展速度明显加快,和平与发展逐渐成为全球政治、经济生活的主题。这些为现代旅游的高速发展创造了前所未有的良好条件。世界回归和平,各国的经济呈稳定发展的趋势,各国加强了协调发展,进一步打开了国与国之间贸易往来的大门。

(一)相对和平的大环境,增强了各国间的联系

第二次世界大战以后,世界各国都忙于医治战争创伤,稳定和恢复经济。虽然在局部地区仍然出现了冷战的国际政治局面,但是并没有形成大规模的战乱。从全世界范围内来看,全球正处于相对和平稳定的状态。和平与发展是人类共同的话题,也是当今国际形势的主流,这为世界旅游发展提供了必要的前提和保证。

(二)科技进步推动了交通工具的进步

第二次世界大战以后,由于科学技术的进步,交通运输工具和交通设施得到改进,运量增大,速度加快,价格降低,运输能力大大提高,直接缩短了人们旅行的行程和时间,使普通人也能享用到快速、安全、廉价的交通服务。在发达国家,汽车得到普及。汽车具有方便、灵活、自由等特点,成为人们中短途旅游的重要交通工具。与此同时,航空事业也迅速发展,使得人们有机会在较短的时间内进行长距离的旅行,促进了跨国、跨洲旅游的发展。

(三)人民支付能力不断提升,带薪假期大为增加

第二次世界大战结束后,在相对稳定的国际环境下,各国人民都致力于经济的恢复与发展,生产力水平不断提高,许多国家居民家庭收入水平在不断提高。人们的消费支付能力大大增强,直接促成了二战后旅游的发展。

高科技的发展使生产自动化程度不断提高,劳动生产效率不断提高,人们的闲暇时间普遍增加。目前包括中国在内的140多个国家实现了每周5天、每天8小时的工作制,世界范围的劳动时间缩短和带薪假期的延长,进一步促进了旅游活动的实现。

(四) 城市化进程的加快，使人们产生了更多的旅游需求

二战后，城市化浪潮席卷全球，农村人口减少速度不断加快。1950年，世界城市人口只占总人口的28.7%；到1980年，这个数字发展为42%；而到2016年，则已远远超过了60%。发达国家城市人口已达80%以上。城市生活的居民，特别是劳动就业人员，由于现代生活节奏的不断加快，身心承受很大的压力，需要放松紧张的心情，恢复透支的体力，回到大自然中寻找自然平衡。所有这些，都使得人们更易产生旅游需求，这构成了现代旅游业迅速发展的重要主观因素。

(五) 世界人口的增加，扩大了潜在旅游者的规模

世界人口基数大幅度增加，扩大了潜在旅游者的规模。20世纪以前，世界人口增长的速度是非常缓慢的，到第二次世界大战结束，全世界的人口只有25亿。联合国人口调查研究所的调查数据显示，全球目前有近70亿人口，出现了庞大的人口基数，这就成为世界旅游人数增长的基础。

(六) 教育的发展改变了人们的观念，扩大了旅游者范围

二战以后随着各国经济实力的增强，世界各国都普遍比较重视教育，而教育的发展又使个人素质得到提高，人们的求知欲增强，生活观念也随之发生变化。越来越多的人开始追求精神的充实，重视身心的健康。旅游的出现，恰好满足了人们的这种需求。所以，教育事业的全面发展客观上促进了旅游者范围不断扩大。

(七) 政府的支持和鼓励，促进了旅游的迅速发展

第二次世界大战后，随着大众旅游的兴起，旅游业在区域社会经济发展中的地位和作用越来越重要。许多国家和地区的政府都把推进旅游业发展提到重要位置上。几乎所有的国家和地区都设立了旅游管理组织，并采取了经济的、法律的、政治的手段积极干预旅游业的发展。

同步案例 1—3

战后日本加大旅游基础设施建设

1955年，日本政府以充分就业和经济自立为目标，制订了第一个经济计划《经济自立五年计划》，由于各项经济指标超额完成，1960年又制订了《国民收入倍增计划》。其后，为了迎接1964年东京奥林匹克运动会，以东京为中心出现了旅游基础设施建设热，建造了各种体育场馆等设施，其工程费用达到10 195亿日元。当东京奥林匹克运动会开幕时，东海道新干线、东京高架单轨车、首都高速公路网、地铁、名古屋—神户高速公路都已经全部或者部分营业通车了。这一时期，日本政府共开发建设了8个国立公园和18个国定公园，这些旅游资源的开发完全是在法律指导下进行的。这一时期制定的旅游资源开发的相关法律主要有：《温泉法》(1948年)、《文化财产保护法》(1950年)、《森林法》和《博物馆法》(1951年)、《城市公园法》(1956年)、《自然公园法》(1957年)。作为政府主管旅游业的部门，运输省1961年12月首次发表了《观光白皮书》。在运输省的指导下，日本对温泉游憩地旅游开发、雄伟自然风光的观光旅游开发和城市休闲旅游开发取得初步成果。

(资料来源：凌强.发展国际旅游业：日本的经验及借鉴[J].日本研究，2007(3).)

讨论：战后日本为什么加强旅游设施建设？

二、中国现代旅游业的发展

1949年中华人民共和国成立,揭开了中国现代旅游的新篇章。

1978年以前,我国的旅游业除接待少量的华侨和港澳台同胞回国观光探亲外,主要接待当时苏联及东欧国家的旅游者。对所有的外宾,旅游景点、旅游路线等都执行同一个政治接待性的象征性价格,管理机构没有盈余的概念,没有创汇的指标,当时的旅游业并非经济性产业,而是执行政治任务的接待部门。

中国现代旅游与现代旅游业真正发展开始于上世纪70年代末80年代初的改革开放时期。

改革开放以后,旅游业的接待方针有了根本性变化,旅游也逐渐被纳入国民经济轨道,形成了以观光为主的旅游经济产业,是国家创汇的根本途径之一,逐步完成了质的转变。我国旅游业的市场结构变化及其演进可以划分为四个阶段。

(一)以接待入境旅游为主的发展阶段(1978年—20世纪80年代中期)

改革开放之初,我国经济建设百废待兴,急需要外汇支持。因此,我国采取优先发展入境旅游,以获取更多的外汇收入,增强国际购买力。由于当时我国的经济整体水平较低,国内旅游市场需求尚未形成足够的规模。所以,这一阶段,选择首先发展入境旅游是一项现实可行的合理决策。但这一时期,我国尚未将旅游业明确界定为经济性产业,对入境旅游者的接待工作仍带有一定的政治色彩。

(二)入境旅游与国内旅游并行发展阶段(20世纪80年代中期—1996年)

20世纪80年代中期,随着经济的快速发展和国民生活水平的提高,国内旅游市场开始迅速发育,需求规模日渐增长。国内旅游人数和旅游收入迅速增加。为了适应这一变化,我国政府颁布了一系列旨在推动旅游业发展的政策。旅游业的接待人数和创汇收入指标被正式纳入国家经济发展第七个五年计划(1986—1990),1987年国务院再次提出"要大力发展旅游业",1991年在我国制定的《关于国民经济和社会发展十年规划和第八个五年计划纲要》中,首次明确地将旅游业性质界定为旅游产业,并将旅游业列为需要加快发展的第三产业的重点。

(三)入境旅游、国内旅游和出境旅游全面发展阶段(1997—2008年)

1997年3月,经国务院批复,国家旅游局和公安部联合颁布了《中国公民自费出国旅游管理暂行办法》,并宣布从1997年7月1日起开始正式实施。这标志着我国政府正式允许旅行社行业开展出境旅游业务。入境旅游、国内旅游和出境旅游业开始成为我国旅行社并行经营发展的三大业务。我国旅游业开始进入一个全面快速发展的阶段。

(四)国内旅游、入境旅游、出境旅游全面繁荣发展阶段(2009年至今)

经历了2008年的全球金融危机等一系列不利因素后,我国从2009年开始,对旅游业的发展提出了新的指导思想,集中体现在当年颁布的《国务院关于加快发展旅游业的意见》中。该《意见》提出,要将旅游业培育成国民经济中的战略性支柱产业和令人民群众更加满意的现代服务业;并将新时期发展旅游业的基本政策调整为"坚持以国内旅游为重点,积极发展入境旅游,有序发展出境旅游"。目前,我国已经发展成为世界旅游大国,成为世界上旅游业发展最快、受益人口最多、辐射带动力最强的国家之一,国内旅游、出境旅游的人数均为世界第一。我国旅游业发展呈现出消费大众化、需求品质化、竞争国际化、旅游全域化、产业现代化的趋势,正努力发展成为世界旅游强国。

教学互动 1-4

小组讨论： 改革开放之后我国旅游业的发展有哪些特点？

总之，进入 20 世纪 90 年代以来，我国旅游业已进入全面发展阶段，出现了空前的繁荣。我国政府高度重视旅游产业，并给予了大量的政策支持，同时旅游业也已经成为我国第三产业中最具有活力和潜力的产业，并升级为我国国民经济战略性支柱产业。

未来，我国将从旅游大国发展成为世界旅游强国，成为世界第一大旅游目的地国。

相关链接 1-4

"十二五"旅游业发展成就

改革开放以来，我国实现了从旅游短缺型国家到旅游大国的历史性跨越。"十二五"期间，旅游业全面融入国家战略体系，走向国民经济建设的前沿，成为国民经济战略性支柱产业。

战略性支柱产业基本形成。2015 年，旅游业对国民经济的综合贡献度达到 10.8％。国内旅游、入境旅游、出境旅游全面繁荣发展，已成为世界第一大出境旅游客源国和全球第四大入境旅游接待国。旅游业成为社会投资热点和综合性大产业。

综合带动功能全面凸显。"十二五"期间，旅游业对社会就业综合贡献度为 10.2％。旅游业成为传播中华传统文化、弘扬社会主义核心价值观的重要渠道，成为生态文明建设的重要力量，并带动大量贫困人口脱贫，绿水青山正在成为金山银山。

现代治理体系初步建立。《中华人民共和国旅游法》公布实施，依法治旅、依法促旅加快推进。建立了国务院旅游工作部际联席会议制度，出台了《国民旅游休闲纲要（2013—2020 年）》《国务院关于促进旅游业改革发展的若干意见》（国发〔2014〕31 号）等文件，各地出台了旅游条例等法规制度，形成了以旅游法为核心、政策法规和地方条例为支撑的法律政策体系。

国际地位和影响力大幅提升。出境旅游人数和旅游消费均列世界第一，与世界各国各地区及国际旅游组织的合作不断加强。积极配合国家总体外交战略，举办了中美、中俄、中印、中韩旅游年等具有影响力的旅游交流活动，旅游外交工作格局开始形成。

（资料来源：国务院："十三五"旅游业发展规划，2016 年 12 月）

项目小结

- 原始社会由于生产力水平极其低下，人类社会早期的迁徙活动是为了生存而被动适应自然环境的一种自然行为，与后来的旅行和旅游有着本质区别。
- 人类最初的旅行活动，主要是由商人开创的。
- 古代旅行活动受到当时社会经济条件的制约，在发展规模、范围、形式和内容上与国家的经济状况有着密切联系；旅行活动的形式有帝王巡游、士人漫游、宗教旅行、公务旅行、商旅活动和科学考察旅行等。非经济目的的消遣性旅行较少，参加人数少，封建社会已经开始出现旅行服务行业。
- 产业革命推动了交通工具的革新，使远距离旅行成为可能；产业革命加速了城市化进程,人们的旅游欲望被激发出来;产业革命带来阶级关系的新变化,使旅游的阶层迅速扩大。

• 1841年7月5日,托马斯·库克采用包租火车的方式,组织570人从莱斯特前往洛赫伯勒参加禁酒大会。这次活动的成功举办,被公认为是近代旅游及旅游业的开端。

• 近代中国旅游业开始的标志是爱国实业家陈光甫为适应旅行游览的发展需要,在上海商业储蓄银行中附设"旅行部"。

• 现代旅游发展的原因包括:相对和平的大环境,增强了各国间的联系;科技进步推动了交通工具的进步;人民支付能力不断提升,带薪假期大为增加;城市化进程的加快,使人们产生了更多的旅游需求;世界人口的增加,扩大了潜在旅游者的规模;教育的发展改变了人们的观念,扩大了旅游者范围;政府的支持和鼓励,促进了旅游的迅速发展。

• 中国现代旅游与现代旅游业真正发展源起于20世纪70年代末80年代初的改革开放时期。

• 进入20世纪90年代以来,我国旅游业已进入国内旅游、入境旅游、出境旅游全面繁荣发展阶段,发展成为国民经济战略性支柱产业。

项目检测

(一) 复习思考题

1. 如何理解原始社会人类的迁徙活动?
2. 解释原始社会末期旅行的现象。
3. 古代旅行活动具有哪些特征?
4. 产业革命对"旅行向旅游发展"产生了哪些贡献?
5. 为什么说托马斯·库克是近代旅游业的先驱?
6. 近代中国有没有自己的旅游经营部门?试述其发展情况。
7. 第二次世界大战后现代旅游兴起主要有哪些原因?

(二) 实训题

1. 阅读并思考:德国哲学家费尔巴哈说:"皇宫中的人所想的和茅屋中的人所想的是不同的。"请结合这句话,谈谈你对旅游产生的基础条件的认识。
2. 以小组为单位,从各种渠道(如出版物、互联网、影视节目等)寻找古代中外著名旅行家的案例,并分析其旅行活动的类型。

拓展阅读

[1] 彭顺生.世界旅游发展史[M].北京:中国旅游出版社,2006.
[2] 谢贵安,谢盛.中国旅游史[M].武汉:武汉大学出版社,2012.
[3] 王永忠.西方旅游史[M].南京:东南大学出版社,2004.
[4] 李长秋.旅游学概论[M].北京:旅游教育出版社,2014.
[5] 李云霞,李洁,董立昆,等.旅游学概论——理论与案例[M].北京:高等教育出版社,2008.

项目二 旅游活动

学习目标

- 了解旅游的定义和本质
- 理解旅游活动的构成要素和基本特点
- 掌握现代旅游的特点,掌握常见的旅游种类及特点
- 应用所学知识进行社会调查,分析当地旅游活动的类型及特点

项目导读

旅游是一种社会现象,它是社会经济、技术、人类精神文明和物质文明发展到一定阶段的必然产物。从19世纪中叶的英国人托马斯·库克开始,人们将旅游业作为一种全新的产业来经营,迄今已有一百多年的历史,现在旅游业已成为世界上最大的产业。旅游活动也是当今规模最大、涉及面最广的人类活动之一,对社会经济、文化交流、国家间的合作具有很大的促进作用。随着社会的进步和科技的发展,现代旅游异彩纷呈,涌现出多种新的旅游业态,表现出不同于传统旅游的新特征。

模块一 旅游活动概述

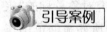引导案例

什么是"旅游"?

这个问题看似简单,但每个人都可以有自己不同的理解。在日常生活中,我们可以听到如下的对话:

对话一 问:这个周末你去干什么了?
　　　　答:我跟家人去郊区旅游了。
对话二 问:你攒这么多钱准备干吗?
　　　　答:去香港旅游。
对话三 问:你在学校学什么专业?
　　　　答:学旅游。
对话四 问:你是干什么工作的?
　　　　答:我是做旅游的。

以上各组对话中,虽然都使用了"旅游"一词,但由于具体语境不同,"旅游"含义显然不同。对话一中的"旅游"是指旅游活动;对话二中的"旅游"是指旅游消费;对话三中的"旅

17

游"是指旅游专业;对话四中的"旅游"是指旅游业或旅游行业。可见,在不同的语境下,"旅游"一词所表达的意思是不同的。

思考:如何给"旅游"下一个确切定义?

一、旅游活动的定义

旅游是历史发展的产物,人类的旅游活动发展到今天,已经积累了丰富的经验,人们对旅游的认识也在不断发展完善,因此,人们对旅游活动的定义也多种多样,比较权威的定义有以下两个。

(一)"艾斯特"(AIEST)定义

"艾斯特"定义是由瑞士学者汉泽克尔(Hunziker)和克拉普夫(Krapf)于1942年提出的,后来被"旅游科学专家国际联合会"(International Association of Scientific Experts in Tourism,简称 AIEST)所采用。

"艾斯特"定义是:"旅游是非定居者的旅行和暂时居留而引起的现象和关系的总和。这些人不会导致长期定居,并且不从事任何赚钱的活动。"

该定义的优点在于指出了旅游的某些基本特征,即旅游的异地性、暂时性、综合性和非就业性等。"非定居者的旅行"指出旅游的异地性特征,是非定居者在异地的活动。"暂时居留"及"这些人不会导致长期定居"指出旅游活动的暂时性特征,旅游是在较短的时间内,由其常住地到旅游目的地观光、游览或休闲度假后,再回原常住地的过程。"引起的现象和关系的总和"指出旅游活动的综合性特征,因为人在旅游活动中要产生一系列的食、住、行、游、购、娱等行为现象,同时要和旅游企业、东道主政府及东道居民之间发生各种经济关系和社会关系。"不从事任何赚钱的活动"指出旅游的非就业性特征,到异地旅游不能在当地从事就业赚钱活动,就业不能算做旅游。但该定义在这方面的表述有欠严密,会将现代的商务旅游和会展旅游等排除在外。

仔细分析这一定义可以发现,该定义所界定的对象,是作为旅游学研究对象总称的"旅游",是因消费者旅游活动的开展"而引起的现象和关系的总和",该定义所涵盖的范围比"旅游活动"更加广泛。

(二)世界旅游组织的定义

世界旅游组织和联合国统计委员会推荐的旅游定义(以下称 WTO1995 定义)是:"旅游是人们为了休闲、商务或其他目的离开惯常的环境,到某些地方并停留在那里,但连续不超过一年的活动,并且访问的目的不应是通过所从事的活动中从访问地获取报酬。"

与"艾斯特"定义不同,WTO1995 定义明确说明旅游包括商务旅游。世界旅游组织的统计手册中指出:旅游者在惯常环境以外进行这种商务旅行"是因为与他的职业或与所工作单位的经济活动有关",而且对许多商务旅游者来说,其"出行及其出资的决定往往不是本人做出的"。虽然商务旅游本身可能是为了旅游者所在企业的经济利益,即"从事赚钱",但这与"通过所从事的活动中从访问地获取报酬"的劳工和移民等非旅游者具有明显差别。WTO1995 定义将不够确切的"不从事任何赚钱的活动"的提法舍去,以"访问的主要目的不应是通过所从事的活动中从访问地获取报酬"作为区分旅游者和其他旅行者的标准,在概念上也将商务旅游包容在内。因为商务旅游者虽然也会从本次旅行所从事的商务活动中取得自己应得到的报酬,但这些报酬是因其为所在企业付出劳动而由本企业发给,而不是从访问地获得。

WTO1995定义还强调旅游是离开惯常环境的旅行。"惯常的环境"是指人们日常居住、工作或学习的地方。

我国学者关于"旅游"的定义

1985年,我国经济学家于光远将旅游定义为:"旅游是现代社会中居民的一种短期性的特殊生活方式,这种生活方式的特点是异地性、业余性和享受性。"李天元在其著作《旅游学概论》中认为:"旅游是人们出于移民和就业任职以外的其他原因离开常住地前往异地的旅行和暂时逗留的活动,以及由此所引起的各种现象和关系的总和。"谢彦君在其著作《基础旅游学》中认为:"旅游是人们以前往异地寻求愉悦为主要目的而度过的一种具有社会、休闲和消费属性的短暂经历。"魏向东在其著作《旅游学概论》中提到:"旅游是旅游者在自己可自由支配的时间内,为了满足一定的文化享受目的,如休憩、娱乐、保健、求知、增加阅历等,通过异地游览的方式所进行的一项文化体验和文化交流活动,并由之而导致的一系列社会反应和社会关系。"我国旅游者对于旅游概念的表述虽然不同,但都体现了旅游活动的暂时性和异地性。

(资料来源:李长秋.旅游学概论[M].北京:旅游教育出版社,2011:35-36)

综上所述,笔者将旅游的定义归纳为:旅游是人们为了休闲、商务或其他目的,离开常住地前往异地旅行和逗留不超过连续一年的活动,这种活动不会导致定居和就业。显然,该定义的对象是消费者的"旅游活动"。

二、相关概念比较

(一)迁徙

迁徙是人们从一个地方到另一个地方的简单移动现象。它和旅游有着本质区别。迁徙是人类最原始、最古老的生存和生活方式。特别是人类还处于依赖天然食物的前提下,人们为了狩猎或采摘食物,不得不从一个地方迁徙到另一个地方。人类有了原始农业以后,最初的那种"刀耕火种"农业属于"迁徙农业"。古代的牧业主要是"逐水草而居"的游牧业。此外,人类迁徙的原因还有火山爆发、地震、海啸、森林草原大火、瘟疫等自然灾害以及人类之间的战争和侵扰等。总之,迁徙是人类的一种生存和生活方式,是人们为生存而自愿或被迫长久地离开原住地而迁往另地的行为。它不属于旅行,更称不上是旅游。

(二)旅行

旅行是人们在空间上从一个地方到另一个地方的行进过程,其目的广泛,包括就业、商贸、求学、迁居(移民),或其他具有明确功利目的所进行的旅程,也包括到异地进行游览参观活动所进行的旅程。

(三)游览

游览是人们从容地到各处观景、赏景,是一种具有"步移景异"功能的动静结合的活动形式。游览活动既可以在人们的常住地进行,也可以在异地进行。

(四) 旅游

旅游是一种排除功利目的的旅行和游览相结合的,以获得精神愉快的消遣性、娱乐性的社会活动。所以,在旅游这个范畴里,旅行是旅游所凭借的手段或前提,只有不受功利约束而进行悠然自得的游览参观等活动才是旅游的目的和内容。

由此可见,只有旅行而没有游览构不成旅游;而没有以旅行为前提的也仅是游览而不是旅游。只有旅行和游览相结合才能构成完整意义的旅游。

(五) 休闲

休闲是人们在闲暇时间里自愿选择的,能获得自由和愉悦感的一切有益于身心健康和追求生活意义的活动与生活方式。该定义有以下含义:①休闲是在闲暇时间里发生的;②休闲活动要满足三个条件:一是自愿选择的,二是能得到自由与愉悦的心理体验,三是有益身心健康的、追求生活意义的活动;③强调一切有意义的活动,即休闲方式是多种多样的,十分丰富的,因人而异的;④休闲是人们的活动行为,也是一种生活方式。

休闲与旅游有着密切的联系,既有一定的共性,又存在一定的差异性,它们之间具有部分重合的关系。休闲与旅游的关系见图2-1。

图 2-1 休闲与旅游的关系

非休闲旅游包括会议、商务、宗教等事务类旅游及求学、就医等其他类旅游

从时间上看,休闲发生在闲暇时间,即当工作、家务和必要的社会活动等得到满足以后可以自由使用的时间,因此,休闲可以分布在每一天,不局限于节假日。从活动意义上看,它是满足个人爱好和兴趣的活动,因此内容极其丰富,不局限于旅游。从经济上看,旅游是在一定的社会经济条件下产生的一种社会经济现象,尽管旅游的首要目标和最终结果都不是经济问题,但是旅游作为第三产业的一种,其收入和支出直接影响政府的财政收入,在旅游过程中,必然存在消费,而在休闲过程中则不一定存在消费。

休闲在社会经济生活中的重要性越来越明显,作为一种社会生活方式,休闲必然会对社会的各个领域发生深刻影响,与之密切相关的旅游业也将面临新的变化和新的任务。

纵观迁徙、旅行、游览、旅游、休闲五者的关系,它们之间既有联系又有区别,归纳如表2-1所示。

表 2-1 迁徙、旅行、游览、旅游、休闲五者的联系与区别

概念	目的	空间	时间
迁徙	生存、生活	异地	可能是永久的
旅行	商业、贸易、科考、宗教、探亲访友等	异地	暂时
游览	观景、赏景	本地或异地	暂时
旅游	休闲享乐、审美求知等	异地	暂时(一般不超过一年)
休闲	有益身心健康、追求生活意义	本地或异地	暂时

教学互动 2-1

老张、老董、小张一家三口均定居扬州。国庆节老张接待外地来的朋友游玩了自家附近新开放的景点;老董参加了张家界五日游;小张带团到南京旅游。根据旅游活动的定义,请问他们三人的国庆活动属于旅游吗?为什么?

三、旅游活动的构成要素

旅游活动的构成要素,是指旅游活动内容的构成要素和旅游活动体系的构成要素,常见的有"六要素"说和"三体"说。

(一)"六要素"说

旅游是以"游"为主,集食、住、行、游、购、娱于一体的综合性的社会活动,因此,就旅游活动所涉及的活动内容而言,旅游活动的构成要素主要包含了食、住、行、游、购、娱六个方面,这是旅游活动中最基本的要素,它们之间相互依存。

游,即游览,是旅游的主要目的和内容,是六要素中最主要的环节。人们通过前往异地他乡游览自然山水、欣赏文物古迹、领略风土人情等来完成旅游活动,增长知识、扩大视野,达到积极地休息和愉悦身心的目的。

食,即餐饮,是旅游供给中最基本的一项内容。对于旅游者来说,用餐不仅是为了填饱肚子,也是为了追求心理、精神、情感上的满足。美味、卫生的饭菜和安全、干净、轻松、优美的用餐环境是旅游者最基本的要求,而品尝具有当地特色、体现文化传统的饮食则是吸引旅游者来访的重要原因。

住,即住宿,是超过一天的旅游活动得以顺利进行的基本保障。无论旅游者参与何种类型的旅游活动,都需要一定的体力支持。随着旅游业的发展和旅游者需求结构的变化,旅游目的地的住宿设施也不断完善和日趋多样化,以满足不同人群的住宿需求。

行,即旅游交通,是旅游活动开展的必要前提。旅游交通是帮助旅游者实现空间转移的必要手段,既包括旅游者在旅游客源地和旅游目的地之间的往返,也包括在旅游目的地内部不同景点之间的转移过程。快捷、安全和舒适的现代化旅游交通不仅提高了旅游的舒适度,也丰富了旅游活动的内容,为旅游活动的顺利进行增添了许多乐趣。

购,即购物,指旅游者在旅游过程中能够购买到当地特色产品。与在常住地相比,异地购物能为旅游者提供更加丰富多彩的文化信息和获得体验的条件,因此,购物是旅游的一大乐趣,也是旅游过程中非常重要的环节之一。

娱,即娱乐,是旅游者在旅游活动中观赏、参与的各类文娱活动。娱乐是旅游者参观游览活动的必要补充,它使旅游活动的内容更加充实、丰富。娱乐是文化传播和交流的手段,更是延长旅游者逗留时间和增加旅游收入的有效手段。

因此,旅游活动是包含了食、住、行、游、购、娱等内容的综合性活动。

同步案例 2-1

旅游活动的内容

以下是扬州某旅行社推出的"印象江南"扬州、杭州、乌镇、苏州、南京五日游的旅游行程安排：

"印象江南"扬州、杭州、乌镇、苏州、南京五日游

日期	行程	用餐	住宿
D1	北京游客乘坐Z29次火车抵达扬州。游览国家文化旅游示范区【瘦西湖】，乘坐画舫，观赏徐园、小金山、钓鱼台、五亭桥、白塔、二十四桥等。午餐后游览中国四大名园之一的【个园】，入住酒店，然后在中国历史文化名街【东关街】自由活动，感受古城生活，购买扬州特产。晚上可自费"运河水上游"，或享受扬州足艺。	早餐：冶春早茶 午餐：狮子楼淮扬菜 晚餐：东关街自理品尝扬州小吃	扬州长乐客栈
D2	赴杭州，午餐后游览世界文化遗产【西湖】，乘船观赏三潭印月、断桥、雷峰塔、柳浪闻莺等美景。游文化主题乐园【宋城】，观看大型歌舞【宋城千古情】。	早餐：酒店自助餐 午餐：乾隆御茶宴杭帮菜 晚餐：宋城自理	杭州马可波罗花园酒店
D3	赴【灵隐景区】，观赏江南石窟瑰宝，游禅宗名刹【灵隐寺】，逛杭州【河坊街】。 下午赴江南水乡乌镇，游【乌镇西栅】，赏"小桥流水人家"美景，尝水乡美食，看露天电影。 赠送啤酒一瓶/人。乌镇西栅游览攻略手册一本	早餐：酒店自助餐 午餐：河坊街自理 晚餐：乌镇自理	乌镇通安客栈
D4	赴苏州，游览苏州城标【虎丘】，观赏"中国的比萨斜塔"。下午游览世界文化遗产【留园】，领略苏州私家园林的风韵。游著名步行街【观前街】，自由购物。晚上游【网师园】夜花园，欣赏苏州评弹、昆曲。 赠送留园四季全景魔方1枚	早餐：酒店自助餐 午餐：得月楼苏帮菜 晚餐：观前街自理	苏州书香府邸·平江府酒店
D5	赴南京，游览【世界文化遗产】明孝陵，伟人孙中山陵寝【中山陵】，逛【夫子庙】，自由购物，感受秦淮河风情。 赠送南京盐水鸭一只。 下午乘东方航空MU284飞机返回北京。	早餐：酒店自助餐 午餐：秦淮人家饭店 晚餐：自理	无

（资料来源：扬州九州行国际旅行社提供。）

讨论：请结合该行程谈谈对旅游活动内容的理解。

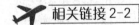

相关链接2-2

新旅游发展六要素：商、养、学、闲、情、奇

2015年1月15日，国家旅游局在江西南昌召开了全国旅游工作会议，在会议期间，新履任的国家旅游局局长李金早作了一篇引起业界、学界广泛关注的报告。在报告中提出了许多新的观点，其中关于旅游六要素和新六要素的表述，引起了旅游学术界的广泛争议。

李金早局长认为，总结旅游业这些年的发展，在现有"吃、住、行、游、购、娱"旅游六要素基础上，可否概括出新的旅游六要素"商、养、学、闲、情、奇"；前者为旅游基本要素，后者为旅游发展要素或拓展要素。

李金早局长表示，"商"是指商务旅游，包括商务旅游、会议会展、奖励旅游等旅游新需求、新要素；"养"是指养生旅游，包括养生、养老、养心、体育健身等健康旅游新需求、新要素;"学"是指研学旅游,包括修学旅游、科考、培训、拓展训练、摄影、采风、各种夏令营冬令营等活动;"闲"是指休闲度假,包括乡村休闲、都市休闲、度假等各类休闲旅游新产品和新要素,是未来旅游发展的方向和主体;"情"是指情感旅游,包括婚庆、婚恋、纪念日旅游、宗教朝觐等各类精神和情感的旅游新业态、新要素;"奇"是指探奇,包括探索、探险、探秘、游乐、新奇体验等探索性的旅游新产品、新要素。拓展出"商、养、学、闲、情、奇"旅游发展六要素,也只是基于现阶段实践的总结,随着旅游不断升级,今后还会拓展出更新、更多的旅游发展要素,这是旅游业蓬勃发展的大趋势。

（资料来源:刘佳.李金早提出新旅游发展六要素:商养学闲情奇[EB/OL]http://travel.people.com.cn/n/2015/0115/c41570-26391660.html.2015-01-15/2017-07-27）

（二）"三体"说

旅游活动体系的构成要素包括旅游活动的主体、旅游活动的客体以及旅游活动的中介体,三者相互依存、互为制约,共同构成旅游活动的整体。

旅游活动的主体是旅游者。旅游者是离开自己的居住地到旅游目的地作旅游访问的人。旅游的发展历史证明,旅游是先有旅游者的旅游活动,然后才有为旅游者服务的旅游从业队伍。旅游者是旅游活动的主导性因素,他们的数量、需求、消费水平、旅游方式是决定旅游业内部各种比例关系及其相互协调的主要因素。因而旅游者是旅游活动中最活跃的因素,居于主体地位。

旅游活动的客体是旅游资源。旅游资源是指客观存在于自然环境和人文环境中,能对旅游者产生一定吸引力的事物和现象。在旅游活动的各个构成要素中,旅游资源处于客体或对象的地位。当一个人有了足够用于旅游花费的金钱或时间后,以其娱乐和求知等旅游目的出发,他首先考虑的必然是去哪一个国家或地区才能满足自己的旅游需求。这时,吸引旅游者的决定因素,就是合乎其口味的旅游资源了。固然,当一个人准备去某国或某地区旅游时,同时也会考虑到那里的生活条件和服务设施,但这只是第二、三位的需要。只有那些具有不同地域特色和民族特色的旅游资源,没有别的办法可以替代,其观感也不是靠别人的介绍或纸上的字画就能真切感受到的,必须旅游者自己亲临其境才能获得真正的精神满足。所以,旅游资源是旅游活动的客观基础,是一个国家、一个地区招徕客源、开拓市场、发展旅游的重要的物质基础和条件。

旅游活动的中介体是旅游业。旅游业是以旅游者为对象,为旅游活动创造便利条件并提供其所需商品和服务的综合性产业。旅游业是联系旅游主体和旅游客体之间的媒介体、纽带。在现代旅游活动中,旅游者对旅游服务的需求,主要通过旅游业来提供。在现代大众旅游阶段,几乎没有哪个旅游者不在利用旅游业提供的旅游服务。虽然使用旅游业提供的旅游服务并非旅游者的旅游目的,但旅游业在客源地与目的地之间以及在旅游动机与旅游目的的实现之间架起了一座便利的桥梁。在已经具备了需求条件的前提下,旅游者不必再为旅游过程中可能遇到的各种困难而担心,他们的旅行以及在旅游目的地期间的生活和活动都可以由有关的旅游企业为他们安排。旅游业的这种便利作用对旅游活动的发展无疑也是一个重要刺激,使得旅游活动的规模越来越大,人们外出旅游的距离也越来越远。

旅游活动的三要素相互联系、互为制约,他们共同构成了旅游活动的统一体,其中一个要素变动必然引起其他要素的相应变动。例如,旅游者的旅游兴趣和决策,直接影响到旅游地的选择,旅游者的客流量和流向以及旅游者的时空变化,会影响旅游地的开发规划和规模、服务设施的规模和档次需求；如果旅行社的旅游宣传很有特色，旅游地本身也具有吸引力，就会反过来影响旅游者流向和流量的变化，旅游地开发规划及环境保护、旅游中介体的交通运输、服务会相应受到影响。因此，三大要素构成了一个旅游活动的整体。

同步案例2-2

认识旅游

材料一：王先生从上海乘船到温州，上午9:00到，上岸后先后去了几个服装、鞋帽市场进货，忙到傍晚，又赶晚班船回到上海。上了船之后，他才有工夫凭窗眺望落日景色。

材料二：张教授应邀到四川成都参加三星堆文化遗迹学术研讨会，3天内除了参观遗迹展览馆、开会、整理资料，几乎足不出户，第四天一早就匆忙飞回上海。

材料三：某高中的王老师，月收入在3 000元以上，由于工作紧张，他准备在"十一"黄金周期间到山东旅游，以调整自己的体力和精力。9月底，他去了红太阳旅行社预订了山东5日游。10月1日，他随同旅行团来到山东。在这里，王老师游览、爬山、拍照、购物。10月6日，他回到学校，向同事们介绍了泰山风光、曲阜孔庙建筑等旅游景观，并且展示了他拍摄的照片，还送给每人一件从旅游地带回的纪念品。

材料四：潘同学经过暑假激烈的奋战，雅思考试成绩取得了很高的分数。然后认真准备申请国外的大学，准备出国深造。后来，功夫不负有心人，她终于到了自己梦想中的国外大学留学。

材料五：成都市近郊生态休闲度假正在如火如荼地发展。花乡农居、幸福梅林、东篱菊园、荷塘月色、江家菜地五个景点被称为成都"五朵金花"。市民们在闲暇之余，来到城市近郊生态休闲度假胜地，休闲娱乐，放松自己，改变平时快节奏的生活方式。

（资料来源：朱华.旅游学概论[M].北京：北京大学出版社，2014：19）

讨论：(1) 在上述材料中，哪些属于旅游活动？

(2) 材料三中，旅游活动体系的构成要素是什么？王老师需要具备什么条件才能到山东旅游？

模块二 旅游活动的本质和特点

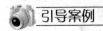

引导案例

人们对旅游认识的发展

人们对旅游的正确认识，是随着社会实践的不断发展而逐步形成的。人们开始时认为旅游是一种经济现象，这与旅游现象出现的客观条件是分不开的。旅游现象从一开始就带有经济色彩，并且此后由于旅游活动的开展而导致的旅游服务的供给，无论对客源国还是对东道地区的经济均有不同程度的直接或间接影响，从而使旅游活动表现出明显的经济现象的特征。

随着对旅游研究的不断深入，人们发现旅游现象不单纯是一种经济现象，而是综合的社会现象。旅游是以旅行方式离开常住地到异地进行的一种综合性的社会活动,因而必然要与旅游目的地的自然环境、旅游资源、旅游企业、东道主政府、东道居民及社会的方方面面发生各种各样的联系,是一种复杂的社会现象。

随后,人们又在更深层次上认识到旅游最基本的性质是一种文化现象。旅游是人们的一种特殊的、暂时性的生活方式,是人们以自己可以自由支配的经济手段和闲暇时间为条件,为追求文化享受而进行的一种文化消费活动。文化在旅游活动中无处不在,因此,旅游是一种以文化为主的综合性社会现象,当然,作为以文化为主的旅游,必须以经济支出为手段才能得以实现。正因为如此,所以旅游被认为是现代人生活的一部分。

(资料来源:王德刚.旅游学概论[M].北京:清华大学出版社,2012:23)

思考: 旅游的本质究竟是什么?

一、旅游活动的本质属性

(一) 旅游活动是人类高层次的消费活动

人类在社会生产和生活的过程中,会产生多种需要,有些是为了延续生命而产生的低层次的物质需要,有些是高层次的精神需要。高层次的精神需要往往是在物质需要满足的前提下而产生的。随着社会的进步、生产力水平的不断提高,人们在物质需要基本满足的情况下,对精神需要有了更迫切的追求。旅游活动的进行,可以满足人们精神上的需要;旅游活动的开展,可以丰富知识、陶冶情操、愉悦身心,可以促进人们之间的友好往来。相反,人们不会为了解决自己的温饱问题而外出旅游。旅游活动的顺利进行需要多个部门为旅游者提供服务,例如饭店为旅游者提供餐饮和住宿,交通工具为旅游者实现空间位置的转移,旅游景区为旅游者提供游览的场所。这些服务的提供需要旅游者支付一定的费用,从这个角度来看,旅游活动是人类的一项高层次的消费活动。

(二) 旅游活动是以获取身心愉悦为目的的特殊的生活经历

旅游活动是人们在短期内进行的一种特殊的生活方式,这种生活方式与旅游者的日常生活有很大的区别。旅游活动在异地进行,旅游者离开了熟悉的生活环境,摆脱了复杂的社会关系和繁重的工作任务,在旅游目的地可以尽情地放松自己,呼吸新鲜的空气,享受灿烂的阳光,全身心地感受自然,以达到调整心态、愉悦身心、开阔视野的目的。旅游者在旅游目的地进行短暂的停留以后,还要回到原来的生活中,从旅游目的地带回来一段难忘的经历,这段经历会使旅游者以全新的面貌面对今后的生活,使工作和生活更加精彩。

(三) 旅游活动是以审美为特征的休闲活动

旅游活动是一项综合性的审美活动,是旅游者追逐美、享受美的过程。美是人的基本需要,是一种社会性需要,也是人类高层次的精神追求。旅游者通过游览名山大川、欣赏文物古迹、体验民族风情,去感受自然美、艺术美和社会美。不同的旅游者,由于其审美体验受到其审美能力和审美标准的影响,因而获得的美的感受也不同,旅游从业人员针对旅游者的需求去开发美的景观,提供周到的服务,使旅游者在旅游活动中陶冶情操、愉悦身心,获得深刻的审美体验。

(四) 旅游活动是人类的一项社会文化活动

旅游活动与社会文化有着不可分割的联系。从旅游活动的主体来看,旅游者是在一定的社会文化背景下产生的,旅游活动的进行需要具备一定的客观条件,即具有可自由支配的收入和闲暇时间;同时需要具备一定的主观条件,即旅游者必须要有旅游的愿望,旅游愿望的产生与旅游者本身的文化素质有关,如旅游者所受的教育程度;还与旅游者所处的社会环境有关,如社会群体的影响。旅游者外出旅游的重要目的之一是体验异乡风情,通过旅游能够了解别的地区或国家的文化,如旅游目的地的民族历史、生活方式、风俗习惯、文学艺术、服装和饮食等等。另外,旅游者在旅游过程中自觉或不自觉表现出来的本国、本民族或本地区的文化也影响着旅游目的地的居民。

从旅游活动的客体来看,旅游资源是社会文化的载体。旅游目的地的人文旅游资源由社会经济、政治、道德、宗教、历史、艺术、民族风情等社会因素构成,具有鲜明的地域特色和民族特色。而自然旅游资源的文化特征主要体现为艺术性和美学价值,它的文化性通过人类的山水审美思维体现出来。正如"文因景成、景因文传",自然物的美通过文化来鉴赏、反映和传播,它的开发同样需要挖掘文化内涵。可以说,任何没有文化内涵的事物都不可能成为旅游资源。旅游者正是被旅游资源的文化特色所吸引才走出家门,所以,旅游活动也是旅游者追逐文化的过程。

旅游设施和旅游服务也是一定社会文化的表现形式。不同国家、不同民族和不同地区的旅游设施都具有不同历史的及艺术的文化内涵,具有民族的文化特色,例如内蒙古的蒙古包、勒勒车等。旅游设施既可以为旅游者使用,又可以供旅游者作为民族文化艺术来欣赏,从而增加它的魅力。旅游经营者通过潜心研究本国本民族的传统文化,进行适当取舍,精心加工、组织和开发,形成供旅游者观赏和享受的旅游文化产品。旅游企业作为旅游地的代表,直接为旅游者提供服务,形成独特的服务文化。旅游企业借助旅游服务,展现地方文化特色,为旅游者提供旅游地生活方式的体验和文化背景的体验。

综上所述,旅游的本质是以经济支出为手段、以审美和精神愉悦为目的的文化消费活动。

 教学互动2-2

问题:旅游的本质是以审美休闲为特征,那么如何理解商务旅游?请你谈一谈商务与旅游的关系。

二、旅游活动的基本特点

各种旅游定义强调的侧重点各有不同,但对旅游的基本特点的看法大体上一致。

(一) 异地性

旅游是人们离开自己的常住地去异国他乡的活动,是在异地环境中实现的。一方面,人们出于求新、求异等心理动机,借助旅游开阔眼界,增长知识,这是旅游异地性产生的主观基础。另一方面,由于旅游资源往往在一定的气候条件下和社会环境中形成,这使得旅游资源具有地理上不可移动的特点,所以旅游者的旅游需要只能在异地得到满足,这是旅游异地性产生的客观前提。

(二) 暂时性

旅游在时间上的特点,就是人们前往旅游目的地,并在那里短期停留,而不是以移民或长期居留为目的。对于大多数旅游者而言,旅游是其利用社会工作之余的闲暇时间所从事的活动,不论出于何种动机的旅游都是一种短期的生活方式,随着需要的满足以及闲暇时间的结束,旅游者又会回到原来的生活中来,开始日常的工作和生活。对于绝大多数人而言,人们外出旅游的时间只是占全部时间的一小部分,外出旅游也只能是在闲暇时间才能从事的休闲娱乐活动,所以旅游活动具有暂时性。

(三) 流动性

旅游活动的异地性决定了旅游活动的流动性。这种流动性主要表现在三个方面。第一,空间上的流动。旅游者从居住地前往旅游目的地,从一个旅游景区转向另一个旅游景区。第二,资金的流动。资金从旅游者的手中流向各个旅游企业,各企业间也存在着资金的流动。第三,文化的流动。随着旅游活动的开展,旅游目的地与旅游客源地的文化也在不断地交流。

(四) 综合性

旅游活动的进行涉及食、住、行、游、购、娱六个方面,为旅游者提供服务的旅游企业是多样的,包括旅游饭店、旅游运输公司、旅游纪念品商店、旅游景区等。旅游者外出旅游的内容多种多样,有观光型、度假型、求知型、探险型等。吸引旅游者外出旅游的旅游资源也是多种多样,有自然旅游资源,也有人文旅游资源。此外,旅游活动的开展涉及了旅游企业、东道主政府、东道居民以及社会方方面面,这种错综复杂的关系使旅游活动具有综合性的特点。

三、现代旅游活动的特点

现代旅游指的是第二次世界大战结束后,特别是从20世纪50年代开始,国际政治形势呈现相对稳定的局面,世界经济迅速恢复和发展,国民收入增多,带薪假日增加,交通更加便利,旅游进入了现代化时代。与第二次世界大战以前的旅游活动相比,现代旅游活动有以下特点:

(一) 广泛性

旅游的广泛性有三层含义:一是旅游者构成的广泛性。传统旅游业的市场群体有限,主要是贵族、富商和名流等社会上的富裕阶层。随着社会福利的普及、公民带薪休假制度的建立,休闲权被国际公认为人权的内容之一。现代旅游已不受阶层、国家、民族、性别、年龄等的限制,成为一种广泛的大众性活动,进入了大众旅游时代。据世界旅游组织的报告,2016年有超过12亿人次的国际旅游者在世界各地进行跨国、跨洲旅游活动。据国家旅游局公布的数据,2016年我国国内旅游人数达44.4亿人次,出境旅游人数达1.22亿人次。

二是旅游地域的广阔性和活动领域的多样性。传统旅游业的市场半径较短,主要在国内和周边邻近地区,而现代旅游业已扩展到全球,甚至到太空旅游。旅游空间的扩大既包括范围的扩大(如极地地区),也包括覆盖面的扩大(如乡村地区)。每个地方都有可能成为旅游地。现代旅游不仅涉足地球的各个角落,而且深入到社会的各个领域和方方面面。

三是旅游内容的丰富性。随着旅游需求个性化、多样化的发展,旅游活动内容越来越丰富,旅游活动种类不断增加,例如观光旅游、度假旅游、商务旅游、会议旅游、保健旅游、修学旅游、生态旅游、探险旅游等。

在大众旅游的背景下,出现了免费的奖励旅游和资助全部或部分旅游费用的社会旅游,这两种旅游形式也是现代旅游广泛性特点的具体表现。

1. 奖励旅游

奖励旅游最先出现于20世纪60年代的美国。奖励旅游是某些企业为了表彰和奖励那些工作成绩突出的销售人员,组织他们携配偶外出旅游度假。与用金钱和物质奖品作为奖励来比,奖励旅游的激励作用更为持久,因为旅游的经历往往使人终生难忘。

参加奖励旅游是一种难得的特殊经历,原因有以下四点:第一,奖励旅游活动一般都是由本公司的高层领导带队出行并全程作陪,这对于获奖员工无疑是一种殊荣;第二,奖励旅游的出游目的地通常都经过特别挑选,一般都是选择员工个人不大容易前往的地方;第三,奖励旅游的活动内容往往都是量身定制,由专业的奖励旅游策划商进行特别组织与安排;第四,在奖励旅游活动期间,陪同活动的本公司高层领导通常都会抽出半天或一天的时间组织开会,邀获奖者一起共商本公司的发展大计。这会使获奖者感到自己备受赏识,有主人翁的体验。因此,对于很多未受此奖励的员工来说,他们一方面会对受奖的同事投以羡慕,另一方面也会为自己未能获此殊荣和经历而心存遗憾,从而会刺激他们在今后的工作中奋发努力。所以,奖励旅游会起到奖励少数人、激励一大片的效果。

目前,奖励旅游正被越来越多的企业和政府机构所运用,已形成一个颇具商业价值的高端市场,并且这一市场的规模仍在继续扩大。世界各地都有一些旅游企业或旅游目的地专门经营这一市场。

2. 社会旅游

在经济发达国家中,大多数家庭都有自己的旅游预算。生活并不富裕的家庭也会在平时生活中精打细算,注意节省,以保证至少一年一度的全家旅游度假计划能够实现。当然,还有相当数量的社会下层,家庭经济收入较低,以其自身财力无法实现旅游。有些国家就采取由国家、地方政府、工作单位、工会等提供资助或补助的办法,帮助那些低收入贫困家庭实现外出旅游的愿望,这就是所谓的社会旅游。

这种社会旅游政策在西欧国家最为常见。具体的资助或补贴方式各地不尽相同。一类做法是由雇主企业以不同的安排方式给低收入家庭的员工发放度假补贴;另一类做法是由政府或某些社会组织出资兴建一批度假中心,对低收入家庭实行减免收费。

这种社会性补贴旅游的组织和开展在一定程度上说明,旅游度假作为人们现代生活的必要组成部分,在不少发达国家中已经被提到社会发展的日程上来。目前,我国还没有出现社会旅游。

(二) 持续性

第二次世界大战后,世界旅游业虽然经历了许多曲折和起伏兴衰的变化,但是一直处于持续的发展之中,目前已经成为全球最大和增长最快的行业。从1950年到2015年,65年来,不管从全球旅游人数还是旅游收入而言,基本每隔10年就会翻番。据世界旅游组织统计,全球国际旅游者到访量从1950年的2 530万人,到1980年的2.78亿人次,1995年5.27亿人次,到2016年达到12亿人次。全球范围内国际旅游花费1950年为21亿美元,1980年增加到1 040亿美元,1995年增长至4 150亿美元,到2015年达到1.4万亿美元。

持续增长的总趋势是针对全世界整体情况而言的。局部地区和特殊的地区也许不符合这条规律。例如,20世纪70年代以前,中东地区曾是国际旅游的热点地区,但中东战争的爆发和政治局势的动荡,使这一地区许多国家的旅游业受到致命的打击。1997—1998年亚洲金融危机导致东亚地区旅游接待人数下降1.6%,旅游收入下降10.2%。但局部地区的停止和倒退并不能改变和影响整个世界旅游持续增长的总趋势,因为"东方不亮西方亮",这个地区旅游者减少,另外一个地区旅游者数量可能增加;国际旅游人次下降,国内旅游人次可能上升,因为全世界旅游需求是客观存在的。

总之,只要全世界不发生新的世界大战或全球性的严重经济危机,全世界旅游活动的增长肯定会继续下去。世界旅游组织预言,到2020年,全球国际旅游活动的规模将达到16亿人次。随着社会经济的持续发展,人民生活水平和文化水平的不断提高,世界旅游业将会一直持续稳定地发展下去。

(三) 集聚性

随着现代科学技术的发展和交通运输工具的进步,各地时空距离不断缩小,当今世界已成为一个"地球村"。几乎世界各地都留下了旅游者的足迹,甚至像南极洲这样遥远的冰雪世界,也已成为某些旅游者的目的地。不过,虽然现代旅游者已经几乎是无处不到,但他们绝不是大致平均地分布在地球表面的各个地方。恰恰相反,他们往往集中到某些地区或国家去旅游,甚至集中到某些景点参观游览或从事其他旅游活动。

首先,从全球范围来看,全球国际旅游活动的开展,并不是平均地分散于世界各地,而是相对集中于某些地区。以2015年世界旅游接待量比例为例,2015年,欧洲地区的旅游接待量约占全球总量的51.4%,位居其次的是东亚和太平洋地区,旅游接待量约占全球总量的23.4%,位居第三位的是美洲地区,旅游接待量约占全球总量的16.1%,而中东和非洲分别为4.6%和4.5%。这些数据表明,全球范围内旅游活动的分布格局明显具有集聚性的特点。

其次,将观察范围缩小为一个国家,我们同样也会发现,来访旅游者在该国的逗留活动并不是平均地分散于各地。所以,该国境内各地的旅游接待量往往会有程度不同的差别。也正是因为各地的旅游者接待量不一,甚至差距悬殊,所以才会有了某地区属旅游"热点"地区,某地区属旅游"冷点"地区之类的说法。以我国2015年接待入境过夜旅游的情况为例,该年度我国的入境过夜旅游接待量总计为5 688.6万人次,其中江苏省的接待量为305万人次,与之相比,宁夏的入境过夜旅游接待量仅为3.73万人次。

第三,再从一个旅游城市来看,旅游者往往集中访问某些地方,也不是平均分布在市内各处活动的。据调查,在伦敦接待的旅游者中,大约有93%的人都前往特拉法格广场游览,85%的人都参观西敏寺,83%的人都前去白金汉宫观看卫兵换岗仪式,82%的人都去伦敦塔参观。换言之,访问伦敦的旅游者并非平均分布在市内各处。

旅游活动的集聚性对于旅游企业的经营来说无疑有其有利的一面,但是,旅游者的规模一旦超过旅游目的地综合接待能力或负荷能力的临界点,便会给该地带来较大的影响,甚至可能形成较为严重的环境问题、生态问题和社会问题。如果不能加以解决或者措施不力,所造成的损失便会抵消甚至会超过当地发展旅游业所带来的收益。不少发展较早的旅游发达国家在这方面已经有过很多经验教训。近几年我国有些地区,特别是某些旅游景点也已出现值得认真解决的"人满为患"的现象。这些情况都与旅游的集聚性有关。因此这一特点是发展旅游的国家和地区特别是有关政府规划部门必须十分注意的问题。

教学互动 2-3

问题：了解和认识旅游活动的集聚性特点有什么现实意义。

（四）季节性

旅游活动的季节性是指旅游者的旅游行为受到自然和社会因素的影响，从而呈现出淡季和旺季的差异。旅游活动呈现出一定的季节性主要受三方面因素的影响：第一，气候因素会对自然旅游资源产生重要影响，这种影响有负面的也有正面的。负面影响体现在气候因素会使得一些旅游资源在一定时期内丧失魅力，例如寒冷的冬季，草原一片枯黄，对旅游者就没有吸引力，因而内蒙古草原风情游的旺季是夏季；正面影响体现在气候会造就一些旅游资源或者使旅游资源更具魅力，例如吉林的雾凇、哈尔滨的冰雕、香山的红叶、秋季的胡杨，所以，哈尔滨的观冰灯之旅，客流接待量集中在冬季，九寨沟的童话之旅，客流接待量集中在秋季。第二，旅游资源中的一些节庆活动往往会在特定的时间举行，例如，内蒙古的昭君文化节在每年的七月开幕，壮族的"三月三"一般在农历三月初三进行。在这些节庆活动进行期间，往往会引来大批的旅游者，使当地的旅游呈现旺季。第三，人们的带薪假期和闲暇时间的分布具有一定的季节性。一般而言，学校师生集中在寒暑假出游；北欧国家的带薪假期相对集中在 1～3 月；我国的国庆节和春节，由于放假时间比较长，给人们的旅游活动提供了充足的时间，会在全国范围内形成"假日旅游"的高潮，而西方的圣诞节期间，也同样会掀起一阵旅游热潮。

 同步案例 2-3

旅游活动的季节性

内蒙古自治区由于气候条件的制约，相较其他城市而言，旅游淡旺季更为突出。根据内蒙古自治区的气候变化及旅游市场发展现状，内蒙古自治区的旅游业旺季主要集中于每年的 5 月 1 日至 10 月 1 日，共有 5 个月的时间，其中旅游客流最多的时期集中于 6、7、8 三个月。国庆黄金周以后气温下降很快，旅游客流迅速减少，进入旅游淡季，淡季持续时间长达 7 个月。尽管内蒙古自治区具有较丰富的旅游资源和多样化的旅游产品，但旅游淡季持续时间过长，不仅造成旅游客源不足，旅游收入降低，而且增加了旅游景区的运营成本和维护成本，造成旅游服务人员的流失与短缺，不利于旅游业的持续稳定发展。

（资料来源：赵金玲.旅游概论[M].北京：旅游教育出版社，2016：7）

讨论：你所在城市的旅游有淡旺季之分吗？淡季在什么时候？对提高淡季旅游者数量，你有何建议？

（五）体验性

体验性是旅游者在旅游过程中通过观赏或参与性活动而形成的独特感受。旅游的根本目的在于寻求审美和愉悦体验，旅游本身就是一种经历和体验。旅游体验具有个性化、情感化和参与性三个显著特征。对于同样的旅游客体，不同的旅游者会有不同的感受和体验，每一位旅游者的旅游感知和旅游体验是独一无二的。

旅游体验具有层次性。根据旅游者在旅游过程中的参与程度的不同，可将其分为表层、中度和深度体验三个层次，三个层次具有逐层递进的关系。传统的旅游形式大多停留在表层体验层次,如观光旅游;后逐步发展到中度层次,旅游者在旅游过程中有一定程度的体验;而深度体验是旅游体验的高级阶段,是指旅游者完全融入与目的地居民接触、交往的情景中,由内而外深刻体验目的地的特色和文化。

旅游者主要通过观赏、交往、模仿、游戏四种路径形成旅游体验。旅游观赏是指旅游者通过视听感观对旅游客体所展示的美的形态和意味进行欣赏体验的过程,旨在从中获得愉悦的感受。旅游交往不是一种正式的交往,而且是暂时性的以感情上的沟通或物品交易为主要内容的个体之间的交往。旅游模仿是指旅游者可以通过模仿来体验旅游过程中的快乐与愉悦。旅游者还可以参加形式多样的游戏活动,通过这种亲身参与和模仿的过程,旅游者体会到了快乐,感受到了文化的熏陶。

模块三 旅游活动的类型

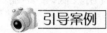
引导案例

海尔集团积极发展旅游项目

海尔集团积极发展多元化产业结构,旅游业也成为其中之一。1999年,海尔集团就开始推出旅游项目,在企业内规划了专门的参观路线。比如他们推出的"修训游",来宾不仅是简单观览,而且和海尔的管理者进行互动交流。这样,一方面加深了对海尔的深层次了解,另一方面通过互动沟通,对企业的管理发展起到启迪作用。后来,他们又推出了"体验游",通过让客人全程了解企业运转,并亲身参与、动手实践的形式,加深对海尔管理及企业文化的快速理解。

(资料来源:邵世刚.旅游概论练习册[M].北京:高等教育出版社,2015:13)

思考: 海尔推出的"修训游""体验游"属于哪种旅游类型?旅游活动的类型有哪些?

随着社会的进步和旅游业的发展,人们的旅游需求在不断发生变化,旅游活动的类型也在不断多样化。关于旅游的分类,目前在学术界和实际工作的部门中还没有统一的标准。比较常见的分类标准是按旅游区域和旅游目的进行分类。

一、按旅游区域划分

按旅游区域划分,现代旅游可分为国内旅游和国际旅游两种类型。这种分类方法对考察了解旅游业的发展有重要的意义。旅游活动在世界发展的一般规律是先国内后国外,由近及远。可以说,国内旅游是国际旅游的先导,国际旅游是国内旅游发展的必然。

(一)国内旅游

国内旅游指人们在居住国境内开展的旅游活动,是旅游者在其居住国境内,离开常住地到其他地方进行的旅游活动。需要注意的是,这里用的是"居住国",而不是"本国境内",也就是说,在一个国家常住(一年以上)的外国人,如外国专家、留学生等,在该国进行的旅游,也算国内旅游。国内旅游可以根据在目的地停留时间,划分为过夜旅游和不过夜一日游。国内旅游又可以根据旅游活动范围的大小,划分为地方性旅游、区域性旅游、全国性旅游三种形式。

1. 地方性旅游

地方性旅游一般是当地居民在本区、本县、本市范围内的旅游。这实际上是一种短时间、近距离的参观游览活动，多数和节假日的娱乐性活动相结合，时间短、活动项目少，常是亲朋好友或家庭、小集体自发组织的旅游方式。其特点是：时间短，距离近，花费少。

2. 区域性旅游

区域性旅游指离开居住地到邻县、邻市、邻省进行的旅游活动。如北京旅行社组织的承德、秦皇岛三日游，上海旅行社组织的苏州、无锡三日游等。一般时间为2～3天，距离为200～300 km，花费中等。

3. 全国性旅游

全国性旅游是跨多个省份的旅游，主要是指到全国重点旅游城市和具有代表性的著名风景胜地的旅游活动。例如，从江苏南京到陕西西安、到广西桂林或到福建武夷山等。一般路程较远，时间较长，花费较多。

国内旅游一般具有以下特点：①旅途相对较短，所需时间较短，支出费用较低；②不需办理繁杂的手续，旅游者一般没有语言障碍；③参与的人次数远比国际旅游的人次多。

(二) 国际旅游

国际旅游指一个国家的居民跨越国界到另一个或几个国家或地区进行的旅游活动。根据跨国境的方向将国际旅游分为入境旅游和出境旅游。以我国为例，其他国家或地区的居民前来我国旅游，称之入境旅游。我国居民离开我国到境外其他国家或地区去旅游，称之出境旅游。

需要特别说明的是，在我国大陆（内地）旅游统计资料上，将一国内实行不同社会制度的港澳同胞和台湾同胞赴内地（或大陆）旅游和内地（或大陆）居民赴香港、澳门特别行政区和台湾地区的旅游也纳入国际旅游的范畴。

根据国际旅游的范围大小，国际旅游可分为跨国旅游、洲际旅游和环球旅游三种具体形式。

1. 跨国旅游

跨国旅游是指离开居住国到另一个国家或多个国家进行的旅游活动，以不跨越洲界为界限。如亚洲本区内的出国旅游就是属于这一类。

2. 洲际旅游

洲际旅游是指跨越洲界而进行的旅游活动。如北美国家的旅游者到欧洲的旅游活动，或美国人到中国、日本人到美国夏威夷的旅游活动都属洲际旅游。这种旅游受制约的因素较多，如航空工业的发展状况、语言障碍等。

3. 环球旅游

环球旅游是指以世界各洲的主要国家（地区）的港口风景城市为游览对象的旅游活动。如英国的"伊丽莎白女王二世号"游船，号称"千人百日游全球"的旅游活动，属于环球旅游。环球旅游消费大。

按照在旅游目的地国停留时间的长短，国际旅游又可以分为过夜的国际旅游和不过夜的国际一日游。在很多国家统计的国际入境旅游人次中，一般都不包括来访的国际一日游人次。但是这些国际短程游览的旅游者在目的地国家的消费，却很难从当地的国际旅游收入中分离开来。所以在一些国家的旅游收入统计中，既包含过夜旅游者的消费，也包括来访的一日游游客在该国的消费。尤其对于某些相互接壤国家的旅游业来说,这些一日游的市场是一个非常重要的市场,比如美国和加拿大、新加坡与马来西亚等。

国际旅游一般具有以下特点:①旅途长,所需时间多,支出费用高;②一般需办理繁琐的手续,旅游者可能还会遇到语言、货币、礼仪、生活习惯不相同等障碍;③发达国家的国际旅游人次比不发达国家多。

教学互动2-4

问题: 从消费程度、逗留时间、便利程度、经济作用等方面比较国内旅游和国际旅游的差异。

二、按旅游目的划分

按旅游目的划分,现代旅游主要有以下几种类型。

(一)观光旅游

观光旅游不仅是人类早期的旅游形式,也是目前国内外较为普遍的旅游形式。

观光旅游是旅游者到异国他乡游览自然山水、鉴赏文物古迹、领略风土民情,从中获得自然美、艺术美、社会美的审美情趣,以达到消遣娱乐、积极休息和愉悦身心的目的。这种游山玩水式的旅游方式,能够给旅游者带来回归自然和精神上自由解放的体验和感受,能够满足旅游者最基本的旅游需求,达到扩大视野、增长知识、调节身心的目的。观光旅游在层次和深度上因人而异,有些旅游者喜欢的是蜻蜓点水般的走马观花,有些旅游者则观察得相对深入细致,体悟感受也深刻一些。

观光旅游具有以下特点:

(1)观光范围广。观光的内容不仅有自然风光,而且包括历史古迹、文化名胜、民族风情等。

(2)适应性强。无论男女老幼,无论何种职业、何种身份的人,都适宜进行观光旅游,观光旅游具有大众性。

(3)参与性较低。在旅游层次上,属初级阶段的旅游,可供旅游者参与的机会较少,参与的程度较低。

(4)接待方便。观光旅游者在旅游景区(景点)停留的时间较短,也没有什么特殊要求,接待服务比较简单方便。

(二)度假旅游

度假旅游是人们利用假期(特别是带薪假期)休息、疗养而进行的旅游活动。它是现代旅游的重要形式之一。随着现代生活节奏的加快,人们精神紧张,在经过一段时间紧张的劳动之后,人们迫切需要休整,而最初为时较短的观光旅游已经不能彻底缓解人们的疲惫身心,并且高速发展的科技水平使得人们每天的工作时长得以大幅度缩短,再加上长时间应用科技使得诸多工作较为枯燥、乏味,世界范围内大量工会都努力为工人争取更多休息的权利,所以双休日开始普及,带薪假期越发普遍。于是,人们开始利用带薪假期去海滨、海岛、山地、森林、温泉度假村等可以舒缓身心的地方进行休整、疗养旅游。近年来,城市附近的乡村、度假村也成了广受欢迎的度假好去处。

相关链接 2-3

温泉疗养

在度假旅游当中,选择温泉疗养至少可以追溯到古希腊和古罗马时期,比如英国巴斯镇的温泉。中世纪,奥斯曼帝国在其欧洲属地上建造了数百个内陆温泉疗养地,这些温泉疗养地到 19 世纪中期已接待了诸多欧洲大陆和英国的富有旅游者。甚至在当代,规模较大的酒店都尽可能地提供温泉类设施,它们是产品多样化的一种方式,且能够带来丰厚的收益。

驴妈妈网和艾瑞咨询公司联合发布的《2016 中国温泉旅游白皮书》显示:2015 年 10 月—2016 年 11 月期间,国内十大热门温泉分别是北京运河苑温泉、苏州乐园四季悦温泉、北京顺景温泉、南京汤山颐尚温泉、常州天目湖御水温泉、苏州张家港金凤凰温泉、杭州宋城云曼温泉、泰州华侨城云海温泉、常州恐龙谷温泉、厦门日月谷温泉,主要集中在沿海地区,江浙地区占了 7 个。

从本质上讲,度假旅游是为实现人类自身的可持续发展而开展的旅游活动,是旅游活动的高级形式,符合未来旅游业的发展趋势。

度假旅游具有以下特点:

(1) 地点相对固定。度假旅游的访问地点相对固定,如海滨疗养地、森林疗养地或温泉疗养地等。度假旅游者到达目的地后,一般活动范围不大,往往局限于度假区及其周围地区。

(2) 目的性强,主要为休息疗养。观光旅游着意于游山玩水,欣赏异国情调,以开阔视野,增长见识;而度假旅游的目的则主要是在紧张工作之余,寻求消遣,消除疲劳,增进身心健康。

(3) 停留时间相对较长。度假旅游的目的是为了好好休息,因此,在一地停留的时间较长。而观光旅游者则不然,往往走马观花,有的当天来,当天走。

(4) 重复率高。年年月月都需要休整疗养,人人都需要休息疗养,因此其重复率高。

(5) 注重健康、娱乐设施。度假旅游者对度假地的健康设施和娱乐设施的要求优先于对住宿设施的要求。这是因为度假旅游者一般停留时间较长,一般要求经济、卫生的住宿条件即可,而希望有更多的体育、娱乐设施,以供安排每天的消遣活动。

(三) 商务旅游

商务旅游是商务活动和旅游相结合的旅游形式,主要目的是经营商务,利用余暇时间进行旅游活动。例如,到新德里的商务旅游者很可能利用空闲时间去参观泰姬陵;到北京的商务旅游者很可能利用空闲时间去游览长城、颐和园和北京故宫博物院等。特别是在现代经贸发展的条件下,商务旅游更加频繁。商务旅游市场巨大,如欧洲作为全球最大的客源地之一,其出境旅游者中商务旅游者大约占 1/7;每年商务出境旅游者都在 3 000 万人以上;中国自 2000 年以来,来华海外旅游者中会议、商务旅游者占四成以上。商务旅游在现代旅游中的地位越来越重要。

商务旅游具有以下特点:

(1) 消费水平高。商务旅游者往往是商企负责人、采购销售人员等,其旅行经费由公司开支,所以他们的旅游消费标准比其他类型旅游者高,他们外出办事可以乘坐公务舱,可以住能满足商务活动的饭店商务楼层或商务饭店。由于出行时间的明确性,他们一般不看重淡季的各种促销或折扣。

(2) 重复率高。因为商业联系一旦建立起来就会持续一段时间,而且往来人员不断。商务旅游者是国际旅游者中重游率最高的。

(3) 对服务设施和服务质量要求高。因商业业务的需要,旅游者不但需要有宽敞华丽的休息室,还要有供会客、洽谈的场所,以及国际象棋、报刊、美食、自助早餐、茶点、鸡尾酒会等设施;为便于工作需要设有计算机、复印机、传真机、电话等。客房装饰需格调高雅、设施齐备、功能齐全、豪华舒适等。

(四) 公务旅游

公务旅游是指政府机关、事业部门因公外出和在公务之余进行的旅游。

这种旅游在各种旅游中所占比重较小,但接待规格高,甚至比商务旅游的消费水平还高。这类旅游对旅游企业影响大,特别是一些政府高官要员、社会名流等,会给旅游企业带来很好的声誉和知名度,从而为企业带来更多利润和效益。因此,一些旅游企业,特别是宾馆、酒店都积极争取接待这些客人。

公务旅游具有以下特点:

(1) 多采取团体形式。旅游团一般由同一职业或具有共同兴趣的人员组成,如医生旅游团、律师旅游团等。

(2) 专业性强。旅游团除进行一般的参观游览外,往往要求与其专业对口单位和人员进行座谈和交流。

(3) 消费水平高,影响大。公务旅行的经费出自公费,一般规格高,消费层次高。接待公务代表团会给相关旅游企业带来较大的影响,特别是由名人组成的文化、艺术代表团和由科学家组成的代表团更具影响力。

(五) 会议和会展旅游

会议和会展旅游是既有联系又有区别的两种旅游形式。

会议旅游是指在开会之余或在会议进程中截取一段时间所开展的旅游活动,其实质就是开会与旅游相结合的一种社会活动。在国际上有各种专业会议、政务会议、协会会议、集团公司会议以及各种展销会、商务洽谈会等。由于这些国际会议具有影响力较大、规格较高、筹备时间较长、消费高的特点,比一般的旅游接待活动有更高的经济收益。据统计,每年全球会议旅游总支出达2 800亿美元以上,并以每年8%~10%的速度增长,故成为世界各国尤其是旅游业发达国家(地区)竞相发展的一个旅游项目。其中,美国、瑞士、法国、英国、意大利、德国、奥地利等国是国际会议旅游的主要接待国。为了竞争的需要,许多国家都建设了豪华的会议宾馆,有各式各样的会议大厅,提供各种通信及会议设施,并设有专门的会议旅游市场经理负责推销。近年来,部分国际会议逐渐向亚洲国家转移,如新加坡连续多年被列入世界十大会议城市,亚洲的泰国、菲律宾以及中国香港地区也已成为接待国际会议旅游的后起之秀。从1980年开始,国际会议旅游在我国已得到重视并开始发展,近年来,为进一步发展会议旅游,各城市在建造、改造旅馆的过程中,都加强了对会议设施的改造。北京已经成为一个重要的国际会议中心之一,上海也有很大的发展空间。

会议旅游具有以下特点:

(1) 消费水平高。会议参加者的食宿与交通费用多由公司、企业或国家负担,因此,他们对住宿、饮食要求较高,这样除了食宿与交通费用高以外,自费部分的消费也比较高。

(2) 逗留时间长。会议参加者既要开会,又要旅游,所以逗留时间比一般旅游者长,大部分人逗留一周左右的时间。

(3) 计划性强。任何会议的举办都有周密的计划,参加人员、会议时间、住宿、餐饮、交通等,事先都要做出切实的计划和安排。会议旅游的时间一般不受气候和旅游季节的影响。

(4) 对接待设施和服务要求高。国际会议要求具有现代化的会议设施,具备良好的交通、通讯设施和一批懂得国际会议惯例、善于组织国际会议的专门人才,以及高效率的服务。

会展旅游是人们借会展而进行的旅游。会展的内容很广泛,包括工业产品会展、农业产品会展、商品会展等,这些会展都带有交易和贸易的性质。世界博览会一方面展示了全世界最为先进的技术和最具特色的文化,另一方面也吸引了大批的海内外旅游者前来游览。2010年上海世界博览会,184天的展会时间,接待了7 308万人次的参观者。

欧洲是世界会展旅游的发源地,经过100多年的发展,占全球会展旅游的半壁江山。其中德国、意大利、法国都是世界级的会展旅游大国。

会展旅游具有以下特点:

(1) 高投入。一次大的会展,特别是世界级的会展,从展馆建设到服务系统的建设与完善,一般需要几十亿美元的投入。

(2) 高收入、高盈利,带动作用强。一般的国际会展利润在20%~25%之间,而且能带动服务、交通、旅游、餐饮等第三产业的发展。

(3) 重服务。会展服务的好坏直接影响一个国家和地方的形象,所以场馆设施完善程度、对外宣传、便利程度、过程安排及总体服务水平和质量都受到重视。

(4) 重管理。会展作为国家或地方的经济和贸易的重要环节,历来受到各国政府和地方政府的重视。一些发达国家皆设有专门的会展管理局。如德国有国家展览委员会,法国有海外展览委员会技术、工业和经济合作署。

(六) 保健旅游

保健旅游是特定人群为治疗某种慢性疾病以及老年人避寒避暑而进行的旅游活动。如慢性的肠胃病、风湿病、关节炎等患者需要到温泉度假村治疗疗养以促进健康恢复。一些富裕和有地位的老年人冬季为避寒、夏季为消夏避暑,选择热带具有温暖阳光、森林的度假村及凉爽山地等进行避寒及消夏避暑。

保健旅游具有以下特点:

(1) 旅游者主要以老弱病者为主,旅游目的地主要是温泉、森林度假村、滨海和阳光地带。

(2) 时间较长,一般少则2~3个月,多则半年或1年。

(3) 消费较多,除交通餐饮,还有住宿和医疗费等。

(七) 宗教旅游

宗教旅游是世界上一种最古老的旅游形式,延续至今仍然具有很大的吸引力。宗教旅游是以朝圣、取经、拜佛求法、传教和宗教考察为目的的旅游活动。宗教旅游在世界三大宗教中都有表现。例如，信奉伊斯兰教的穆斯林，每年前往沙特阿拉伯麦加的朝觐者达200多万人。被称为"佛教第二故乡"的中国，古寺庙宇遍布名山胜地，每年到普陀山、九华山、峨眉山、五台山等佛教圣地进行朝拜和"还愿"以及观光游览的各国旅游者和海外华侨、外籍华人、港澳台同胞络绎不绝。随着社会精神文明建设的进步，纯宗教目的的旅行已逐渐发展成为国内外广大旅游者所乐于接受的游山玩水和宗教活动相结合的旅游形式。

宗教旅游具有以下特点：

（1）宗教圣地是这一类旅游的目的地。如"宗教之都"麦加吸引着全世界的穆斯林。

（2）对这类旅游者的服务往往多根据宗教教义的规定进行，整个过程具有庄严肃穆的氛围，使得他们能够获得精神上的归属感。

（3）宗教旅游有较强的时间性。麦加朝圣于每年的伊斯兰教历12月初开始，12月10日宰牲节达到高潮，之后朝觐活动即告结束。

（八）个人和家庭事务旅游

个人和家庭事务旅游是以探亲访友、出席婚礼、寻根访祖、参加开学典礼等处理个人家庭事务为目的而进行的旅游。这类旅游者在整个旅游者人数中占10%左右。寻根问祖、探亲访友旅游是其中最主要的类型。

寻根问祖、探亲访友旅游是指由于怀念故土、眷念乡情而引起的故土重游、寻根访祖和观光旅行游览相结合的旅游形式。如美国非洲裔黑人到非洲大陆的寻根旅游。自1978年以来，来中国进行寻根访祖和探亲的友人日渐增多，寻根旅游成为一种很特殊的旅游形式，主要集中在华侨较多的广东、福建等地。寻根旅游在我国还有一种形式，那就是有些外国人曾出生在中国并幼年生活在此，或曾经长期在中国工作和生活过，还有在第二次世界大战期间受德国法西斯迫害，来我国上海避难的犹太人的子女，他们到我国旅游的目的是旧地重游，看看有什么新变化，有的人还到医院寻找自己的出生资料，有的人到自己曾居住的房屋看看，有的人探望自己的友人，他们把这一旅游目的的实现认为是一种特殊的享受。

个人和家庭事务旅游具有以下特点：

（1）对价格较为敏感。由于该类旅游者因私出行，大都很在乎价格。

（2）外出的季节性较弱。他们出行的主要目的是处理家庭和个人事务，一般是利用带薪假期和传统节假日，或者根据家庭事务的紧迫性临时决定出行的时间，因此受自然因素的影响较小，季节性较弱。

（3）这类旅游者往往很少在旅游目的地住宿和使用旅游过程中的其他的服务设施。

（九）购物旅游

购物旅游是以去异地异国购物为主要目的的旅游活动。这种旅游活动的发展与社会经济发展和人民生活水平提高息息相关。中国的香港被誉为世界的"购物天堂"，因为这里对进口货物（除酒类、烟草、某些碳氢油类和甲醇）不征收关税，实施自由企业和自由贸易政策。世界各地物产大都麇集此地，以此招徕世界大量购物旅游者。据统计，每年进入香港的国际旅游者60%左右是为了购物。购物费用约占其全部旅游费用的60%。同样，在欧洲法国和西班牙之间的比利牛斯山脉中的"袖珍之国"安道尔公国，面积仅468 km^2，人口约8.5万人（2015年），但每年接待的国际旅游者达200万~300万人次。这里是登山、滑雪和休闲度假的理想场所，更重要的是它还是个零关税国家，购物特别便宜，如一瓶开胃酒在法国为12欧元,在安道尔公国则仅为3欧元。

购物旅游具有以下特点:

(1) 实物性。一般旅游产品有一个很重要的特点,就是旅游者花了精力、金钱和时间,买来的是无形的产品——感受。而购物旅游中有形的商品占了很大的一部分,旅游者通过购物来满足其心理需求,体验购物带来的快乐。当旅程结束,旅游者买回了许多实物性商品,同时还有讨价还价的成就和快乐的回忆。

(2) 购物旅游的费用具有不确定性。因为旅游者的爱好、经济实力等不同,他们最后购买的商品在数量、质量上都不尽相同。

(3) 旅游者具有更大的主动权。在其他的旅游类型中,旅游者一般是在导游的带领下进行各种旅游活动。而购物旅游就有很大的不同,虽然说购物场所是事先设定的,但是旅游者对商品的选择和购买,是由自己决定,具有更大的自主权,同时能带给旅游者更放松的游玩心情。

(十) 生态旅游

生态旅游是以自然、生态资源为依托,以增强环境意识和保护生态为核心的旅游活动。这一旅游形式自20世纪80年代兴起以来受到高度重视,在旅游市场中增速最快,每年以10%～30%的速度发展,代表着21世纪旅游发展的方向。

生态旅游具有以下特点:

(1) 以大自然为舞台,通过旅游考察观赏、探险,认识自然规律,提高环境意识,促进生态平衡。

(2) 开发旅游景区时,以生态学思想为设计依据,以保持生态系统完整为原则,达到旅游和环境的和谐与可持续发展。

(3) 重视地方居民利益和保护环境是生态旅游的核心。它是旅游发展的高级产物,品位高雅,具有丰富的文化和科学的内涵。

(十一) 修学旅游

修学旅游是以研修异国他乡的文化、学习特定知识并获得生活体验为主要目的的旅游活动。修学旅游起源于日本,已有近130年的历史。每年都有大批日本大、中小学生利用寒暑假来中国边旅游、边学习中国的语言、文化等。还有来自世界各地的旅游者到中国学习汉语、武术、中医(针灸)、烹饪等中国传统文化。

修学旅游作为学生素质教育的重要组成部分,在发达国家十分盛行,而在我国尚处于初级发展阶段。不过,近年修学旅游在我国北京、上海以及沿海等经济发达地区和城市已开始盛行。

修学旅游具有以下特点:

(1) 旅游主体以青年人为主。因为青年人具有好奇性、冒险性、挑战性,并具有高科技知识和绿色意识。

(2) 教育和旅游的功能统一。修学旅游突出"学"字,"游学相融"。对于旅游者来说,修学旅行内容丰富多彩,直面社会、历史、人生,寓教育于游览、娱乐之中,开阔了视野,丰富了经历,强健了体魄,增进了旅游者的社会经验。

(3) 参与性极强。修学旅游突出一个"学"字,要求旅游者在旅游的过程中,通过参加交流会、讲座和参观活动等,要有所学,学有所获。

(4)旅游者对物质要求不高。修学旅游者更注重精神上的享受与收获,在吃住上都侧重经济型。

日本的修学旅游

日本修学旅游始于1886年2月,当时的东京师范学校组织学生到千叶县进行长达11天的"长途远足"。此次活动内容涉及军事训练和物理学、动物学、植物学、地理、历史、美术等诸多学科,学生们在同行老师指导下进行参观、考察、实习等。1888年,师范学校准则中将"修学旅游"作为学校活动的一项内容,将其与军事训练相分离,成为以探究各学科知识为主要目的的旅游活动。同年,修学旅游在师范学校、中学、小学等得到广泛开展。

1952年,日本战后混乱局面结束,经济开始走向复苏,修学旅游发展迅速。1958年,日本开通修学旅游特别列车。1960年,在"高中学习指导纲要"中,将修学旅游确定为学校例行活动,成为正式的校外教育活动。在"指导纲要的解释"中,关于修学旅游的目的有如下表述:(1)通过亲身体验、参观日本的自然、文化、经济、产业等,增长见闻,能够扩展各学科、科目及其他方面的知识,以获得较多的实践知识和培养良好的情操。(2)通过到校外旅行生活和集体活动的体验,积累有关健康、安全、集体生活的规则、公共道德等方面的体验。(3)了解未知世界,或者通过师生、学友共同生活,品味生活快乐,加深友情,培育师生情谊,能够丰富学生的学校生活。

伴随着社会的发展和时代的进步,修学旅游目的也发生改变,最主要的目的是重视人际沟通与交流。修学旅游的形式、内容、采用的交通手段也发生变化,并富有时代特性。

(资料来源:张岩.日本修学旅游发展对我国的启示[N].中国旅游报,2008-06-04(11).编者根据需要作了删节)

(十二)探险旅游

探险旅游是一种富于挑战性和自我牺牲精神的旅游活动。它的最大特点在于具有使命感和成就感,令旅游者不顾一切艰难险阻完成旅游活动。如西方的哥伦布、麦哲伦等,以及近现代的"三极"(南极、北极和珠穆朗玛峰)探险等。现代的探险旅游内容很多,有海底探险、大漠深处探险、江河漂流、气球环球旅游等。例如,约旦的观沙漠奇景旅游,旅客骑在骆驼上,一路上可看到部落人在骄阳下放鹰狩猎的情景,夜间住帐篷吃烤羊肉,听《天方夜谭》的故事消遣长夜,每年能吸引10多万旅游者。而在英国的乘气球旅游,旅游者经过短期训练后,可以乘坐飘动着的大气球,依据自己的兴趣,进行观景、摄影、歌唱、跳舞等活动。

探险旅游具有以下特点:

(1)对刺激的追求。旅游者加入探险活动的首要动机是追求刺激感,而不是追求具体的冒险活动。

(2)市场份额小。探险旅游是较高层次的旅游,产品的市场份额远不及传统旅游。

(3)具有专业性。探险旅游的性质和环境条件决定了组织者的特殊性和专业性。

除了上述这些旅游类型之外,还有其他一些新奇的旅游类型在西方也逐渐时兴起来,如以体验灾难、苦难为目的的"黑色旅游",与博彩业相联系的博彩旅游、浪漫的太空旅游等。实际上,在21世纪,旅游者外出旅游的目的往往不是单一的,而是几种目的的综合,有时候很难单独归入某一种类型。

三、按其他标准划分

按照旅游的组织形式划分,旅游可以分为团队旅游和散客旅游;按照旅游的对象划分,旅游可以分为工业旅游和乡村旅游等;按照旅游的方式划分,旅游还可分为露营旅游和邮轮旅游等多种形式。

(一)团队旅游与散客旅游

1. 团队旅游

团队旅游是一种集体性质的旅游,通常通过旅行社组织游览活动。其优点是:

(1)省时方便。旅游者的交通、食宿、游览项目以及导游工作等都由旅行社负责安排,省去旅游者很多事宜,他们不必亲自为此而忙碌。

(2)价格便宜。参加旅游团在很多方面能够得到旅游交通、旅游饭店、旅游景点等旅游企业的优惠,因而价格便宜得多。

(3)有安全感。很多旅游者在出发前会为购买机票、预订旅馆而发愁。尤其是在旅游旺季以及在旅游设施较为缺乏的国家和地区,旅游者担心不能按时抵达和离开某地,不能顺利地订到旅馆、饭店,因而缺少安全感。参加旅游团队,这一切都由旅行社负责安排,就会减少他们的不安全感,解除其后顾之忧。此外,参加旅游团,能够得到旅行社和导游人员的照料,较之于散客旅游,更能保障旅游者的人身和财物安全。

(4)享受导游服务。参加团队旅游项目,旅游者一般都能享受旅行社提供的导游服务,从而可以使旅游者克服语言障碍,更好地了解旅游地的历史文化、民俗风情以及旅游景点的一些情况,顺利地完成旅游活动。

团队旅游的缺点是:

(1)缺乏自由度。旅游者在旅游活动中要受到团队较多的限制,不能随心所欲。旅游日程、项目和时间的安排都由旅行社决定,单个旅游者必须服从,从而限制了个人的意志和爱好。比如某旅游团的一位旅游者对中国的书法艺术很感兴趣,宁愿花一天时间游览西安碑林,而团队只安排在碑林停留一个小时,这就不能不使他感到非常遗憾。

(2)日程安排比较紧张。有人认为,它是一种"赶鸭子"式的旅游方式,这是很多旅游者所难以接受的。

(3)团队成员间容易发生意见分歧。团队旅游的旅游者比较多,各人的兴趣、爱好千差万别,在旅游途中,容易发生意见分歧,进而产生矛盾和冲突,如果解决不好,可能导致整个旅途不愉快。

2. 散客旅游

散客旅游是一种个体旅游,它是相对于团队旅游而言的。通常旅游活动中的一切事直接由旅游者自行解决(当然某些项目也可以委托旅行社代办)。它虽然缺少团队旅游所具有的便利、优惠等条件,但它最大的特点是"自由"。旅游者可以自由地选择游览地,自由掌握游览时间和游览节奏,自由选择适合自己口味的旅游内容,而不必受团队的限制。

(二)工业旅游与乡村旅游

1. 工业旅游

工业旅游是以国内外大型和知名工业企业为参观游览对象的现代旅游活动,其目的是学习考察、增长见识和满足好奇心。对于作为参观游览对象的知名企业而言,工业旅游则是进一步扩大其社会影响和知名度、树立良好社会形象、加强企业品牌建设的重要途径,因而受到广大旅游者和企业的欢迎。

工业旅游具有以下特点:

(1) 高度的科普性。工业旅游的主题和内涵富含工业知识,旅游者进入企业参观游览,可以了解在某一领域独特的技术、未来科技与工业的发展前景等。

(2) 强烈的依托性。工业旅游的目的地只能选择在企业厂区及周边环境,需要依托企业产品及其周边的环境设施作为旅游吸引物。

(3) 开发的复杂性。开发工业旅游需要涉及市场需求、营销宣传、旅游服务等方方面面。企业一方面要保证自己的主营业务,还要投入精力经营旅游项目。既要开展好工业旅游服务,使旅游者看到企业更多正面的信息,又要顾及工艺保密和安全的需要,常常对旅游者的活动空间加以限制,现实中需要企业解决的具体问题颇多。

(4) 低重游率。工业旅游回头客较少,因为工业企业可看的对象变化不大,加之受制于安全等原因的影响,旅游者自由活动少,参与度不高。另一方面,工业旅游不是企业的主营产品,企业往往没有投入更多的人力财力来开发新的旅游项目,所以旅游项目的创新性不强,无法吸引旅游者长期参与。

> **相关链接 2-5**
>
> **"青岛啤酒"的工业旅游**
>
> 青岛啤酒博物馆于 2003 年 8 月落成,是世界一流、国内唯一的啤酒博物馆。现在,青岛啤酒博物馆已成为国家 AAAA 级旅游景点、国家级重点文物保护单位和首批全国工业旅游示范点,逐步成为青岛旅游的精品项目、山东旅游的亮点、国内工业旅游的明珠。
>
> 青岛啤酒公司的工业旅游红红火火,吸引了世界的目光。早在 2007 年 8 月,青岛啤酒公司与世界旅游组织签订了战略合作协议,成为继微软之后该组织在全球的第二家合作伙伴,这标志着青岛啤酒公司在创建青岛啤酒博物馆之后,工业旅游项目"与世界干杯"战略正式实施。
>
> 为了发展工业旅游,青岛啤酒专门成立了青岛啤酒文化公司。作为青岛啤酒工业旅游项目的日常经营者,该公司的重要任务就是要把青岛啤酒的文化营销理念转化为旅游者的切身"体验",把青岛啤酒百年文化中最精彩的内容"说"给旅游者听,把青岛啤酒的制作工艺"做"给旅游者看,通过让旅游者亲身"体验"——制造一瓶属于自己的纪念版啤酒,去完成企业文化的营销。
>
> (资料来源:刘伟.旅游概论[M].北京:高等教育出版社,2015:29)

2. 乡村旅游

乡村旅游是在乡村范围内利用自然环境、田园景观、农事活动、农村生活等乡村自然与文化资源,通过科学规划和开发设计,为人们提供观光、休闲、度假、体验、娱乐、健身等多项服务的旅游活动。乡村旅游以城市居民为旅游主体,以观光、休闲、度假等为主要目的,以城郊乡村(常为 1 小时车程左右)为目的地。

乡村旅游被认为是全球性的"朝阳产业",具有强大的生机和广阔的前景。早在 19 世纪

30年代欧洲已开始了乡村旅游。目前乡村旅游在德国、奥地利、英国、法国、西班牙、美国、日本等发达国家已具有相当的规模,走上了规范化发展的道路。国外乡村旅游的类型主要包括观光型、休闲型和乡村文化型等。在中国,以农家乐、渔家乐、牧家乐、休闲农庄、森林人家等为主题的乡村度假产品遍地开花,各地建成了许多依托自然风光、美丽乡村、传统民居为特色的乡村旅游景区,开发出采摘、垂钓、赶海、农事体验等参与型的旅游娱乐活动和徒步健身、龙舟比赛、滑雪、泥泞跑等乡村体育休闲运动,打造出丰富多彩的乡村特色文化演艺和节庆活动,同时,自驾车房车营地、帐篷营地、乡村民宿等乡村旅游服务新业态发展势头迅猛。"农家乐"是中国最具代表性的乡村旅游形式。它最早诞生于成都(20世纪80年代),来农家的客人大多是成都市民,旅游的主要目的是休息、娱乐与餐饮。至2011年,成都的"农家乐"接待户已近万家。其旅游产品已由单调的"住农家屋、吃农家饭、干农家活、享农家乐"为内容的"农家乐"活动,逐步向休闲、度假、养生、会议等多功能产品过渡,并形成了农家园林型、观光果园型、景区旅舍型、花园客栈型、养殖科普型、农事体验型和川西民居型等几大类特色,经营模式也由一家一户经营向会所、山庄和乡村酒店发展。同时,成都的乡村旅游产品也在向主题化方向发展,如成都市锦江区委、区政府倾力打造的"五朵金花"(幸福梅林、花乡农居、江家菜地、东篱菊园、荷塘月色)旅游景点已成功进入成都市旅游市场,深受成都市民的欢迎。

2016年10月,国家旅游局等多部委联合启动了乡村旅游扶贫工程,发挥乡村旅游在精准扶贫、精准脱贫中的重要作用。

乡村旅游具有以下特点:

(1) 乡土性。乡村旅游是以传统农业为基础发展起来的新产业,它离不开土地、离不开乡村,离不开"乡味""土气"。乡村各种农业景观、农事劳动、民俗节庆、工艺美术、民间建筑、民间文艺、趣事传说等具有浓郁的乡土文化特色,一些乡村甚至还保留着原生态、古老的风貌,这些都为发展具有乡土特色的乡村旅游奠定了基础。

(2) 地域性。不同区域的自然、经济和社会发展条件差异很大,所形成的乡村旅游景观地域性明显。南方与北方、山区与平原、发达地区与欠发达地区,其种养业发展不同,形成的农业景观和乡土文化也不同。同时各地还结合新农村建设、"一村一品"发展以及农业发展布局优化的需要,进一步发展具有地域性特色的乡村旅游。

(3) 季节性。农业生产的季节性特点,决定了其一年四季景观与旅游内容不同,春耕、夏耘、秋收、冬藏四季农事劳动各有特点。

(4) 生态性。乡村风光和生态景观是发展乡村旅游的基础和前提。乡村旅游的健康发展与绿色农业、乡村环境保护、生态文化传承密切相关。要体现乡村旅游的生态性,一定要采取必要的生态保护手段,保护好环境,走可持续发展之路。

(5) 体验性。乡村旅游重在亲身体验与感受。消费者可亲自参加种植、采集、品尝和加工等活动,体验农村风情和农业生产活动的艰辛,也从中获取劳动的欢乐。这是区别于风景名胜旅游的一大特点。

乡村地区集聚了我国约70%的旅游资源,乡村有着优美的田园风光、恬淡的生活环境,是延展旅游业的主要地区。

> 同步案例 2-4

淡淡的乡愁

让居民望得见山、看得见水、记得住乡愁是党和国家对未来美丽乡村建设提出的重要指示。大力发展乡村旅游是推动美丽乡村建设的重要途径。在乡村旅游建设中,挖掘地域的农业产业特色、地域文化特色、传统技艺特色和生活习俗特色,供旅游者参与旅游体验;在道路两旁种植特色果树、蔬菜和花卉,形成生态景观廊道;打造庭院经济,形成葡萄小院、丝瓜小院、盆景小院、农耕小院等特色主题院落,提供旅游者特色餐饮、住宿;村庄景观设计以五谷杂粮为元素,将各种棒子、大蒜、辣椒、柿子、大枣等农作物串成辫子,展示原汁原味的乡村风貌;文化生活设计时要挖掘整理地域的传统戏曲、舞蹈、民俗技艺等,供旅游者休闲娱乐。

讨论: 在该案例中,乡村旅游的发展愿景是什么?主要赢利点有哪些?

(三) 露营旅游与邮轮旅游

1. 露营旅游

露营旅游是指不依赖固定房屋等设施,以自带设备在野外生活等为目的的旅游方式,它集观光、健身、休闲、娱乐、体育竞技于一体,目前已成为社会大众积极投入并参与的时尚旅游休闲消费行为。近年来,露营旅游在世界各地逐渐盛行,在欧美一些国家,露营甚至已成为人们日常生活的一部分。据悉,欧洲拥有 6 000 多个标准的露营地,每年夏季这些露营地都处于爆满状态;而在美国,1/3 的旅游住宿设施、1/3 的旅游时间以及 1/3 的旅游地是以露营形式存在的,每年露营人数超过 3 000 万,露营地年收入超过 200 亿美元。

露营旅游具有以下特点:

(1) 空间范围广。依托发达的高速公路网和密集的公路群,在私家车高度普及、自驾出行日益流行的地区,露营旅游能抵达较远的距离。

(2) 产品需求多元。丰富的旅游资源(如山地、森林、海滨、湖泊,以及草地、沙漠、古村落、果园、特色乡村等)都是理想的露营旅游目的地。多样化的自然背景是露营旅游的重要优势,能满足不同爱好群体的不同需求。各风景名胜区、森林公园、自然保护区等,由于风景宜人、观光资源丰富,往往成为最受露营者欢迎的地区。

(3) 露营活动形式多样。在追求自主化、个性化的前提下,一些主流形式也依然受到欢迎,如文娱表演、竞技比赛、地方民俗、篝火晚会、自助野炊等。

(4) 露营旅游对营地设施有一定的要求。在安全的前提下,有良好的设施配置(如个人卫生设施、各类租用设备、日用品、药品、服务设施等)服务质量的露营地才会获得旅游者的青睐。

> 相关链接 2-6

露营是生活的一部分

丹麦露营协会秘书长安妮 17 岁时在男朋友(也就是现在的丈夫)的劝说下,进行了一次露营旅游,睡在帐篷里,与大自然亲近的经历,深深吸引了她,也让她从此对露营一发不可收拾。

随着两个女儿的出生,他们的帐篷也由当初仅够住两个人,变成能住 4 个人。安妮说,他们会在假期带着女儿们去露营,隔两三周就去一次,一般是去家附近的、一两个小时就能到达的营地。孩子在草地上奔跑、玩各种游戏,丈夫打球、骑自行车……如今两个人都从事露营协会的工作,虽然经常出差,但仍然保持每两三周出去露营一次的习惯。

如今,他们早就不用住帐篷了,家里买了拖挂式房车,两个女儿也都成家了,各自也都买了拖挂式房车,现在一家 4 口都是露营爱好者。像安妮一家一样,露营在欧洲早已成为人们的一种生活方式。

(资料来源:刘伟.旅游概论[M].北京:高等教育出版社,2015:31)

2. 邮轮旅游

邮轮旅游是以大型豪华邮轮为载体、以海上巡游为主要形式、以船上活动和岸上休闲旅游为主要内容的高端旅游活动。现代邮轮被誉为"移动的海上度假村",它既是一种豪华的旅游交通工具,也是一种具有娱乐功能的豪华旅游住宿设施,同时,本身也是一种对旅游者具有强大吸引力的旅游景观。邮轮旅游作为一种豪华的休闲度假旅游形式,以其豪华性、娱乐性、休闲性和新颖性,受到世界各国高端旅游消费者的青睐。

邮轮旅游具有以下特点:

(1) 多元化目的地属性。邮轮旅游者不仅可以享用邮轮上豪华的游乐设施,还可以在邮轮航线的中途靠泊港下船,在该港口城市观光、购物,从而丰富旅游者的旅游生活。因此,邮轮旅游又被称为"多元目的地型度假"。

(2) 浮动特性。邮轮除了需要在水面航行之外,其他所有度假休闲活动的配套服务、硬件设施以及轻松愉快的氛围等,均与其他休闲度假地的条件相当。在邮轮上,旅游者仿佛置身于一座设施豪华完善的浮动度假村中。

(3) 彻底放松身心的旅游体验性。从出发登上邮轮,直至整个行程结束离开邮轮,每位旅游者都有属于自己的固定舱房,无需移动或更换。因此,在旅游过程中,旅游者可以抛开一切压力,完全放松身心,尽情地享受完美的度假时光。全天候的美食盛宴以及航程中的不断变化的景色,随时带来新颖独特的旅途体验。

(4) 产品高价特性。邮轮旅游产品的价格比传统旅游产品偏高,其主要原因是邮轮旅游产品的一价全包的特性。甚至有些产品连往返机票、海上及岸上住宿、全天候餐食、船上活动、娱乐项目、专属接送、港务费、小费……所有项目统统包括在套餐之内,旅游者只需出示房卡即可享用几乎所有的设施和服务。相当于支付一次套餐的费用,几乎不需要再额外支付任何费用(个人消费除外)。

邮轮输送量巨大,每艘邮轮每次可以运载相当于 6 架波音 747 飞机总容客量的旅客(皇家加勒比公司的"海洋绿洲号"豪华邮轮甚至可载客 5 400 名,有 20 层楼高,大小如 4 个足球场)。发展邮轮经济对于促进一个地区旅游业的发展和转型升级具有重要意义。邮轮在国外已经有 100 多年的历史。21 世纪以来,我国很多省、市已经充分认识到邮轮经济的重要作用,纷纷投巨资修建国际邮轮港口,目前国内已建和在建的邮轮港口包括上海吴淞口国际邮轮港、天津国际邮轮母港、青岛邮轮母港、广州港国际邮轮母港、深圳招商蛇口国际邮轮母港、厦门邮轮母港等邮轮母港,以及上海港国际客运中心、三亚凤凰岛国际邮轮港、舟山群岛国际邮轮港、大连国际邮轮港、烟台港、海口南海明珠国际邮轮港等邮轮港。2016年,全国邮轮港口接待邮轮 1 010 艘次,接待游客量 228.36 万人,中国出境游客 214.4 万人次,外国人入境游客12.8万人次。

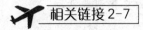相关链接2-7

太空旅游

　　太空旅游是基于人们遨游太空的理想,给人提供一种前所未有的体验,最新奇和最刺激的是可以观赏太空旖旎的风光,同时还可以享受失重的味道。而这两种体验只有太空中才能享受到,可以说,此景只有天上有。太空游项目始于2001年4月30日。第一位太空旅游者为美国商人丹尼斯蒂托,第二位太空旅游者为南非富翁马克·沙特尔沃思,第三位太空旅游者为美国人格雷戈里·奥尔森。专家表示,未来的太空旅游将呈大众化、项目多样化、多家公司竞争、完善安全法规四大趋势。

　　宇航员要学会操纵航天飞船,而旅游者要做的,仅仅是听从宇航员命令,不要给担任"导游"的宇航员们制造麻烦,因此他并不需要经过严格而系统的训练。虽然对太空旅游者的技术要求不高,但有一个条件是必需的,那就是健康的身体。

　　从广义上来说,常被提及的太空旅游至少有4种途径:飞机的抛物线飞行、接近太空的高空飞行、亚轨道飞行和轨道飞行。抛物线飞行并非真正意义上的太空旅游,它只能让旅游者体验约半分钟的太空失重感觉,宇航员在训练时为了体验失重通常也是采用这种方法。旅游者如果乘坐俄罗斯宇航员训练用的"伊尔-76"等飞机作抛物线飞行,费用约5 000美元。

　　接近太空的高空飞行也非货真价实的太空旅游,但它能让旅游者体验身处极高空才有的感觉。当旅游者飞到距地面18公里的高空时,便可看到脚下地球的地形曲线和头顶黑暗的天空,体会到一种无边无际的空旷感。实施这种旅游的飞机有俄罗斯的"米格-25"和"米格-31"高性能战斗机。乘坐它们旅游的每张票价约为1万美元。

　　亚轨道飞行能产生几分钟的失重,美国私营载人飞船"宇宙飞船一号"和俄罗斯计划研制的"C-XXI"旅游飞船就是从事这种飞行的典型,它们在火箭发动机熄火和载入大气层期间能产生几分钟的失重。这种飞行的价格约为每人每次10万美元。

　　美国人奥尔森体验的是真正意义上的太空旅游——轨道飞行。美国哥伦比亚号航天飞机失事后,太空旅游机构大多将目光转向了"联盟"系列飞船。乘坐它们旅游的每张票价约为2 000万美元。

(资料来源:百度百科.太空旅游.编者根据需要作了删节)

项目小结

　　• 旅游是人们为了休闲、商务或其他目的,离开常住地前往异地旅行和逗留不超过连续一年的活动,这种活动不会导致定居和就业。

　　• 迁徙、旅行、游览、旅游、休闲五者之间既有联系又有区别。

　　• 旅游活动的构成要素,包括旅游活动内容的构成要素:食、住、行、游、购、娱,即"六要素"说;也包括旅游活动体系的构成要素:旅游活动的主体(旅游者)、旅游活动的客体(旅游资源)以及旅游活动的中介体(旅游业),即"三体"说。

　　• 旅游活动的本质属性:旅游活动是人类高层次的消费活动,是以获取身心愉悦为目的的特殊的生活经历,是以审美为特征的休闲活动,是人类的一项社会文化活动。
- 旅游的本质是以经济支出为手段、以审美和精神愉悦为目的的文化消费活动。
- 旅游的基本特点是异地性、暂时性、流动性、综合性。
- 现代旅游指的是第二次世界大战结束后,特别是从20世纪50年代开始,旅游进入了现代化时代。现代旅游活动具有广泛性、持续性、集聚性、季节性、体验性等特点。
- 按旅游区域划分,现代旅游分为国内旅游和国际旅游两种类型;按照旅游目的划分,现代旅游分为观光旅游、度假旅游、商务旅行、公务旅游、会议和会展旅游、保健旅游、宗教旅游、个人和家庭事务旅游、购物旅游、生态旅游、修学旅游、探险旅游等类型;按照其他标准,旅游可分为团队旅游与散客旅游、工业旅游与乡村旅游、露营旅游与邮轮旅游等。

项目检测

(一) 复习思考题

1. "艾斯特"定义的内容是什么?该定义有哪些优点和不足?
2. 旅游与游览、旅行有什么区别与联系?
3. "三体"说的内容是什么?三要素之间有什么关系?
4. 如何理解旅游活动广泛性这一特点?
5. 为什么说参加奖励旅游是一种难得的特殊经历?
6. 什么是修学旅游?修学旅游有什么特点?
7. 分析团队旅游的优缺点。

(二) 实训题

1. 请利用课余时间,调查你所在的城市,哪些地方是旅游"热点"?哪些是旅游"冷点"?旅游"热点"和旅游"冷点"的旅游者接待量有什么差异?
2. 按照旅游目的划分,调查你所在城市,开展的旅游活动主要有哪几类?占前三位的是哪几类?

拓展阅读

[1] 朱华.旅游学概论[M].北京:北京大学出版社,2014.
[2] 赵金玲.旅游概论[M].北京:旅游教育出版社,2016.
[3] 刘伟.旅游概论[M].北京:高等教育出版社,2015.
[4] 张建萍.生态旅游[M].北京:中国旅游教育出版社,2017.
[5] 耿进娜.浅析探险旅游发展现状及对策[J].经济研究导刊,2013(4):189-190.
[6] 文平,曹永威,钟颖.中国露营旅游发展的现状与条件分析[J].农村经济与科技,2015(8):100-101.
[7] 倪菁.亚洲邮轮旅游市场发展对中国邮轮旅游业的启示[J].淮海工学院学报(人文社会科学版),2016(5):97-99.

项目三 旅 游 者

学习目标

- 了解旅游者的定义
- 理解旅游者形成条件、旅游者的权利和义务
- 掌握旅游者的类型及特点
- 通过参加旅游活动,观察旅游者的不文明行为,提出相应的改进措施

项目导读

旅游者是旅游活动的主体,一切旅游活动都是围绕旅游者而进行的,有了旅游者,才有旅游活动,才有为旅游者提供服务的旅游业。旅游业的所有接待服务工作都是针对和围绕旅游者的需求而展开的。旅游者的数量、喜好、消费水平、旅游方式、消费结构等是决定旅游业内部产业结构及关系协调的主要因素。旅游资源的开发和利用、旅游业的发展规模和速度,都直接受旅游者的客源结构、旅游流向和活动变化规律的制约和影响。一个地区的旅游开发通常就是以客源市场为导向的开发。因此,对旅游活动以及旅游业的研究应该从旅游者开始。

模块一 旅游者概述

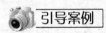

2017年清明小长假古城扬州各景区人头攒动

2017年清明小长假第二天,古城扬州天气晴朗,各景区人头攒动,瘦西湖公园热闹非凡,湖面上船娘的摇橹船、大画舫都特别忙碌,游船如织。同样繁忙的景象也出现在个园、何园、大明寺、东关街等景区内,整个扬州城处处可见四面八方的客人。这里,可以听到各地方言,广东话、浙江话、上海话、山东话、北京话……也不乏当地的土话。大家尽情地踏青、赏花,享受春日阳光,调节身心健康。

思考:在扬州各大景区游玩的客人,都是旅游者吗?一个人要想成为一名现实的旅游者需要具备什么条件?

一、旅游者的定义

和旅游的定义一样,人们对旅游者的定义也多种多样。比较有代表性的定义有下列

几种。

(一) 国际旅游者的定义

1. 国际联盟统计专家委员会定义

1937年,国际联盟统计专家委员会对"国际旅游者"作出如下定义:国际旅游者是离开自己的常住国到其他国家访问超过24小时的人,并且确认下列几类人属于国际旅游者:

(1) 为了消遣、家庭事务及身体健康方面的目的而出国旅行的人;

(2) 为出席会议或作为任何种类(包括科学、管理、外交、宗教、体育等)活动代表而出国旅行的人;

(3) 为工商业务原因而出国旅行的人;

(4) 在海上巡游过程中沿途登岸访问某国的人员,即使停留时间不足24小时,也视为旅游者。

同时,还确认下列几类人不属于国际旅游者:

(1) 到国外就业任职者;

(2) 到国外定居者;

(3) 到国外学习,寄宿在学校的学生;

(4) 居住在边境地区而日常越境到邻国工作的人;

(5) 临时过境而不做法律意义上停留的人,即使在境内时间超过24小时也不算旅游者。

2. 罗马会议定义

1963年,联合国罗马召开的"国际旅游会议"提出对所有类型旅游者使用"游客"这一总体概念。游客是指除了为获得有报酬职业以外,基于任何原因到一个非常住国去访问的人。其访问目的包括消遣(如娱乐、度假、体育运动等)、工商业务、公务、会议、宗教、学习、疗养保健和家庭事务等。游客又分为旅游者和短途游览者两类。

(1) 旅游者:到一个国家去暂时逗留至少24小时的游客,这部分游客属于过夜的游客。

(2) 短途游览者:到一个国家去暂时逗留不足24小时的游客(包括乘邮轮在海上旅行的人)。这部分游客属于不过夜的游客。

1968年,国际官方旅游组织联盟(世界旅游组织的前身)通过了罗马定义。目前,世界各国在对国际旅游者进行界定时往往都以罗马会议定义为基准。

3. 中国国家统计局的定义

改革开放以后,大批海外游客纷纷到中国大陆旅游观光,出于对来华旅游者统计方面的需要,1979年国家统计局对国际旅游者作了如下界定:

国际游客(即海外游客)指来我国大陆观光、度假、探亲访友、就医疗养、购物、参加会议或从事经济、文化、体育、宗教活动的外国人、华侨、港澳台地区同胞。其中,外国人是指具有外国国籍的人,包括加入外国国籍的中国血统华人;华侨指持有中国护照,但侨居外国的中国同胞;港澳台地区同胞指居住在我国香港、澳门、台湾地区的中国同胞。同时规定,游客是出于上述目的离开常住国到我国大陆连续停留时间不超过12个月,且其主要目的不是通过所从事的活动获取报酬的人。其中,常住国指一个人在近一年的大部分时间内所居住的国家(或地区),或虽然在这个国家(或地区)只居住了较短的时间,但在12个月内仍将返回这个国家(或地区)。

根据游客在我国停留的时间不同,国际游客分为海外旅游者和海外一日游游客。凡在我国旅游住宿设施内至少停留一夜的外国人、华侨、港澳台地区同胞称为海外旅游者;凡未在我国旅游住宿设施内过夜的外国人、华侨、港澳台地区同胞称为海外一日游游客。其中,海外一日游游客包括乘坐游船、游艇、火车、汽车来华旅游在车(船)上过夜的游客和机车船上的乘务人员,但不包括在境外(内)居住而在境内(外)工作,当天往返的港澳台地区同胞和周边国家的居民。

同时还规定,不能列为海外游客的人员包括:

(1) 应邀来华访问,由政府部长以上官员率领的代表团及其随行人员;
(2) 外国驻华使馆人员及其随行人员;
(3) 常驻我国达一年以上的外国专家、留学生、记者、商务机构人员等;
(4) 乘坐国际航班过境,不需要通过护照检查进入我国口岸的中转旅客与机组人员;
(5) 边境地区往来的居民;
(6) 回大陆定居的华侨、港澳台地区同胞;
(7) 到我国定居的外国人或原已出境又返回我国定居的外国侨民;
(8) 归国的我国出国人员。

 同步案例 3-1

认识国际旅游者

材料一: 海上巡游度假过程中上岸访问的邮轮乘客;
材料二: 途经某国中转,但并没有离开机场中转区域的国际航空乘客;
材料三: 新加坡客人坐大巴去马来西亚的马六甲游玩,当天下午4点钟乘大巴回新加坡;
材料四: 麦克是美国人,在南京大学留学三年期间,到苏州、杭州旅游;
材料五: 香港客人到深圳旅游购物,当天晚上回到香港。
讨论: 上述材料中的人员是否属于国际旅游者?

(二)国内旅游者的定义

1. 世界旅游组织的定义

1984年世界旅游组织对国内旅游者作出了一个定义:国内旅游者是指为了娱乐、度假、体育、商务、公务、会议、疗养、学习、宗教和探亲访友等目的而在其居住国之内对某个目的地进行至少24小时但不足一年的访问旅行者。

 教学互动 3-1

问题: 世界旅游组织对国内旅游者的定义有什么特点?

2. 中国国家统计局的定义

我国旅游统计中,将国内旅游者称为国内游客。国内游客是指任何一个为休闲、娱乐、观光、度假、探亲访友、就医疗养、购物、参加会议或者从事经济、文化、体育、宗教活动而离开常住地到我国其他地方访问,连续停留时间不超过6个月,并且在其他地方的主要目的不是通过所从事的活动获取报酬的人。同时将国内游客分为国内旅游者和国内一日游游客两类。国内旅游者是指在旅游住宿设施内至少停留一夜最长不超过6个月的国内游客;国内一日游游客是指离开常住地外出距离在10公里以上、时间超过6小时但不足24小时、未在旅游住宿设施内过夜的国内游客。这个定义与国际旅游组织对旅游者的定义相比较,涵盖了不在外过夜的"一日游"游客,从而扩大了旅游者的范围,保护了"一日游"旅游者的合法权益,比较符合目前我国旅游市场的实际现状。

根据我国国家统计局规定,下列人员不在国内游客统计范围内:
(1) 到各地巡视工作的部以上领导;
(2) 驻外地办事机构的临时工作人员;
(3) 调遣的武装人员;
(4) 到外地学习的学生;
(5) 到基层锻炼的干部;
(6) 到其他地区定居的人员;
(7) 无固定居住地的无业游民;
(8) 到外地务工的农民。

二、旅游者的形成条件

一个人要想成为一名现实的旅游者,需要具备一定的社会条件和个人条件。

(一) 社会条件

旅游者的社会条件,一指社会富裕和社会闲暇;二指人们的旅游权利。

由于旅游是一种高级消费形式,因此,一个人要想成为旅游者,只有在一定的社会物质条件下才能实现,也就是说,旅游者的产生有赖于社会经济的发展。

第二次世界大战以后,世界旅游业迅速发展,一些经济发达、生活富裕的国家,如欧美国家之所以能出现全世界80%以上的国际旅游者,成为主要的客源地,同时又接待80%以上的国际旅游者,成为主要的目的地,其根本原因就是这些国家生产力水平高,社会经济高度发展,科学技术进步,社会生产率成倍地增长,使社会富裕、闲暇增多。因而,广大人民的生活水平得到普遍改善,闲暇时间延长,为外出旅游提供了物质和时间上的保证,而社会也能为广大旅游者提供各种服务条件。国际旅游组织统计表明,当一国人均国民生产总值达到800～1 000美元时,居民将普遍产生国内旅游动机;达到4 000～10 000美元时,将产生国际旅游动机;超过10 000美元时,将产生洲际旅游动机。这反映了经济发展水平与旅游需求相互关系的一般规律性。可见社会经济的发展是产生旅游者的前提条件之一。

旅游活动虽然是个人自愿的一种社会行为,但社会必须首先赋予其成员旅游的权利才能实现。这牵涉到每个国家的旅游政策问题。自古以来,每个国家对居民外出旅行或对国内外人员的出入境都有严格的管制。而当今世界虽已更加开放,但各个国家(地区)的开放程度并不相同。国家对旅游采取的政策是封闭、限制,还是开放、鼓励,直接关系到旅游者能否出得去、进得来以及数量多寡、规模大小的问题。可见,世界越是开放,国家对旅游的政策越是宽松,人们就越能充分行使其个人的旅游权利。

(二) 个人条件

社会富裕并不等于每个家庭、每个人都富裕,一个人要想成为旅游者还必须具备个人的许多条件。

1. 可自由支配收入

旅游是一项时时处处需要消费的活动。旅游者在旅游过程中需要吃饭、住宿、乘坐交通工具、参观游览各类旅游景点等,为此,旅游者要付出一定的经济代价。因此,旅游者必须具有一定的经济实力,这是实现旅游活动的首要条件。与此同时,旅游消费不同于一般商品的消费,它不是一般地维持人的生命延续而必须发生的生存性消费,而是在其基本物质需求得到满足以后,追求更高的精神享受需要而产生的消费。因此,一个人要想成为旅游者,必须在其物质需求得到满足以后还有剩余的收入,才可能产生旅游动机。大量研究表明,旅游动机能否实现,主要取决于一个人(或一个家庭)的可自由支配收入。可自由支配收入是在一定时期(通常指一年)内的全部收入扣除纳税、社会保障性消费(健康人寿保险、老年退休金和失业补贴的预支等)以及日常生活所必需的消费部分(衣、食、住、行)之后所余下的部分。

可自由支配收入反映出一个人的旅游支付能力,它不仅决定人们能否成为旅游者,实现旅游活动,同时还影响旅游者的旅游消费水平、消费结构以及旅游者对旅游目的地和旅游方式的选择。从旅游消费结构来看,旅游消费是由食、住、行、游、购、娱六大要素构成,其中旅游者在前三大要素上的消费为基本旅游消费,在旅游活动中基本消费部分不可或缺,旅游者要想在这些方面削减开支一般比较困难,而在游、购、娱三大非基本旅游消费要素上的消费则具有很大的伸缩性,旅游者可以根据自己的实际情况节省旅游开支。在旅游目的地和旅游方式的选择上,一般情况下,经济较富裕的家庭在旅游目的地的确定上,选择的余地比较大,只要旅游目的地有足够的吸引力,他们就做出旅游决定,即便是昂贵的环球旅游也能吸引这部分旅游者。在旅游活动中,他们通常选择飞机这种快捷舒适的方式,入住豪华酒店。而经济条件相对差一点的家庭,在旅游目的地的选择上会受到许多限制,他们只能选择一些与自己经济承受能力相当的旅游地。在旅游方式的选择上,他们一般选择经济实惠的火车旅行,到旅游目的地后入住设施一般的酒店等。由此可见,可自由支配收入在旅游者形成中起着关键性作用。

2. 闲暇时间

旅游的一个显著特征是异地性,也就是说,旅游者必须花费一定的时间,离开常住地去异地参观访问。因而,要成为旅游者,除了须具备一定的经济收入外,还必须有足够的闲暇时间。闲暇时间是决定人们能否成为旅游者的又一个重要条件。

闲暇时间是社会发展的产物。科学技术进步,生产力水平提高,劳动生产率大幅增长,必然导致劳动时间的缩短、闲暇时间的增多,从而为人们外出旅游创造时间上的条件。

人一生的时间是有限的,每天的时间更是固定的 24 小时。一般而言,人的时间可分成工作时间、生活时间和闲暇时间三大部分。工作时间是指人们为了维持生存外出工作以赚取货币的时间;生活时间是为了满足人们的生理需要如吃饭、睡眠以及处理日常生活事务等而花费的时间;闲暇时间指的是人们在日常工作、学习、生活及其他必需时间之外,可用于自由支配从事娱乐、社交、消遣或任何其他自己所感兴趣的事情的时间。

闲暇时间是人们非工作时间中的一部分,在现代社会中,它有四种分布情况:每日闲暇、每周闲暇、公共假日以及带薪假期。

每日闲暇时间是每天在工作和生活之余的闲暇时间,其特点是零散地分布在一天中的各个时段中,虽可用于休息或娱乐活动,但却无法用于旅游活动。

每周闲暇时间通常指周末休息日。目前,世界上欧洲、亚洲和北美地区的很多国家都实行了每周五天甚至四天半的工作制度,每周工时大都不超过40小时,但由于周末时间相对短,一般只适合开展一些近距离的旅游活动。1995年5月1日起,我国正式开始实行五天工作制,即职工每日工作8小时,每周工作40小时。每周闲暇时间的增加拉动了中国公民的旅游需求。由于周末时间较短,一般只能安排短途旅游。

公共假日指的是节假日。从世界范围来看,各国的公共假日与各民族的传统密切相关,如西方国家最典型的公共假日是圣诞节、复活节;我国的公共假日为元旦、春节、劳动节、国庆节等。国家通过政府调控,使前述几个公共假日与前后周末组合在一块,组成旅游的"黄金周",这往往会成为人们外出探亲访友或旅游度假的高峰时间。从1999年10月到2007年12月,我国执行新的法定节假日,我国公民的出游格局中出现了"五一""十一"和春节三个出游量十分庞大的旅游黄金周。2008年我国国务院又重新修改了《全国年节及纪念日放假办法》,在原有假日的基础上增加了清明节、端午节和中秋节,同时"五一"劳动节的假期由原来的三天改为一天。新的节假日制度使得人们的闲暇时间更多,假期出游率进一步增高。2008年"十一"黄金周期间,全国共接待旅游者1.78亿人次,比2007年"十一"黄金周增长22.1%;实现旅游收入796亿元,比2007年同期增长24.2%;旅游者人均花费支出达448元。这样的增长,无疑同上述公共假日放假制度的改革赋予了人们更多的闲暇时间有关。

带薪假期是经济发达国家以法律的形式规定的对就业员工实行的优惠制度,它是自工业革命以来几代劳动大众不断斗争的结果。1936年法国率先通过以立法的形式规定每年每个劳动者享有6天带薪假期。现在,世界上很多国家都实行了带薪休假制度,但各国实行带薪假期的情况各有不同。例如,在瑞典,每年有5~8周的带薪假期;而在美国,一般为2~4周;西欧国家平均每年4周。在我国,2007年12月国务院通过《职工带薪年休假条例》,自2008年1月1日起施行。按照条例规定,职工年休假的天数随着职工累计工作的年限有所区别,最多不得超过半个月。带薪假期时间长而且集中,是人们外出旅游的最佳时机。

此外,还有部分人或在人生的特定阶段享受的特殊假期,主要包括婚假、产假、探亲假等。产假的旅游利用价值较小,而婚假和探亲假则被很多人用于蜜月旅游和探亲旅游。

总之,旅游需要有时间保证,对于处于职业生涯中的人来说,需要有足够数量而且相对集中的闲暇时间才有可能实现外出旅游。所以,虽然并非所有的闲暇时间都可以用于旅游,但从旅游需求方面看,闲暇时间是实现个人旅游需求必不可少的重要条件。

同步案例 3-2

如何让"黄金周"不再"痛并快乐"

人们在享受"黄金周"长假的同时,也体味着"在路上"的酸甜苦辣。为了减轻"黄金周"给游客的出游、旅游经营和管理企业的运输、接待等方面带来的诸多压力和弊端,现有两条建议:一是将每周五天工作时间延长为六天,在每个月月末加一个四天连休的假期;二是加快、普遍实行带薪假期制度,延长原有的带薪假期时间。

(资料来源:赵金玲.旅游概论[M].北京:旅游教育出版社,2016:56.)

讨论:分析这两条建议的优缺点,你自己有什么样的看法呢?

3. 旅游动机

足够的可自由支配的收入和足够的闲暇时间是形成旅游的客观条件。一个人具有了成为旅游者的客观条件,并不一定能成为旅游者,如果他没有主观上的旅游意愿,旅游活动仍然不能开展。就像我们有钱买电影票,也有空闲时间,但如果没有看电影的愿望,就不会成为电影观众。也就是说,旅游者的形成除了客观条件外,还需要主观条件,这一主观条件就是旅游动机。旅游动机是推动人们开展旅游活动的主观意愿。

旅游动机是激励人们产生旅游活动意向,以及到何处去并进行何种旅游的内在驱动力,是推动人们从事旅游活动的心理动因。

旅游动机是旅游需要的表现形式。随着人们生活需要的多样化和复杂化,旅游需要也日趋丰富多样,因此,也导致了旅游动机的多样化。根据有关研究,可以将人们的旅游动机归纳为以下几种:

(1) 身体健康方面的动机。通过与身体健康有关的旅游活动,达到松弛身心的目的。包括度假休息、温泉洗浴、避暑避寒、保健治疗、参加体育活动、娱乐活动等。这一类动机的特点是通过与身体有关的活动来消除紧张不安和疾病。

(2) 文化动机。希望学习和探索异国他乡的文化、历史、艺术、风俗、语言和宗教等,表现出一种求知的欲望。

(3) 交际动机。包括在异国他乡探亲访友、结识新朋友,摆脱日常的社会环境,逃避社会的压力。

(4) 地位与声望的动机。主要包括考察、交流、会议及从事个人爱好所进行的研究等。通过旅游活动满足自尊、受人重视、赞赏、施展才华、取得成就等的需要。

(5) 经济动机。包括商业目的和购物目的,如购买比常住地物美价廉的商品,或者进行业务谈判、商业考察、贸易往来等,进行旅游活动的同时获取经济利益。

(6) 探索动机。包括对未知环境、未知事物的好奇与探索的动机。

实际上,人们外出旅游很少只出于一个方面的动机,旅游是一种综合性的社会活动,可满足人们的多种需要。大多数情况下,几种旅游动机会以不同组合方式形成一种综合动机。例如,去承德避暑山庄的旅游者,既是为了避暑,也是为了欣赏那里的自然景色,还可能是为了了解历史文化知识。

 相关链接 3-1

旅游动机的影响因素

人的旅游需要是由多种因素综合作用形成的,因而旅游动机也受多种因素影响。性别对旅游动机的影响表现在,男性猎奇心理较强,容易萌发外出旅游的愿望,喜欢体力消耗大,具有一定冒险性、刺激性、参与性强的旅游项目;女性倾向于选择对体力要求不高、节奏较慢、安全的旅游产品。

年龄对旅游动机的影响表现在,青年人具有较强的旅游动机,喜欢"时髦新奇"、刺激性和冒险性较强、体力消耗较大的旅游活动;中年人承受较大的压力,他们希望减轻身心的疲劳,愿意选择和自己身份地位相称的旅游方式;老年人因为心理、身体原因,旅游动机相对减弱,倾向于选择节奏舒缓、舒适并且体力消耗小的旅游活动。

受教育程度对旅游动机的影响表现在,文化程度较高者,外出旅游更频繁,旅游已成为消遣的重要方式,更容易做出旅游的决定;文化程度较低者,对旅游的需求不强烈,对远行常会有顾虑,喜欢前往人们熟悉的旅游点。

性格对旅游动机的影响表现在,性格好动的人,猎奇心理更强烈,更易萌发旅游动机,喜欢参与体力消耗大、具一定冒险性的旅游活动,希望多走多看多体验;性格好静的人,不易萌发旅游动机,即便外出也只局限于参与一些安全的、节奏较慢的旅游活动。

此外,旅游动机还受身体条件、经济条件、旅游环境及各种社会因素的影响。

4. 身体条件

旅游活动在于旅游者对旅游吸引物的亲自鉴赏和旅游经历的亲身体验,而要顺利完成从常住地到旅游目的地之间和旅游目的地各景点之间的空中移动以及游览等各项活动,必须以良好的身体作为保证,否则,旅游活动难以开展。身体健康程度不同,对旅游地、旅游资源的性质及旅游环境的要求就存在差异,使旅游行为的实现受到不同程度的影响。健康状况良好,有充沛的体力作保证,拥有更多选择自己所喜好的旅游活动的机会;健康状况不佳,只能在体力允许的范围内选择旅程较短、耗时较少的旅游项目。所以,健康的身体是旅游者产生的重要条件。

概括起来,成为旅游者的个人条件主要是有"钱"、有"闲"、有旅游动机和身体健康。

 教学互动 3-2

问题: 欧洲是世界上最大的国际旅游客源地,每年来自欧洲的国际旅游者人数占全球国际旅游者人数的比例达 50% 以上,请从形成旅游者的社会条件和个人条件分析这一现象。

模块二 旅游者的类型

引导案例

千年古城演绎"烟花三月"新传奇

公元 730 年,别友于滚滚长江之畔,大诗人李白留下了千古绝唱:"烟花三月下扬州。"从此,"烟花三月"只属于这座千年古城。今天,460 万扬州人以开放、包容、创新的心胸和气度,演绎出千年古城的新传奇,向世界展示古代文化与现代文明交相辉映的现实模样。

2016 年 4 月 18 日,第 15 届"烟花三月"国际经贸旅游节拉开帷幕,客商云集、游人如织,来自欧美、日韩等国家和地区的 500 多位嘉宾莅临盛会,海内外数以百万计的游客畅游古城;举世关注、万人参与,第 11 届"中国·扬州鉴真国际半程马拉松赛",吸引了全球 42 个国家和地区的 3.5 万名选手来扬角逐,烟花三月的扬州,成为跑者天堂;文脉绵延、风骨长存,第 4 届"朱自清散文奖"大奖揭晓,全球华人文坛顶级的文学大家,循着先生的足迹齐聚扬州……

(资料来源:李继业,王岚峰,景炎等.千年古城演绎"烟花三月"新传奇[N].扬州日报,2016-05-09 (A01).编者根据需要作了删节)

思考：该案例中的旅游者属于哪些类型？

在项目二中,我们曾经谈到,按照不同的依据或标准,可划分出多种不同类型的旅游活动。显然,这些不同类型旅游活动的参加者,自然分别形成不同类型的旅游者。这就意味着有多少不同类型的旅游活动,便可划分出多少不同类型的旅游者。在这里,我们参照世界旅游组织的惯常做法,依据旅游者的出游目的,将其划分为消遣型旅游者、因公差旅型旅游者、因私事务型旅游者三种基本类型和特种旅游者这一新兴的类型,分析其需求及消费特点。

一、消遣型旅游者

消遣型旅游者是以娱乐、放松为主要目的的旅游者,其表现形式主要有观光旅游、度假旅游、娱乐旅游等。现代社会竞争日趋激烈,人们工作强度大,生活节奏快,紧张的工作和生活使人们普遍感觉到压力大、负担重,生活枯燥乏味。为了消除紧张生活所带来的烦恼,最好的方式就是摆脱自己常规的社会角色和工作压力,去异地娱乐消遣旅游,以求得暂时的身心放松。因此,该类型旅游者正在不断增多,并逐步发展成为当今世界旅游者的主流类型之一。

消遣型旅游者具有以下特点:

(一) 人数多,比重大

消遣型旅游者在全部外出旅游人数中所占的比例最大。现代旅游活动快速发展,其主要原因之一就是旅游度假已经成为人们现代生活方式的必要组成部分,人们借此缓解紧张的生活和工作带来的压力,并满足自己的好奇心和求知欲。因此,消遣型旅游者在世界旅游业中占有重要地位。

观察历年来我国国家旅游局公布的有关统计数字,可以发现,属消遣型目的的入境游客在来华入境游客总人次中所占的比重一般都在50%以上。在国内旅游者中,属消遣型出游目的的旅游人次在国内旅游者总量中所占的比重也在50%以上。

(二) 出游活动的季节性强

消遣型旅游者外出旅游的季节性很强。原因有两方面:从需求角度讲,因为旅游者中大多数属于在职人员,他们的旅游度假几乎都是借助带薪假期实现的。带薪假期的集中造成了出游时期的集中,也就形成了出游的季节性。我国旅游"黄金周"期间的情况更是这方面的典型。从供给的角度讲,目的地的气候以及景观如果受季节的影响较大,也会助长消遣型旅游者来访的季节性。

(三) 拥有较大程度的选择自由

在对出游目的地、旅行方式以及对具体出游时间的选择方面,消遣型旅游者拥有较大程度的选择自由。例如,在得知某个旅游目的地出现安全问题,或旅游接待工作质量下降,或旅游产品提价过高的情况下,消遣型旅游者很可能会临时改变出游计划,转而另选其他的旅游目的地。此外,在具体的出游时间安排上也是一样,由于消遣型旅游者(尤其是散客)受时间的限制并不严格,所以不少人都宁愿花时间等候廉价的剩余机票。如果出游时遇到天气问题,消遣型旅游者很可能会临时决定推迟出游时间。正因为其选择自由度大,因而消遣型旅游者也是同类旅游目的地以及同类旅游企业竞争最激烈的市场部分。

（四）对价格敏感

一般地讲，由于自费的缘故，消遣型旅游者大都对价格比较敏感。他们在选择出游目的地或选购旅游产品时，往往都会就价格进行纵向和横向的比较。如果他们觉得某地旅游产品的价格过于昂贵，则会拒绝前往该地，而另选其他的同类旅游目的地。如果他们认为航空机票价格过高，则很可能会改选其他旅行方式。此外，由于自费的缘故，消遣型旅游者更关心货真价实，价有所值。所以，无论是对于一个旅游目的地，还是对于一个旅游企业，其产品定价一旦出现失误，都无异于自动将顾客推向竞争对手。

二、因公差旅型旅游者

因公差旅型旅游者是出于职业的需要而外出的旅游者，他们以办展览、进行贸易和商务洽谈、出席会议或进行某些科学文化交流为主要目的，在完成公务的同时，进行参观游览。其表现形式主要有商务旅游、公务旅游、会议和会展旅游、讲学旅游等。

现代大众旅游时代到来以前，商务旅游者是旅游活动的主体。在当代，随着世界全球化进程的不断加快，任何一个国家或地区都不可能脱离与其他国家或地区经济、文化、政治等的联系与合作。对于一个走向国际化的企业或组织而言，在全世界范围内获取资源与信息、开拓市场与客源、寻找可能的发展机会与空间、开展与其他企业的合作，已经成为其工作的重要内容。这些联系与合作导致了地区与国际间的人员流动。因公差旅型旅游者因而形成了一定规模的不可忽视的市场。

因公差旅型旅游者具有以下特点：

（一）出游频率高

在各类旅游者中，因公差旅型旅游者的人数虽然相对较少，但出游频率很高。他们的出行很多是出于固定的业务联系，因此常常会到一地作多次旅行。如果旅游企业能够与这些组织建立长期良好的合作关系，往往会形成固定的顾客群。这是很多旅游企业都重视这一市场的主要原因之一。例如，根据有关统计，就全球航空客运市场而言，差旅型旅游者在其中所占的比重高达50%；在全球饭店业所接待的客人中，差旅型顾客同样占有相当高的比例，特别是在五星级以上高档饭店的住宿客人中，差旅型顾客所占的比例高达60%。

（二）出游活动无季节性

因公差旅型旅游者的出行是出于工作或业务的需要，不受假期的限制，利用工作时间即可。因而其出行活动通常没有季节性。如果说这一市场的需求量也存在波动情况，那便是在旅游度假需求的旺季时节，他们外出差旅的可能性反而较低，因为他们此时很可能也要同家人一起度假。另外，在短程差旅的情况下，他们的动身出行以及在目的地的停留多发生于周一至周五的工作日，而很少选择周末的休息时间。

（三）出行活动的自由度小

因公差旅型旅游者的出行目的使得他们对目的地几乎没有选择自由。开展商业业务的旅游者，必须到有业务联系的地区；而参加会议的，会议的召开地点也非自己能够决定。正因为如此，对于各旅游目的地来说，在面向这一人群争取客源方面，很少存在真正的竞争。当然，对于旅游企业来说，则另当别论。

（四）消费水平高

在对旅游服务的要求方面，因公差旅型旅游者所注重的是服务可靠和舒适方便，因而他们的消费水平通常都比较高。例如,为了时间可靠和便利,他们宁可多花钱,也不会去购买附有限制条件的廉价机票。为了舒适和方便,同时也是出于代表本组织或企业形象的考虑,他们通常都会选择令其体面的住宿设施。这是很多旅游企业,特别是很多航空公司和饭店企业十分重视这一市场的又一主要原因。

(五) 价格敏感度低

因公差旅型旅游者对待价格一般不大敏感。这一方面是因为他们的差旅活动并非自费,另一方面则是因为他们没有选择和更改目的地的自由。只要是工作或业务上需要,即使既定目的地的旅游服务价格出现较大幅度的上升,他们仍会前往。当然,如果该地的旅游产品价格升幅过大,超过了其所属组织或企业愿意承担的限度,则该次差旅之行也可能会取消。但即使如此,他们也不大会转而改往其他目的地。

三、因私事务型旅游者

因私事务型旅游者是指以探亲访友、寻根问祖、出席婚礼、参加开学典礼、疗养治病、购物和解决其他家庭及个人事务而出行的旅游者。

因私事务型旅游者具有以下特点:

(一) 出游活动季节性较小

有些家庭及个人事务的办理,如去外地出席亲友的婚礼、参加子女的毕业典礼等,都有一定的日期限制,因此这类人员外出旅行的季节性较小。

(二) 出行活动的自由度小

由于受旅游目的限定,他们对旅游目的地没有选择的自由,有时在时间紧迫或其他因素影响下,甚至没有选择交通工具的余地。

(三) 对价格敏感

由于自费的缘故,因私事务型旅游者大都对价格比较敏感,在旅游中以经济实惠消费为主。这类旅游者的情况比较复杂,还需要根据具体情况具体分析。

四、特种旅游者

人们在日常生活和旅游中获得了物质和精神方面的基本满足之后,开始追求旅游形式的多样化。观光、游览、度假等旅游活动已经不再满足人们的需求,人们越来越倾向于参与性、体验性活动极强的旅游形式。于是,出现了追求挑战体验的特种旅游者群体,如生态旅游者、探险旅游者、登山旅游者、体育旅游者、修学旅游者等。这一群体正在兴起和壮大,以某种不同于大众的方式旅游、追求具有挑战性的特殊经历,已经成为当今青年一代旅游者的时尚。

特种旅游者具有以下特点:

(一) 对旅游资源的原生态要求较高

特种旅游者注重旅游资源的原生性,希望在原汁原味的旅游环境中,尽情考察和享受旖旎的自然风光,体验当地特有的传统文化,体会人与环境的和谐统一。以探险旅游者为例,正是由于自然资源未经人工雕琢的、原始的状态吸引其去探索大自然的奥秘。

(二) 参与性的要求较高

在旅游过程中,特种旅游者不是旁观者和局外人,而是积极的参与者。通过深度参与,体验旅游地的环境、生活方式、传统文化等,在参与中不断面对新的刺激,挑战自我,追求自我价值实现,从而体验一种新的感受,达到更高的旅游境界。

(三) 旅游者的文化素质较高

特种旅游者受教育程度较高,具有较强的好奇心和求知欲,在某方面具有特殊专长或存在浓厚兴趣。如果旅游者不具备较高的文化素质,在参与旅游活动之中,不可能完成整个旅游活动,无法通过自身的能力体验旅游活动的乐趣。

需要指出的是,旅游者外出旅游的目的往往不是单一的,而是多种目的、多种需求的综合,或者以一种目的为主附带其他目的。正是由于多种目的的重叠与复合,有时也使旅游者很难明确归入哪一种类型。在实际工作中,要进行灵活分析,灵活运用理论,结合各类旅游者的特点,更好地进行旅游开发与旅游市场营销。

 同步案例3-3

追随流浪汉的生活

荷兰卡姆斯特拉旅行社推出了"巴黎流浪4日游",全程花费459欧元。这类旅游一般都是在每年的4月至9月组团,因为那时的气候比较好。这类旅游的顾客群是些又好奇又有社会责任感的人。这种旅行团一般10人起组团,参加旅行团的成员不得随身携带现金、信用卡和手机,他们在行程中要学会像流浪汉一样靠在街上捡一些有用的东西或者靠卖艺来维持生活。旅行社会向他们提供乐器、画笔等,并监督他们一切都按照要求做。到了晚上,旅行社会发给他们硬纸板和报纸供他们御寒。不过,行程的最后一晚旅行社会让他们住进高级酒店,同时提供给他们一份丰盛的晚餐,让他们感受到鲜明的对比。

(资料来源:朱华.旅游学概论[M].北京:北京大学出版社,2015:39)

讨论: 以上到巴黎去做乞丐的人是不是旅游者?如果是旅游者,他们是哪一类旅游者?其出行动机是什么?

教学互动3-3

问题: 请从旅游动机、目的地选择、旅游组织形式等方面比较中外旅游者旅游行为的差异。

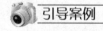 旅游者的权利和义务

引导案例

亚航中国乘客闹事事件

近年来,关于中国游客的种种不文明行为已经屡见不鲜,近两年比较引人关注的案例之一就是中国乘客在亚洲航空航班上的闹事事件。2014年12月11日晚,南京一旅行社组织的赴泰国旅游的团队,乘坐泰国亚洲航空公司由曼谷返回南京的航班,在航行过程中,涉事游客张某和王某登机后,便要求航空服务人员调换座位。虽然经过工作人员协调成功调

换了座位,但耽误了一定的时间。因此,二人对此十分不满。因为该航班为廉价航班,并无餐饮提供,在飞行途中,张某取出自带的方便面用餐时,要求航空服务人员提供热水,在航空服务人员为其提供热水后,张某又与航空服务人员发生言语冲突,并将泡好的方便面泼向航空服务人员。二人对航空服务人员肆意谩骂、恶语相加,导致机上气氛极其紧张,从而导致飞机中途返航。落地后,张、王二人及另两名需要协助调查人员随即被带走调查。

(资料来源:李曙辰.论游客"黑名单"制度的建立[J].梧州学院学报,2016,26(4):38-41)

思考:如何培养文明旅游的行为习惯?

随着世界经济的快速发展,旅游在各国人民生活中的重要性不断提高,对各国的社会、经济、文化、教育领域所产生的直接和积极的影响不断扩大,在这种背景下,世界旅游组织第六次一般性全体大会于1985年9月17日至26日在保加利亚首都索非亚召开。这次大会在回顾了《联合国宪章》《马尼拉世界旅游宣言》《世界人权宣言》和《国际经济、社会和文化权利公约》等的精神后庄严重申:正如人们有工作的权利一样,每个人的基本权利自然也包括在居住国和海外享有休息、娱乐和带薪假期的权利,以及享受旅游带来的权利。大会提出《旅游权利法案和旅游者守则》,明确指出旅游者在旅游活动中的权利和义务。

一、旅游者的权利

(1) 世界各国承认,每个人都有休息和娱乐的权利、合理限定工时的权利、定期带薪休假的权利、在法律范围内不加限制地自由往来的权利。

(2) 旅游者在本国或外国,应能自由地进入旅游景点和旅游地;在过境地和逗留地,除现有规定和限制之外,应能自由往来。

(3) 在进入旅游景点、旅游地时,以及在过境地和在某地逗留时,旅游者应该在以下方面受益:

① 官方旅游机构和旅游服务供应商向旅游者客观、准确和完整地提供关于他们在旅行和逗留期间所有条件和设施的信息;

② 旅游者人身和财产安全得到保障;

③ 享受令人满意的公共卫生,了解关于如何有效地预防传染病和事故的信息,随时使用健康服务设施;

④ 能够使用迅速有效的国内或国际公共通信设施;

⑤ 用必要的行政和法律程序及保证来保护旅游者权利;

⑥ 有权进行宗教活动,并为此目标使用现有的设施;

⑦ 有关政府放宽对旅游者的行政和金融控制。

(4) 每个人都有权让立法代表和公共当局了解自己的需要,从而行使自己休息和娱乐的权利,在最佳条件下享受旅游带来的益处,并在可能和法律允许的范围内与其他人相联系。

二、旅游者的义务

旅游者应通过他们的行为,在国家和国际范围内促进各国人民的相互理解和友好关系,从而对持久的和平做出贡献。

(1) 旅游者必须尊重过境地和逗留地在政治、社会、道义和宗教方面已确立的秩序,并遵守当地的法律法规；

（2）对东道国的习俗、信仰和行为显示出最大的理解，并对其自然和文化遗产表现出最大的尊重；

（3）不过分强调存在于旅游者和当地人之间的经济、社会和文化差异；

（4）对东道国的文化应持接受的态度，因为这是构成人类共同遗产的一个组成部分；

（5）不能从事娼妓活动或剥削他人；

（6）不能买卖、携带和使用麻醉品和其他被禁毒品。

三、中国旅游者常见的不文明行为

近年来，我国出境旅游发展十分迅猛，这反映了我国的经济发展水平，也扩大了中国的国际影响，值得国人引以为豪。但同时一些旅游者在国外旅游目的地的不文明行为，有损国格和人格，与我国文明古国的文化传统相悖，严重损害了国人的国际形象，引起旅游目的地居民的反感。

中国旅游者常见不文明行为包括以下几个方面。

（1）不修边幅，行为不检。夏天光着臂膀招摇过市，卷起裤管，跷起二郎腿。在酒店大堂蹲在地上。在自助餐厅，吃饱之后，还拿走餐厅的食物，弄得一些酒店餐厅拒绝接待中国旅游者。

（2）高声喧哗，旁若无人。喧哗吵闹也是中国旅行团的特色，在酒店大堂高声呼唤和交谈；在餐厅里面，把中国敬酒的习俗搬出国门，大声轮番敬酒，猜拳行令，把餐厅内其他客人都吓走；在不打折的商店不守规矩高声讲价；在其他公共场所三五成群，叽叽喳喳，大声喧哗。

（3）争先恐后，不自觉排队。办理入境手续时，总有人从"蛇形"通道的栏杆下钻来钻去，找熟人插队。在购物和旅游景点拍照时争先恐后，不自觉排队。

（4）不讲卫生，随地吐痰，乱抛垃圾，随地吐泡泡糖胶，触犯外国卫生条例。有的甚至随地小便。为了防止中国旅游者在街道、花坛、草丛随地吐痰，逼得一些导游煞有介事地说"毒蛇会从中蹿出来咬人"。

（5）大摇大摆，扎堆吸烟。虽然导游告诫游客，不能以为在户外就可以吸烟，有监控探头，违规者罚款上千元人民币，但是，在禁烟区内吸烟者有之，叼着香烟大摇大摆者有之，扎堆吸烟，弄得烟雾缭绕、满地烟蒂者有之。

（6）不遵守公共秩序，爱占小便宜。在机场禁区办手续和进行安检的时候，践踏黄线；在飞机上，抢夺行李箱空位；不按空中小姐指示处理手提行李的摆放位置；和空中小姐争吵，导致整班飞机延误，甚至被驱逐离开飞机；顺手牵羊，偷走飞机厕所的牙膏、剃须水、纸巾，偷走酒店的毛巾、烟灰缸。

（7）在景点乱刻乱涂，损毁文物。在景点、文物上写上"某某到此一游"字句；站立在公园的长凳或者桌面上拍照，损坏公物。

（8）不爱护环境和公共设施，践踏草坪如入无人之境。在一些明确告知"不得入内"的地方，中国旅游者照样进入，摆弄风姿，大拍其照。国外的公园、草坪大都未设置栏杆，中国旅游者则无拘无束，进进出出，如入无人之境。

上述行为，除了第一类之外，可能都触犯当地法律、公园管理规定或公共交通工具条例。法国和加拿大一些国家,报纸传媒曾经强烈批评这些中国旅游者的行为。欧洲某些酒店和公园,甚至用中文在大堂或者显眼的地方写明"不准吐痰"等字样。

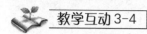
教学互动3-4

问题: 不文明旅游行为会造成什么危害?

四、提升旅游者文明旅游行为的途径

(一)做好文明教育

公民素质的提高必须从教育入手,从学校抓起,从家庭抓起,把公德建设、文明建设作为重要教学内容。文明是一种习惯,而习惯则要从小养成。因此,对青少年来说,尤其要重视对其进行教育,把怎样做人、怎样与人和自然相处,把自强、自爱、自律作为养成训练的重要内容,使其自觉遵守社会道德和行为规范。儿童、青少年的文明行为,反过来会影响和教育其父母和成人的行为举止,从而使全社会公民的文明素质得以提高。只有这样,旅游者的文明旅游行为才能得到根本保障,否则,平时没有养成良好的习惯,而要求其在旅游时表现出良好的素质,显然是无源之水。

(二)出游前,对旅游者进行文明旅游行为教育

无论是国内游还是境外游,旅行社在组团出游之前,都要专门进行行前告知或培训。告知内容主要应包括目的地的法律法规、风俗习惯、礼仪规范、民族禁忌及行为方式,等等。告知方式要多样化和生动化,可包括旅行社出团说明会,举办文明礼仪培训,进行目的地法律法规和文化习俗、民族禁忌的专题讲座,播放专门的文明礼仪教育片等。必要时还可以采取组织文明旅游考试,签订相关"文明旅游承诺书"。

(三)强化旅行社管理

文明旅游建设,必须加强相关部门的行风建设。一般来说,服务者的文明程度也影响被服务者的文明程度,恶劣的态度之下没有好客人。因此,加强旅行社管理是文明旅游建设的重要环节和内容,而旅行社管理中又必须以加强导游管理和领队管理为重点。

要进一步把文明旅游建设中专门针对旅行社、导游和领队等人员的相关规定及措施形成制度,进行相关考核,纳入日常管理。要抓好旅游企业文明规范服务工作,弘扬全心全意为旅游者服务的职业道德,加强行业精神文明建设。在旅游过程中,旅行社、导游和领队要有意识地及时提醒和制止旅游者的不文明行为。要抓好导游和领队文明示范工作,建立相关奖惩制度,对旅游行为中做得好的旅行社、导游、领队典型要进行宣传、表彰和物质奖励。要抓好文明旅游的监督和考核工作,对不履行职责、造成不良影响的旅游企业和有关人员,要进行通报批评;对出现严重问题的旅行社和旅游从业人员要取消其从业资格。

(四)加强景区管理,培养文明意识

景区是约束旅游者行为、培养文明旅游意识的重要场所。旅游景区可以适当的形式设置引人注目的标语牌、宣传画和公益广告,使文明旅游深入人心。在印制的门票和导游图上加印提醒旅游者文明行为的提示语句,使旅游者一进入景区就开始接受旅游文明教育和提示。

景区内的各种指示牌、垃圾桶以及厕所等的设置要方便、科学、合理,设计要有美感、有艺术性。要创造温馨美好的旅游环境,让旅游者身在其中感受文明的氛围,使文明旅游成为旅游者的自觉行动和行为规范。

(五) 加强公众宣传,曝光不文明旅游行为

充分利用报纸、广播、电视、网络、宣传栏等大众传媒以及电视宣传片、文学创作、卡通、漫画、摄影、话剧、公益歌曲、公益广告等艺术形式,进行文明旅游宣传,同时揭露不良陋习,生动活泼地曝光和鞭挞不文明行为,促进全体公民文明素质的提高。例如,可由官方机构专门制作统一的文明旅游宣传片、宣传歌曲,在飞机、列车、汽车、轮船等交通工具、景区、酒店、旅行社滚动播出;举办文明旅游征文、演讲、摄影和DV短片大赛等活动;发挥旅游志愿者队伍的作用,开展文明旅游劝导活动。

(六) 培育旅游者的国民意识

在文明旅游建设中,必须全面培育国民意识。在出境游中,每位旅游者在旅游目的地,都在一定程度上代表了自己国家的形象,都是国家的"形象大使",自己的一言一行,在很大程度上影响甚至改变着目的地所在国家的人民对中国的看法。因此,每位旅游者都有义务在"以热爱祖国为荣、以危害祖国为耻"思想指导下,树立国民意识,尊重他国的法律法规、风俗习惯,主动维护中国的国际形象。

(七) 建立长效机制,完善惩罚措施

有些陋习单靠教育是不能改变的,必须有罚款和硬性的制裁。对有令不行、有禁不止、多次犯规的旅游者要给予处罚,有效制止其不文明行为。为了推进旅游诚信建设工作,提升公民文明出游意识,2016年5月26日,《国家旅游局关于旅游不文明行为记录管理暂行办法》由国家旅游局修订发布并正式实施。通过建立旅游者"黑名单",将那些不讲文明、不守公德的旅游者列入"黑名单",让其为自身的不文明行为付出代价,有利于净化旅游环境,督促广大旅游者自觉恪守公德、讲究文明。在惩罚不文明旅游行为,帮助国民形成了良好的习惯方面,新加坡、韩国的做法值得借鉴。

> **相关链接 3-2**
>
> **"丑陋的韩国人"**
>
> 据报道,韩国政府已经采取措施,制定了处理"丑陋的韩国人"的综合对策。
>
> 韩国外交通商部在国务会议上解释:"丑陋的韩国人"是指那些在国外旅行期间行为不检给国家造成损害的人。根据韩国《护照法》第八条规定,对于那些在国外旅行期间,违反当地法律从而损害韩国形象的人,政府将在一定期限内拒绝发放护照,最高期限可长达3年。
>
> (资料来源:刘伟.旅游概论[M].北京:高等教育出版社,2015:53)

旅游活动是旅游者在不同国家和地区之间的流动,不仅是一种经济现象,而且是一种社会和文化现象。旅游活动和旅游行为不仅会影响旅游目的地国家和地区的文化,同时也会反映旅游者的素质,体现旅游客源地国家和地区的文化和文明程度。因此,发展旅游业必须加强对旅游者的文明、礼貌教育,不断提高旅游者的素质。

> 相关链接3-3

中国公民旅游文明行为公约

为提高公民文明素质,塑造中国公民良好国际形象,中央文明办、国家旅游局于2006年10月联合颁布了《中国公民出境旅游文明行为指南》和《中国公民国内旅游文明行为公约》。

(一)《中国公民出境旅游文明行为指南》

外交部领事司谨提醒每位公民出境旅游时,要努力践行《中国公民出境旅游文明行为指南》,克服旅游陋习,倡导文明旅游行为。该指南内容如下。

中国公民,出境旅游,注重礼仪,保持尊严。
讲究卫生,爱护环境;衣着得体,请勿喧哗。
尊老爱幼,助人为乐;女士优先,礼貌谦让。
出行办事,遵守时间;排队有序,不越黄线。
文明住宿,不损用品;安静用餐,请勿浪费。
健康娱乐,有益身心;赌博色情,坚决拒绝。
参观游览,遵守规定;习俗禁忌,切勿冒犯。
遇有疑难,问使领馆;文明出行,一路平安。

(二)《中国公民国内旅游文明行为公约》

营造文明、和谐的旅游环境,关系到每位游客的切身利益。做文明游客是我们大家的义务,请遵守以下公约。

(1) 维护环境卫生。不随地吐痰和口香糖,不乱扔废弃物,不在禁烟场所吸烟。
(2) 遵守公共秩序。不喧哗吵闹,排队遵守秩序,不并行挡道,不在公众场所高声交谈。
(3) 保护生态环境。不踩踏绿地,不摘折花木和果实,不追捉、投打、乱喂动物。
(4) 保护文物古迹。不在文物古迹上涂刻,不攀爬触摸文物,拍照摄像遵守规定。
(5) 爱惜公共设施。不污损客房用品,不损坏公用设施,不贪占小便宜,节约用水用电,用餐不浪费。
(6) 尊重别人权利。不强行和外宾合影,不对着别人打喷嚏,不长期占用公共设施,尊重服务人员的劳动,尊重各民族宗教习俗。
(7) 讲究以礼待人。衣着整洁得体,不在公共场所袒胸赤膊;礼让老幼病残,礼让女士;不讲粗话。
(8) 提倡健康娱乐。抵制封建迷信活动,拒绝黄、赌、毒。

(资料来源:刘伟.旅游概论[M].北京:高等教育出版社,2015:53-54)

项目小结

- 国际旅游者在中国的定义:国际游客(即海外游客)指来我国大陆观光、度假、探亲访友、就医疗养、购物、参加会议或从事经济、文化、体育、宗教活动的外国人、华侨、港澳台地区同胞。同时规定,游客是出于上述目的离开常住国到我国大陆连续停留时间不超过12个月,且主要目的不是通过所从事的活动获取报酬的人。根据游客在我国停留的时间不同,分为海外旅游者和海外一日游游客。

- 国内旅游者在中国的定义:国内游客是指任何一个为休闲、娱乐、观光、度假、探亲访友、就医疗养、购物、参加会议或者从事经济、文化、体育、宗教活动而离开常住地到我国其他地方访问,连续停留时间不超过6个月,并且在其他地方的主要目的不是通过所从事的活动获取报酬的人。同时将国内游客分为国内旅游者和国内一日游游客两类。
- 形成旅游者的社会条件,一指社会富裕和社会闲暇;二指人们的旅游权利。
- 形成旅游者的个人条件,主要是有"钱"、有"闲"、有旅游动机和身体健康。
- 可自由支配收入是在一定时期(通常指一年)内的全部收入扣除纳税、社会保障性消费(健康人寿保险、老年退休金和失业补贴的预支等)以及日常生活所必需的消费部分(衣、食、住、行)之后所余下的部分。
- 闲暇时间指的是人们在日常工作、学习、生活及其他必需时间之外,可用于自由支配从事娱乐、社交、消遣或任何其他自己所感兴趣的事情的时间。包括每日闲暇、每周闲暇、公共假日以及带薪假期。每周闲暇只能安排短途旅游,公共假日、带薪假期是人们外出旅游的好时机。
- 旅游动机是激励人们产生旅游活动意向,以及到何处去并进行何种旅游的内在驱动力,是推动人们从事旅游活动的心理动因。
- 旅游动机的基本类型包括:身体健康方面的动机、文化动机、交际动机、地位与声望的动机、经济动机、探索动机。
- 参照世界旅游组织的惯常做法,依据出游目的,将旅游者划分为消遣型旅游者、因公差旅型旅游者、因私事务型旅游者三种基本类型和特种旅游者这一新兴的类型。
- 社会中每位公民都有外出旅游的权利,但旅游者外出旅游也要担负一定的义务,遵守基本的行为准则,包括:尊重旅游地文化,保护旅游资源和环境,旅游活动中要恪守文明旅游准则。此外,作为旅游活动的组织者,也要利用各种时机,通过各种形式对旅游者进行文明旅游宣传和教育。
- 提升旅游者文明旅游行为的途径主要有:做好文明教育;出游前,对旅游者进行文明旅游行为教育;强化旅行社管理;加强景区管理,培养文明意识;加强公众宣传,曝光不文明旅游行为;培育旅游者的国民意识;建立长效机制,完善惩罚措施。

项目检测

(一) 复习思考题

1. 世界旅游组织对国内旅游者定义的内容是什么?该定义有什么特点?
2. 可自由支配收入对旅游活动有什么影响?
3. 什么是旅游动机?旅游动机有哪些基本类型?
4. 身体条件对旅游活动有什么影响?
5. 消遣型旅游者具有哪些特点?
6. 请从旅游动机、目的地选择、旅游组织形式等方面比较中外旅游者旅游行为的差异。
7. 提升旅游者文明旅游行为的途径有哪些?

(二) 实训题

1. 很多年前,有一首歌叫《我想去桂林》。这首歌表达了一个人渴望游览、领略桂林山水的美好愿望。歌词如下:

在校园的时候曾经梦想去桂林,到那山水甲天下的阳朔仙境。
漓江的水呀常在我心里流,去那美丽的地方是我一生的祈望。
有位老爷爷他退休有钱有时间,他给我描绘了那幅美妙画卷。
刘三姐的歌声和动人的传说,亲临其境是老爷爷一生的心愿。
我想去桂林呀,我想去桂林,可是有时间的时候我却没有钱。
我想去桂林呀,我想去桂林,可是有了钱的时候我却没时间。
请结合旅游者的形成条件,谈谈你对这段歌词的理解。

2. 利用课余时间,对周围大学生开展旅游者动机类型与需求特点的调查。

3. 实际参加一次旅游活动,观察旅游者有哪些不文明行为,写出调查报告,并提出相应的管理措施。

拓展阅读

[1] 邵世刚.旅游概论[M].北京:高等教育出版社,2016.

[2] 王德刚.旅游学概论[M].北京:清华大学出版社,2012.

[3] 刘伟.旅游概论[M].北京:高等教育出版社,2015.

[4] 陈钢华.旅游心理学[M].上海:华东师范大学出版社,2016.

[5] 魏小安,李劲松.对国人旅游行为与文明旅游的深层次思考(下)[N].中国旅游报,2006-10-18(013).

[6] 魏小安.人生与旅游[M].北京:旅游教育出版社,2016.

项目四 旅游资源

学习目标

- 了解旅游资源的分类方法
- 理解旅游资源开发与保护之间的辩证关系
- 掌握旅游资源的概念及特点、旅游资源保护工作的原则与措施
- 应用旅游资源的调查和评价方法,进行当地旅游资源的调查与评价

项目导读

旅游资源是旅游活动的三大构成要素之一,是旅游活动的客体,是吸引旅游者来访的前提条件。如果没有旅游资源,旅游者便不会被吸引前来访问,也意味着不存在旅游需求市场,旅游业也就无法生存。对于旅游目的地国家或地区而言,旅游资源是该地旅游业赖以存在和发展的根本基础,旅游资源的数量、品级以及旅游资源的组合状况等,对旅游业的发展有着直接的影响。世界上旅游业发达的国家都是得益于丰富的、具有较大特色的旅游资源。

模块一 旅游资源概述

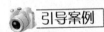

2015年法国依然是全球第一大旅游目的地国

世界旅游组织发布的数据显示,2015年全球境外旅游人数近11.8亿,同比增长4.4%。尽管在2015年遭受多起恐怖袭击,但作为世界著名的旅游目的地国,法国仍吸引大批国际游客慕名而来。与2014年相比,2015年到访法国的国际游客人数小幅增长0.9%,达到8 450万人次,依然是全球第一大旅游目的地国。统计数据显示,2015年到访法国的亚洲游客人数增长最多,达到了22.7%,其中中国游客人数超过200万人次;美国游客人数增长15.2%,达360万人次;但来自欧洲国家的游客减少了1.5%。

法国是欧洲浪漫之都,其历史悠久,具有丰富文化内涵的名胜古迹及自然风光吸引着世界各地的旅游者。风情万种的花都巴黎、美丽迷人的蓝色海岸、阿尔卑斯山的滑雪场等都是令人神往的旅游胜地。截至2016年,经联合国教科文组织审核被批准列入《世界遗产名录》的法国世界遗产共有43项,包括自然遗产3项、文化遗产39项、文化和自然混合遗产1项,例如圣米歇尔山及其海湾、沙特尔大教堂、凡尔赛宫及其园林、枫丹白露的宫殿和园林、巴黎塞纳河畔(包括卢浮宫博物馆、埃菲尔铁塔、星形广场凯旋门、巴黎圣母院、香谢丽

舍大街等著名景点)等。

(资料来源:代俊鹏.2015年法国依然是全球第一大旅游目的地国[EB/OL].中国旅游新闻网,2016-01-20;张兰.法国:去年国际游客微增0.9%[N/OL].北京商报网,2016-04-12.编者根据需要作了整合)

思考:为什么在恐怖袭击阴影下,到访法国的国际游客人数仍然小幅增长?为什么自20世纪80年代起,法国一直蝉联世界第一大旅游目的地桂冠?

一、旅游资源的概念

资源在自然界和人类社会中是客观存在的,资源是多种多样的,如土地资源、水资源、矿产资源、森林资源、海洋资源、人力资源、技术资源等。旅游资源是资源中的一种。

旅游资源是一个内涵十分丰富的概念,随着旅游需求的不断发展和多样化,旅游资源的内涵也在不断延伸,因此,人们对它的定义也多种多样。

对旅游资源的定义比较确切和规范的是:"所谓旅游资源是指:自然界和人类社会中,凡能对旅游者有吸引力、能激发旅游者的旅游动机,具备一定旅游功能和价值,可以为旅游业开发利用,并能产生经济效益、社会效益和环境效益的事物和因素。"[国家旅游局和中国科学院地理研究所制定的《中国旅游资源普查规范(试行稿)》]

这个定义具有4个方面的含义:

(一) 旅游资源对旅游者能产生吸引力

吸引力是旅游资源的灵魂,是旅游者想要亲临其境的动力,也是旅游者选择旅游目的地的首要依据。凡能对旅游者有吸引力、能激发旅游者的旅游动机的事物和因素都构成旅游资源。对旅游者产生吸引力的基础在于,同常住地的环境和条件相比,某一旅游目的地能为旅游者提供更好的旅游活动的环境或条件,或者能够使他们从事某些在常住地根本没有条件进行的旅游活动。如果该地的环境同旅游者常住地环境类似,或不及其常住地的环境,旅游者是不会被吸引前来访问的,所以吸引力是旅游资源的本源。

(二) 旅游资源的存在形式多种多样

旅游资源既包括有形物质资源,如山川、寺庙等,也包括无形的非物质资源,如民俗、节庆、神话传说等。更多的则是有形的物质资源和无形的非物质资源的结合体。如长城与孟姜女哭长城、故宫与历代王朝的故事、泰山与历代皇帝封禅的故事等。

  教学互动4-1

问题:许仙与白娘子的故事是不是旅游资源?为什么?

(三) 旅游资源的范畴是发展变化的

旅游资源并不是一成不变的,它本身是带有发展性质的概念。随着社会的进步、科技水平的提高和人们旅游需求的日益多样化、个性化,旅游资源的范畴会不断扩大。例如,南京长江大桥,最初只是一个交通设施,但由于它的独特性、景观性等特征,使它具有了旅游吸引性并为旅游业所利用,在交通功能之外延伸出旅游功能,成了旅游资源。同样,原有的旅游资源一旦失去吸引力,便不再是旅游资源。

  教学互动4-2

问题:北京奥运会比赛场馆"鸟巢""水立方"等是不是旅游资源?为什么?

（四）能为旅游业所利用，并产生经济、社会和生态环境效益

旅游资源的开发能够实现经济、社会和生态环境三大效益的统一。旅游资源与旅游业有直接联系，它可以为旅游业开发利用，并为旅游业创造经济效益。旅游业的发展在促进旅游地对外开放、推动旅游地社会进步等方面所起的作用有目共睹。旅游地优美的环境是吸引旅游者前来旅游的一个重要条件，为增强旅游吸引力，旅游地必然会尽可能地采取各种措施保护和改善生态环境，这正是旅游资源开发产生生态环境效益的体现。

二、旅游资源的特点

同很多其他资源相比较，特别是同传统的物产资源相比较，旅游资源具有一些与众不同的特点。旅游资源的基本特点包括：

（一）观赏性

旅游资源同一般资源最大的差别，就在于它具有美学特征，拥有观赏性的一面。旅游者参与旅游活动，观赏雄伟、险要、奇特、秀丽、幽深、开阔、野趣的自然风景和排列整齐、对称、节奏统一的建筑，听着优美、崇高和悲壮人物的事迹和故事，参与当地美好有趣的现实活动，生活在真、善、美的环境中。那些具有意境美和传神的事物，对旅游者有着特殊的吸引力。旅游资源美学特征越突出，观赏性越强，在国内外知名度越高，对旅游者的吸引力也就越大。像埃及金字塔、法国凡尔赛宫、罗马科洛西姆斗兽场和中国的万里长城、秦兵马俑、苏州园林、杭州西湖、桂林山水等都具有很高的美学品格和观赏性，作为世界著名的旅游资源，吸引着大批国际国内旅游者。

（二）文化性

旅游资源依赖于一定的自然条件，在人类文化发展和社会文明进步中逐步形成，富含文化内容。人文旅游资源无论是有形的文化古迹还是无形的民俗风情和文化意识形态，都是人类发展过程中的文化创造，体现着接待地的传统文化和人文精神，反映东道文化的区域性，对旅游者最能起到文化诱导作用。自然旅游资源的文化特征主要体现为艺术性和美学价值，它的文化性通过人类的山水审美思维体现出来。正如"文因景成、景因文传"，自然物的美通过文化来鉴赏、反映和传播，它的开发同样需要挖掘文化内涵。可以说，任何没有文化内涵的事物都不可能成为旅游资源。

（三）多样性

旅游资源的种类多种多样，自然旅游资源中的原始自然、优美风景，人文旅游资源中的文物古迹、碑画石刻、民族风情、人造乐园等等，各种旅游资源会从不同的方面对人群或特定人群构成旅游吸引力，这也就形成了旅游资源多样性的特点。同时，一个旅游目的地的旅游资源往往又不是能够以某一种单一的形式而存在的，有些旅游资源兼具了多种旅游资源种类。例如，杭州是著名旅游目的地，西湖作为已开发的旅游资源显然是成功的典范。西湖就同时包含了自然旅游资源和人文旅游资源。西湖自身由于自然气候、地理位置、地理构造形成的天然风景与西湖自古以来诸多的美丽传说相互渗透和影响，人文原因给西湖优美的自然风景又增添了别样的风情，进一步增加了西湖的旅游吸引力，我们很难说清在西湖的旅游吸引力构成中，有多少是由于自然原因，有多少是由于历史文化沉积，又有多少是由于现代西湖周边风情万种的江南民俗文化。

(四) 吸引力的定向性

旅游资源吸引力具有群体倾向性或吸引力的定向性。就某项具体的旅游资源而言,它可能对某些旅游者吸引力颇大,而对另外一些旅游者则无多大吸引力甚至根本没有吸引力,这就是吸引力的定向性。如对城市人来说农村田园风光能吸引他们的目光,而对农村人来说城市的高楼大厦是具有吸引力的旅游资源。

(五) 不可转移性

除人造资源外,大多数旅游资源,特别是一个国家或地区的历史文化遗产和自然遗产,都具有空间上不可移动的特点。无论是我国的长城、埃及的金字塔,还是美国的大峡谷和东非的天然野生动物园,莫不如此。由于旅游资源的形成在很大程度上受其所在地理环境和区域环境的影响,带有强烈的地方色彩和区域特征,因此,旅游资源吸引力的存在也就离不开这些特定的背景环境和条件。一旦离开这些必要的条件,旅游资源的个性、独特内涵都会发生不同程度的变化,有时甚至失去吸引力。例如,把秦兵马俑运到外地展出时,由于脱离了黄土高原独特的背景环境,吸引力便大打折扣。所以,旅游资源的开发,一般要求在原地进行。还有一些旅游资源也不可能实现空间上的转移,例如,加州灿烂的阳光、加勒比海沿岸宜人的风景、耶路撒冷特殊的宗教意义等等,这些都不可以通过人工的方式进行空间转移。

虽然在当今经济和技术条件下,人们可以仿造出名胜古迹,甚至达到以假乱真的程度,但是,它们在旅游者心目中的地位却远远比不上真正的旅游景观。在很多情况下,旅游的意义常常有一定的求真性,当景观为仿建时,无论仿建的景观多么逼真,都失去了真实性,也就失去了人们征服自然或是实地探求奥秘的意义,旅游吸引力便大打折扣。

(六) 非消耗性

传统物产资源的存量都有其固定性。以矿产资源为例,随着人们的采掘和使用,终有消耗殆尽之时。与之相比,旅游资源则属非消耗性资源,可以长期供人们开发和利用。例如,自然山水风光、城镇风貌、文物古迹、园林建筑、宗教文化旅游资源所形成的旅游产品,这些已开发的旅游资源大多数可供旅游者参观、欣赏,旅游者所能带走的,只是各种美好的印象和美感,但不能把这些旅游资源本身带走。相较于其他物质资料在生产过程中的一次性特性,旅游资源只要管理和利用得当,可以用之不竭。在很多国家和地区,人们之所以积极发展旅游业,这是一个重要的原因,特别是在当今人口增长、资源短缺问题日显的情况下更是如此。

当然,实现旅游资源用之不竭的前提是,对其管理和利用得当。如果一个旅游目的地对旅游资源管理和利用不得当,则会导致旅游资源的破坏。所以,我们在旅游资源开发和利用的同时要注意旅游资源的保护工作。

(七) 可创新性

随着旅游需求和时尚潮流的变化,旅游者对旅游资源种类的需求会有所不同。并且,部分旅游资源可以通过人工进行创造和加工,所以,旅游资源也存在可创新性的特点。这就使得人造旅游资源的创新成为可能。例如,鉴于迪斯尼乐园在美国发展的情况和受欢迎的程度,考虑到亚洲各国现代社会价值观念和青年一代爱好的西化程度,迪斯尼先后在日本和中国的香港、上海创办迪斯尼乐园,取得了良好的经济效益。同样,观察到现代社会人们对于地方特色浓郁的节庆活动的特别兴趣,很多地方先后举办了特色鲜明的地方节庆活动,促进了当地旅游业的发展,成为该地方旅游资源的一部分。我国洛阳的牡丹花会和山东潍坊的国际风筝节等等,几乎无一不是这种创新人造旅游资源的例证。

动感之都香港

香港既没有驰名的名胜古迹,也没有名山胜水,但是,香港却是亚洲旅游业最发达的地区之一,2014年香港接待旅游者突破6 000万人次。显然,香港的旅游资源都是人为创造创新的结果。首先,高楼林立、交通设施完善,以及高效率的企业精神,是促进香港旅游业发展的重要旅游资源,这些具有特色的现代都市风貌吸引众多旅游者前去观光;其次,香港作为自由港的特殊环境使得香港成为著名的"购物天堂",购物环境成为吸引旅游者的又一旅游资源;第三,香港积极经营餐饮业,被誉为亚洲美食之都,吸引了成千上万的旅游者前来品尝美味佳肴;第四,兴建多种形式的休闲游乐设施,如迪斯尼、水上乐园、太空馆、沙田马场等,体现了时代的特征,吸引了众多的旅游者。这些人造的旅游资源为香港带来了大量的旅游者,使香港的旅游业得到了巨大的发展。

除以上基本特点外,旅游资源还具有地域性、季节性等特点。

问题: 为什么说旅游资源具有地域性、季节性特点?

三、旅游资源的分类

同其他事物的分类一样,按不同的分类标准,所划分出来的旅游资源类型也不尽相同。

(一) 按旅游资源的基本属性分类

根据旅游资源表现内容的基本属性,将旅游资源划分为三类:自然旅游资源、人文旅游资源、社会旅游资源。

1. 自然旅游资源

自然旅游资源是指以大自然造物为吸引力本源的旅游资源。在由各种自然要素、自然物质和自然现象所生成的自然环境或自然景观中,凡是具有观赏、游览、疗养、科学考察或借以开展其他活动的价值从而能够吸引旅游者来访的都属自然旅游资源。自然旅游资源的功能是向旅游者提供自然界中各种事物和现象的自然美,使观赏者产生心旷神怡、愉悦性情的美感体验。自然旅游资源包括:

(1) 地文景观。包括山岳形胜、熔岩景观、风沙地貌、海滨沙滩、罕见的地质结构等。例如我国的五岳(恒山、华山、衡山、泰山、嵩山)以及庐山、黄山等,欧洲的阿尔卑斯山等景观。

(2) 水域风光。包括江河、湖泊、瀑布、水库、泉水、冰川、滨海景观等。例如我国的长江、黄河、千岛湖、黄果树瀑布等,欧洲的多瑙河、瑞士的日内瓦湖、北美的尼亚加拉瀑布、美国的夏威夷群岛等景观。

(3) 生物景观。包括森林草原、珍稀树种、奇花异草、珍禽异兽及其栖息地。体现在具体环境上,如优雅的垂钓环境,供打猎的天然猎苑或供拍照、观赏的野生动物园,供参观游览的国家公园及野生动植物自然保护区等。例如广州番禺的长隆野生动物园、张家界森林公园、美国黄石国家公园等。另外,中国的大熊猫、呼伦贝尔大草原、澳大利亚的袋鼠也是生物景观的代表。

(4) 气候与天象景观。包括避暑胜地、避寒胜地、空气清新地等宜人气候资源,冰雪、云海、雾海、雾凇、雪景、佛光、蜃景等气象类旅游资源,极光、日出(日落)、彗星、流星雨等天象类旅游资源。例如泰山日出、庐山云瀑、黄山云海、峨眉佛光、沙漠海市蜃楼、极地极光等。

2. 人文旅游资源

人文旅游资源是指以社会文化事物为吸引力本源的旅游资源。它的构成比较复杂,包括有形和无形两种。人文旅游资源的功能是向旅游者提供旅行游览中的艺术美和社会美的审美情趣,使人们直接感受到人类文明的产物、人类劳动智慧的结晶、国家(民族)变革的成果和游乐设施带来的欢乐。人文旅游资源包括:

(1) 历史遗迹旅游资源。历史遗迹包括历史建筑、文明遗迹、石窟石刻等。这些建筑和遗迹往往是一个国家或民族历史发展的物证,同时在设计和建筑风格上都有不同于其他国家或民族的独特之处,因而往往是有形的人文旅游资源中最宝贵的组成部分。

(2) 民族文化旅游资源。民族文化的范畴十分广泛。这里主要指民族历史、民族艺术、民族工艺、风俗习惯以及与此有关的传统节日庆典活动等。集中反映和表现这些内容的场所便是西方学者称之为"旅游吸引物"的重要构成部分,如博物馆、美术馆、纪念馆、藏书馆、民俗展览和表演馆、民族工艺品生产场所、反映民族特色的园林等。由于民族文化的独特性,民族文化及有关场所往往成为旅游者好奇和兴趣的所在。特别是可供旅游者亲自参与的节日庆典活动,以及可让其亲身体验的民族生活方式和传统的民俗活动,往往对旅游者有更大的吸引力,如彝族的火把节、傣族的泼水节、蒙古族的那达慕等。

(3) 宗教文化旅游资源。宗教文化即一切与宗教直接有关的文化现象,包括宗教建筑、宗教活动、宗教艺术等。

(4) 人文活动旅游资源。人文活动旅游资源是指反映社会风貌、人文意识、人文教育以及人文文化等内容的活动性旅游资源,包括著名人物、重大事件、文学艺术作品等。例如王勃的《滕王阁序》赋予了南昌滕王阁极大的旅游价值。

(5) 独特的工艺和烹饪技艺。民间工艺具有传统性、地方性、民族性,甚至家族性的特征,其渊远的历史、精湛的技艺、丰富的品种都对旅游者很有吸引力,如景德镇的瓷器、北京的景泰蓝、苏湘蜀粤四大名绣等。烹饪技艺是最具地方特色的资源,"吃"又居旅游活动六大基本要素之首,在旅游资源中占重要的地位。

(6) 重大节事活动。主要是有影响的国际性体育和文化盛事,例如主办国际奥林匹克运动会、世界杯足球赛、洲际运动会以及国际性的音乐节、戏剧节、电影节等。这类重大的国际盛会往往能引来大量的国际旅游者,同时也是主办国扩大旅游宣传的极好时机。

(7) 现代人造旅游景点。以主题公园为代表,富有特色并具备一定规模的现代人造游乐场所或其他消遣娱乐型的现代人造旅游景点。

同步案例4-1

扬州古运河游览线

古运河扬州段是整个运河中最古老的一段。现在扬州境内的运河与2 000多年前的古邗沟大部分吻合,与隋炀帝开凿的运河则完全契合。其中,古运河扬州城区段从瓜洲至湾头全长约30公里,两岸杨柳依依,历史遗迹众多。

2006年开始,扬州将城区古运河段改为旅游船舶专用水域,开发了扬州古运河游览线旅游产品。古运河游览线以大王庙码头为中心,向南到南门遗址,将来还将延伸到瓜州古渡,向西与瘦西湖水上游览线连接,游览瘦西湖风景区,直至平山堂脚下,向北到湾头茱萸湾公园。

游客乘坐乾隆号游船,游览运河的旖旎风光和河畔的人文景观,在夜晚可以欣赏"月下飞天镜"的扬州月色。沿线景点包括:"中国十大历史街区"之一——东关街历史街区(中国四大园林之一的个园坐落于东关街上)、全国重点文物保护单位——宋大城东门双瓮城遗址、元代意大利旅行家马可波罗纪念馆、南宋时期的阿拉伯式建筑普哈丁园(这是我国国内唯一安葬穆罕默德后裔的墓园,是国内外穆斯林敬谒先贤的圣地,普哈丁是伊斯兰教创始人穆罕默德的第十六世裔孙)、浙派古建筑群吴道台宅第(吴家"测海楼"是著名的藏书楼,曾藏书247 000余卷)、清朝末年建立的哥特式建筑天主教圣心堂,具有五百年历史的老街——康山街(明朝状元康海、清朝皇帝乾隆、盐商商总江春、内阁大学士阮元、文坛盟主袁枚曾在此活动),有"盐商第一楼"之称的卢氏盐商住宅(淮扬菜博物馆设于此),有"晚清中国第一名园"之称的何园,始建于明朝的运河钞关(征税关卡),伊斯兰教名寺仙鹤寺(仙鹤寺与广州光塔寺、泉州麒麟寺、杭州凤凰寺齐为中国伊斯兰教东南沿海的四大名寺),被誉为"中国的城门通史",保留了从唐朝到清朝城墙遗迹的南门遗址,始建于隋朝、清康熙皇帝南巡行宫所在地的高旻寺(高旻寺与镇江金山寺、常州天宁寺、宁波天童寺并称我国佛教禅宗的四大丛林),唐代高僧鉴真东渡日本的起点、位于古运河下游与长江交汇处的瓜州古渡,等等。

历史上,诸多名人与古运河结下渊源,流传了无数的逸闻佳话。例如,吴王夫差筑邗沟,隋炀帝杨广开运河看琼花,王安石写下著名诗篇《泊船瓜洲》,马可波罗担任扬州总督,书画家董其昌题名"康山草堂",康熙、乾隆下江南驻足扬州,曾国藩阅兵扬州并下榻在湖南会馆,思想家魏源在此起草《海国图志》等。"杜十娘怒沉百宝箱"的故事也发生在瓜州。

(资料来源:扬州瘦西湖文化旅游发展公司提供)

讨论:扬州古运河游览线中包含哪些类型的旅游资源?

3. 社会旅游资源

社会旅游资源通常包括那些能够反映或表现目的地的社会、经济以及科学技术发展成就或特色,从而能对外来旅游者产生吸引作用的各种事物。由于这些事物的属性并非属于严格意义上的"人文"概念,正像经济学和社会学并非人文科学而属社会科学一样,所以我们在这里将这些旅游资源划作另外一类。社会旅游资源主要包括:

(1) 经济建设成就。这类旅游资源不仅可以吸引消遣型旅游者前来观光游览,同时也是吸引商务旅游者前来考察的重要因素。目的地的经济成就集中体现于该地的城市建设上。知名度高的大城市往往成为旅游发达的中心地,吸引着大量的旅游者前来观光。商务旅游者的目的地多是工商业发达的现代化城市,也是因为那里的经济发展成就,使他们产生访问和考察的兴趣。例如,深圳市在建市之后的短短时期内,在旅游接待方面之所以能够取得令人瞩目的成绩,与其说大量的海内外旅游者是被那里以"锦绣中华"为代表的人造旅游景点所吸引,不如说是对那里的经济建设成就及其所带来的种种变化感兴趣。除了城市建设之外,一些超大型的工程建设项目,也成为这类旅游资源的构成部分,如长江三峡大坝。

(2) 科技发展成就。如美国国家宇航中心以及我国的卫星发射基地都是外来旅游者感兴趣的场所。

(3) 社会发展成就。反映和表现目的地社会发展状况的事物都属此。这类事物尤其为外国旅游者感兴趣,因而也是吸引其来访的重要原因。很多来我国访问的外国旅游者之所以要参观学校、幼儿园、养老院、社区等,就是因为他们对我国的社会发展感兴趣。

(4) 优美环境和友好氛围。人与自然、人与人之间的和谐相处构成优美环境,目的地居民对外来访问者的友善和好客态度也可构成当地的一项旅游资源。夏威夷旅游管理当局长期以来在其对外旅游促销中,经常以当地社会的"阿罗哈"(热情好客)为宣传主题,是这方面的典型案例。

相关链接 4-2

神六发射基地成旅游新热点

"神舟六号"航天飞船的成功发射,让酒泉成为世界瞩目的焦点,也让很多人产生了亲自到酒泉看看的想法。因此,许多城市的旅行社推出了到卫星城旅游的新线路。根据旅行社的线路安排,将到酒泉与嘉峪关、敦煌、乌鲁木齐等地游览组合成一个 7 日游产品。游客到酒泉被安排在行程的第二天,届时可以参观发射基地的历史展览馆、聂帅墓和烈士陵园,近距离观看发射过"神二""神三"的 2 号发射架、东方红卫星发射场、火箭搭配车间、航天员的宿舍问天阁等景点。

(资料来源:蔡庆珍.神六发射基地成旅游新热点[EB/OL].http://news.sina.com.cn/c/2005-10-28/07267290380s.shtml.编者根据需要作了删节)

(二) 按旅游资源的吸引力级别分类

根据旅游资源的吸引力级别,将旅游资源划分为四类:世界级旅游资源、国家级旅游资源、省级旅游资源、市(县)级旅游资源。

1. 世界级旅游资源

世界级旅游资源即被联合国教科文组织列入《世界遗产名录》的名胜古迹和列入"人与生物圈"保护区网络的自然保护区(即世界遗产)。如中国的故宫博物院、日本的富士山、印度的泰姬陵、澳大利亚的大堡礁、法国的埃菲尔铁塔、美国的自由女神像等。联合国教科文组织注意到世界各国文化遗产和自然遗产越来越受到破坏的威胁,一方面因年久腐变所致,另一方面社会和经济条件使情况恶化,造成更加难以对付的损害或破坏现象,而任何文化或自然遗产的破坏或丢失都会使全世界遗产枯竭。故联合国教科文组织认为有必要通过采用公约形式的新规定,以便使集体保护具有突出的普遍价值的文化和自然遗产得以留存,于是联合国教科文组织在 1972 年 11 月 16 日通过了《保护世界文化和自然遗产公约》。世界级旅游资源非常稀少,在国内外知名度极高,具有极高的观赏、历史和科学价值,吸引向性是国际旅游者及全国的旅游者。

截至 2017 年 7 月,经联合国教科文组织审核被批准列入《世界遗产名录》的中国世界遗产共有 52 项,其中世界文化遗产 36 项、世界文化与自然双重遗产 4 项、世界自然遗产 12 项,世界遗产名录国家排名第二位,仅次于拥有 53 项世界遗产的意大利。中国的世界遗产名录如表 4-1 所示。

表 4-1 中国的世界遗产名录

文化遗产	长城,明清皇宫:北京故宫、沈阳故宫(辽宁)、北京颐和园、北京天坛,甘肃敦煌莫高窟,陕西秦始皇陵及兵马俑,周口店北京人遗址,河北承德避暑山庄及周围寺庙,山东曲阜的孔庙、孔府及孔林,湖北武当山古建筑群,江西庐山国家公园,拉萨布达拉宫历史建筑群(大昭寺、罗布林卡),云南丽江古城,山西平遥古城,苏州古典园林,明清皇家陵寝:明显陵、清东陵、清西陵、明孝陵、明十三陵、盛京三陵,澳门历史城区,河南洛阳龙门石窟,中国安阳殷墟,重庆大足石刻,四川青城山和都江堰,安徽古村落:西递、宏村,大同云冈石窟,吉林高句丽王城、王陵及贵族墓葬,开平碉楼与古村落,福建土楼,山西五台山,河南登封"天地之中"古建筑群(少林寺、东汉三阙),元上都遗址,杭州西湖文化景观,红河哈尼梯田文化景观,中国大运河:隋唐大运河、京杭大运河和浙东运河,丝绸之路:长安-天山廊道路网,湖南、贵州、湖北土司遗址,广西左江花山岩画,福建鼓浪屿
自然遗产	湖南武陵源国家级名胜区,四川九寨沟国家级名胜区,四川黄龙国家级名胜区,云南"三江并流"自然景观,四川大熊猫栖息地,中国南方喀斯特,江西三清山,湖南崀山,广东丹霞山,福建泰宁,贵州赤水,江西龙虎山,浙江江郎山丹霞地貌,澄江化石地,新疆天山,湖北神农架,青海可可西里
文化自然遗产	山东泰山:泰山(山东泰安市)、岱庙(山东泰安市)、灵岩寺(山东济南市),安徽黄山,四川峨眉山—乐山风景名胜区,福建省武夷山

(资料来源:根据百度百科《中国世界遗产》相关资料整理而成)

2. 国家级旅游资源

国家级的旅游资源主要包括:国务院公布的国家重点风景名胜区、国家历史文化名城和国家重点文物保护单位,林业部批准的国家自然保护区、国家森林公园,国土资源部批准的国家地质公园等。如江苏蜀冈瘦西湖风景名胜区、浙江绍兴、河南白马寺、湖南桃花源森林公园等。国家级旅游资源具有重要观赏、历史和科学价值,吸引向性可以是全国乃至国际的旅游者,在国内外知名度较高。

3. 省级旅游资源

省级旅游资源主要包括省级风景名胜区、省级历史文化名城(镇)、省级文物保护单位、省级自然保护区、省级森林公园等。省级旅游资源具有较重要的观赏、历史和科学价值,有地方特色,在省内外有较大影响,吸引向性可以是国内或省内的旅游者。

4. 市(县)级旅游资源

市(县)级旅游资源主要指市(县)级风景名胜区、文物保护单位等。市(县)级旅游资源具有一定的观赏、历史和科学价值,主要接待本地游人。

(三)按旅游资源的功能分类

根据旅游资源的功能,将旅游资源划分为五类:观赏型旅游资源、运动型旅游资源、疗养型旅游资源、娱乐型旅游资源和特殊型旅游资源。

1. 观赏型旅游资源

观赏型旅游资源是指旅游者的体验方式以参观、观光为主的旅游资源，一般历史遗留下来的文物、历史遗迹等都属于典型的观光型旅游资源。不管是自然旅游资源，还是人文旅游资源，开发初期都只能供旅游者参观、观赏，属于观赏型旅游资源。

2. 运动型旅游资源

运动型旅游资源是指可供旅游者开展运动项目的旅游资源，包括专门为运动型旅游者开发的运动型旅游资源和可提供运动项目的运动型旅游资源两种。阿尔卑斯山脉是享誉全球的滑雪胜地，珠穆朗玛峰是登山爱好者的胜地，这些旅游资源是专门提供运动项目的旅游资源。另外，有些旅游资源也有运动这一附带价值，位于我国青海省的青海湖就是一个典型的例子。青海湖每年都有众多旅游者背上帐篷，骑上租来的自行车，绕着美丽的青海湖边，观看大自然赠予人类的美景，享受自行车运动带来的快乐。

3. 疗养型旅游资源

疗养型旅游资源是指能够让旅游者疗养身体、舒缓身心，有益于旅游者身心健康的旅游资源。传统的疗养型旅游资源有特质矿物温泉旅游资源，现在也包括被称为天然氧吧的森林公园、新兴的养生旅游资源等。其实，旅游活动本身就有一个使命——让旅游者放松疲惫的身心，因此，一般的旅游资源都有一定的疗养作用，但是，狭义上的疗养型旅游资源是指对旅游者身体健康有一定功效的旅游资源。

4. 娱乐型旅游资源

目前，基本上所有的旅游景区都有一些体验性的娱乐项目，如 4D 电影、缆车、索道、滑翔机等，但旅游者到达这些景区旅游，并不是以体验这些娱乐项目为主要旅游目标，所以不能称之为娱乐型旅游资源，所谓的娱乐型旅游资源是指以为旅游者提供娱乐项目为主的旅游资源。江苏省常州市的中华恐龙园就是一个以恐龙为主题的现代游乐园，园内除中华恐龙馆是观光型的恐龙化石博物馆之外，其他景点全部为恐龙主题的娱乐项目，如疯狂火龙钻、雷龙过山车、热舞恐龙车、穿梭侏罗纪、翼龙穿梭、迷幻魔窟等。

5. 特殊型旅游资源

特殊型旅游资源是指旅游者因除旅游之外的其他目的而去参观的旅游资源，包括朝圣旅游、经商旅游、探亲旅游、科学考察旅游等。例如，布达拉宫就是西藏有名的朝圣旅游目的地，这里每天都有各地的藏传佛教的信徒前来朝拜。甘肃天水一年一度的伏羲文化节是为了祭奠华夏始祖伏羲而举办的，每年这里都要接待来自世界各地的众多华人华侨，他们不远万里，来到羲皇故里寻根祭祖。

同步案例 4-2

"灾难遗迹"也是旅游资源

据报载，2005 年 8 月底，美国南部沿海遭到了历史上罕见的飓风袭击，给新奥尔良城市以致命的摧残，电视画面留给人们的印象深刻而惨痛。4 个月过后，当地一家旅行社推出了"卡特里娜空难之旅"，立刻受到了媒体的关注，也受到美国游客的欢迎。作为对飓风灾难的怀念，每位游客所付出的 35 美元团费当中，有 3 美元直接用于灾区的救助。"灾难游"在给旅游企业的市场细分带来新的思路的同时,在产品极限问题上也带来了新的启示,那就是可以利用的旅游资源是无边无际的,灾难遗迹也一样可以成为旅游资源。

讨论:与其他旅游资源相比,灾难旅游资源有什么特点?

[资料来源:卞文志."灾难遗迹"也是旅游资源[N].中国旅游报,2007-02-26(11)]

当然,旅游资源的功能也不是独立存在的,一种旅游资源在不同的时间、不同的地点,从不同的角度认识,具有不同的旅游功能。例如,迪斯尼乐园既具有娱乐功能,也具有观赏功能。不同的旅游资源类型组合共同构成旅游景区。

旅游资源的分类方法还有很多,如按旅游资源的可持续利用潜力分为可再生性旅游资源与不可再生性旅游资源;按旅游资源当前的吸引程度分为热点旅游资源、温点旅游资源、冷点旅游资源等。

模块二 旅游资源调查与评价

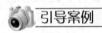

为什么要进行旅游资源的调查和评价?

旅游业就像一栋高楼,而旅游资源则是支撑旅游业这栋高楼的根基,更是旅游产品开发和开展各项旅游活动的基础。因而,正确地认识旅游资源、评价旅游资源对旅游业的发展有着重要意义。

旅游景区的开发建设是在正确认识旅游资源、合理评价旅游资源的基础上进行的。通过调查,了解和掌握区域旅游资源的类型、数量、分布、特征等基本情况,为旅游资源的科学评价奠定基础。对旅游资源进行评价,能够为编制旅游规划提供客观依据,为提高旅游资源开发利用的科学性起到关键作用。

众所皆知,旅游活动会对环境产生破坏,对旅游地的文化产生冲击作用。通过对旅游资源的调查、评价,合理地确定资源的等级、价值,并评判其开发利用的可能性和开发利用强度,对具有保护价值、脆弱性的旅游资源进行保护,避免盲目开发,以促进旅游业的可持续发展。

(资料来源:李杜红.试论旅游资源评价的问题与创新思路——以武汉市为例[D].武汉:武汉科技大学,2012)

思考:旅游资源的调查和评价对旅游资源的开发与保护有什么重要意义?如何进行旅游资源的调查和评价?

一、旅游资源调查

旅游资源调查是运用科学的方法和手段,有目的、有系统地收集、记录、整理、分析和总结旅游资源及其相关因素的信息与资料,以确定旅游资源的存量状况,并为旅游经营管理者提供客观决策依据的活动。通过旅游资源调查,可以查明可供利用的旅游资源状况,系统而全面地掌握旅游资源的数量、质量、特点、级别、价值等,为旅游资源评价、开发规划及合理利用保护等做好准备,为旅游业发展提供决策依据。

(一)旅游资源调查的内容

旅游资源调查的内容复杂而繁多,涉及与旅游活动有关的方方面面,对其调查既要注重旅游资源自身的各种情况,也要关注资源地外界环境的现状与发展变化。旅游资源调查的内容主要包括:

1. 旅游资源环境调查

(1) 自然环境调查。包括调查区概况、气候条件、地质地貌条件、水体环境、动植物环境等。

(2) 人文环境调查。包括调查区的历史沿革、经济环境、社会文化环境、政策法规环境等,同时还应调查当地的旅游业发展水平和当地居民对发展旅游业的态度。

(3) 环境质量调查。调查影响旅游资源开发利用的环境保护情况,包括工矿企业生产、生活、服务等人为因素造成的大气、水体、土壤、噪声污染状况和治理程度,以及自然灾害、传染病、放射性物质、易燃易爆物质等状况。

2. 旅游资源存量调查

包括对旅游资源的类型、特征、成因、级别、规模、组合结构等基本情况进行调查,并提供调查区的旅游资源分布图、照片、录像及其他有关资料,以及与主要旅游资源有关的重大历史事件、名人活动、文艺作品等。

3. 旅游资源开发条件调查

(1) 旅游要素调查。食、住、行、游、购、娱是构成旅游活动的六大要素。与之相应的餐饮、饭店、交通、游览、购物、娱乐等软硬件,既是旅游业的主要组成部分,同时又是形成旅游吸引物的重要因素,对其进行调查十分必要。

(2) 客源市场调查。调查旅游地和周围客源地居民消费水平和出游率,依据旅游资源吸引力的大小,进行必要的客源分析,包括形成客源的层面范围和大致数量、产生客源的积极因素和不利因素等。

(3) 资源竞合调查。包括调查区内旅游资源的相互关系和调查临近区间旅游资源相互关系两方面。调查区内旅游资源的相互关系,包括自然与人文旅游资源的结合与互补情况、各要素的组合及协调性、景观的集聚程度等;调查临近区间旅游资源相互关系,分析由此所产生的积极和消极因素,以及区内旅游资源在不同层次旅游区域中的地位。

(二)旅游资源调查的方法

旅游学因其所具有的边缘学科性质,在研究中引入了许多学科的研究分析方法。旅游资源的调查方法更是种类繁多,在实际运用中较为常见的几种方法如下:

1. 资料分析法

资料分析法常被用作旅游资源调查的首选方法,是通过收集旅游资源的各种现有信息数据和情报资料,从中选取与旅游资源调查项目相关的内容,进行分析研究的一种调查方法。这种方法主要收集经过加工的次级资料和文献信息,由于有些旅游资源可能同时也是水利资源、林业资源、动物资源、文物与矿产等资源,各相关部门和行业组织都有积累资料,有些甚至是很系统、很完备的资料。通过收集这些经相关专业人员加工整理过的资料,可弥补旅游调查人员对该专业知识的不足,从而保证所收集资料的专业性、准确性和可靠性。

2. 实地调查法

调查人员通过观察、踏勘、测量、登录、填绘、摄像等形式,直接接触旅游资源,可以获得宝贵的第一手资料及较为客观的感性认识,结果翔实可靠。旅游资源调查表、旅游资源分布图的草图,均在这一阶段完成。因此,调查者要勤于观察、善于发现、及时登录、填图、现场摄录、及时总结等。

3. 询问调查法

调查者采用访谈询问的方式了解旅游资源的情况。该种方法可以从旅游资源所在地部门、居民及旅游者中,及时地了解旅游资源的客观现实和难以发现的事物现象。通常可以采用设计调查问卷、调查卡片、调查表等,通过面谈调查、电话调查、邮寄调查、留置问卷调查等形式进行询问访谈,获取所需资料信息。调查成功与否,主要取决于被调查者的合理选取和配合情况,以及调查者事前的各种准备工作和对访谈询问技巧的掌握应用情况。

4. 统计分析法

统计分析法即使用统计学的方法来对旅游资源进行分类、分组等方面的分析和处理。在旅游资源调查过程中,对自然旅游资源及人文旅游资源的各类资源要素进行统计,包括旅游资源的数量、规模、分布地点、集聚情况等。这些旅游资源基本的统计分析资料对确定旅游区的旅游特色和旅游价值具有重要意义,也为旅游资源的进一步分析和开发提供了依据。

5. 分类对比法

分类对比法是将旅游资源分门别类地进行特征归纳并进行考察和研究。调查区内的各类旅游资源景观美感各异,将所调查的旅游资源按其形态特征、内在属性、美感吸引特性进行分类,并与异地同类型或不同类型的旅游资源加以比较、评价和分析,得出该地域内旅游资源的共性特征和特性特征,以便制定开发规划和建立旅游资源信息库。

6. 现代技术分析法

使用声像摄录设备(摄像机、照相机)可以把野外考察过程全面记录下来,真实地显示旅游资源的原貌。采用遥感技术(RS)、全球定位系统(GPS)和地理信息系统(GIS)有利于获取大量旅游资源信息,对旅游资源类型做出准确的判断,还能发现一些野外调查等不易发现的潜在旅游资源。特别是能够有效地对人迹罕至、山高林密及常规方法无法到达的地区进行调查,大大推动了旅游信息资源的现代化管理。

相关链接 4-3

地理信息技术即"3S"技术:遥感技术(RS)、全球定位系统(GPS)和地理信息系统(GIS)

遥感技术(RS)是利用航天遥感(卫星)、航空遥感测量技术,对地球进行观察而获得地学信息的一种手段。它根据不同物体对波谱产生不同响应的原理,利用飞机、飞船、卫星等飞行物上的遥感器收集地面数据资料,并从中获取信息,经记录、传送、分析和判读来识别地物。目前遥感技术已广泛应用于资源普查和环境监测。

全球卫星定位系统(GPS)是一种结合卫星及通讯发展的技术,利用导航卫星进行测时和测距。全球卫星定位系统具有全天候、高精度、自动化、高效益等特点,主要功能是定位导航。目前广泛应用于军事、测量、交通、救援、农业等领域。

地理信息系统(GIS)是一种特定的十分重要的空间信息系统。它是在计算机硬、软件系统支持下,对整个或部分地球表层(包括大气层)空间中的有关地理分布数据进行采集、储存、管理、运算、分析、显示和描述的技术系统。地理信息系统可以解决与分布,及位置有关的基本问题、模式问题、趋势分析等方面的问题,在城市管理中应用广泛,如城市信息管理与服务、城市规划、城市道路交通管理、城市环境管理、流行病的防治等。

(资料来源:百度百科.地理信息技术)

(三)旅游资源调查的程序

较为典型的旅游资源调查一般分为三个阶段,即调查准备阶段、实地调查阶段以及室内整理阶段。

1. 调查准备阶段

该环节需要完成确定调查人员、成立调查小组,收集整理基础性资料,制订调查工作计划等三方面的内容。

(1) 确定调查人员、成立调查小组。一般的旅游资源调查小组是由当地旅游规划开发领导小组和旅游规划专家组共同组成,这样可以减少调查过程中的人为干扰因素,保证调查工作的顺利进行。

(2) 收集整理基础性资料。主要包括本区和邻区的旅游资源,涉及自然、社会、经济、环境等方面的文献资料、影像资料、地图资料等。通过对收集的资料加以系统整理和分析,初步了解调查区旅游资源特色,作为下一步野外工作的参考。

(3) 制订调查工作计划。制订旅游资源调查的工作计划和方案,包括调查的目的、调查区域范围、调查对象、调查内容、调查方式、调查工作时间表等。

2. 实地调查阶段

野外实地调查的目的是为了验证前期收集的第二手调查资料,进一步补充新的资料,通过对各种基本旅游资源类型进行实地测量、登录、校核、验证,获得一个全面系统的认识。旅游资源野外调查一般分为普查和详查两部分。

(1) 旅游资源普查。对调查区内的旅游资源进行系统调查,形成对区内旅游资源状况的全面了解,掌握旅游资源的种类、数量、分布等,并将结果标绘在相应比例尺的图件上。普查一般采用路线考察方式进行,即利用大比例尺地形图并参考相关航空照片、卫星图像资料,沿事先确定的路线进行考察、记录、填表登记和填图。

(2) 旅游资源详查。在旅游资源普查基础上,筛选拟定具有开发价值的旅游小区,进行详细勘查。勘查的内容不仅包括旅游资源本身的历史、现状、特色,还包括资源开发的经济、社会、环境等外部条件方面的内容,确定该区旅游发展的方向和重点项目,提出规划性建议。同时注意数据记录,并对重点问题和重点地段进行专题研究和鉴定。

3. 室内整理阶段

该阶段是在实地调查过程之后,将收集到的资料和野外考察记录进行系统的整理总结,再做认真的分析研究,最后完成调查报告和图件,呈送相关部门审阅和参考执行。

(1) 整理调查资料。主要是把收集的零星资料整理成系统的、能说明问题的系统化信息,包括对文字资料、照片、录像片、图表的整理,以及图件的编制和清绘等内容。

(2) 编写调查报告。将整理后的资料、数据和图件等进行处理分析,最终提供一份完善的旅游资源调查报告。

襄樊市旅游资源调查报告

襄樊市历史悠久,远在60万年前,人类已在此繁衍生息。襄樊系襄阳、樊城两城合称,樊城因周宣王封仲山甫(樊穆仲)于此而得名,襄阳以地处襄水(今南渠)之阳而得名。樊城始于西周,襄阳筑城于汉初。自东汉献帝初平元年(公元190年)荆州牧刘表徙治襄阳始,襄阳历来为府、道、州、路、县治所。襄樊市始建于1950年5月,1979年6月升为省辖市,1983年9月与襄阳地区合并,实行市带县体制。1986年12月8日被国务院批准为全国历史文化名城。

襄樊作为历史文化名城,自然环境优美,名胜古迹众多,旅游资源十分丰富,是武当山、神农架和三国文化旅游的中心城市,是湖北"一江两山"(长江三峡、武当山、神农架)旅游开发的中轴和重要门户。那么襄樊的旅游业发展究竟如何呢?

2008年7月25日至31日,襄樊职业技术学院经济管理学院旅游管理专业成立调查小组,对襄樊市旅游资源进行了全面调查。着重从襄樊市旅行社、旅游景区、游客大众三个方面获悉旅游信息,以便对襄樊市旅游资源做出客观评价。

1 襄樊市旅游资源的基本情况

襄樊共有各时期古文化遗址396处,名胜古迹110多处,其中国家级景点6处,省级景点30余处,已对外开放的景区有襄阳古隆中、襄阳古城、襄阳王府、绿影壁、昭明台、米公祠、多宝佛塔、真武山道观、襄阳鹿门寺、南漳水镜庄、谷城蓬山、承恩寺、南河小三峡、枣阳白水寺、熊河风景区、九连墩战国古墓群、保康五道峡、汤池峡温泉等30多处,真可谓资源丰富。通过对襄樊标志性4A级景区诸葛亮躬耕之地"古隆中"和3A级景区米芾故里"米公祠"进行问卷调查了解,结果不是十分理想。各个景区都存在许多问题。以古隆中为例,在发放的60份调查问卷中,90%的游客认为隆中的门票偏贵,应调至30元左右较为合理。其他如景区的道路规划和管理问题,人文旅游资源应得到更多的保存以使景区具有更多的内涵和风韵,等等。

旅行社业是旅游业的支柱产业,处于中心地位,对于推动旅游业的发展起到了必不可少的重要作用。通过走访襄樊市30余家旅行社,通过问卷调查及访谈,我们了解到,襄樊市旅行社业的经营较为完善,游客对接待情况均十分满意,年均收入也比较可观。在发放的40份调查问卷中,我们总结出其存在的弊端是旅行社很少有人上门咨询,大都是外联部在外联系游客组团出游,即游客无主动性,说明襄樊市的旅游宣传工作应加强。

景区能够客源不断,旅行社蒸蒸日上,都必须依赖于游客的光临,襄樊旅游业要想迅猛发展,也必须吸引世界各地游客的光临。学校教育要秉承"一切为了学生,为了一切学生,为了学生一切",旅游业则也应提倡"一切为了游客,为了一切游客,为了游客一切"。通过在人民广场和鼓楼广场随机发放的150份抽样调查问卷统计,我们了解到认为自己喜欢旅游的襄樊人占100%,认为襄樊是个值得旅游的好地方的占80%,已游过古隆中的占67%,然而只有5%的人对襄樊的旅游业有充分的了解。

襄樊既有避暑山庄,又有古战场遗迹、古文化遗址、名人故居……的确是个旅游的好去处。人们也愿意来观光旅游,购物消费,然而他们对襄樊这所魅力城市却缺乏了解。在此问题上,我们感触颇深。旅行社、景区、游客均认为襄樊市的旅游宣传和营销策略尚不到位。襄樊有大好的资源,却不能让游客共享,就如壮士不得志、千里马无伯乐赏识。所以襄樊市政府及各相关部门应采取措施,加大宣传营销力度,同时对景区做好有序的开发和管理,以吸引广大旅客。

调查中有位游客这样说道:"我来襄樊旅游,吃得好,住得也好,就是游得不爽。"说明了一个问题,即旅游资源的整合不够。旅行社、旅游交通、旅游饭店是旅游业的三大支柱产业,襄樊市餐饮业、酒店业的经营与管理十分完善,可人们来旅游绝不仅仅是为了居住的舒适。因此,要发展好旅游业,就必须各产业相互联通、共同支撑,让游客游得尽兴,住得舒适。

2 襄樊市旅游业发展现状分析

通过以上分析,我们认为襄樊市旅游资源丰富,景区开发较为合理,旅行社产业运行良好,餐饮、酒店服务业完善,有很好的基础。同时,也存在以下的问题。

2.1 各旅游景区开发尚有欠缺

襄樊市自然风光优美,文化积淀深厚,拥有显著的旅游资源优势,但古城风貌、自然生态、江河温泉等资源特色远没有发挥出来,对荆楚文化和三国文化的内涵与特色挖掘不够,缺少品位高、吸引力强的专业化旅游产品,襄阳古城等一批高品位的旅游资源尚未转化为具有竞争力的优势产品。从总体上看,襄樊市旅游产品的开发大多还停留在传统产品的设计与组合上,旅游产品同质化和区域旅游产业同构化现象较严重,旅游新产品的开发明显不足,特别是对旅游资源的文化内涵挖掘不够,缺少高品位、大规模、有鲜明特色的综合性旅游产品。

2.2 景区开发规划存在各自为政现象,资源整合不够好,未形成产业群

目前襄樊景区开发面临各自为政、盲目建设的局面,各地旅游资源仍处于自主开发的建设阶段,导致旅游景区、旅游项目不能形成优势互补,造成了一些旅游项目低水平重复建设。各大景区并没有成功带动旅游产业群的发展,很多景点难以从学术价值转化成经济价值、从论文价值转化成市场价值、从新闻价值转化成游览价值。

2.3 旅游供给结构不够合理

近年来,襄樊市旅游产业有了较快的发展,旅游业产值在国内生产总值中所占比重不断增大,但产业发展水平仍需进一步提高,这主要表现在:在全市旅游收入构成中,六大要素发展不平衡。饭店产品需求不旺,购物比重明显偏低,收入弹性较高的娱乐、购物行业发展不足,游客旅游消费水平普遍不高,旅游企业"小、散、弱、差",缺乏在国际国内市场有影响力的大型骨干企业,行业整体素质不高。旅游业与城市的各项相关产业结合不够紧密。襄樊市不仅是鄂西北地区的地理中心和陕、豫、鄂交界地区唯一的城市中心,也应成为该地区旅游业的集散中心。要用城市包容景区,真正发挥旅游风景区的特有作用,走好旅游业良性循环、综合发展之路。

3 结论与建议

为了发展旅游业,襄樊市提出要在"十一五"期间着力打造两大品牌,积极融入全省"一江两山"旅游开发经济圈,积极引导外资加大对旅游业的投入,重点建设"四区十景"。"四区"即以古隆中为龙头的三国文化旅游区,以九路寨为龙头的大荆山生态旅游区,以襄阳古城为龙头的都市文化休闲旅游区和以鱼梁洲为龙头的汉江观光旅游区;"十景"包含古隆

中、襄阳古城、鹿门山、水镜庄等,凸显襄樊旅游特色,打造精品线路,使襄樊成为华中重要的旅游集散地和目的地,把我市旅游业推入顶峰,实现资源的共享。

首先,结合襄樊市"十一五"规划,以及调查数据分析结果,我们认为,应对古隆中为龙头的三国文化旅游线加以完善,与河南联手打造三国文化旅游产品——追溯诸葛孔明,实行一票通,实现两地资源共享。

襄樊是三国故事的源头和三国文化的发祥地,以诸葛亮文化为核心的三国文化,是镶嵌在这座中原魅力城市桂冠上的璀璨明珠。智慧之星诸葛亮深受万人瞩目,我们向往他的智慧,追逐他的功绩,然而诸葛亮所到之处甚多,纪念他的武侯祠全国各地无所不在……诸葛亮之所以闻名于世,起源于"三顾茅庐",他的出山改变了三国历史。走近诸葛孔明,畅游三国,古隆中武侯祠是必经之地。

河南是中华文明和中华民族最重要的发源地,近年来河南的旅游业日益昌盛。云台山、白云山、伏牛山、少林寺、龙门石窟、黄帝故里、殷墟、清明上河园等是河南较有名的景点,具有潜在旅游市场,客源广泛。与河南联手实行一票通可借力带动襄樊市旅游业的迅猛发展,从而吸引来自全世界的游客。襄樊旅游业有了游客这一资源,也会带动相关行业一起发展。至2007年底,河南省高速公路位居全国第一,而襄樊市自古便有"七省通衢"之称,两地的交通优势珠联璧合,可谓天时、地利、人和。相信与河南联手将景区合理串接,制定互惠互利的优惠政策,建立三国文化旅游无障旅游区,实现城市间旅游区域协作市场一体化,打造精品旅游路线,给襄樊市旅游业发展带来质的飞跃。此外,为配合此项旅游产品推出,襄樊市须开发三国旅游纪念品,开发一条古玩街及襄樊特色定点购物超市,从侧面推动旅游业的发展。

其次,要加强对襄樊市旅游业的宣传。通过各种形式组织襄樊本地人游襄樊,以增强襄樊市民对襄樊旅游业发展的认识和了解;联合各大新闻媒体,通过在主流媒体上刊登襄樊市旅游形象广告、举办各类专题推介会、参加各级各类旅游博览会等,坚持不懈地开展旅游宣传工作;通过对各地旅行社组团来襄樊实施奖励等办法,以树立襄樊旅游形象、培育旅游市场为重点,更新旅游营销观念。

再次,要充分发挥政府的宏观调控作用,整合好各项旅游资源及相关产业。以旅游行政管理机构建设和旅游法制建设为突破口,配强班子,配齐人员,赋予旅游行政管理部门管理、监督、协调本辖区资源开发、规划实施等权力;成立由建设、宗教、文化、林业、水利等旅游资源主管部门和土地、工商、城建、公安、消防、旅游、交通、民航、铁路等相关管理服务部门合署办公的景区综合管理处,改变多头管理、互相扯皮的混乱管理现象。

(资料来源:襄樊职业技术学院经济管理学院旅游资源调查组.襄樊市旅游资源调查报告[J].襄樊职业技术学院学报2008,7(6):36-38)

二、旅游资源评价

旅游资源评价是指在旅游资源调查的基础上进行的深层次的研究工作,是从合理开发利用和保护旅游资源及取得最大的社会经济效益的角度出发,采取一定的方法,对一定区域内旅游资源本身的价值及外部开发条件等进行综合评判和鉴定的过程。旅游资源评价直接影响到区域旅游开发利用的程度和旅游地的前途和命运,因此,客观而科学地评价旅游资源是旅游区综合开发的重要环节。

(一) 旅游资源评价的内容

1. 旅游资源的质量评价

(1) 旅游资源的特性与特色。旅游资源的特性与特色是旅游资源开发的灵魂和激发旅游者产生旅游动机的原动力。一般而言,旅游资源特色越突出,其旅游吸引力就越大,开发价值也就越高。因此,通过对调查区与其他旅游区的比较研究,寻找出自身旅游资源的特色,为确定旅游资源的开发方向、开发程度及规模、市场定位和具体旅游项目的设计规划提供依据。

(2) 旅游资源的价值与功能。旅游资源的价值主要包括美学观赏价值、历史文化价值、科学研究价值等,它是旅游资源质量和水平的反映。旅游资源的功能是旅游资源可供开发利用,能够满足某种旅游需求的特殊功能,是旅游资源价值的具体体现。一般来说,拥有观赏、历史、科学、文化、经济和社会等价值的旅游资源,均具有观光、度假、康体、商务、探险、科考、娱乐等旅游功能。旅游资源的价值与功能是其开发规模与程度、市场指向与前景的重要决定因素。

教学互动4-4

问题: 西安旅游资源的价值主要包括哪些方面?

(3) 旅游资源的结构与规模。其主要是指区域内旅游资源的数量、密度和布局。旅游资源的数量是指旅游区内可观赏旅游资源的多少;其密度是指这些旅游资源的集中程度,它可以用单位面积内的资源数量去衡量;其布局则是指旅游资源的分布和组合特征,它是资源优势和特色的重要表现。旅游资源的数量、密度和布局是区域旅游资源开发规模的重要决定因素。一些单个孤立旅游资源,即使独具特色,价值很高,功能也多,但其开发价值并不一定高。只有一定区域内,多种类型的旅游资源要素协调布局和组合,形成一定的规模和旅游资源的协同结构,才能形成一定的开发规模效应,获得理想的综合效益。

(4) 旅游资源的节律变化。节律变化是指旅游资源在一定时期受自然条件和人为因素的影响所发生的有节奏的变化。旅游资源的节律变化必然影响到旅游活动,使之产生相同的周期性变动。例如内蒙古的草场旅游资源,因气候影响草的生长状态,从而使得内蒙古的旅游旺季只集中在每年草势较好的七八月份。

2. 旅游资源的环境评价

(1) 自然环境。地质、地貌、气象、气候、土壤、水文、动植物等自然要素所构成的自然环境,是旅游资源区域整体感知形象的主要因素和旅游活动的重要外部环境条件。例如,青山绿水、鸟语花香是优质生态环境的基本标志;宜人的旅游气候是旅游的必要条件,对旅游流起着导向作用;地质、地貌等自然环境不仅可形成旅游吸引物,而且也会对旅游资源的开发建设产生重大影响,那些易发生地震、滑坡、泥石流等恶劣地质条件的地区,就不利于旅游活动的开展和旅游资源的开发。

(2) 社会环境。社会环境是指旅游资源所在区域的政治局势、社会治安、政策法令、医疗卫生、风俗习惯以及当地居民对旅游业的态度等。它对旅游资源效用的发挥有极大的影响。一个地区的政治局势和社会治安稳定与否,直接影响旅游者的出游决策。政局不稳、战争频发、社会治安差的地方,即使有丰富而高品位的旅游资源,旅游者出于人身和财产安全的考虑,也不敢前来旅游。医疗保健条件较好的地区能及时处理和保障旅游过程中旅游者的疾病、意外伤害和生命安全。若当地居民对旅游业有正确的认识,热情好客,使旅游者有一种宾至如归的亲切感受,则对旅游资源开发和发展旅游业有积极的作用。旅游是一项对社会环境较为敏感的经济活动,在稳定的社会环境中它能以较快的速度发展,而一旦出现社会环境的变化,则会受到一定的冲击。

(3) 经济环境。旅游经济环境是指能够满足旅游者开展旅游活动的一切外部经济条件,包括交通、水电、邮电通信、各种档次的食宿服务和其他旅游接待设施,以及旅游资源所在地的基础设施条件与经济基础。由于不少旅游资源位于偏僻山区,交通条件往往成为旅游资源开发的一个限制性因素,直接影响旅游者的可进入性。水电等基本生活需要若不能保障,直接影响旅游接待条件。邮电通信对于出门在外的旅游者,无论是家庭还是公务联络都颇为重要。各种食宿和旅游接待设施及服务质量同样影响旅游资源的开发和旅游经济效益。

(4) 环境容量。旅游环境容量是指调查区域在一定的时间内,旅游资源及自然、社会、经济环境在不影响旅游活动和旅游业持续发展的基础上,所能容纳旅游者的限定数量,也即调查区域接待旅游者的合理数量,超出这个数量,旅游活动就会受到影响,旅游资源及其环境就会遭到破坏。旅游资源数量越多、规模越大、场地越开阔,旅游环境容量越大;反之,旅游资源稀少、类型简单、场地狭小,旅游环境容量就小。只有对旅游环境容量进行科学合理的评估,才能保证旅游资源的合理利用与有效保护。旅游环境容量主要包括旅游生态容量、旅游经济容量、旅游社会容量、旅游心理容量等。

3. 旅游资源的开发条件评价

(1) 区位条件。旅游资源所在的地理位置,包括自然地理位置、经济地理位置、政治地理位置、与客源地的空间关系以及与其他旅游资源区的距离等,这些因素都会影响旅游资源的吸引力、开发规模、线路布置和利用方向等。世界上许多旅游点(区)因其特殊的地理位置而产生了独特的旅游吸引力,如:位于经度和时间起点的英国格林尼治天文台、赤道上的厄瓜多尔的加拉加利镇、位于北半球极昼极夜起点的瑞典斯德哥尔摩等地均因其特殊的地理位置而成为世界旅游热点。深圳、珠海等地由于毗邻香港和澳门地区,交通便利,经济发达,区位条件优越,地方旅游资源得到了充分开发和利用,而西藏雅鲁藏布江、布达拉宫等旅游资源,虽然品位极高,但由于区位条件较差,开发状况不甚理想。此外,区域旅游资源的竞合状况也是需要着重考虑的区位因素。如果一处旅游资源和其所在地及周边地区其他旅游资源之间为互补或替代关系,它们可互相映衬,产生集聚影响,能吸引更多的旅游者。但如果相邻的旅游地资源类型相似,则会相互竞争,相互取代,引起游客群分流。另外,旅游资源区周围若配合有名山、名湖、名城等旅游热点,则有利于资源的联片和成规模开发。

(2) 客源条件。旅游者数量是与经济效益直接挂钩的,没有一定量的旅游者则旅游资源的开发不会产生良好的效益。客源条件有个时空问题,在时间上,客源的不均匀分布形成旅游的淡旺季,这与当地气候季节变化有一定关系,如哈尔滨冬季观冰雕,形成了它一年一度的旅游旺季。空间上,客源的分布半径范围及其密度由旅游资源的吸引力和社会经济环境决定,旅游资源特色强、成规模、社会和经济接待环境好的旅游区,其客源范围和数量都极为可观,相应的经济效益也高,这种旅游资源是值得开发的。可见,旅游客源数量的多少决定着旅游资源的开发规模和开发价值。通过周密而科学的旅游客源市场调查与评价,了解旅游客源市场需求,掌握旅游客源市场的规模、辐射半径、消费群体、消费结构、消费水平和旅游行为等,合理预测旅游客源市场的动态需求趋势,因地制宜地确定旅游资源的开发规模等级,客观地衡量旅游资源的开发利用价值。

(3) 投资条件。旅游资源开发需要大量资金的持续投入,需要吸引国内外的投资。旅游资源区的社会经济环境、经济发展战略及给予投资者的优惠政策等因素,都直接影响投资者的开发决策。因此,旅游资源区必须认真研究区域投资条件和政策环境,以便推动旅游资源开发的健康、有序发展。

(4) 施工条件。旅游资源开发项目还必须考虑其工程量的大小和难易程度。首先是工程建设的自然基础条件,如地质、地貌、水文、气候等;其次是工程建设的供应条件,包括供水、供电、设备、建材、食品等。因此,评价旅游资源必须合理地评价其施工环境条件,对开发施工方案进行充分的技术论证,同时考虑经费、时间的投入与效益的关系,以确定合理的开发方案。

(二) 旅游资源评价的方法

旅游资源评价有定性评价方法和定量评价方法,对旅游资源的科学评价,往往要将二者结合起来进行。

对旅游资源的定性评价,是用分析对比的方法并通过文字描述来表现。如对某一旅游景点的定性评价为:知名度比较高,有较高的观赏价值,可进入性强,旅游资源集聚性高,但是,环境容量较小,植被条件较差,季节性较强等。这种定性评价方法使用比较广泛。

对旅游资源的定量评价,是按照所规定的评价标准,以打分的方法,算出某一旅游资源所得分数。假定对一旅游资源的最高打分为 10 分,或设总权重为 10,就要对每一项评价标准给一定的分值,或确定每一标准的权重。现举例如下(见表 4-2)。

表 4-2 旅游资源评价元素表

评价标准(或评价元素)	知名度	观赏价值	历史文化价值	科学价值	可进入性	环境容量	环境质量	旅游地旅游资源集聚程度	旅游季节性大小	经济社会发展程度
权重分配	1.5	1.5	1.0	0.8	1.5	0.8	0.8	0.8	0.5	0.8

(资料来源:刘伟.旅游概论[M].北京:高等教育出版社,2015:137)

某一项旅游资源评价情况如下:知名度为 1.2,观赏价值为 1.0,历史文化价值为 0.8,科学价值为 0.4,可进入性为 1.4,环境容量为 0.6,环境质量为 0.5,旅游地旅游资源集聚程度为 0.6,旅游季节性大小为 0.3,经济社会发展程度为 0.6。将结果加权求和后,得出总分值为 7.4。如果有许多旅游资源,分别得出加权总值后,就可以列出名次。

这种定量评价方法有一定的科学性和可操作性,并可使诸多的旅游资源排列出名次,便于掌握。因此,这种评价方法也被较为广泛地使用。但是这种方法也有某些不够准确的方面。一方面,被评价的标准或元素应该包括哪些内容是不确定的,这样会影响到评价结果;另一方面,每一标准或元素的权重应给多少,也是不确定的,有的还有一定的主观因素,这样也会影响到评价的结果。因此,使用这种评价方法时,既要使标准或元素类别合适,也要使每一标准或元素的权重合理。这样,就会得到较为准确的评价结果。

衡山旅游资源的特色分析及其评价

南岳衡山旅游业的转型升级很大程度取决于旅游产品的转型升级,而旅游产品的开发与更新必须以现有的资源、场地条件为基础。衡山旅游资源丰富,既有自然美景,也有深厚的历史文化。如何对其资源进行科学的认识与合理的评价,成为至关重要的基础工作。

南岳旅游资源非常丰富,类型也十分多样,依据资源特性及对旅游开发的适宜性,可将南岳具有代表性的资源分为观光旅游资源、山地度假旅游资源、乡村旅游资源和民俗旅游资源四类。

旅游资源总体评价是:历史悠久,文化资源丰富,宗教祭祀文化旅游资源优势突出;衡山在中华五岳中以岳神崇拜、上清祖庭、南禅法源和寿岳之山等传统文化主流为其文化独特性;旅游资源供给单一,历史旅游资源消失迅速;人文观光资源中高质量的观光点较少;自然观光资源区域性优势显著;自然山地度假资源质量较高,具有一定优势,但开发受到限制。

多年来,南岳以单一的某种历史文化资源利用为主,其余资源开发与创新不足。观光与宗教文化资源、度假资源与乡村资源开发缺乏创新。因此,今后将在提升衡山已有产品基础上,进一步挖掘包装其他文化旅游产品,并进行广大乡村地区资源的开发,不断丰富和完善衡山旅游产品体系。

[资料来源:蔡克信.衡山旅游资源的特色分析及其评价[N].中国旅游报/2011-01-03(6).编者根据需要作了删节]

模块三 旅游资源开发与保护

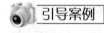

加强资源和生态保护 促进行业可持续发展

国家旅游局制定了《旅游资源保护暂行办法》(以下简称《办法》),并于日前印发各省、自治区、直辖市旅游主管部门。

《办法》覆盖已开发的各类自然遗产、文化遗产、地质、森林、风景名胜、水利、文物、城市公园、科教、工农业、湿地、海岛、海洋等各类旅游资源,也包括未开发的具有旅游利用价值的各种物质和非物质资源。

《办法》提出,旅游资源保护坚持严格保护、开发服从保护的原则,实现协调监管、合理利用、科学发展的目标。国务院旅游行政管理部门负责全国旅游资源的普查、分类、定级、公告及相关保护工作,各地旅游行政管理部门负责本地区旅游资源的普查、分类、定级、公告及相关保护工作。各级旅游行政管理部门应确保旅游资源普查工作的资金。鼓励社会团体、个人通过捐赠等方式依法设立旅游资源保护基金,专门用于旅游资源保护,任何单位和个人不得侵占、挪用。各级旅游行政管理部门可以根据需要设立本地的"旅游资源保护监督员"和"旅游资源保护公益宣传大使"。设立旅游资源保护咨询专家组,建立旅游资源保护专家咨询报告制度。

《办法》规定,各级旅游行政管理部门应协调处理好旅游资源保护和旅游发展之间的关系。单独编制旅游资源保护规划,并将旅游资源保护规划的主要内容纳入本地的旅游业发展规划。依法从事旅游资源开发活动的单位或个人,在取得有关部门的立项和建设许可后,应及时到旅游资源所在地的旅游行政管理部门备案。对于破坏旅游资源的行为,由资源所在地旅游行政管理部门对行为主体予以教育、批评,责令其停止违法行为,并根据法律、法规,协同有关部门做出相应处罚。

《办法》还对各地建立旅游资源开发情况、旅游资源的招商开发活动、旅游景区的接待容量、建立旅游资源保护情况通报制度等做出了具体规定。

[资料来源:加强资源和生态保护促进行业可持续发展[N].中国旅游报/2007-09-12(1)]

思考:如何正确处理旅游资源开发与保护的关系?如何保护旅游资源?

一、旅游资源开发的概念

具有吸引力的旅游资源,只有经过有规划的开发,才能发挥其功能,为旅游业所利用。旅游资源开发是把旅游资源加工改造成具有旅游功能的吸引物或旅游环境的经济技术过程。旅游资源开发的概念可以从以下几个方面来理解:

第一,旅游资源开发要以资源调查和评价为基础。发展旅游业,首先要了解旅游资源的类型、结构、数量和质量特征、资源等级、地理赋存状况及保护、利用和发展现状等,从而确定旅游资源的总体开发方向。如果缺乏全面的旅游资源统计资料,对区域旅游资源状况不甚了解,也就无法进行旅游资源开发工作。因此,旅游资源的调查和评价是旅游资源开发的基础性工作。

第二,旅游资源开发要以市场需求为导向。旅游资源开发是一种经济行为,在市场经济条件下,传统的资源导向型的旅游资源开发方式已经跟不上时代的步伐。因此,旅游资源开发须以市场需求为导向,认真研究旅游市场需求,开发利用市场需求大、能够畅销的旅游资源,处理好资源与市场的关系。

第三,旅游资源开发是一项综合性的经济技术工程。开发内容方面,不仅要考虑旅游资源本身的开发,还要对旅游设施、旅游服务、旅游环境、旅游客源市场等方面进行系统协调地开发,使旅游资源开发与旅游活动相关方面相互适应、协调发展;开发效益方面,要兼顾经济效益、社会效益和环境效益;开发进程上,须规划在先,实施在后,要有计划、有重点、有层次地展开,逐步拓展各种功能,科学合理地利用资源。

较之其他资源,旅游资源开发的程度具有更大的伸缩性。由于人们旅游需求的广泛化和多样化,一些看似与旅游无关的事物,如长寿、减肥、科学成就和火山地震等自然灾害遗迹,都可以开发为旅游吸引物;一些似乎完全不具备旅游条件甚至生存条件的地区,如沙漠、沼泽、荒无人烟的小岛、严寒冰封的极地等,也都可能成为闻名遐迩的旅游胜地。正是旅游资源开发这种伸缩性大的特点,加上独具慧眼和魄力的旅游开发者的创新性工作,才使得现代旅游的内容和形式不断推陈出新,造成当今旅游业空前繁荣的局面。

二、旅游资源开发的原则

旅游资源的开发工作旨在发挥、改善和提高旅游资源的吸引力,使其在满足旅游者需求的同时，推动当地社会经济的发展，其最终目标是进一步发展旅游业。为了保证旅游资源的可持续发展，旅游资源的开发工作应当遵循以下一些原则：

（一）保护性原则

开发旅游资源的目的是为了更好、更有效地利用旅游资源。虽然旅游资源具有可重复利用性的特点，但是，这一特点的表现有赖于旅游资源开发的同时对于资源的保护。生态环境是旅游资源赖以存在的物质空间，旅游资源开发必须重视资源与环境在开发中的保护，控制污染，以便拥有良好的资源和环境质量，达到吸引旅游者的目的。从这个角度上来说，旅游资源开发中的保护性原则不仅影响旅游资源的长远利益，而且直接影响旅游资源开发的当前利益。旅游资源开发中的保护性原则主要体现在两个方面：一是保护旅游资源本身在开发过程中不被破坏，正确处理好开发与保护的关系；二是要控制开发后旅游资源的游客接待量，使之处于环境承载力之内，以维持生态平衡，保证旅游者的旅游质量，使旅游资源能够永续利用，旅游业可以实现可持续发展。

（二）独特性原则

旅游资源贵在稀有，其质量在很大程度上取决于与众不同的独特性。这是它们能够对旅游者产生吸引力的根本所在。因此，突出旅游资源本身原有的特征、有意识地保存和增强这些特征具有十分重要的意义。特色性原则要求在开发过程中不仅要保护好旅游资源自身原有的特色，而且还应该尽最大可能地突出其特色。表现在具体的旅游资源开发中，要突出地方的、民族的、历史文化沉积的特色，尽可能保持旅游资源的原始风貌特征。"只有民族的旅游资源，才是世界的旅游吸引物。"不论是借用或开发自然和历史遗产，还是新创当代人造旅游资源，都要通过开发措施强化旅游资源的独特性，如某项旅游资源在一定地理范围内最高、最大、最古、最奇等，以确保旅游资源的吸引力和竞争力。实践经验证明，成功的景区景点都以独特的性质和魅力特色而吸引世界旅游者。一旦失去了地方的、民族的特色，旅游资源也就失去了吸引力，旅游资源就会变得千篇一律，旅游资源开发就必然走向失败。

（三）多样性原则

旅游资源开发的多样性包含两层含义：第一，多样性就是各有特色的旅游资源的集合。某一区域在开发突出自己形象的重点旅游资源的同时，对其他各类资源也要根据情况逐步进行开发，以吸引各种类型的旅游者，例如以自然资源为主的山地旅游资源，可以开发结合当地特色的民俗风情等人文旅游资源。第二，多样性还强调在旅游资源的开发过程中应该考虑旅游者食、住、行、游、购、娱等多方面的需要，做好设施和服务等配套工作。

（四）旅游者参与原则

现代旅游业的发展，要求各项旅游开发工作不能局限于旅游客体——旅游资源上，而要将眼光放到消费者——旅游市场上，改变过去那种走马观花式的景点组合和旅游资源开发方式，把旅游市场与旅游资源融为一体进行考虑。

旅游者参与原则，要求在旅游资源开发过程中创造更多的空间和机会，便于旅游者自由活动。各种旅游服务设施，可以采用渗入、延伸或扩大视野等方法，设置于旅游资源所处的大环境中，使旅游者在整体游览娱乐活动过程中有广阔的自主活动空间、主动接触大自然的机会及充分展示自我意识的环境。

（五）经济效益、社会效益和环境效益相统一的原则

首先，开发旅游资源应注重经济效益。旅游资源是旅游业建立和发展的基础，作为一种产业，旅游资源的开发应该讲求投入与产出的对比分析，实现利润最大化。经济效益有两个不同的层次：一是投资者和经营者的微观经济效益；二是整个旅游业和社会的宏观经济效益。这里所说的经济效益，是以微观经济效益为基础，并能与宏观经济效益相结合的经济效益。单纯追求微观经济效益，而不顾或有损宏观经济效益，是不可取的。

其次，开发旅游资源要注重社会效益，即能对社会进步产生积极影响，包括对人类的智力开发、知识普及、思想教育、社会良好道德风尚的树立等。例如博物馆、展览馆、纪念馆等，作为旅游资源能对旅游者从不同的方面起到积极有益的作用，增长人们历史、文化、科学、民俗等方面的知识，增强人们的爱国意识等。凡是能对社会进步起到积极作用的旅游资源应首先开发，而对于社会进步不能产生积极作用，甚至会产生消极影响的旅游资源，就不应开发。

最后，开发旅游资源要考虑环境效益。旅游资源的开发受到各种环境条件的制约，同样，旅游资源在开发过程中也会对环境产生各种影响。旅游资源的开发不能超过环境所承受的限度，应避免造成对生态环境的破坏，以利于当地旅游业的可持续健康发展。

三、旅游资源开发的内容

旅游资源开发的目的，就是使旅游资源为旅游业所利用，从而使其潜在的资源优势变成现实的经济优势。内容主要包括：

（一）规划设计景区、景点

旅游资源在开发之前，大多处于潜在的状态，一般都缺乏现代旅游活动所需要的基本条件，难以用于开展大规模的旅游接待活动。旅游资源只有经过开发才能变为旅游产品，被旅游业所利用，因此，规划和设计旅游景区、景点是旅游资源开发最重要的内容。这种建设，从内容、形式上说，不仅是指对尚未利用的旅游资源的初次开发，也可以是对已经利用了的景观或旅游吸引物的深度开发，或进一步的功能发掘；不仅是指对一个从无到有的新景点的创造，也可以是对现实存在的旅游资源的归整和加工。从其性质来看，既可以以开发建设为主，也可以以保持维护为主，并且这种开发建设活动是一个发展变化的动态过程，在旅游点生命周期的不同阶段表现出不同的侧重点。例如，一个旅游点从初创期到成熟期，将经历从尚未利用的初次开发到成熟阶段的深度开发，其开发工作的性质也由开发向保护转化。

（二）提高可进入性

可进入性指的是旅游目的地同外界的交通联系以及旅游目的地内部交通运输的通畅和便利程度。旅游活动是以旅游者位移到达旅游目的地为前提的，因此，合理安排旅游者从居住地到目的地的往返通道，以及在旅游地内部的交通网络是旅游资源开发中重要内容之一。要让旅游者"进得来、出得去、散得开"。也就是说，要使旅游者来得方便、在旅游目的地逗留期间活动方便以及结束访问后离去得方便。现代旅游交通必须适应旅游者多方面的需要。便利、快捷、安全、舒适是现代旅游者对旅游交通的基本要求。在进行旅游交通规划时要充分考虑这些要求。旅游交通安排不仅包括旅游交通设施的建设、旅游交通工具的选择，还包括各种交通营运计划的设计和安排。

（三）建设和完善旅游配套设施

旅游者在旅游活动中的主要目标虽然是旅游吸引物，但在旅游过程中，他们还有基本的生活需要。这就决定了旅游地必须向旅游者提供相关服务所必需的旅游配套设施。这些设施的修建和改善应当有助于提高旅游服务质量，从而提高旅游资源的吸引力。

旅游配套设施包括旅游基础设施和旅游服务设施两类。旅游基础设施是指主要使用者为当地居民，但也必须向旅游者提供或者旅游者也必须依赖的设施，包括供水、供电、邮政、排污、道路、银行、商店、医院等。旅游服务设施是指那些虽然也可供当地居民使用，但主要供外来旅游者使用的服务设施，包括宾馆饭店、旅游问讯中心、旅游商店、某些娱乐场所等。由于这类设施主要供旅游者使用，因此须根据旅游者的需要、生活标准和价值观念来设计建造，并据此提供相应的服务。旅游开发就是要建设和完善保障当地居民生活所需的基础设施，这是发展旅游业的基本条件，进而建设和完善为旅游者消费所需要的旅游服务设施，这是旅游业发展的必要条件。

（四）开发人力资源，完善旅游服务

旅游资源开发的决策者、组织者、实施者或服务者，是旅游资源开发和旅游业发展的主观因素。这些人员素质的高低在一定程度上会增添或减少旅游资源对旅游者的吸引力。所以，人力资源开发也是旅游资源开发的必要环节。人力资源开发包括制订人力资源计划，开展从业人员的招聘、选拔、安置、培训等方面的工作。人力资源开发应根据客源市场的变化以及旅游业发展的要求，不断地进行系统性、提高性的培训和开发，以不断提高旅游专业人员的整体素质和管理、服务水平，适应旅游产业发展的需要。

旅游资源开发的最终结果是提供给消费者以能够满足其需要的旅游产品。而旅游产品属于典型的服务产品，因此，在旅游资源开发过程中，完善旅游服务便成为不可或缺的重要一环。旅游服务既包括商业性的旅游服务，也包括非商业性的旅游服务。前者多指当地旅行社的导游和翻译服务、交通部门的客运服务、饭店业的食宿服务、商业部门的购物服务以及其他部门向旅游者提供的营业性接待服务。后者主要包括当地为旅游者提供的旅游问讯服务和出入境服务，以及当地居民为旅游者提供的其他义务服务。在旅游开发活动中，必须注意服务体系的完善，不能为追求商业利润只进行商业性服务的建设，而忽视非商业性服务的完善。实际上，非商业性服务在很大程度上反映着当地居民对外来旅游者的友善态度和愿意为其服务的好客精神，对旅游者具有较强的吸引力和感召力。

（五）开拓旅游市场

市场是旅游资源开发的着眼点。因此，旅游市场的开拓是旅游资源开发的重要工作，贯穿始终。市场开发主要包括市场预测和市场定位，以及市场营销和形象宣传等内容。市场预测这一环节是在旅游资源开发过程的前期进行，它是在市场调查的基础上细分客源市场，对其进行分析和研究，同时对市场环境和竞争对手进行分析和研究，从而确定目标客源市场。然后有针对性地对目标市场进行宣传和市场营销，扩大客源和开拓旅游市场。

同步案例 4-3

大足石刻的宗教旅游开发

大足石刻是重庆市宗教旅游的代表和典范,是唐末、宋初时期的宗教摩崖石刻,以佛教题材为主,是中国著名的古代石刻艺术,也是中国石窟艺术群中不可多得的释、道、儒"三教"造像的珍品,也是全国重点文物保护单位、世界文化遗产,现存雕刻造像4 600多尊,是中国晚期石窟艺术中的优秀代表。1999年12月1日在摩洛哥历史文化名城马拉喀什举行的联合国教科文组织世界遗产委员会第23届会议上表决通过,将大足石刻中的北山、宝顶山、南山、石篆山、石门山五处摩崖造像,正式列入世界文化遗产,进入《世界遗产名录》的神圣殿堂,并成功申报为我国首批AAAAA级风景名胜区。

大足石刻是重庆宗教旅游开发中的典范。石刻本身承载了中国佛教文化丰厚的底蕴,资源极为丰富;开发较早,石刻保存完好,且在修缮、复原等方面下足了功夫;在服务方面,无论从导游词的撰写,还是导游的讲解,都非常专业,讲解水平也很高,且配备了足够的外语导游,以应对外国游客的讲解需求;在交通方面,虽然大足区不直通高速路,但是在省道、县道的建设上,投入巨资,建成了"不收费的高速路",路况优良,而且沿途都有较为明显的道路指示牌,外地游客无需问路就能轻易找到要去的地方;政府的宣传力度也非常大,每年的荷花节等节日,也都以石刻为中心和主题。因此,要搞好宗教旅游开发,大足石刻可以借鉴的地方有很多。

(资料来源:赵茜.重庆宗教旅游开发典型案例分析及启示[J].科学咨询,2013(1):19.编者根据需要摘选了部分内容)

讨论:谈谈你对大足石刻宗教旅游开发的建议。

四、旅游资源的保护

(一)旅游资源保护的意义

旅游资源的涵盖面十分广泛,既包括自然旅游资源也包括人文旅游资源。保护旅游资源也就是要保护好区域自然景观和人文景观。自然景观作为地理环境的重要组成部分,是历经亿万年的自然演变过程而保存下来的珍贵资源,对它们的保护不仅是环境保护的重要内容,而且对维护生态平衡具有重要意义。保护区域人文景观对于弘扬民族文化、维护地方文化的完整性和文化生态平衡也具有重要意义,从而使旅游地以其独特的文化差异性永葆活力。此外,旅游资源是旅游业发展的物质基础,也是旅游业可持续发展的根本保证,而旅游资源又具有有限性和易损性等特性,故保护旅游资源就是保护旅游业的健康、良性发展。

(二)旅游资源破坏的原因

要想做好旅游资源的保护工作,首先需要了解有可能使旅游资源遭受破坏和损害的原因。一般而言,导致旅游资源破坏和衰退的原因可归结为自然原因和人为原因两个方面。

1. 旅游资源的自然破坏

指自然力造成的旅游资源的破坏,包括生物损坏和非生物损坏两个方面。

(1)生物损坏因素,如植物根系生长产生生物风化和生化作用,以及鼠类、鸟类和白蚁等对历史文物和古建筑的安全构成威胁。

(2) 非生物损坏因素,既包括如地震、泥石流、滑坡、火山喷发、海啸、狂风等突发性自然灾害的破坏,也包括日晒、水蚀、光照、风蚀等缓慢性的自然风化作用造成的旅游资源破坏。其中,后者对旅游资源造成的损害最为常见。例如闻名中外的山西云冈石窟,由于长期的风雨剥蚀和后山石壁的渗水浸泡,导致大部分洞窟外延裂塌,很多雕像断头失臂,面目模糊。埃及的基奥普斯大金字塔,近一千年来因风化产生的碎屑物达5万立方米,整个金字塔表面每年耗损约3毫米。

2. 旅游资源的人为破坏

人为破坏因素对旅游资源的破坏程度大多超过自然破坏因素,有的甚至是毁灭性的。从破坏产生的根源来看,大致可分为建设性破坏、生产性破坏和旅游活动导致的破坏三种。

(1) 建设性破坏。主要指工程建设、市镇建设和旅游资源开发建设中的规划不当,导致旅游资源遭到破坏。例如中国的古城墙除西安及少数地区保存尚较为完整外,其他地区包括北京的古城墙都在城市的现代化建设浪潮中被拆除殆尽;杭州西湖四周的现代建筑、桂林市内的高层建筑、沈阳故宫周围的高楼等工程建设都对旅游资源的景观环境造成了不同程度的破坏。此外,旅游资源开发过程中,由于规划不当,不少旅游项目的开发与建设造成了旅游资源的破坏,如不少山地景区为利益驱动而掀起"索道建设热",明显损伤了山地景观的完整性和美学特征,景区中公路、旅馆等人工设施的不合理建设也破坏了旅游地的自然景观环境。

(2) 生产性破坏。指工农业生产对旅游资源的破坏和旅游环境的污染。因不合理的工农业生产方式而对旅游资源造成损害和破坏的例子不胜枚举。例如,因工业污染而造成的酸雨正在威胁着世界上许多地区的森林旅游资源;在美国,酸雨形成酸雾,使华盛顿林肯纪念堂的混凝土墙长出了长长的钟乳石柱和石笋,混凝土层剥落,建筑物严重被腐蚀;印度著名的泰姬陵,其洁白的颜色也因当地工业废气污染的影响正在变黄等。此外,落后的农业生产方式,无计划的过度采石、伐木、取水、盗猎等也会对旅游资源造成不可逆转的危害。

(3) 旅游活动对旅游资源的破坏。由于旅游者的大量涌入,加速了名胜古迹的自然风化和磨损的速度,导致古迹的损坏和衰败。例如中国著名的敦煌石窟,随着大量旅游者的进入,人们呼出的水汽和二氧化碳改变了石窟内的大气环境,加速了雕塑和壁画的变质;一些自然景区,大量旅游者的到访和践踏,致使土壤板结,古树枯死;一些山区,旅游活动的开展破坏了在自然条件下长期形成的稳定的落叶和腐殖层,造成水土流失,使旅游区的自然生态环境受到威胁;由于宣传教育不足,旅游者在古建筑上乱刻乱画、损木折花、乱扔废物、违反规定攀登、拍照等不良行为,造成旅游资源的损坏现象也随处可见,给景区环境的维护带来巨大压力。

以上所述仅是这类问题和现象的"冰山一角",远远不是全部。人们应当对旅游资源的各种破坏因素保有清醒的认识。如果要使这些旅游资源将来能造福于人类,服务于国家和地区旅游业的发展,便要注意采取措施对其加以保护。

(三) 旅游资源保护工作的原则与措施

对旅游资源的保护可分为消极的保护和积极的保护两种。消极保护同积极保护之间的关系也就是"治"与"防"的关系。具体原则应当是以"防"为主,以"治"为辅,"防""治"结合,综合运用法律、行政、规划和技术等手段,加强对旅游资源的管理和保护。

1. 法律措施

健全旅游资源法制管理体系,加强对旅游资源的保护。我国与旅游资源保护管理相关的法律目前主要有《环境保护法》《森林法》《文物保护法》《野生动物保护法》《风景名胜区管理暂行条例》等。此外,各地方立法机构和人民政府根据国家法律、法规,结合地方实际制定了实施细则和地方性旅游法规,如《广州白云山风景名胜区管理条例》,将旅游资源保护纳入了法制管理范畴,增强了旅游资源保护的力度。此外,加强旅游资源保护的法律法规管理,关键在于落实,要大力宣传旅游资源保护法律法规,并严格执法,真正做到有法可依、有法必依、执法必严、违法必究,将旅游资源保护落到实处。

2. 行政措施

行政性措施是旅游资源保护和管理中最常见的措施之一。加大行政管理职能部门的管理力度,相关部门设置专门的旅游资源开发保护管理职能,对旅游资源实行统一规划和监督管理,加强对旅游资源的保护。根据行政区划和行政级别,实施"分级管理"和"分域管理",使旅游资源管理的责权落到实处。

相关行政管理部门要加强对旅游活动的管理和引导。对于那些可能导致旅游资源受到威胁的旅游活动,应给予一定的限制;对于某些旅游景区在某些时段内的超负荷运转,应采取有效的措施对旅游者进行疏导、分流或限制;对机动车辆进入旅游景区尾气排放所带来的空气污染,可采用安装净化气装置的措施缓解,或采用天然气做燃料代替污染较大的汽油;对于旅游活动产生的各种垃圾,要通过建立完善的排污系统,采用先进的废物处理技术,使垃圾能迅速地得以处理和解决;对旅游者的旅游行为,要加强管理并建立奖惩制度,使其逐步树立旅游资源保护意识,养成良好的旅游资源保护行为和习惯。

3. 规划措施

制定和实施科学的旅游发展规划,特别是《旅游资源保护专题规划》和《环境保护专题规划》,并以此指导规划区内旅游资源的开发、利用及保护,是旅游资源保护的一项重要方法。首先对旅游资源及生态环境进行研究,测定并评估旅游资源的保护状况,建立数据库,然后制定相应专业规划及实施方案,如制定绿化、防火、排污等规划。规划对旅游资源和环境保护提出"质"与"量"的规定,使保护工作具有明确的目标,有利于在一定时期(规划期)内有计划地开展全面常规的保护工作,减少因无序开发造成的资源环境破坏。

4. 人才培养

随着旅游业的迅猛发展,旅游业的开发人才、管理人才受到重视,而对旅游资源保护人才的培养可以说重视不够,"保护"一词只是挂在嘴上的一种宣传,缺少具体的人员来关心、实施,旅游资源保护的专门人才培养迫在眉睫。例如文物古迹旅游资源保护人才的培养,可采取"馆校结合""师承制"等多种方式,加强对专业技术人才的培养,缓解文物保护技术、文物鉴定、文物修复、古建筑维修等人才短缺的情况。同时,有计划地增加对外技术交流,选派优秀中青年科技人员到国外学习先进的文物保护科学技术,提高其业务水平。

5. 技术措施

技术性保护措施是利用现代科技手段,对旅游资源及其环境进行监测与分析而实施的保护措施,这是旅游资源保护的重要操作方法之一。针对不同类型的旅游资源和具体的保护需要,采取物理手段、化学手段、生物手段、工程手段等技术措施,将它们单一或组合使用达到保护旅游资源的目的。科技方法在对水体、山地、动植物以及文物古迹等旅游资源的保护中应用非常广泛。例如采用物理方法、化学方法净化景区水体,清除大气污染物;科学维修保护历史古建筑旅游资源,确保其持续利用;架设隔离网罩和使用驱赶技术,避免鸟类对古建筑的危害;驯化保护大熊猫等野生动物,应用生物技术保护古树名木等。

6. 宣传教育

旅游资源保护意识不强或者根本没有资源保护意识,是造成旅游资源人为破坏的根源所在。因此,必须通过各种途径大力宣传旅游资源的价值和旅游资源保护的知识,从而达到教育公众、提高其环境保护意识进而使公众自觉地保护旅游资源的目的。我国公民在环境和资源保护问题的认识和行动上,与发达国家还存在较大差距,需要我们加强环境与旅游资源的宣传和教育工作,使宝贵的旅游资源免遭无知的摧残。

要利用多种宣传媒体及景区(点)的宣传窗口,对公众进行环境与旅游资源保护的公益性宣传、教育和培训。寓教于乐,使旅游者在旅游的过程中了解旅游资源的稀缺和资源保护的重要性和紧迫性,认识到环境与旅游资源质量的优劣关系着人们的生活质量和子孙后代的生存发展。如"除了脚印什么东西都不能留下,除了相片什么东西都不能带走",就是非常不错的环保宣传理念。

 同步案例4-4

海 南 三 亚

三亚是我国唯一的热带滨海旅游城市,汇集了阳光、海水、沙滩、气候、森林、动物、温泉、岩洞、田园、风情10大风景资源和丰富的历史文化资源,在世界也负有盛名。一直以来,旅游业以及由此发展起来的房地产业,是三亚的两大支柱产业。特别是2010年1月,国务院颁布《关于推进海南国际旅游岛建设发展的若干意见》,批准将海南建设定位为我国旅游业改革创新的试验区、世界一流的海岛休闲度假旅游目的地,三亚提出"争当建设国际旅游岛排头兵"。

(资料来源:张凌云.旅游学概论[M].北京:旅游教育出版社,2013:128)

讨论:假如你是三亚的市民或市长,你对我国唯一的热带滨海旅游城市的发展有何建议?

五、旅游资源开发与保护的关系

旅游资源开发是旅游业赖以发展的前提条件,合理的旅游资源开发会促进旅游地的资源保护以及社会经济的发展。但旅游资源开发破坏资源环境、给社会文化带来负面影响的现象也屡见不鲜,旅游资源开发和保护的关系问题成为贯穿旅游业发展始终的热点问题。事实上,旅游资源的开发和保护既相互联系又相互矛盾,两者是辩证的统一体,并在辩证联系中共同推动旅游业的可持续发展。两者相辅相成,之间没有也不应有根本性的矛盾和冲突。

(一)两者相互联系、相互依存

一方面,保护是开发的前提,是为了更好的开发。旅游资源是旅游活动赖以进行的物质基础,没有了旅游资源,旅游业也就成了"无源之水,无本之木"。因此,旅游资源的开发要以保护为前提。另一方面,开发是保护的一种表现形式,开发意味着对资源的保护。旅游业发展的实践经验表明,旅游资源开发有助于资源保护资金的筹措、地方传统文化的复兴以及提高国民的资源环境保护意识等。当然,这要以旅游资源的保护性开发为前提。同时,旅游资源也只有经过合理的开发,才能招徕旅游者,才能发挥其价值功能,才能表现出现实的社会效益、环境效益和经济效益。

(二)两者又相互矛盾

一方面,某种意义上,旅游资源开发本身就意味着破坏。一般来说,旅游资源的开发不动一草一木是不可能的。开发就是要对资源地进行适度的建设,是以局部范围的破坏为前提的。可以说,没有破坏就没有开发,破坏和开发在一定程度上是共生的。同时,旅游开发者基于经济利益考虑而对旅游资源的过度开发利用,往往超过了资源环境的承载力,这种主观性破坏行为造成的破坏后果则更为严重。另一方面,过度的保护也必然妨碍资源的开发。片面强调旅游资源开发的观点固然不可取,但过分坚持自然主义的资源保存论同样有失偏颇。忽视民众旅游需求和社会经济发展需要,故步自封,片面强调旅游资源的保护,忽视旅游资源的合理开发,同样也是一种不负责任的行为。

作为新兴的支柱产业,中国旅游业对国计民生的重大意义早已不言而喻。在我国构建社会主义和谐社会的整体社会背景下,面对旅游资源开发与保护的现实矛盾,我们要基于和谐理论和民生要求,努力做到和谐与民生并重,协调资源开发和保护的关系,充分发挥旅游资源的价值功能,实现人与自然生态环境的良性互动,取得"双赢"的结果。为此,必须树立"防"重于"治"的思想,以"防"为主,以"治"为辅,"防""治"结合,做到防患于未然,避免重走"先污染,后治理"的老路,推动旅游业的可持续发展。

相关链接4-6

不丹推行"精英旅游"理念 促使旅游蒸蒸日上

近年来,到南亚各国的世界各地游客络绎不绝。然而,即使每年的游人众多,却鲜有破坏环境的事件发生。这与当地政府对待旅游资源保护的持之以恒是分不开的。据云南省社科院南亚研究所杨思灵副研究员介绍,不丹虽然人口不多,但对旅游资源的保护相当到位。该国努力把旅游控制在环境可承受的规模上,在2005—2006年期间,入境游客1.5万人次,旅游收入2 080万美元,年增长率35.8%,普遍高于中国和欧美的平均水平。然而几乎没有环境被破坏的迹象。究其原因是不丹主打的方向是小规模自然旅游,神秘的热带丛林、巍峨的喜马拉雅山、肃穆的108座佛塔,大部分旅游设施都经过精心设计,比如将景区串连成线,实行游客分流,力求将人流对当地环境的影响降至最低限度。

不丹人口密度为每平方公里18人,土地负担相对较小,而且1974年才开放旅游业,虽然开放晚,但是控制却很严。每年只允许6万人入境。当地政府规定游客入境需向专门接待外国人的旅行社申请组团旅游,并由旅行社发出签证表格,提前备案该团队的行程计划,而且旅行团只能跟着规定的路线进行游览,严禁单独活动。政府特别规定欧美、日韩、印度、中国等国家的游客入境可做落地签证,无需备案,只要在规定日期内完成旅游计划即可。再有就是境外游客无论是谁都必须满足每人每天165~200美元的消费金额,以帮助当地建设。这一系列的政策被外媒称之为"精英旅游"。

"精英旅游"的政策在执行了几十年后,国内的旅游行业赢得了飞速发展,而且自然环境奇迹般地没有受到什么破坏。良好的环境、未被污染的净土反过来吸引了更多的游客,如此良性循环,不丹旅游呈现出一片蒸蒸日上的景象。

(资料来源:http://news.timedg.com/2012-09/11/content_12037565.htm。编者根据需要作了删节)

项目小结

- 旅游资源是指自然界和人类社会中,凡能对旅游者有吸引力、能激发旅游者的旅游动机,具备一定旅游功能和价值,可以为旅游业开发利用,并能产生经济效益、社会效益和环境效益的事物和因素。旅游资源是发展旅游业的基础。

- 旅游资源具有观赏性、文化性、多样性、吸引的定向性、不可转移性、非消耗性等特点,同时,旅游资源也是可以创造的,是不断发展变化的。

- 按旅游资源的基本属性分类,旅游资源可分为自然旅游资源和人文旅游资源、社会旅游资源三类;按旅游资源的吸引力级别分类,旅游资源可分为世界级旅游资源、国家级旅游资源、省级旅游资源、市(县)级旅游资源四类;按旅游资源的功能分类,旅游资源可分为观赏型旅游资源、运动型旅游资源、疗养型旅游资源、娱乐型旅游资源、特殊型旅游资源五类。

- 对旅游资源进行调查,了解和掌握区域旅游资源的类型、数量、分布、特征等基本情况,为旅游资源的科学评价奠定基础。对旅游资源进行评价,能够为编制旅游规划提供客观依据,为提高旅游资源开发利用的科学性起到关键作用。

- 旅游资源调查的常用方法包括资料分析法、实地调查法、询问调查法、统计分析法、分类对比法、现代技术分析法。

- 旅游资源评价的内容包括旅游资源的质量评价、环境评价、开发条件评价。

- 旅游资源评价的方法包括定性方法和定量方法。

- 对旅游资源进行开发要遵循保护性原则、独特性原则、多样性原则、旅游者参与原则及经济效益、社会效益和环境效益相统一的原则。

- 旅游资源开发的内容主要包括:规划设计景区、景点;提高可进入性;建设和完善旅游配套设施;开发人力资源,完善旅游服务;开拓旅游市场。

- 导致旅游资源破坏的原因可归结为自然原因和人为原因两个方面。人为原因对旅游资源的破坏程度大多超过自然原因。

- 旅游资源保护工作的原则是以"防"为主,以"治"为辅,"防""治"结合,综合运用各种手段,加强对旅游资源的管理和保护。

- 旅游资源保护工作的措施主要包括:法律措施、行政措施、规划措施、人才培养、技术措施、宣传教育。

- 旅游资源的开发和保护既相互联系又相互矛盾,两者是辩证的统一体,并在辩证联系中共同推动旅游业的可持续发展。两者相辅相成,之间没有也不应有根本性的矛盾和冲突。

项目检测

(一) 复习思考题

1. 如何理解旅游资源的内涵?
2. 列举并解释旅游资源的特点。

3. 举例说明旅游资源的分类,并指出其分类标准或依据。
4. 列举并解释旅游资源的调查方法。
5. 对旅游资源进行开发要遵循哪些原则?
6. 旅游资源开发的内容主要包括哪些?
7. 你认为应如何保护旅游资源?
8. 如何理解旅游资源开发与保护之间的辩证关系?

(二)实训题

1. 阅读并思考:

敦煌莫高窟是世界文化的宝藏。敦煌研究院的一份报告中说:"近年来局部环境的进一步恶化,特别是人文环境的急剧变化,使得壁画病害发展非常迅猛。"敦煌研究院院长樊锦诗曾对记者说:没有可以永久保存的东西,莫高窟的最终结局是不断毁灭,我们毕生所做的就是与毁灭抗争,让莫高窟保存得长久些。

(1)请问对于类似敦煌莫高窟的文物古迹的破坏有几种类型?
(2)敦煌莫高窟的最终结局是毁灭,为何还要对其保护,有何意义?

2. 应用旅游资源的调查和评价方法,进行当地旅游资源的调查与评价。

拓展阅读

[1] 杨阿莉.旅游资源学[M].北京:北京大学出版社,2016.
[2] 郎富平.旅游资源调查与评价[M].北京:中国旅游出版社,2011.
[3] 马耀峰,宋保平,赵振斌,等.旅游资源开发[M].北京:科学出版社,2012.
[4] 李杜红.试论旅游资源评价的问题与创新思路——以武汉市为例[D].武汉:武汉科技大学,2015.
[5] 尹泽生,陈田,朱亚菲,等.旅游资源调查需要注意的若干问题[J].旅游学刊,2006,21(1):14-18.

项目五 旅 游 业

学习目标

- 了解旅游业的概念、旅游业的性质、旅游业的特点及构成
- 理解旅行社、旅游饭店、旅游交通、旅游景区、旅游商品、旅游娱乐和旅游产品的概念及性质
- 掌握旅行社、旅游饭店、旅游交通、旅游景区、旅游商品、旅游娱乐和旅游产品的特点
- 应用所学知识进行旅游业调研,分析当地旅游业的构成、特点及在当地国民经济中的作用

项目导读

旅游业作为旅游活动的供给方,对旅游活动的发展起着重要的支持和促进作用,它在旅游者与旅游资源之间架起了联系的桥梁,成为旅游活动的中介和纽带,所以被称为旅游活动的中介体。旅游业是一个由旅行社、旅游饭店、旅游交通、旅游景区等诸多业态构成的综合性产业。其中旅行社、旅游饭店和旅游交通被称为现代旅游业的三大支柱。旅游业这些供给部门的发展程度都对旅游业总体发展水平产生重要影响。

模块一 旅游业概述

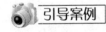

提升旅游新品质

"今年我们带着孩子去了广州那边的长隆主题乐园。早就听说广州今年气候温暖,旅游价格也比三亚这些热门地区实惠,所以一早就做了计划。"家住河北廊坊的周先生跟记者兴致勃勃地讲起了今年春节他与家人的旅游经历。他说,自己先利用互联网查阅了相关资料,然后通过携程APP完成了机票预订、酒店预订和景区门票预订。因为攻略做得比较早,准备时间也很充裕,所以对这次长隆之旅全家人都很满意。

(资料来源:光明日报,2016-02-04,编者根据需要进行了改编)

思考:周先生一家的旅游从组织形式上来看,属于那种类型?他们的旅游活动开展主要是依赖什么得以进行的?

一、旅游业的定义

旅游业是以旅游资源为依托,以旅游者为对象,有偿为其旅游活动创造便利条件,并由

为旅游活动提供所需产品和服务的行业和部门所组成的综合性产业。

本定义强调以下三点：

第一，旅游业是以旅游资源为依托，旅游资源是一个国家和地区发展旅游业的物质基础。

第二，旅游业把旅游者作为服务对象，旅游者是旅游业生存的基础，旅游业为满足旅游者的需求而提供产品和服务，没有旅游者就谈不上旅游业。

第三，旅游业是一项综合性产业，由多种行业和部门组成，是为了满足旅游者在旅游过程中的全部需要，提供有偿的服务，达到便利旅游活动的目的。

二、旅游业的构成

关于旅游业的构成有"三大支柱""五大部门"和"八个方面"三种观点。

（一）"三大支柱"说

根据联合国国际产业划分标准，旅游业主要由三部分构成，即旅行社、交通运输部门和以旅馆为代表的住宿业部门。属于这三个部门的企业也就形成了三种旅游企业类型，这是人们普遍接受的传统的旅游业三大支柱。在我国人们又习惯把这"三大支柱"归纳为旅行社、旅游饭店和旅游交通。

（二）"五大部门"说

人们认为旅游吸引物是旅游产品的核心内容，因此，应将供旅游者参观游览的场所归到旅游业内，同时，各地的旅游管理机构和旅游组织虽然不直接面向旅游者，但对旅游业的发展起着非常重要的支持作用，也应纳入旅游业的范围。所以除了上面所讲到的"三大支柱"以外，还应包括游览场所经营部门和各级旅游业管理组织。这种划分是站在旅游目的地的角度去认知的，这五个部门之间有着共同的目标和紧密的联系，他们分工合作，共同促成旅游目的地经济发展。

教学互动 5-1

问题：旅游业的"三大支柱"和"五大部门"这两种说法有什么区别与联系？

（三）"八个方面"说

"八个方面"说是一种更为全面的划分。这种划分的方法涉及两部分、八个方面。一部分是直接满足旅游者旅游六大需要的六大行业，包括了食、住、行、游、购、娱六个方面，包括旅行社业、旅游饭店业、旅游餐饮业、旅游交通业、旅游商品销售业、以景区为代表的旅游观赏业和旅游娱乐行业；第二部分主要是由各级旅游管理机构和各种类型的旅游行业组织构成。这八个方面共同构成了旅游目的地的旅游业。

三、旅游业的特征

旅游业作为一个新兴的产业，具有许多不同于其他产业的特点。

（一）综合性产业

旅游业是一个综合性的产业，这是由旅游者需要的多样性决定的。旅游业为旅游者提供了包括食、住、行、游、购、娱等方面的服务，只依靠一个行业和部门是无法满足旅游者需求的。据统计,与旅游相关的行业超过110个,包括民航、铁路、公路、餐饮、住宿、商业、通信、会展、博览、娱乐、文化、体育等,随着众多新的旅游形态的出现,旅游又广泛扩展到工业、农业、教育、医疗、科技、生态、环境、建筑、海洋等领域。这些行业相对独立,又相互依存、相互促进,为满足旅游者的需要形成一个集合体。习近平同志指出,旅游是综合性产业,是拉动经济发展的重要动力。基于此,我国提出"旅游+"战略,充分发挥旅游业的拉动力和融合能力,为相关产业和领域发展提供旅游平台,插上"旅游"翅膀,形成新业态,提升其发展水平和综合价值;同时,"旅游+"也有效地拓展旅游业自身发展空间,推进旅游业转型升级。

相关链接5—1

业态融合:拓宽发展新模式

每到春夏旅游旺季,来四川成都三圣乡的游客就会多起来。以花卉种植和农家乐为主的花乡农居、幸福梅林,以蔬菜种植和生态度假体验为主的江家菜地,多个主题景点共同构成了集休闲度假、文化创意、乡村旅游为一体的旅游休闲胜地。人们可以一边骑车一边欣赏着路边田野里色彩鲜艳的花海,也可以进行采摘、农耕等农事体验。成都的三圣乡可以说是农业与旅游融合发展的典范。在中国旅游人才发展研究院研究员范业正看来,科技、人文、创意等元素融入农业,推动了休闲农业科技化、特色化发展,催生了多种新型休闲业态,提高了农业经济附加值;文化创意产业、数字文化产业、文化演艺业发展与民族特色村镇建设,使得文旅产品更加丰富多彩。旅游与各行各业的深度融合,将衍生出新产品、新业态,带来新的观念思想和广泛的发展机遇。

(资料来源:光明日报,2017-02-04)

(二)敏感性产业

旅游业综合性较强,涉及面较广,所以旅游业具有高度的敏感性。与其他产业比起来旅游业更容易受到来自外部和内部各种因素的影响和制约。从旅游业的外部环境看,各种自然灾害、国际形势的变化、政治风云的变化,都将直接或间接地影响旅游业。从内部环境来看,在为旅游者提供服务时,需要在时间上有精确的准备,在旅游活动的内容方面有周到细致的计划。各个服务环节,需要紧密衔接。任何一个环节出现差池,都会对整个旅游行业的供给造成影响,从而最终影响旅游业的经济效益。

同步案例5—1

萨德入韩导致赴韩的中国游客人数锐减

《日本经济新闻》2017年3月23日报道称,3月1—19日期间,访问韩国的中国游客人数同比减少21.9%,减至28万人。其原因是驻韩美军部署"萨德"反导系统影响了中国游客的赴韩旅游意愿,中方当局要求中国的旅行社限售赴韩旅游产品。大量赴韩旅游的预约取消,相关旅游营业额骤减。上述数据由韩国文化体育观光部统计得出。据悉,这是中国3月15日启动赴韩旅行限制措施后,首个出笼的官方旅行统计数据。3月1—19日期间,韩国免税店的销售额同比降低12%。韩国旅行社的损失预计已达70亿韩元(约合人民币4 300万元),进入4月后预计还将进一步增加84亿韩元(约合人民币5 200万元)损失。酒店的损失也已达到75亿韩元(约合人民币4 600万元)。

(资料来源:海峡网 http://www.hxnews.com/news)

讨论:什么原因导致赴韩的中国游客人数锐减?说明旅游业具有什么样的特点?

(三)涉外性产业

旅游活动是一种跨地区跨国界的广泛的人际交往活动。旅游业有较强的涉外性,这主要是通过国际旅游来体现的。一国在从事旅游活动的过程中,既接待外国旅游者也组织国内居民出境旅游。从政治的角度来看,旅游是民间外交的一种良好形式,通过旅游活动,国家与国家之间可以增进了解,同时也增进了各国人民之间的友谊,维护世界和平。所以从这个角度来说,旅游业是外事工作的一部分。我国在"十三五"期间实施旅游外交战略,开展"一带一路"国际旅游合作,拓展与重点国家旅游交流,创新完善国际旅游合作机制,深化与其他国家在旅游市场、产品、信息、服务等方面的融合发展。旅游企业在设计产品时,就要考虑到国内国外旅游者的需求,面向市场时,除了国内竞争也要考虑国际社会的竞争对手;从旅游者的角度来看,由于各国的社会制度、政治信仰和社会生活方式不同,要求旅游者能尊重各国各民族的信仰和习俗。

(四)劳动密集型的服务性产业

旅游业的中心就是为旅游者提供直接服务。旅游活动的整个过程,都离不开具体旅游企业所提供的服务。因此,旅游产品中无形的服务更为重要。根据国际旅游业的发展现状,旅游部门每增加一名服务人员,社会就要增加五名间接服务人员相配套。从这个角度看,旅游业具有吸纳就业人数多、提供劳务为主的特征,在全部营业成本中工资成本所占比重较高。因此,旅游业是劳动密集型的服务产业。

模块二 旅 行 社

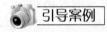
引导案例

中国国际旅行社

中国国际旅行社总社成立于1954年,于2008年3月更名为中国国际旅行社总社有限公司,简称中国国旅(CITS)。经过几代国旅人的艰苦创业,现已发展为国内规模最大、实力最强的旅行社企业集团之一,累计招揽、接待海外来华旅游者1 000多万人次。"CITS"已成为国内顶级、亚洲一流、世界知名的商标,在世界60多个国家和地区通过注册。中国国旅系中国最早获得特许经营出境旅游的旅行社。2007年荣膺北京市首批5A级旅行社;连年被评为"首都旅游紫禁杯最佳集体"。作为唯一参与接待2008年第29届北京奥运会服务工作的旅行社企业,承接四个奥运官方服务项目,被北京市政府和北京奥组委评为"北京奥运会和残奥会先进集体",成为首批上海世博旅游指定旅行社。多次荣获国家和北京市政府"最佳企业奖""旅行社最高创汇奖""旅行社最高外联人数奖"等奖项。中国国旅先后加入太平洋亚洲旅行协会(PATA)、国际航空运输协会(IATA)、美国旅行代理商协会(ASTA)、世界旅游业理事会(WTTC),系联合国世界旅游组织(UNWTO)在中国的唯一企业会员。中国国旅在全球12个国家和地区拥有8家全资、控股的海外公司和8家签证中心,在全国拥有36家全资、控股子公司和2家参股公司,近700家门市网点,以及百余家国旅集团理事会成员旅行社,与100多个国家的1 400多家旅行商建立了长期稳定的合作关系,形成立足国内、放眼全球的现代化经营网络。目前,中国国旅是众多国内外知名公司旅游服务的指定供应商,并与国内20多家主要旅游目的地的省市政府部门建立起长期而紧密的战略合作伙伴关系。

(资料来源:中国国际旅行社官网 http://www.cits.cn/aboutus.html)

思考:中国国际旅行社属于哪一类旅行社?主要的业务范围有哪些?

一、旅行社的概念和性质

(一)旅行社的概念

旅行社起源于19世纪40年代的英国,是随着人类旅游活动的发展而产生的。由于世界各国社会经济和旅游发展的状况不同,人们对旅行社的解释和规定也不尽相同。根据《旅行社条例》(2017年3月新修版),旅行社是指从事招徕、组织、接待游客等活动,为游客提供相关旅游服务,开展国内旅游业务、入境旅游业务或出境旅游业务的企业法人。

这个概念包含了两层意思:一是旅行社经营业务的范围是从事招徕、组织、接待旅游者,主要包括开发旅游产品,销售旅游产品,开展旅游咨询,组织旅游团队,与其他旅游部门合作提供导游、交通、住宿、餐饮、游览、购物、娱乐、会议等服务接待工作。二是旅行社是以营利为目的的企业法人。旅行社应当自主经营、自负盈亏、自我约束和自我发展,能以自己的名义独立承担民事责任,依法享有权利和承担相应的义务,同时其经营活动也受到法律保护。

(二)旅行社的性质

1. 旅行社是以营利为目的的企业

旅行社通过向旅游者提供服务获取利润,旅行社是自主经营、自负盈亏的经济组织。在旅游经营中,旅行社多采取有限责任公司或股份有限公司的组织形式。

2. 旅行社是服务型的企业

旅行社的业务除了进行旅游产品设计和产品销售外,还组织和接待旅游者,并提供相关旅游服务,如为旅游者安排交通、住宿、餐饮、观光游览、休闲度假,提供导游、领队服务和旅游咨询服务。可见,服务性是旅行社的重要性质。

3. 旅行社是中介服务机构

旅行社为旅游者提供的旅游产品和服务,实际上是各旅游供应部门提供的,旅行社是各种旅游产品和服务的组合者,并不是这些产品和服务的原始提供者,虽然有少数实力雄厚的旅行社在产业链上掌控了部分旅游服务的资源,但绝大部分旅行社仍是在旅游者与服务供应部门间扮演中间人的角色。所以,旅行社在性质上还是中介服务机构。

二、旅行社的类型

由于世界各国的国情不同,对旅行社的管理体制也不一样,所以,对旅行社的分类也有所不同。

(一) 欧美国家旅行社的分类

以欧美为代表的西方旅行社,按照旅游业务的范围,把旅行社划分为旅游批发商、旅游经营商和旅游零售商三类。

1. 旅游批发商

旅游批发商是组织并推销旅游产品的一种旅行社。他们预先以最低价格大量预订交通、旅馆、餐饮、娱乐设施及旅游景点等旅游企业的产品,将其组合成一系列旅游产品,通过旅游中间商销售他们的包价旅游线路和项目。他们不从事零售,一般也不从事旅游接待业务。这种旅行社一般经济实力雄厚,并且有广泛的社会联系,如美国通济隆公司、运通公司等。

2. 旅游经营商

旅游经营商业务同旅游批发商基本相同。所不同的是,旅游经营商一般都拥有自己经营的零售网点,除了通过中介代理商出售它的包价旅游产品外,还可以通过自己经营的零售网点直接向旅游者出售产品,即"批发兼零售",并提供旅游接待服务。

3. 旅游零售商

旅游零售商主要以旅游代理商为典型代表,也包括其他有关代理预订机构,它是一种向旅游批发商及各有关旅游企业购买产品,出售给旅游者的商业组织或个人。它是联系旅游批发商与旅游者直接的纽带。旅游零售商为旅游者提供有关旅游的各方面咨询服务,代订交通食宿及游览等票据,发售旅行票据和证件,陈列并散发旅游企业的旅游宣传品,向旅游企业反映旅游者意见。旅游零售商提供的服务是不向顾客收费的,其收入全部来自被代理企业支付的佣金。旅游零售商最接近旅游消费者,所以对旅游者选择旅游目的地的影响很大。

(二) 我国旅行社的分类

2009年5月1日开始实施的《旅行社条例》取消了沿用多年的旅行社分类,将旅行社分为两大类:一是经营国内旅游业务和入境旅游业务的旅行社,二是经营国内旅游业务、入境旅游业务和出境旅游业务的旅行社。

《旅行社条例》规定了两大类旅行社的准入条件:

1. 经营国内旅游业务和入境旅游业务的旅行社:有固定的经营场所,有必要的营业设施,有不少于30万的注册资本,存入20万元的质量保证金。

2. 经营国内旅游业务、入境旅游业务和出境旅游业务的旅行社:取得经营许可满两年,增存120万元质量保证金,未因侵害旅游者合法权益受到行政机关罚款以上处罚。

(三) "传统旅行社"与"在线旅行社"

按照经营方式划分,旅行社还可以划分为"传统旅行社"和"在线旅行社"。

传统旅行社(也称为"线下旅行社")是指有固定的经营场所,面对面为旅游者提供服务的旅行社。而在线旅行社则是指没有门店、通过互联网等网络提供预订服务的旅行社。

近年来,随着互联网技术的发展和人们观念的转变,以"携程"为代表的在线旅行社发展很快。根据中国旅游研究院与中国旅游协会联合发起的中国旅游集团调查,在2016年中国旅游集团20强排行榜中,携程旅游集团位居榜首。在线旅行社之所以能在很短的时间内赶上传统大社,其中,网络消费习惯的形成、服务商在产品和服务上进行创新,是在线旅游服务取得市场认可的直接原因。携程旅游这样的在线旅行社还整合线上线下资源,形成网络平台与旅行社服务相互融合为一体的新模式,从而获得了更大的竞争优势。从旅游行业发展趋势看,互联网和信息技术会改变消费者的消费方式、经营者的经营方式,进而改变产业形态。

据统计,2016年,我国在线旅游市场交易规模达到5 903.6亿元,是2012年的3.5倍,在线旅游渗透率则从2012年的6.5%提高到2016年的12.0%。可以预计,在线旅游市场规模还将继续稳定增长。国家旅游局最近已经提出,要争取用10年左右的时间显著提高信息技术在旅游业应用中的广度和深度,使旅游企业的经营活动全面信息化;预计到2020年,在线旅游消费支出占旅游消费支出20%以上。

相关链接5-2

线上线下旅游企业的融合发展成为旅游业发展趋势

"在线旅游迅猛发展有颠覆格局之势,而传统旅行社生意日趋冷清。"目前在线旅游市场的规模是3 000亿元左右,由于渗透率比较低,未来三年在线旅游市场会有40%~50%左右的增速,将远远高于传统旅游行业。过去五年在线旅游行业市场规模复合增长率达36%以上,保守预计未来五年复合增长率将至少在25%。"互联网+"正在重塑旅游业格局,线上线下旅游企业的界限逐渐模糊。不论是在线旅游企业还是实体旅行社,都在做"O2O",都想做闭环,做线上线下融合。途牛加大"直采"后,线上销售平台开始自己生产产品。比如,途牛并购了两家具有批发商性质的实体旅行社,这两家旅行社均持有台湾游牌照,途牛就可以卖自有产品了。当然,途牛对于线下旅行社的收购是第一次,但不会是最后一次,还会在国内各地寻找资源性的旅行社,并强调不会收购纯零售线下旅游企业。另一方面,现在传统旅行社开始重视线上渠道的建设,积极打造自己的网络平台,这成为未来的发展趋势。比如国旅有自己的网站,中青旅有遨游、众信控股有悠哉等。据了解,众信并不满足只做OTA企业的"批发商",早在去年年底,它就收购了悠哉网络15%的股份,而悠哉网络又拟收购主要经营在线旅游业务的上海悠哉国际旅行社有限公司100%股权,这意味着众信旅游将间接持有悠哉旅游股权,并由此进入在线旅游市场。业内人士认为,线上线下旅游企业的融合发展必然成为未来旅游业发展的趋势。

(资料来源:李晓红.线上线下旅游企业融合发展成趋势.中国经济时报,2015-04-28,编者根据需要作了整合)

三、旅行社的作用

(一) 旅行社是旅游业的中枢与纽带

旅行社在现代旅游业中处于中枢地位,发挥着纽带作用。一方面,旅行社通过自身的经营活动,使原本比较松散、繁杂的旅游供应部门聚集到以旅行社为中心的旅游服务系统中,有利于更好地为旅游者服务。同时,旅行社利用旅游咨询、旅游产品促销等一系列经营活动,将旅游服务供应部门与旅游消费者联系起来,成为沟通旅游生产与旅游消费的桥梁和纽带。另一方面,旅行社具有将旅游推向大众化的重要促进作用。旅行社不仅可以向旅游者提供专业化的信息,帮助旅游者做出正确选择,实现旅游消费的愿望,而且还可以提供专业化服务,使旅游者在满足安全需要的前提下,实现旅行时间和金钱的价值最大化,为旅游者购买旅游产品提供专门渠道,让旅游者获得满意的服务,从而吸引更多的人参加旅游活动,加快大众旅游的发展进程。

(二)旅行社是旅游活动的组织者

从旅游业供给角度看,旅游活动涉及很多方面,不仅涉及食、住、行、游、购、娱等旅游服务供应部门和企业,还涉及海关、边检、卫生检疫、外事、侨务、公安、交通管理和旅游行政管理等政府机关。旅行社的主要任务之一就是把旅游企业的各类旅游产品和服务组合成各种各样的产品形式,适应不同旅游者多样化的需求。其主要工作内容就是编排旅游行程,采购旅游服务并组合成旅游产品,供旅游者选择和消费。

从旅游者需求角度看,特别是对团队旅游而言,旅行社起着旅游活动组织者的作用。人们只要选定旅游目的地,其他活动则由旅行社负责组织安排。旅行社不仅为旅游者组织旅游活动,而且还起着协调旅游业各有关部门和其他相关行业的作用,保障旅游者在旅游活动各环节的衔接与落实。

(三)旅行社是旅游产品的销售者

旅游交通运输部门、住宿部门等虽然也直接向旅游者出售自己的产品,但相当数量的产品是通过旅行社销售的。旅行社以低于市场价格从饭店、交通、景点及其他旅游企业和旅游服务供应部门购买旅游者所需要的各种服务项目,形成旅行社产品的生产要素,再对这些要素进行不同的设计组合,最后加上旅行社提供的旅游服务内容,形成系列化的特色产品。旅行社把旅游者所需要的产品和服务集中起来,一次性地销售给旅游者,使旅游者不需要耗费精力和体力去逐个解决旅游活动的基本需要,有效地为旅游者解决出行的许多麻烦和困难,为他们节省大量时间和精力。

(四)旅行社是推动旅游业发展的重要因素

旅行社的存在和发展,极大地推动了旅游市场的活跃和发展,使旅游业更加兴旺发达。因为旅行社可以通过多种手段向旅游者提供旅游信息,帮助旅游者做出合理的选择,旅行社可以为旅游者提供各种便利条件,全方位满足旅游者安全、方便、舒适等各种旅游服务要求。这些作用促使更多的人加入旅游者的队伍,进一步推动了旅游业的发展。

同步案例 5-2

组织不力的泰港澳游

北京某国际旅行社在取得《国际旅行社业务经营许可证》后,便组织出境游——泰港澳十四日游,张某等 16 人报名参加。该旅行社因时间太过匆忙,未对地接社进行慎重选择,就随便找了一家香港旅行社。因地接社组织不力,泰国段没有地陪,许多景点不能游览。张某回北京后,便向北京这家旅行社提出索赔,该社辩解不是他们的责任。张某等前往旅游质监局投诉,发现该旅行社缴纳的质量保证金没有达到规定的 140 万,只有 60 万元。

(资料来源:http://3y.uu456.com/bp_7c8t83ri9q0cqsi0v4u6_1.html 三亿文库)

讨论:该旅行社在此次组团委托过程中有什么失职之处?该旅行社应如何做好本职

工作？

四、旅行社的基本业务

（一）按经营范围划分

《旅游法》与我国《出境入境管理法》相比，对"出境""入境"的定义衔接得更为周严，对旅行社业务范围做出了更为科学、规范的界定，具体包括：

（1）境内旅游，指在我国领域内，除港、澳特别行政区以及台湾地区之外的地区进行的旅游活动。

（2）出境旅游，指中国内地居民前往其他国家或地区，赴港、澳特别行政区旅游；中国大陆居民前往台湾地区旅游；在中国内地的外国人、无国籍人，在内地的港、澳特别行政区居民和在大陆的台湾地区居民前往其他国家或地区旅游。

（3）边境旅游，指经批准的旅行社组织和接待我国及毗邻国家的公民，集体从指定的边境口岸出入境，在双方政府商定的区域和期限内进行的旅游活动。

（4）入境旅游，指其他国家或地区的旅游者来中国境内旅游；港、澳特别行政区旅游者来内地旅游；台湾地区旅游者来大陆旅游。实践中，对在中国境内长期居住的外国人、无国籍人和港、澳、台居民在境内旅游也作为入境旅游管理。

（5）其他旅游业务，例如代订旅游服务，代售旅游产品，提供旅游设计、咨询等业务；根据旅游业发展的需要，旅行社可以从事的业务范围还可能不断拓展。

旅行社必须在核定的经营范围内开展业务活动；经营出境旅游业务、边境旅游业务，应当取得相应的业务经营许可，符合国务院规定的具体条件。

 教学互动 5-2

问题：为什么港澳台居民来大陆旅游和大陆居民赴港澳台旅游被归入到国际旅游的范畴？

（二）按业务项目划分

1. 营销业务

旅行社要进行市场调研，了解旅游者的旅游动机进行有针对性的设计、开发旅游产品，然后通过有效的市场营销工作把产品销售出去。同时，旅行社要与各个相关单位、部门之间保持良好关系，保证营销渠道的畅通。

2. 计调业务

计调就是计划和调度。计调部门是旅行社工作的核心部门，计调业务是旅行社在接待工作中为旅游团安排各种旅游活动所提供的间接服务，包括食、住、行、游、购、娱等事宜，选择旅游合作伙伴，派遣导游，编制下发旅游接待计划、旅游预算等。旅行社计调具有计划、收集、选择、签约、协调、联络、统计和创收八大职能。

3. 接待业务

旅行社的接待工作过程，主要就是导游服务过程，同时也离不开旅游行业其他部门（如交通、票务等预订服务）的通力保障。

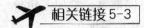

相关链接 5-3

2015 年中国百强旅行社前 10 名

表 5-1 2015 年中国百强旅行社前 10 名

位次	许可证编号	旅行社名称
1	L-BJ-CJ 00071	北京众信国际旅行社股份有限公司
2	L-SH-CJ 00009	上海春秋国际旅行社(集团)有限公司
3	L-BJ-CJ 00004	中青旅控股股份有限公司
4	L-BJ-CJ 00051	北京凯撒国际旅行社有限责任公司
5	L-SH-CJ 00025	上海携程国际旅行社有限公司
6	L-BJ-CJ 00043	竹园国际旅行社有限公司
7	L-GD-CJ 00004	广州广之旅国际旅行社股份有限公司
8	L-BJ-CJ 00127	中青博联整合营销顾问股份有限公司
9	L-BJ-CJ 00001	中国国际旅行社总社有限公司
10	L-GD-CJ 00003	广东省中国旅行社股份有限公司

(资料来源:《国家旅游局关于 2015 年度全国旅行社统计调查排强名单的公告》[2016 年 39 号].2016 年 12 月 30 日)

五、旅行社产品的基本类型

(一) 按计价形式分类

1. 团体全包价旅游

团体包价旅游是指国内 10 人(国际 15 人)以上的旅游者组成旅游团,采取一次性预付旅费的方式,将各种相关旅游服务全部委托一家旅行社办理。

这种类型所包含的服务内容包括:往返交通、旅行中住宿、饮食、旅游点游览、导游服务及保险等。团体包价旅游对旅游者来说,省时方便、价格便宜、有安全感、能享受导游服务,缺点是旅游者不自由,个性化需求得不到满足。对旅行社而言,好处是客房、机票预定期长,操作管理方便,人均收入和创利比较高。

2. 半包价旅游

与全包价旅游相比,半包价旅游团体通常是在全包价的基础上扣除午、晚餐费用的一种包价形式,这种形式能更好地满足旅游者不同的用餐要求,同时能降低旅游产品的直观价格,从而提高产品的竞争能力。团体旅游和散客旅游均可采用半包价的旅游形式。

3. 小包价旅游

小包价旅游也叫可选择性旅游,由可选择和非选择部分构成。可选择部分包括导游、风味餐、节目欣赏和参观游览等,旅游者可根据自己的实际需要进行自由选择,费用支付可以采取预付或现付的形式。非选择部分一般包括接送、住房和早餐,旅游费用事先预付。小包价旅游具有灵活方便的特点。

4. 零包价旅游

零包价旅游是一种独特的产品形态,多见于旅游发达国家。参加这种旅游的旅游者必须随团前往和离开目的地,但在旅游目的地的活动完全是自由的,形同散客。参加零包价旅游的旅游者可以获得团体机票价格的优惠,并可由旅行社统一代办旅游签证。

5. 单项服务

单项服务是旅行社根据游客的具体要求而提供的各种非综合性的有偿服务。单项服务又称委托代办业务,其中常规性的服务项目主要包括:①抵离接送;②行李提取和托运;③代订饭店;④代租汽车;⑤代订、代购、代确认交通票据;⑥代办入境、出境、过境临时居住和旅游签证;⑦代办国内旅游委托;⑧提供导游服务;⑨代向海关办理申报检验手续等。

(二) 按旅行社服务方式分类

1. 预制旅游产品

预制旅游产品是由旅行社设计提供、事先制订相关的接待计划并付诸实施的旅游产品。内容包括确定的计划人数、出发日期、线路行程及价格等,并用广告或其他方法招徕旅游者。

2. 定制旅游产品

定制旅游产品是旅行社接受客户或旅游者的委托,根据客户或旅游者的需求,单独设计行程、报价并提供服务的专项产品及服务(包括单项旅游服务、会议旅游服务、奖励旅游服务、特种旅游服务等)。

同步案例 5-3

7月15日山湖海星空露营2天1晚奇妙夜特卖

来自上海的五个家庭参加了由驴妈妈网发起的南北湖露营2日游。具体项目有水弹战役、露天电影、游南北湖风景区,和孩子一起搭帐篷、避暑,还有自助烧烤套餐可选!

亮点:

- 远离喧闹的都市,带着孩子走进自然,想找回往日自由的时光;
- 和孩子一起水弹战役、搭帐篷,共筑美妙亲子时光;
- 学社交、帮家务、练身体、养习惯;
- 看南北湖秀丽风景,山有层次,水有曲折,海有奇景。

第1天 各地—南北湖风景区

15:00 到达南北湖景区东大门,进行活动签到;

15:10 分组,建立团队、快乐热身、水弹战役打响;

17:00 帐篷搭建,营地建设;

18:00 晚餐时间(自理);

19:00 观赏露天电影,度过美好亲子时光;

20:30 自由活动,宿营休息。

用餐:早餐(自理),午餐(自理),晚餐(自理)

住宿:含住宿(其他)

第2天 营地—温馨的家

6:30 晨起,走深氧的路,登山,有机会观日月并升奇观(自愿参加);

8:30 露营活动全部结束,大家收拾行囊,整理活动场地,租借帐篷的家庭归还物件;

9:00 自由活动,玩蝴蝶岛、马会俱乐部小骑士体验(费用自理,营业时间早9点到晚5点)

游戏结束后,启程返回温馨的家。

用餐:早餐(自理),午餐(自理),晚餐(自理)

(资料来源:驴妈妈旅游网 http://www.lvmama.com/tuangou/sale-1512871)

讨论: 这是什么类型的旅游产品?该类旅游产品有什么特点?

模块三 旅游饭店

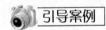 引导案例

奢华的澳门威尼斯人酒店

澳门威尼斯人酒店是集饮食、购物、住宿、娱乐于一体的度假村。这里大得足以容纳90架波音747客机,超过30家来自世界各地的特色餐馆和超过350个国际品牌专卖店的大运河购物中心,还有大运河的贡多拉都是威尼斯人的最大特色。酒店提供3 000间宽敞舒适的各式风格的套房。套房内,具备充裕的活动空间,独特的跃层式套房,全面把工作与玩乐空间分隔,可使用客厅内的无线宽频上网设备,安排小型会议。华丽浴室以大理石铺成,配备独立淋浴间及浴池。澳门威尼斯人嘉年华获澳门特别行政区政府旅游局的支持,是澳门威尼斯人最具代表性的活动之一。在澳门威尼斯人的户外人工湖畔区,每天晚上上演的精彩表演、充满节日色彩的布置,以及多个适合一家大小共同参与的艺术和手工艺品工作坊,为本地居民及旅游者带来一连串融合意大利风情的娱乐活动。嘉年华盛会上亦设有威尼斯茶座及休憩区域,让旅游者可一边与家人和朋友休闲写意地享受嘉年华的欢乐气氛,一边品尝一系列意大利的特色美食。

(资料来源:百度百科 https://baike.baidu.com/item/编者根据需要作了整合)

思考: 澳门威尼斯人酒店给游客带来了什么样的感受?旅游饭店有哪些作用,分为哪些类型?

一、旅游饭店的发展

旅游饭店是以接待型建筑为依托,为旅游者提供住宿、餐饮及其他服务的商业性服务企业,常被称作旅游者的家外之家。旅游饭店是旅游业的重要支柱之一,是一个国家或地区发展旅游业必不可少的物质基础。

饭店的产生由来已久,我国早在三千多年前的殷商时期,就出现了官办的驿站,它是我国历史上最古老的住宿设施。相传欧洲最初的食宿设施也是产生在古罗马时期,客栈发展达到一定规模。就世界范围看,饭店业的发展进程大致经历了古代客栈时期、大饭店时期、商业饭店时期和现代新型酒店时期四个阶段。

第二次世界大战以后出现了国际化的大众旅游,与这种社会需求相适应,饭店业的发展也开始进入现代时期,并逐步形成了庞大独立的饭店行业。欧美发达国家出现了一些标准化的饭店,如hotel(比较高档的酒店)、inn(小旅馆)、motel(汽车旅馆)等。我国旅游饭店的称谓起源于20世纪80年代以后,由于改革开放,当时来华的旅游者越来越多,国家旅游局和技术监督局正式把具备外宾接待资格的饭店称为旅游涉外饭店。

二、旅游饭店的地位与作用

（一）旅游饭店是旅游业发展的重要物质基础

国际上，通常把体现一个国家或地区发展旅游业物质基础的饭店规模、数量和服务水平的高低，作为衡量该国或地区旅游业发展水平和接待能力的重要标志。实践证明，经济发达的国家，其旅游业物质基础厚实，发展水平较高，其饭店业也很发达。

旅游饭店不仅是较为理想的食宿场所，还为广大旅游者提供文娱、社交、购物、保健的物质条件。尤其是高等级旅游饭店，可以满足旅游者高消费的需求，其本身也是一项有强大吸引力的旅游资源。

（二）旅游饭店是旅游创收的重要渠道

旅游饭店是地区旅游经济的主要收入来源，旅游饭店多元化的发展方向和趋势是旅游业整体经济效益提高的重要因素。首先，现代饭店具有集住宿、餐饮、娱乐、美容美发、保健、社交、购物等于一体的综合服务设施。其次，饭店舒适的消费环境使服务项目收费较高，所以，饭店是旅游业经济收益的一个重要渠道，其营业收入往往在旅游业总收入中占有相当的比重。据统计，目前我国星级饭店的年营业收入占除交通以外的全国旅游企业总收入的40%以上。旅游饭店是海外旅游者下榻的主要场所，因此，它又是吸收外汇的重要之地。

（三）提供大量的就业机会

旅游饭店是典型的劳动密集型企业。岗位多、功能全的综合性饭店本身就能吸纳不少社会劳动力。现在我国酒店人员的配备状况是：平均每间客房配备1~2人，一个300间客房的饭店就能创造500~600个直接就业机会。而旅游饭店的发展又会带动和促进与其经营相关的许多行业的发展，间接为社会创造更多的劳动就业机会。一般来说，旅游饭店每增加一间客房，就会为社会提供1~3个直接就业岗位，3~5个间接就业机会。饭店已成为社会就业的重要渠道。

三、旅游饭店的类型

按照不同的标准可以对饭店进行不同的划分。

（一）根据饭店接待对象划分

商务饭店：以商务旅游者为主，设施齐全，服务功能完善，一般位于城市中心和交通发达地区，客流不受季节影响。

度假饭店：以度假旅游者为主，康乐设施完善，一般位于海滨、山地或温泉等风景区或度假区附近。

会议饭店：以接待会议为主，提供相关服务，会议相关设备完备，有功能齐全的娱乐设施，一般位于大都市中心。

长住饭店：也称公寓饭店，面向住宿时间较长的宾客，多采用家庭式布局，一般签订租约。

（二）根据特定细分市场划分

公寓饭店：公寓饭店就是位于饭店内部，以公寓形式存在的酒店套房。这种套房的显著特点在于：它类似于公寓，有居家的格局和良好的居住功能，有厅、卧室、厨房和卫生间；它配有全套家具家电，能够为客人提供酒店的专业服务，如室内打扫、床单更换及一些商务服务等。

汽车旅馆:原文来自英文的 Motel,是 motor hotel 的缩写。汽车旅馆与一般旅馆最大的不同点,在于汽车旅馆提供的停车位与房间相连,一楼作车库,二楼为房间,这样独门独户为典型的汽车旅馆房间设计。汽车旅馆的主要客源是驾车旅游者,主要分布在公路沿线汽车出租率较高的地方或者交通中心。汽车旅馆的设施简单但设计规范,消费水平较低。

青年旅舍:常称为青年旅馆(简称 YHA),提供旅客短期住宿,尤其鼓励年轻人从事户外活动以及文化交流。青年旅舍通常不像饭店那么正式,价格也比较低廉,是预算有限的自助旅游者及背包族最常考虑的住宿地点之一。若要说其与旅馆最大的不同,可能在于多有交谊厅和厨房等公共区域,以及通铺或上下铺的团体房间形式可供选择。1999 年 9 月,中国第一家青年旅舍总部——中国国际青年旅舍总部(YHA CHINA GD)正式成立,同年 11 月,被国际青年旅舍联盟(IYHF)批准成为其附属会员。经过十多年的发展,青年旅舍在中国从无到有,目前近 200 家旅舍遍布全国 27 个省市自治区和直辖市的各主要城市。

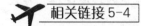

相关链接 5-4

青年旅舍的由来

20 世纪初,德国教师查理德·希尔曼常常带领学生通过步行、骑自行车在乡间漫游。他说:"这才是真正的教育天堂。"由此他萌发了为所有的年轻人提供一个交流思想、了解大自然的场所。而后在政府的支持下,青年旅舍作为世界青年相互认识,接触自然的媒介诞生了。1932 年国际青年旅舍联盟在阿姆斯特丹成立,该组织总部设于英国,并注册为一家非牟利机构。其最高权力机构为两年一届的国际大会。国际青年旅舍联盟下面共有 60 多个会员国协会和 30 多个附属会员国协会及业务代理机构;共有 45 00 多家青年旅舍,分布于世界 100 多个国家和地区;每年全球有超过 3 500 万的青年旅游者在使用青年旅舍;会员人数 400 多万;年平均总收入为 12 亿~14 亿美元。国际青年旅舍已遍布各个国际旅游区的中心地带,除了传统的学生和青少年外,现在的青年旅舍客人则很多是二三十岁左右的自驾出行族和独自出游的背包一族。

(资料来源:百度百科 https://baike.baidu.com/item/青年旅舍/编者根据需要作了整合)

教学互动 5-3

问题:什么是主题酒店?如何看待主题酒店在国内的发展?

四、旅游饭店的等级划分

随着世界旅游业的迅速发展,各种旅游饭店与日俱增,饭店的种类、规模和功能多种多样,服务质量和水平也良莠不齐。为了保证旅游产品的质量,维护国家作为旅游目的地的对外形象,保护消费者的利益,建立一个标准化的、统一的服务和产品质量系统,有效地进行管理控制,世界旅游组织和各个国家都很重视饭店等级的评定工作。

目前,国际上通行的方法是采用星级制来为旅游饭店划分等级,一般划分为五级,即一星级、二星级、三星级、四星级和五星级。星级越高,等级越高,其豪华程度、设备水平、服务质量便越高。此外,还有其他的分级制度,如字母制、数字制等。

(一) 我国旅游饭店等级划分

我国对饭店的星级评定工作始于1988年,30年来,这一工作的开展不断有所调整,现行的工作依据是2010年发布的国家标准《旅游饭店星级的划分与评定》。该标准规定了旅游饭店划分为五个等级,即一星级、二星级、三星级、四星级、五星级(含白金五星),星级标志由长城和五角星图案构成,用一颗星表示一星级,以此类推,五颗白金五角星表示白金五星级。

一星:设备简单,提供食、宿两项最基本的饭店产品,能满足客人最基本的旅游需要,设施和服务标准符合国际流行的基本水平。

二星:设备一般,除具备客房、餐厅等基本设备外,还有小卖部、邮电、理发等综合服务设施,服务质量较好,属于一般旅行等级。

三星:设备齐全,不仅提供食宿,还有会议室、游艺厅、酒吧间、咖啡厅、美容室等综合服务设施。

四星:设备豪华,综合服务设施完善,服务项目多,服务质量优良,室内环境优雅。客人不仅能够得到高级的物质享受,还能得到很好的精神享受。

五星:旅游饭店的最高等级,设备十分豪华,设施更加完善,拥有多样化的餐厅,较大规模的宴会厅、会议厅,综合服务比较齐全,是社交、会议、娱乐、购物、消遣、保健等主要活动中心。

白金五星:要求具有两年以上五星级饭店资格;地理位置处于城市中心商务区或繁华地带,交通极其便利;建筑主题鲜明,外观造型独具一格,有助于所在地建立旅游目的地形象。内部功能布局及装修装饰能与所在地历史、文化、自然环境相结合,恰到好处地表现和烘托其主题氛围;除有富丽堂皇的门廊及入口外,饭店整体氛围极其豪华气派;各类设施配备齐全,品质一流;有饭店内主要区域温湿度自动控制系统;有位置合理、功能齐全、品位高雅、装饰华丽的行政楼层专用服务区,至少对行政楼层提供24小时管家式服务。

(二) 我国旅游饭店星级评定工作

按照《旅游饭店星级的划分与评定》(GB/T 14308—2010)的规定,由若干建筑物组成的饭店其管理使用权应该一致,饭店内包括出租营业区域在内的所有区域应该是一个整体,评定星级时不能因为某一区域财产权或经营权的分离而区别对待。具体评定工作如下:

1. 饭店星级评定工作是在国家旅游局设立的全国旅游饭店星级评定机构的领导下进行的,实行分级管理。

2. 全国旅游饭店星级评定机构负责制定饭店星级评定工作的实施办法和检查细则;授权并督导省级旅游饭店星级评定机构开展工作;组织实施五星级饭店的评定与复核工作;并对下属全国各级饭店星级评定机构所评出的饭店星级持有否决权。

3. 各省、自治区、直辖市旅游饭店星级评定机构在国家旅游局的指导下开展工作,负责组织实施本地区饭店的星级评定与复核工作;对本地区下级旅游饭店星级评定机构所评出的饭店星级持有否决权;承担向全国旅游饭店星级评定机构推荐五星级饭店的责任;负责将本地区所评星级饭店的批复和评定检查资料上报全国旅游饭店星级评定机构备案。

4. 其他城市或行政区域设立的旅游饭店星级评定机构按照全国旅游饭店星级评定机构的授权,在所在地区省级旅游饭店星级评定机构的指导下,负责组织实施本地饭店的星级评定与复核工作;向上级星级评定机构推荐较高星级的饭店,并负责将本地所评星级饭店的批复和评定检查资料逐级上报全国旅游饭店星级评定机构备案。

五、现代饭店集团

在国际饭店业的激烈竞争中,许多饭店互相吞并和转让产权,饭店的业主意识到单一饭馆的独立经营形式难以应付竞争的局面,所以开始扩大经营规模联合经营,由此产生了饭店集团。

饭店集团也称连锁饭店或饭店联号,它是指以经营饭店为主的联合经营的经济实体,它在本国或世界各地直接或间接地控制两个以上的饭店,并以相同的店名和店标、统一的经营程序和管理水平、一致的操作程序和同等的服务标准进行联合经营。饭店集团连锁经营形式起源于美国。1907年成立的"里兹发展公司"首次以管理合同方式,培育了现代饭店联号的雏形。20世纪80年代以来,随着我国的改革开放以及旅游业的蓬勃发展,越来越多的国际著名饭店集团纷纷涉足中国饭店业。这些外资饭店带来了先进的管理理念、管理模式,提高了我国饭店经营管理水平,但同时也给我国本土饭店带来了巨大的竞争压力。集团化是我国本土饭店未来的发展之路。

综观世界上饭店集团的发展现状,饭店集团基本上可分为两大类:饭店连锁集团和饭店合作集团。

(1)饭店连锁集团。饭店连锁集团是由某一饭店公司以品牌为纽带将若干成员饭店统一于该公司旗下开展联号经营的紧密型饭店集团,所有成员饭店都使用相同的店名店徽,经营相同的产品和服务,采用相同的营业规程,实行相同的服务标准。比如,为人们所熟知的"希尔顿""香格里拉""凯悦""万豪""洲际"等饭店品牌都属于连锁集团。根据饭店集团的经营形式划分,饭店连锁集团主要有直接经营、租赁经营、特许经营和委托经营四种类型。

(2)饭店合作集团。随着饭店连锁集团势力的不断扩大,越来越多的独立饭店经营者感到了一种生存的威胁。为了增强自己的竞争地位,缩小同饭店连锁集团在规模经济上的差距,一些独立经营的单体饭店开始谋求在某些方面采取联合行动,借助集体力量同饭店连锁集团抗衡,于是饭店合作集团应运而生。

饭店合作集团是指若干独立经营的饭店在物资采购、房间预订、人员培训及市场营销等方面采取联合行动,为了与连锁集团的竞争相抗衡,而自愿组织起来的一种饭店合作组织。这种组织通常设有中央机构,负责主持该组织合作领域内的工作,活动经费通过征收会员费及认捐等形式由各成员饭店分担。由于饭店合作集团是建立在共同利益的基础上,能够获得与饭店连锁集团类似的营销优势,因此,自其产生以来,发展迅速。按照成员饭店间的主要合作领域,饭店合作集团可分为市场营销合作集团、物资采购合作集团、员工培训合作集团等类型。

在饭店业竞争中,饭店集团化经营比独立经营明显占有优势,主要表现为经营管理优势、资本优势、技术优势、市场营销优势、集中采购优势、人才优势、抗风险优势等。

六、旅游饭店发展趋势

(一)旅游饭店服务向社交功能化方向发展

经济的发展使社会消费需求得到提高,拓宽了饭店服务功能。饭店经营的服务对象越来越广泛,不再仅仅局限于外地旅行者,还扩大到政府、企事业单位、社会团体等组织和部门。饭店附设的会议厅、餐厅、歌舞厅、咖啡厅、酒吧等以不同风格向客人提供社会交往活动的场所及相关服务。此外,饭店还提供了当地居民进行社交活动的理想场所,他们利用饭店的场地和服务设施开展聚会、婚宴、联谊等活动,已经成为当地公众的社交中心。

(二) 高科技在旅游饭店服务中的广泛应用

科技带给大家更多的方便性,酒店可以有更多智能的设备,给消费者以便利。未来自助 check in、模组化的房间、整体合一的 MoodPad 控制面板、app 办入住手续、推送优惠券和折扣、移动支付等将会越来越普遍。

IT 技术,尤其是移动互联网技术,使得酒店在高科技上的投入成为必须。客人到酒店,联上 Wi-Fi,感觉跟这个世界还连接着,亲人、朋友、同事好像就近在咫尺了。用一个 MoodPad,控制所有的系统,下次入住连锁内的其他酒店,客人的偏好都预存在系统里,很方便、体贴。未来饭店将借助于高科技,大大改善各种设施设备,营造出一种无所不在的人性关怀,在提高客人舒适度的基础上提高客人的满意度。

(三) OTA 成为饭店业的强势销售品牌和平台

借助在线旅游平台(OTA,全称为 Online Travel Agent),旅游者通过网络向旅游服务提供商预定旅游产品或服务,并在网上支付,各旅游主体可以通过网络进行产品营销或产品销售。随着用户群体从 PC 端向智能手持设备方面的大量转移,以及旅游用户预订习惯的转变,移动在线旅游市场极大改善了用户的消费体验,移动互联在 OTA 模式中占据了重要位置。OTA 将会从酒店管理公司那里蚕食、瓜分利润和话语权,不思进取、坐吃老本的饭店管理集团将会丧失在客户忠诚度、预订渠道、定价权方面的传统优势。

同步案例 5-4

途牛 2016 年净收入同比增长 38%

2 月 28 日晚间,途牛旅游网(TOUR. NASDAQ,下称"途牛")公布了截至 2016 年 12 月 31 日未经审计的第四季度及 2016 财政年年度业绩报告。财报显示途牛四季度旅游产品总交易额(包括跟团游、自助游和旅游相关的单项产品)为 45 亿元人民币(合 6.45 亿美元),同比增长 38.7%。财报显示,途牛 2016 年第四季度净收入为 21 亿元人民币(合 3.034 亿美元),较 2015 年同期增长 11.2%。2016 年第四季度跟团游和自助游总出游人次为 1 440 736,较 2015 年第四季的 1 110 429 人次增长 29.7%。

(资料来源:网易新闻 http://money.163.com/17/0228/19/)

讨论:途牛网 2016 年的经营业绩说明了什么问题?日常生活中你有利用 OTA 平台的经历吗?试简要说明。

(四) 旅游饭店绿色化发展

可持续发展是未来饭店业的方向,今后将会出现大量的绿色饭店、绿色餐厅。可持续发展应从两方面入手。

第一,开发绿色产品,就是在开发饭店的产品时尽可能地节约自然资源,减少化工污染的含量。例如,建设生态建筑,设计时充分考虑与自然环境的协调,采用环保建材,充分利用太阳能等自然能源,采用有机食材烹制绿色食物等。

第二，开展绿色经营，就是将生态环保理念应用于饭店的经营与服务之中，引导客人进行绿色消费。例如，采用绿色环保营销策略来吸引顾客；客房的易耗品采用可反复使用的材料，采用布艺洗衣袋来替代塑料洗衣袋，对拖鞋清洗消毒后重新包装，张贴告示提醒客人尽量使用自带洗漱用品，等等。

在可持续发展观念的支配下，饭店业将坚持"竞争双赢"理念，即饭店企业在竞争中不是以打败对手为最终目的，而是在和平共处的背景下相互促进，共同合理高质地利用社会资源。

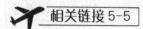相关链接5-5

盘点全球最绿色酒店之一——灌木丛中的帐篷酒店

澳大利亚悉尼南海岸的Jevis海湾，以白色沙滩和明澈剔透的海水成为深潜和浮潜爱好者的朝圣地，其实在这些高耸挺拔的桉树林中隐匿着一座五星级帐篷酒店。酒店由十二个巨型帐篷组成，建立之初，充分考虑到对当地自然环境、花草植被和鸟类生物的完善保护。所有的帐篷悬挂于树木之间，既最小化了土木工程对地貌的影响，又充分利用了海风来进行通风。酒店对所在地灌木的保护完全顺其自然，旱灾时任其枯萎，雨季时又任其重生。汽车必须停放在周边指定的停车点内，客人经由标识出的专门路径绕过原始的灌木丛进入驻地。驻地内部的移动全部由环保电瓶车代劳，排泄的污物和废水则通过压缩泵抽入专门的渠道进行统一处理。除了传统的海上运动之外，逗留在Paperbark Camp的游客可以在初夏和深秋季节看到北游的鲸鱼，可以俯瞰着风光旖旎的海湾美景打一场高尔夫，好酒的人可以去啜饮邻近酒庄声誉日隆的新世界葡萄酒。而豪华帐篷中的住客则可以在绿色环抱的私密阳台上享受露天的浴缸，浸泡在温暖的水中，倾听海风吹过灌木的瑟瑟声。

（资料来源：http://www.360doc.com/content/12/0114/21/535749）

模块四 旅游交通

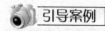引导案例

长三角暑期至兰州高铁动车成"新宠"

2017年7月10日6时17分，上海虹桥站驶往兰州西站的首列G1912/1913次高速动车组列车准点发出。从当天起，铁路部门还首次开行了杭州东—兰州西G1874/1875（途经徐州东等站）、徐州—兰州西G2027次和济南西—兰州西G1833次（途经徐州东等站）3对高速动车组列车，至此，长三角铁路暑期开行的旅客列车总对数增至908对。

据介绍，长三角开行兰州高速动车组列车后，为长三角暑运再增动力。上海虹桥至兰州西G1912次从上海虹桥站发出后，全程2 000余公里，列车运行10小时38分，比最快的Z164次列车节省12小时，由次日达变为当日达，为旅客暑期出游避暑又增添了新选择。

业内人士表示，长三角开行兰州高铁动车，强力助推了暑期旅游热升温。时下正值暑期旅游旺季，宝兰高铁开通运营后，飞机相比铁路出行而言时间优势缩小，加上近年来红火

的"一带一路"旅游线路,更多人会选择乘坐高铁出行的方式去西北避暑度假,观光旅游。
（资料来源：央广网 http://news.cnr.cn/native/city/20170712/）

思考：高铁在旅游中起着什么样的作用？跟飞机相比有哪些优势？

一、旅游交通的概念

旅游交通是指旅游者为了实现旅游活动,借助某种交通工具,实现从一个地点到另一个地点之间的空间转移过程。根据旅游者空间转移的地理范围和旅游过程,可以将旅游交通分为三种空间尺度,即客源地和旅游目的地之间的往返过程,同一旅游目的地内,以及旅游景区中的移动过程。

旅游交通的任务不仅是解决旅游者的空间移动问题,更重要的是为旅游者增添旅行游览乐趣,丰富旅游经历。旅游交通是依赖于社会公共交通系统的。

 教学互动 5-4

问题：你知道目前有哪些旅游交通方式？

二、旅游交通在旅游业中的作用

旅游交通是旅游业发展的重要标志之一,现代化旅游的发展,必然离不开现代化的交通运输。

（一）旅游交通是旅游业产生并发展的先决条件

旅游业的发展历史证明,交通发展对旅游业的发展起着十分重要的作用。19世纪初,火车、轮船等现代交通工具的发明,直接导致了近代旅游业的产生；第二次世界大战后,喷气式飞机,尤其是大型宽体客机的普遍使用,大大地缩短了旅游者的空间距离,节省了旅行时间和费用,推动了大众旅游时代的到来。因此,旅游交通是旅游业产生和发展的先决条件。

（二）旅游交通是旅游活动的重要组成部分

旅游者的旅游活动包括食、住、行、游、购、娱六个方面,"行"指的就是旅游交通。旅游者的旅游活动是在异地进行的,旅游者要通过旅游交通来解决从居住地到旅游目的地的空间转移问题。旅游者到了旅游目的地之后,往来于不同旅游景点之间也要借助旅游交通。随着生活水平的提高,人们对旅游交通的要求越来越高,人们更愿意选取快速、经济、舒适、具有娱乐条件的旅游交通工具,这在一定程度上使本来无所事事的旅行变为有意义的旅游活动。同时,一些特种旅游交通丰富了旅游活动的内容,如乘坐游轮游历长江三峡、骑骆驼穿越沙漠、乘坐竹筏沿江漂流、乘坐缆车俯瞰美景等,都会给旅游者带来新奇的乐趣。

（三）旅游交通收入是旅游创收的重要来源

旅游者在利用旅游交通实现空间转移的同时,必须向相关部门支付一定的费用,因此,旅游交通收入是旅游收入的稳定性来源。从整个旅游者的支出情况来看,用于旅游交通的支出所占的比例是比较大的,一般会占到旅游费用支出的30%～40%。旅游交通费用的多少与旅游者旅行距离的长短,以及所采用的交通工具的类型有关。一般来讲,旅游距离越长,所采用的交通工具越现代化,旅游交通的费用越多；反之,则越少。

(四)旅游交通能促进旅游区的兴起和发展

旅游业的发展依赖于旅游者的旅游行为,只有旅游者光临旅游目的地,旅游业的各类设施和服务才能真正发挥作用,才能实现它们的使用价值。旅游交通决定了旅游目的地的可进入性,旅游交通发达,旅游目的地的可进入性强,就会方便旅游者到达以及在不同旅游景区间流动;旅游交通落后,旅游目的地的可进入性差,即使旅游资源再丰富,也会使旅游者望而却步。因此,一个地区在确定发展旅游业之前,首先要完善必备的旅游交通设施,不要使旅游交通成为制约旅游业发展的瓶颈。

同步案例5-5

兰州+青海湖+茶卡+敦煌+嘉峪关+祁连+西宁高铁10日跟团游

2017年暑期,同程旅游网推出"甘肃青海大环线10日游"线路,吕先生一行14人报名参游,期间领略了西北厚重的历史文化、大漠和草原、神秘的塔尔寺、壮丽的青海湖、斑斓的丹霞山、美轮美奂的敦煌,景色很是宜人,虽然旅游目的地处于西北,坐车时间长,比较辛苦,但大家觉得非常值得。这次旅行总费用是7 328元/人,其中大交通和青甘环线包车共2 919元/人,住宿除青海湖外全程皆为准五星标准2 265元/人,保险24元/人,门票1 120元/人,餐费自理1 000元/人。

讨论:请你算一算以上案例中,交通费用在整个旅行中的比例,据此分析旅游交通在旅游活动中的作用。

三、现代旅游交通体系

随着大众旅游的兴起,旅游者对旅游交通的要求也越来越高。快速、安全、方便、舒适和经济是现代旅游者对旅游交通提出的基本要求。根据交通工具、线路、地理环境的不同,目前常用的交通运输方式可分为航空交通、陆上交通和水路交通。这些交通方式在具体运作过程中,有机结合,优势互补,协调发展。

(一)航空交通

第二次世界大战结束以后,现代旅游迅速发展,这在很大程度上得益于航空交通运输条件的革新。

根据世界旅游组织的统计,目前90%以上的大规模长距离旅游位移都是通过航空旅行实现的。航空旅行的优势在于:第一,速度快、时间短、服务质量好,对于商务型乘客而言,尤其方便;第二,航程远,不受地理环境影响,可以帮助人们实现远距离位移,这也是二战后旅游活动能够在全世界范围内迅速开展的主要原因;第三,安全系数高,乘坐舒适。在各种交通工具中,飞机的事故死亡率最低,不到汽车事故死亡率的1%,火车的2.3%。航空旅行的缺点在于:第一,机票较贵,在出游成本中,占据比例较高;第二,只能进行城市到城市之间的旅行,人们要想深入到某个地区从事旅游活动,还要借助铁路或者公路交通设施才能得以开展;第三,噪声污染严重,受天气影响大,机场附近的居民生活往往会受到一定的影响,如果遇到恶劣天气,如雨雪天气、台风等都会影响人们的出行;第四,投入多,耗能大,成本比铁路运输和公路运输要高。

飞机是当今远程旅游中最重要的交通工具,广泛应用于洲际、国际以及各旅游目的之间的旅游活动中。

相关链接5-6

国际航空联盟

随着世界经济的全球化,航空公司战略联盟在国际民航界已成为重要的竞争手段,目前在世界上形成了三大国际航空客运联盟。一是星空联盟(Star Alliance),成立于1997年,总部位于德国法兰克福,它是目前全球最大的航空公司联盟,也是首个国际性航空联盟,我国的中国国航、深圳航空是其成员;二是天合联盟(Sky Team),2000年成立,总部设在荷兰阿姆斯特丹,我国的南方航空、东方航空、厦门航空是其成员;三是寰宇一家(One World),1999年成立,总部设在美国纽约,中国香港的国泰航空是联盟的创始成员之一。目前,世界航空客运量排名前41位的航空公司中,有35家已成为航空联盟成员,成员公司占据了80%的市场份额。航空公司联盟组织是建立在双边合作基础上,多家航空公司间的一种多边管理模式,其目的是为了提升网络、产品和服务规模优势,为旅客提供更方便和优质的服务,提升市场份额和航空公司收益水平。航空公司联盟化已成为世界民航业趋势。有效利用联盟的强劲枢纽做辐射,通过代码共享、旅客计划共享手段,联盟成员在不需要投入任何资源的情况下就能增加运力和航班密度。如果联盟伙伴的航线网络是互补的,则可有效提升客座率,增加旅客运输量,并伴随一定程度的成本下降。

(资料来源:百度百科 https://baike.baidu.com/item/航空联盟)

(二)铁路交通

铁路交通多用于中远程旅游者的运输任务,包括各类普快、特快、动车、高铁等。铁路交通的优点在于:第一,运载能力大,席位类别多,一列火车一般有十几节车厢,可以一次性运送上千名乘客;第二,性价比高,在乘客心中安全性强,在人群中的受欢迎程度较高;第三,舒适度高,可以在车厢内自由走动和放松;第四,火车有专用通道,不会遇到交通堵塞,准点率较高;第五,环境污染较小,环保性高。

铁路运输的缺点在于:第一,缺乏机动性和灵活性,火车一般按照固定的时刻表和固定路线运行;第二,建设投资大,年限长,工程量大,建设工程会受到地理条件的限制。

新中国铁路快速发展,特别高速铁路的发展速度惊人。到2016年年底,全国铁路营业里程达12.4万公里,其中高速铁路2.2万公里,占世界高铁运营总里程60%以上,位居全球第一。目前"四纵四横"高速铁路网已基本形成。2016年7月发布的《中长期铁路网规划》中,在"四纵四横"主骨架基础上,增加客流支撑、标准适宜、发展需要的高速铁路,同时充分利用既有铁路,形成以"八纵八横"主通道为骨架、区域连接线衔接、城际铁路补充的高速铁路网。

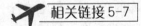相关链接5-7

中国铁路网发展目标

到2020年,一批重大标志性项目建成投产,铁路网规模达到15万公里,其中高速铁路3万公里,覆盖80%以上的大城市,为完成"十三五"规划任务、实现全面建成小康社会目标提供有力支撑。到2025年,铁路网规模达到17.5万公里左右,其中高速铁路3.8万公里左右,网络覆盖进一步扩大,路网结构更加优化,骨干作用更加显著,更好发挥铁路对经济社会发展的保障作用。展望到2030年,基本实现内外互联互通、区际多路畅通、省会高铁连通、地市快速通达、县域基本覆盖。

一、完善广覆盖的全国铁路网。连接20万人口以上城市、资源富集区、货物主要集散地、主要港口及口岸,基本覆盖县级以上行政区,形成便捷高效的现代铁路物流网络,构建全方位的开发开放通道,提供覆盖广泛的铁路运输公共服务。

二、建成现代的高速铁路网。连接主要城市群,基本连接省会城市和其他50万人口以上大中城市,形成以特大城市为中心覆盖全国、以省会城市为支点覆盖周边的高速铁路网。实现相邻大中城市间1~4小时交通圈,城市群内0.5~2小时交通圈。提供安全可靠、优质高效、舒适便捷的旅客运输服务。

三、打造一体化的综合交通枢纽。与其他交通方式高效衔接,形成系统配套、一体便捷、站城融合的铁路枢纽,实现客运换乘"零距离"、物流衔接"无缝化"、运输服务"一体化"。

(资料来源:《关于印发〈中长期铁路网规划〉的通知》(发改基础〔2016〕1536号))

(三) 公路交通

公路交通包括自驾车和旅游公共汽车两种,公路交通工具包括旅游大巴车、长途公共汽车、私人小汽车、房车等。

汽车是当今世界上使用最多的旅游交通工具。主要原因有二:一是绝大多数的旅游点只通公路,人们必须乘汽车前往;二是私人汽车的普及。第二次世界大战结束以后,私人汽车的占有量越来越大。现代化、高效率的大生产降低了汽车生产成本,市场经济的激烈竞争压低了汽车销售的价格,加上人们收入水平的不断提高等因素,都促成了私人汽车的普及。个人驾驶汽车去旅游度假,在世界上已成为非常普遍的现象。在欧美各国,驾车旅游者占各国旅游者总数的60%~90%。我国公路建设发展迅速,从中华人民共和国成立之初的几万公里,到2016年年底,全国公路通车总里程达470万公里,实现了由"初步连通"向"覆盖成网"的重大跨越。高速公路从20世纪80年代末开始起步,到2016年年底,全国高速公路里程已达13.1万公里,位居世界第一。

公路交通的优点主要包括:第一,自由灵活,对于自驾车出行的旅游者,可以随意安排出行时间,按照自己的意愿安排旅游行程;第二,方便高效,乘坐公路交通工具可以直接到达旅游景点,使旅游者少受劳累之苦;第三,使用公路交通工具可以观赏沿途的美景,充分享受旅游的过程。

公路交通的缺点主要包括:第一,速度较慢,在我国一些知名的旅游城市、旅游景区堵车现象严重,影响了旅行的时间;第二,环境污染较严重,一些著名的旅游区来往的车辆较多,车辆排出的废气和产生的噪音会给本来宁静的旅游区带来严重的环境污染;第三,安全性能差,在所有交通事故中,汽车事故发生率最高;第四,体能消耗大,长时间驾驶或乘坐汽车的人由于被限制于狭小空间且通常保持同一姿势,很容易疲劳,因此公路交通不适合于长距离的旅行;第五,公路交通容易受到天气的影响,在大雪、大雾、台风等天气情况下,汽车行驶缓慢甚至停驶。

(四) 水路交通

水路交通是最古老的一种交通,分为海上运输和内河湖泊运输两种形式。在航空运输崛起之前,水路交通曾是国际间的一种主要交通方式,在世界旅游发展史上曾经有过一段比较辉煌的历史。为了适应旅游者在江海湖泊游览的需要，人们建造了大型邮轮和豪华游艇，航行在世界著名的海滨城市之间和大江大湖之中。

从世界范围来看，目前最流行海上巡游的区域在加勒比海域和地中海海域。目前，我国邮轮产业正在兴起，天津、上海、厦门、深圳、海口等城市已建起国际邮轮码头和邮轮母港，可接待来自世界各地的国际邮轮，国内各大旅行社也在组织国内客人参加海上邮轮旅游，邮轮经济在我国方兴未艾。

内河航运在一些国家也是旅游交通中的重要组成部分，例如我国的长江和大运河南段、北美的密西西比河、欧洲的多瑙河、泰国的湄南河等，都是重要的内河旅游航运河道。

轮船具有舒适、经济、运量大、悠闲、线路投资少或几乎没有、运输成本低等优点，对年老体弱和有充裕时间的人来说不失为一种较合适的交通工具。其缺点是速度慢、时间长、灵活性差、受河道和海路吃水深度的限制。

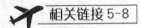相关链接5-8

海洋量子号

海洋量子号（Quantum of the Seas）属于皇家加勒比邮轮。量子系列邮轮是全球邮轮史上的又一次重大飞跃，更多"海上初体验"的娱乐革新被引入其中，例如跳伞体验将让游客在300英尺的高度体验惊险刺激的空中之旅；海上最大的室内运动及娱乐综合性场馆则配备了碰碰车和旱冰场等设施；还有迄今为止最大且最先进的邮轮客房，该系列旗下的每个客房都可观景。海洋量子号邮轮拥有诸多前所未有的突破性设施，北极星以360度摇臂支撑在距海平面近100米的高空，让旅游者将巨大船体和广阔海景尽收眼底。海洋量子号作为量子系列中的第一艘邮轮，重约16.8万吨，可容纳4 180名乘客，是世界上最大的十艘邮轮之一。无论是套房还是内舱房，都设计有更多的空间，智能的客房设计让旅游者居住更为舒坦。例如，巧妙灵活的衣帽间的布局，能放置更多的衣物和行李；家庭连接房为客人提供三套不同的客房选择供亲朋好友畅享天伦之乐。还有，在海洋量子号上所有的内舱房为客人提供全新的内部视野——虚拟阳台，自上而下的落地屏幕为游客呈现大海或目的地的实景。

（资料来源：百度百科 https://baike.baidu.com/item/海洋量子号）

（五）特种旅游交通

特种旅游交通是指除上述四种交通之外的，为满足旅游者某种特殊需求而产生的交通方式。根据其动力原理可分为：机械动力交通工具、自然力交通工具、畜力交通工具、人力交通工具四大类。这些交通工具功能各异，对交通运输起着补充作用。大部分特种交通工具与其说是用于运载，不如说是用于游乐更为合适，因为它们各具特色，有较强的历史和地方风格，更富于娱乐性和享受性。

机械动力交通工具，包括缆车、机动船（含气垫船）、摩托车等。缆车修建占地面积少，可将人或物品运送到其他交通工具不易到达的地形复杂、险要的地点，如上山、过江、过峡谷等都十分方便。因其高离地面运行，故可使游客产生某种特殊的刺激感。机动船有载客、载物甚至载运汽车的摆渡船、气垫船，也有供游览用的游船、游艇和摩托艇。

自然力交通工具，以自然风为其动力的运输工具，如帆船。一般属于传统的生产工具，在一定程度上反映出历史文化风情，可满足游客增长知识和追新猎奇的心理。

畜力交通工具,包括各类坐骑(如马、骆驼等)、畜力车(如马、驴、牛、骆驼等拉的车),以及爬犁(如马、狗等拉的雪爬犁或冰爬犁)等。在生态环境日趋恶化、动植物种类正在逐渐减少的今日,对长期生活在现代化大城市的旅游者来说,这类交通工具能存在的本身就非常有意义。看到这些活生生的动物在人类生活中仍旧发挥着作用,旅游者感到格外亲切,符合人们接近自然、回归自然的需求。

人力交通工具,包括自行车、黄包车、三轮车、手划船、竹筏和滑竿等。这些交通工具各具特色,能满足不同旅游者的需要。目前兴起的共享单车,为旅游者提供了很大方便。

四、影响旅游者选择旅行方式的因素

旅游者对旅游交通的普遍要求是安全、便利、准时、快捷、舒适、经济。这些方面当然难以兼而并得,所以旅游者会根据自身的条件选择不同的旅游交通方式。影响人们选择旅游交通方式的因素很多,主要有旅行目的、运输价格、旅行距离、旅行偏好和经验。

(一) 旅行目的

不同出行目的的旅游者所关注的重点不同。比如商务旅游者,出行的主要目的是从事商务活动。所以他们普遍追求高效率,更看重旅行的安全、便利、快速和舒适。他们往往不太考虑旅行的费用,长距离旅行方式首选航空旅行。

(二) 运输价格

旅行目的决定了旅游者对运输价格的敏感程度。商务旅行者,由于公费的原因,因而对价格不太敏感;但其他各类旅行者,因为自费的因素,对运输价格都很敏感。所以运输公司对价格的小幅度变动,都可能导致营业状况的较大变化。

(三) 旅行距离

旅行距离体现在旅行过程中的空间距离和时间距离。空间距离越长,所需的旅行时间就越多,所耗费的代价就越高。旅游者想要更有效、更经济地利用度假时间,就必须有效缩短用于交通的时间。因此长距离旅行,特别是超过1 000公里的旅游活动,人们常常选择航空运输;而中短途旅行选择铁路和汽车的旅游者就会更多。

(四) 旅行偏好和经验

具有相同条件的人在面对有多种交通方式可供选择的情况下,可能会选择不同的出行方式。这是由个人的旅行偏好和经验所决定的,包括旅游者的个性心理类型,以及后天所形成的某种偏好。比如乘火车是人们普遍喜欢的一种出行方式,这就是因为人们普遍认为火车旅行比其他旅行方式更安全;而对于商务客人来说,高效快捷的航空运输方式则是他们出行的首选。

模块五 旅游景区

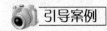
引导案例

5A景区要发挥先锋、模范、标兵作用

国家旅游局局长李金早在新晋5A级旅游景区负责人座谈会上的讲话中指出:"我国

5A级旅游景区已达到227家。迈入5A级旅游景区,既意味着荣耀,也代表着使命;既饱含着喜悦,也昭示着压力。5A级旅游景区是我国旅游行业的窗口,5A级旅游景区的管理服务水平,代表着我国旅游业发展的最高水平。我们要增强责任感和使命感,不改初衷、砥砺前行,将5A级旅游景区真正建设成为我国旅游行业的样板,始终保持其在全国旅游业发展中的先进性与标杆性!"

(资料来源:中国旅游报[N].2016-11-17.编者根据需要辑入)

思考: 为什么说晋级5A景区代表使命、昭示压力?旅游景区在旅游业发展中具有什么作用?

旅游景区是旅游活动的核心和空间载体,是激发旅游者出游最重要的因素。旅游业和旅游服务都是依附于旅游景区的存在而发展的。旅游景区是一个国家和地区自然景观、人文资源的精华,是展示民族文化和人文历史的重要窗口,也是旅游业总体形象的代表,是旅游业发展的基础。旅游景区的经营管理,直接关系到景区的经济效益和社会美誉度,影响一个地区乃至国家旅游业的发展。

一、旅游景区的概述

(一)旅游景区的定义

中华人民共和国国家标准《旅游区(点)质量等级的划分与评定》(GB/T 17775—2003)中界定:旅游景区是指以旅游及其相关活动为主要功能或主要功能之一的区域场所,能够满足游客参观游览、休闲度假、康乐健身等旅游需求,具备相应的旅游设施并提供相应的旅游服务的独立管理区。该管理区应有统一的经营管理机构和明确的地域范围,包括风景区、文博院馆、寺庙观堂、旅游度假区、自然保护区、主题公园、森林公园、地质公园、游乐园、动物园、植物园及工业、农业、经贸、科教、军事、体育、文化艺术等各类旅游点。这是旅游景区的狭义定义。

从广义上讲,任何一个可供旅游者或来访游客参观游览或开展其他休闲活动的场所都可以称为旅游景区。本教材采用旅游景区的狭义定义。

(二)旅游景区应具备的条件

根据旅游景区的定义,旅游景区应具备以下几个条件:

1. 具有特定的旅游吸引物

旅游吸引物是旅游景区的核心,也是吸引旅游者向往的根本因素。其中旅游资源是旅游景区吸引旅游者的核心内容,景区内的景点或活动是吸引旅游者的载体。

2. 具有统一的管理机构

每个旅游景区要有一个明确的管理主体,对旅游景区内的旅游资源保护与开发、服务与经营进行统一的管理。这个主体可以是政府机构,或是具有部分政府职能的事业单位,也可以是独立的法人企业。

3. 具备必要的旅游设施,提供相应的旅游服务

旅游景区必须具有必要的旅游设施,能够为旅游者提供相应的旅游服务。旅游资源经开发后,必须具有相应的基础设施和服务接待配套设施,提供相应的综合性旅游服务,旅游景区的旅游功能才能得以发挥。这是旅游景区区别于旅游资源的关键。

4. 具有固定的经营服务场所

旅游景区必须具有固定的经营服务场所,空间和地域范围确定。旅游景区的空间范围

划定,主要以景区主体旅游吸引物为标准。旅游景区的经营管理者和旅游者,必须在划定的范围内从事经营活动和旅游活动。而景区的开发也是在确定的空间地域范围内进行规划、设计,开发建设。

  教学互动5-5

问题: 以上旅游景区应具备的四个条件中,你认为最为核心的条件是什么?为什么?

二、旅游景区的特点

(一) 专用性

旅游景区是指定的用来供游人参观、游览或开展某些其他消遣活动的场所。这一专用性的指定,要么是出于商业性决策,要么是出于有关政府部门的公益性政策。不论是出于哪一种情况,作为旅游景区,这一专用性职能不得改变。倘若发生改变,这一场所则不再属于是景区性质。只有那些专供游人或公众参观、游览或开展某些其他消遣活动的场所,才是规范意义上的旅游景区。

  教学互动5-6

问题: 现在许多旅游者会去工厂、学校、幼儿园、部队军营进行参观游览,请问这些场所属于旅游景区吗?

(二) 长久性

这里所说的长久性,是指作为规范意义上的旅游景区,必须要有其长期固定的场址。这里对长久性的强调,主要是用以将旅游景区同那些没有固定场址的旅游吸引物区别开来,后者如临时利用某一场地举办的展览、庙会、流动演出、民俗表演等等。由于这类暂时性的旅游吸引物有其不同的组织和营销方式,特别是由于它们没有长期固定的专用场址,因而并不属于规范意义上的旅游景区,尤其是在讨论旅游景区的经营管理时更是如此。

(三) 可控性

作为规范意义上的旅游景区,必须有人进行管理,能够对游人的出入行使有效控制,否则,这一场所便不属于真正的旅游景区,而只能是一般意义上的开放式公共活动区域。这里所指的旅游景区不仅限于那些实行收费准入的景区,同时还包括那些有人行使管理但实行免费参观的旅游景区。

三、旅游景区的类型

旅游景区划分的方法很多,本教材根据需要列举了几种分类方法。

(一) 按照旅游资源的特征划分

1. 自然类旅游景区

自然类旅游景区是指在一定地域环境中形成的,能吸引旅游者的山地水体、气象气候、动植物等自然地理要素所构成的地域组合,主要包括江河湖海、自然风景区、国家公园、森林公园、地质公园、自然保护区、野生动物园等。

2. 人文类旅游景区

以人文景观为主的景区称为人文类旅游景区。这类景区是人们在日常生活中,为了满足一些物质和精神等方面的需要,在自然景观的基础上,叠加了文化特质而构成的一类景区,有历史古迹、古典园林、宗教文化、民俗风情、文学与艺术、城镇与产业观光等类型。

3. 主题公园旅游景区

主题公园是为了满足旅游者多样化休闲娱乐需求和选择而建造的一种具有创意性活动方式的现代旅游场所。它是根据特定的主题创意,主要以文化复制、文化移植、文化陈列以及高新技术等手段,以虚拟环境塑造与园林环境为载体来迎合消费者的好奇心,以主题情节贯穿整个游乐项目的休闲娱乐活动空间。

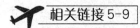
相关链接 5-9

上海迪士尼乐园

上海迪士尼乐园是中国内地首座迪士尼主题乐园,位于上海市浦东新区川沙新镇,于 2016 年 6 月 16 日正式开园。它是中国大陆第一个、亚洲第三个、世界第六个迪士尼主题公园。乐园拥有七大主题园区:米奇大街、奇想花园、探险岛、宝藏湾、明日世界、梦幻世界、玩具总动员;两座主题酒店:上海迪士尼乐园酒店、玩具总动员酒店;一座地铁站:迪士尼站;并有许多全球首发游乐项目。园内的创极速光轮是全球迪士尼主题乐园中首创的娱乐项目。

(资料来源:百度百科 https://baike.baidu.com/item/上海迪士尼乐园)

4. 综合类旅游景区

综合类旅游景区是指具有丰富的自然资源、人文资源,两者相互映衬、相互依存而形成的相对独立的景区。这一类景区的自然资源和人文资源的旅游价值都很高。

(二)按照旅游景区的功能和设施划分

1. 观光型旅游景区

观光型旅游景区,以观光为主要功能。旅游吸引物主要以观赏性较强的自然景观和人文景观为主,观光游览为主要的旅游活动,基本设施主要为方便旅游者而建设。这类景区一般都具有较高的审美价值,能够满足旅游者观赏游览的需求。

2. 度假型旅游景区

度假型旅游景区,主要以度假为基本功能。旅游吸引物是宜人的气候、安静的环境、高等级的环境质量、优美的景观和舒适的度假设施。根据度假活动内容可分为海滨度假区、山地度假区、温泉度假区、滑雪度假区、高尔夫度假区等。

相关链接 5-10

开放式新型旅游度假休闲景区受追捧

位于六安市金安区三十铺镇的兴茂·悠然蓝溪文化旅游度假景区,打破传统景区封闭式的管理运行模式,摆脱对"门票经济"的依赖,以开放性的胸襟和气魄,打造以生态自然、皋陶文化为亮点,以时尚消费文化为辅助,满足中高端客群需求的多元文化和谐共生的生态型休闲度假景区。

悠然蓝溪休闲度假旅游以绿色的生态和深厚的文化为基础，突出小镇的"慢生活"理念，以深度体验为主线、以散客和自由行为方式、以产业融合为开发形态的一种新型融合性生活式旅游，更加注重的是一种休闲体验。总投资50亿元，总占地面积3 240亩，总建筑面积约48万平方米。以皋陶"五礼"文化为核心，打造的一个集吃、住、行、游、购、娱为一体的综合性旅游度假景区，满足现代人渴望的"繁华中期许宁静，宁静中渴望繁华"的小镇生活。

由于蓝溪景区是集"吃、住、休、养、游"于一体，一站式满足游客的众多需求，项目自2014年开业以来，人气爆棚，仅在羊年春节期间旅游人次就近10万，而平时节假日、双休日期间，日均游客也在万人。

（资料来源：北方网 http://travel.enorth.com.cn/system/2015-05-26/）

3. 生态型旅游景区

生态型旅游景区，以保护生态环境、珍稀物种，维护生态平衡为主要功能。这类景区的生态环境较好，一般都拥有一些珍稀物种，需要进行保护。对于维护区域生态平衡和保持生物多样性具有重要作用，如森林公园、湿地、动物保护区、自然保护区等。

4. 科学考察型旅游景区

科学考察型旅游景区，以科学考察和科教知识普及为主要功能。旅游景区的吸引物以具有较高科学研究价值和科学教育价值的景观资源为主，提供的设施主要以满足旅游者求知为目的，如地质公园、天文馆等。

5. 游乐型旅游景区

游乐型旅游景区，以满足游客游乐体验为主，旅游景区吸引物主要是现代化游乐设施，如上海迪斯尼公园、常州环球恐龙园、欢乐谷等。

（三）按照旅游景区的等级划分

根据国家质量监督检验检疫总局2003年发布的文件，《旅游景区质量等级的划分与评定》将旅游景区等级划分为五级，从高到低依次为AAAAA、AAAA、AAA、AA、A级旅游区(点)。旅游景区等级、标志、标牌、证书由国家旅游行政主管部门统一规定并颁发。

同步案例5-6

国家旅游局通报新晋20家5A级景区 严重警告3家5A级景区

国家旅游局2月25日召开新闻发布会，宣布经全国旅游资源规划开发质量评定委员会（以下简称"全国旅资委"）评定，内蒙古自治区阿尔山·柴河旅游景区等20家景区新晋为国家5A级旅游景区。同时，对云南省丽江市丽江古城景区、黑龙江省牡丹江市镜泊湖景区、辽宁省大连市老虎滩海洋公园·老虎滩极地馆等3家5A级旅游景区作出严重警告处理决定。这标志着5A级景区动态化管理已成常态。

其中，云南省丽江市丽江古城景区存在的问题主要是：游客投诉率长期居高不下，游客人身财产安全事件频发，屡屡造成社会严重不良影响，古城内原住居民与旅游经营人员矛盾突出，景区产品质量下降，旅游设施品质退化等。黑龙江省牡丹江市镜泊湖景区存在的问题主要是：景区周边黑车拉客现象严重，高等级厕所缺失，旅游厕所数量严重不足，游客服务中心无旅游服务，景区标识标牌陈旧破损，游客投诉多等。辽宁省大连市老虎滩海洋公园·老虎滩极地馆存在的问题主要是：游客服务中心功能严重不足，游步道质量严重退化,垃圾乱堆乱放、机动车乱停乱放等现象严重,安全提示严重不足,游客投诉多等。

通报指出,近年来,国家旅游局加大了对旅游景区的整治监管力度,会同有关省区市旅游部门,对3家5A级景区进行摘牌,对19家5A级景区予以警告或严重警告,对68家4A级景区进行摘牌,对341家4A级景区进行警告等处理。

(资料来源:国家旅游局官网 http://www.cnta.gov.cn/xwfbh/201702/)

讨论:旅游景区等级是终身制的吗?为什么?

模块六 旅游商品

 引导案例

"天天三月街"

每年农历三月为期7天的赶"三月街",是大理沿袭千年的习俗。而自今年10月1日起,"三月街"天天有。7月28日,首届"天天三月街"大型名特优产品招募会拉开序幕,14家企业签订入驻协议。三月街将升级为一个常态化、智慧化的民族特色街区。据估计,"天天三月街"项目运营首年将实现上亿产值,而三月街的人流量也将从每年200万人次增加到每年千万人次。赵佳彬是大理智慧旅游发展有限公司总经理,在他的印象里,近几年来传统的"三月街"节日商品就是黄焖鸡,云南12县市名特优产品没有借力"三月街"品牌得到很好的营销。而"史上最严"的《云南省旅游市场秩序整治工作措施》的出台,游客购物"不敢买"、不知在哪买的问题急需解决。赵佳彬提出了"天天三月街"的想法,得到大理白族自治州委政府的支持。大理省级旅游度假区管委会副主任赵晓明形容"天天三月街"是古老与现代的结合,是传统与时尚的联姻。"天天三月街"项目分为线上传播购买平台及线下实体体验店两个部分。线下实体店主要位于大理三月街主场区内,大理省级旅游度假区开发总公司投资约800万元,对街场进行了提升改造,建设安装了货棚590间,占地约9 440平方米。街区分为特色商品、美食街区和文创街区,初期入驻的商家不少于400户。同时,也将在长水机场、大理机场、喜洲、双廊等地建设体验店。该项目会开通从古城发往三月街街区的免费直通车,给游客提供直达服务,团队或散客在街区内能实现自由、阳光采购。这也是大理智慧旅游发展有限公司创建新型的购物试点模式,以此来整合大理白族自治州12县市内传统优质的高原农特产品和民族特色产品,并在三月街做常态化的展示和推销,打造"天天三月街"常态化综合集市。

(资料来源:中国财经新闻网 http://news.chengshiluntan.com/2017/0817/)

思考:云南大理为什么如此重视"天天三月街"营销平台的建设?

购物需求是旅游者的基本需求之一,"购"也是旅游活动六要素之一,购买旅游目的地富有地方特色而又物美价廉的旅游商品,已成为人们旅游过程中必不可少的活动。近年来,随着人们收入水平的提高,以及旅游商品业的发展,旅游者购物支出在整个旅游支出中所占比例越来越大。在香港等发达地区,购物消费甚至占到旅游消费的50%以上,旅游商品业已成为旅游业中不可忽视的一部分。

一、旅游商品的定义及类型

(一) 旅游商品的定义

广义的旅游商品是指为了满足旅游者的旅游需求而提供的具有使用价值和商品价值的有形旅游劳动物品和无形服务产品的总和,在一定意义上也就是我们所说的旅游产品。

狭义的旅游商品是指旅游者在旅游活动中所购买的、以物质形态存在的商品。本教材中的旅游商品均指狭义的旅游商品。

旅游商品不同于普通商品。旅游商品的服务对象是旅游者,因此它的设计、生产、销售都要针对旅游者的需要进行;旅游商品往往体现着一定的地区文化和民族文化,如我国的瓷器和丝绸;旅游商品的销售企业一般并设在旅游者活动频繁的地区,如旅游景区、宾馆饭店等。

(二) 旅游商品的类型

旅游商品的类型很多,范围较广。国家技术监督局1997年颁布的《旅游服务的基本术语》的旅游购物词义中指出:旅游商品主要包括旅游纪念品、旅游工艺品、旅游用品、旅游食品和其他商品五大类。

1. 旅游纪念品

主要指有当地地名或体现当地的人、地、事、物等方面特征的具有纪念意义的旅游商品,一般以当地的文化古迹、自然风光或著名历史人物、历史事件为题材,采用当地特有的材料制作,具有地方特色,并标明产地,从而形成较高的旅游纪念价值,如湘潭韶山的毛主席像章、毛主席铜像,西安的兵马俑烟具等。

2. 旅游工艺品

主要指采用独特传统工艺制作、具有艺术性的旅游商品,包括陶瓷、刺绣、织锦、地毯、玉器、漆器、木雕、泥塑、剪纸、玩具、金属工艺品、编织工艺品等等。这类商品的制作工艺历史悠久,技艺精湛。

3. 旅游用品

主要指旅游者在旅游活动中购买的具有实用价值的旅游商品,包括旅游装备品和日用品,例如旅行箱、登山鞋、太阳帽、防晒霜、帐篷、睡袋、雨伞、摄影器材、服饰、化妆品、日用土特产品等。

4. 旅游食品

包括各种有地方特色的名酒、名茶、传统糕点、风味小吃、农副产品等。

5. 其他旅游商品

包括文物古玩(国家允许出口的)及其仿制品、药材和其他旅游者喜爱的商品。

相关链接 5-11

全球十大机场免税店之———迪拜国际机场免税店

迪拜国际机场免税购物区单凭9 000平方米的占地面积就足以赢得广泛的关注。作为最繁忙的航空客、货港,加之聚集各大奢侈品牌,这里每年有着近10亿美元的销售额,约占全球机场免税店销售总额的5%。除了免税烟、名表、化妆品之外,正宗的迪拜特产如水烟、沙画、阿拉伯干果同样非常值得购买。与迪拜的经济作风相仿,这里的黄金交易很有人气,金表、首饰品牌种类很多,价钱相对国内也便宜很多。

二、旅游商品的特点

旅游商品既有一般商品的特点,又不同于一般商品,其特点主要表现在以下几个方面:

(一) 纪念性

纪念性是指旅游商品所具有的能够显示旅游目的地国家或地区的某种特点。旅游者在异国他乡旅游,往往怀有猎奇心理,每到一地或结束旅游时,总希望能购买一些能反映旅游地文化古迹、风土人情的纪念品,或自用,可以睹物思景,唤起美好回忆;或馈赠亲友,使其仿佛身临其境。旅游商品原则上要求就地取材,就地生产,就地销售。

(二) 独特性

独特性是指一个旅游地的旅游商品独具特色,区别于其他一般商品。旅游者在购买旅游商品时,往往会对富有特色的商品情有独钟。旅游商品应具地方特色、文化特色、民族特色或主题特色。

(三) 便携性

旅游者流动性强,旅游商品要便于携带。旅游者出游的主要目的是愉悦身心,享受旅游经历。因此,旅游者在购买旅游商品的时候会选择体积小、重量轻、便于携带的旅游商品,以免给轻松的旅行增加体力负担。在旅游市场上,精巧、易带的旅游商品较受欢迎。

旅游商品的上述特点并不孤立存在,彼此之间相互联系和渗透。只有具备这些特性的商品,才能称之为旅游商品,才能不断地激发旅游者的购买欲望。

三、旅游商品的作用

(一) 旅游商品收入是旅游业收入的重要组成部分

旅游业的总收入包括国际旅游收入和国内旅游收入。在国际旅游收入中,旅游商品的销售收入占有重要地位,差不多占到旅游业外汇收入的40%~60%;在国内旅游收入中,旅游商品销售所占的比例也达到20%~30%。随着人们收入水平的提高,旅游活动中用于购物支出的比例会越来越大,旅游商品收入已成为旅游业收入的重要组成部分。

(二) 旅游商品发展有利于传承和保护传统的民间工艺

在人们的生产和生活过程中,产生了很多传统的民间工艺及其制品,这些民间工艺品及其加工工艺在现代文明的冲击下,正慢慢地退出历史舞台。旅游商品将民间工艺品开发成旅游商品,销售给旅游者,让其产生经济价值,激发人们对民间工艺品的生产热情,起到传承文化的作用。目前,我国已开始加强对非物质文化遗产的保护,很多传统工艺都处于被保护之列。发展旅游商品是保护传统民间工艺的一个重要途径。

(三) 旅游商品发展有助于推动文化交流

旅游商品往往以旅游目的地的主要特征为题材,以当地特产为原料,用传统工艺进行制作,使得这些工艺品反映出该地的民族风格、工艺水平和文化艺术水平。通过购买这些旅游商品,旅游者对旅游目的地的文化有所了解,旅游商品流通的过程也是旅游目的地与客源地旅游者相互了解的过程。所以旅游商品的发展起到了宣传的作用,促进和推动了文化的交流。

（四）旅游商品发展可以增强旅游活动的趣味性

旅游商品大多具有民族特色和地方特点，不仅可以满足旅游者使用、纪念、馈赠等实际需要，而且也可以满足其收藏、欣赏、提高地位、自我满足等心理和精神上的需要，增加了旅游乐趣。

（五）旅游商品发展为社会提供了大量就业机会

旅游商品的生产属于劳动密集型行业，可以吸纳大量劳动力，因此发展旅游商品的生产和销售，可以促进产业结构的调整，刺激社会总劳动在旅游业及其相关行业间的调整与分配，从而为社会劳动开辟新的途径。

四、我国旅游商品发展中存在的问题

我国旅游资源丰富，各种景观千姿百态，但旅游商品却"千品一面"。走遍大江南北，不管是在北京或是海南，在西藏或是上海，一模一样的旅游商品随处可见。旅游商品已成为制约国内各大景区旅游消费的"软肋"，一边是"有商品、无市场"，另一边是"有需求、无供给"。

造成这一局面的主要原因有以下几点：首先，目前国内景点还停留在"门票经济"阶段，在景区内销售纪念品的基本上是"单干户"，景区只负责收铺租，根本没把旅游商品销售当回事；其次，旅游商品知识产权保护法规的缺位也致使山寨仿冒盛行，原创设计难以形成规模生产，且先期投入大，一些产品还没有批量生产，就被小商小贩粗制滥造出来，导致企业开发热情不高。

国际旅游组织专家指出，旅游商品销售收入占旅游总收入的百分比，是对一个地区旅游业成熟程度评价的重要标准。加快推进旅游商品开发设计，尽快提高旅游商品销售在旅游产业中的占比，已成为当前我国旅游业发展迫在眉睫的课题。

 教学互动 5-7

问题：对我国旅游商品发展中存在的问题，你认为可以采取哪些措施加以解决？

五、我国公民出境购物现状

近年来受签证利好政策及汇率变化、换季打折等因素影响，中国人出境旅游购物不仅数量在不断增长，品质也在大幅度提高。全世界都在惊叹中国旅游者的购买力，都在为了中国旅游者的消费而作出种种改变，费尽心思地迎合众多来自中国的、消费力最强的"财神爷"。

为吸引和留住中国旅游者，各个国家和地区的零售业都在摩拳擦掌，使出浑身解数。如调整开店时间、营造符合中国人习惯的购物氛围、提供刷银联卡可打折便利、提供全程中文导购便利以及代客送货、提前网购等。中国旅游者购物的目的也在发生变化，从一开始的以纪念为目的发展为现在的以体验为主要目的。

 同步案例 5-7

中国游客成非洲旅游新宠，成为消费力最强群体

联合国世界旅游组织第 20 届大会于 2013 年 8 月 25 日在津巴布韦和赞比亚交界的维多利亚大瀑布举行。前来参会的多名非洲旅游业界高层表示，中国是重要的客源市场，尤

其考虑到目前中国游客已超越美国游客成为消费力最强群体。"我们要能赚到中国出境旅游市场10%的份额就非常满足了。"津巴布韦旅游部长穆曾比说:"中国市场是我们需要重点突破的客源市场,我们将从恢复直航、提供更多签证便利着手。"联合国世界旅游组织秘书长塔利布·里法伊表示,非洲未来发展与旅游业休戚相关。

(资料来源:光明网 http://travel.gmw.cn/2013-08-27/content_8712608.htm)

讨论:为什么津巴布韦旅游部长穆曾比说,"我们要能赚到中国出境旅游市场10%的份额就非常满足了"?

模块七 旅游娱乐

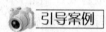

"一带一路"——《又见敦煌》

2016年9月20日,大型室内情景体验剧《又见敦煌》首度亮相,成为继莫高窟、鸣沙山·月牙泉后弘扬传承敦煌文化,宣传、推介敦煌的又一张国际文化旅游名片。《又见敦煌》作为敦煌文化产业和展示敦煌文化的窗口,依托千年丝绸之路历史和文化、优秀的敦煌本地传统文化、敦煌千年历史而量身打造的文化大型情景剧,以史诗般的笔法形象地展现了国家"一带一路"开放合作、和谐包容、互利共赢的核心思想,作为国家倡导"一带一路"战略后首个丝路落地项目,也是甘肃省"十二五"重点文化旅游产业支持项目,甘肃省华夏文明传承新区建设的重要项目,受到市级、省级领导高度重视。《又见敦煌》获得了国内外游客大力赞赏和一致好评,尤其在2017年演出经过两次大的系统升级、节目优化、整体改进和无数次小的细节调整,不断地提升品质,趋于完美,在逐渐成熟和常规化演出的状态下,《又见敦煌》更是好评如潮。

(资料来源:又见敦煌文化发展公司官网:http://www.dhencore.com/show)

思考:《又见敦煌》属于旅游活动中的哪一项内容?"一带一路"背景下推出敦煌此项内容有何现实意义?

作为旅游活动六要素"吃、住、行、游、购、娱"之一,旅游娱乐在旅游业内占有重要的地位。随着社会的进步和人们认知能力的不断增强,旅游娱乐的范围不断扩大,加之受到旅游者的推动,旅游娱乐服务走上了产业化的道路,逐步与日常休闲活动接近、融合,成为人们生活的重要内容。

一、旅游娱乐产品的分类

由于旅游目的地气候不同,风俗迥异,旅游娱乐产品也千差万别。因此,旅游娱乐产品的分类标准也不相同。按照旅游娱乐的目的,可以将旅游娱乐产品分为以下四类:

(一)休闲类旅游娱乐产品

古人通过游戏,如各种棋类、斗鸡、斗蟋蟀等游戏来放松心情。在现代旅游过程中,人们也希望以愉快的方式参与到旅游娱乐项目中去,从而放松精神、调节身心,达到自我满足的目的。许多旅游企业凭借专门的场地和现代化设施设备,为旅游者营造舒适、轻松、温和的环境氛围。旅游者身处这样的环境中,可以获取身心的绝对自由和放松。这一类的休闲娱乐产品包括咖啡馆、酒吧、茶吧、棋吧、书吧、画吧、KTV以及各种DIY场所等。

(二)运动康体类旅游娱乐产品

人们在旅游活动中,一方面希望获得轻松与快乐,另一方面也希望收获健康。随着大众旅游进一步向深层次发展,越来越多的旅游者开始把运动康体的概念融入旅游活动中来,人们希望在快乐的气氛中获得身心健康。这类产品主要是指通过人们的主动参与,从而达到强身健体、增强体质、放松心情、陶冶情操等目的的娱乐产品。运动康体类旅游娱乐产品由两部分组成:一是与运动相关的项目,如水上运动场所、拓展训练场所、滑雪场、高尔夫球场、赛车场、马场等;二是温泉疗养、洗浴、足浴、推拿按摩等疗养项目。

(三)文化观赏类旅游娱乐产品

近年来,由于旅游的文化地位日益突出,文化观赏类旅游娱乐产品也享有较高关注度。许多旅游代理商非常注重将文化观赏类旅游娱乐产品编入计划中,散客旅游者对这方面的需求也极其旺盛。文化观赏类旅游娱乐产品具有一定的文化内涵,在专门的场所内进行。文化观赏类旅游娱乐产品包括博物馆、展览馆、美术馆等展示性产品,音乐表演、戏剧演出、曲艺表演、实景演艺等表演性产品,民俗文化活动等参与性产品。

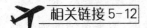

泰山封禅大典

《中华泰山·封禅大典》是山东省政府打造山东旅游精品的重点项目,由泰安市委、市政府招商引资,邀请中国大型山水实景演出创始人——梅帅元先生的制作团队精心打造的一台大型山水实景演出。自2009年9月开始在泰山东麓天地剧场隆重上演的《中华泰山·封禅大典》,精彩再现了泰山五朝帝王封禅场景,它以泰山历史文化为核心,以泰山自然山水为背景,充分展示了泰山文化的独特价值与精深内涵。

(资料来源:刘迎华.新旅游学概论[M].北京:清华大学出版社,2013:224-225)

(四)大型游乐类旅游娱乐产品

大型游乐类旅游娱乐产品借助先进的游乐设施设备,为旅游者提供高参与性、高娱乐性的旅游体验,受到各个阶层旅游者,特别是青少年的喜爱。这类旅游娱乐项目主要有各类主题公园、大型游乐场、水上游乐园、儿童乐园等。

问题:旅游娱乐主要包括哪些类型?试举一例说明。

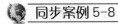

北京娱乐休闲游受青睐

今年"十一"黄金周,娱乐休闲游备受青睐。北京旅委发布的数据显示,7天长假,北京市现代娱乐类型的旅游点接待量达130.4万人次,同比增长21.5%。一些具有参与和互动项目的景点受到欢迎,例如:朝阳公园、中央电视塔、野生动物园、南宫温泉水城、北方射击场等旅游景点,游客量增长显著。7天长假,朝阳公园累计接待游客41.2万人次,同比增长31.6%;中央电视塔同比增长32%;南宫温泉水城接待量同比增长48%。

(资料来源:中国新闻网 http://www.chinanews.com/sh/2014-10-07)

讨论:上述案例说明旅游活动发生了什么样的变化?

二、旅游娱乐的作用

(一)发挥行业带动作用,推动地区经济发展

现代旅游娱乐活动需要专门的设备和服务,这一市场需求为许多其他行业提供了市场机遇,产生出良好的经济效益和社会效益,充分体现了旅游娱乐化、社会化、专业化的特点。首先,旅游娱乐业为生产和销售各种娱乐活动专门设备的厂商带来巨大商机,旅游娱乐消费水平的提高,使大批生产高保真影院设备、卡拉OK机、游戏机、多功能健身器等的厂商获得了良好的经营效果。其次,旅游娱乐业为提供专门场地和服务的娱乐企业带来了极大的经济效益。我国在短短30年里,娱乐企业从无到有,从少到多,从小到大,以惊人的速度获得了发展。旅游娱乐业也带动了第一、第二产业经济部门的发展,比如观光农业、手工行业等。同时,旅游娱乐业的快速发展,为国家带来了更多的税收,有力促进了国家和地区的经济建设。

(二)完善旅游产业结构,丰富旅游文化生活

随着旅游市场的日臻完善与成熟,旅游业不断向深度和广度发展,原来单纯的观光型旅游产品已不再能满足旅游者的需要,旅游产业结构正处于不断完善阶段。增加旅游娱乐设施、提高旅游娱乐服务质量已成为旅游接待国家和地区的重要任务。另外,旅游娱乐业在满足旅游者观光以外的文化精神需求的同时,还可以丰富当地居民的社会文化生活。

(三)实现劳动力再生产,创造新型工作方式

人们在繁忙的工作之余,为了恢复体力,摆脱精神上的压力,选择参加旅游娱乐活动,这不但可以获得欢乐、恢复精力、提高工作效率,还可以获得知识和灵感,完善和发展自我,增强创造力。随着智能办公、网络贸易、数字传输的普及,人们的工作方式正发生巨大变化,办公不再局限于传统意义上的工作时间内,工作与娱乐的区分变得模糊。娱乐旅游、奖励旅游、展览旅游等形式使人们在娱乐、观光中相互交流、学习、洽谈业务,使工作内容变得丰富多彩。

(四)旅游娱乐业是国家和地区旅游业发展水平的标志

现代旅游活动中,拥有现代化旅游娱乐设施的综合性旅游企业对旅游者和当地各界人士构成极大的吸引力,成为该地区政治、经济、文化的活动中心和旅游业充满活力的象征。世界上许多现代旅游胜地都以旅游娱乐业发达而闻名于世,例如美国的好莱坞、摩纳哥的蒙地卡罗等。

模块八 旅游产品

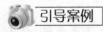

六大暑期旅游产品助游客畅游陇原

暑期来临,正是出游好时节。省旅发委近日发布消息称,经与各市州旅游部门协调,结合

避暑旅游和"文、商、养、学、闲、情、奇"的现代旅游市场需求,策划推出清凉世界·高原避暑游、精品丝路·研学科普游、追寻梦想·红色励志游、宿营观星·丝路自驾游、欢乐时光·家庭亲子游、醉美田园·诗意乡村游六大暑期旅游产品,为游客提供暑期旅游新体验和新感受。

甘肃历来是消夏避暑、文化研学、休闲度假的好去处,拥有平凉崆峒山、武山水帘洞、武都万象洞等优质避暑旅游资源。特别是甘南藏族自治州每年6月到10月气候宜人,最高温度不超过28 ℃,暑假去甘南领略自然风光、去天水泡温泉都是不错的选择。同时,甘肃省也是一座天然的科普研学博物馆,丝绸之路适合以拓展眼界、增长知识为目的的研学游和亲子游。

此次,甘肃省还推出了宿营观星·丝路自驾游和欢乐时光·家庭亲子游。丝绸之路游是我国沿途景观最丰富、最具影响力的自驾旅游产品。目前,甘肃省已建成张掖民乐扁都口自驾营地、金塔东风胡杨林露营地和永昌北海子湿地自驾游露营地等18个自驾和房车营地。

(资料来源:甘肃日报,2017-08-07,第001版)

思考:旅游产品具有哪些特征?旅游产品的核心内容是什么?

一、旅游产品的概念

旅游产品是指旅游经营者为满足旅游者的旅游需求而生产或开发出来的有形的物质产品和无形的服务产品的总和。它既包括旅游资源、旅游设施以及可供旅游者使用的各种物品,也包括各种形式的旅游服务。它又可分为整体旅游产品和单项旅游产品。

(一)整体性旅游产品

整体旅游产品是指旅游者一次完整的旅游经历中所需要的产品和服务的总和,是方便旅游者一次性购买的一种旅游产品。在国际旅游中整体旅游产品是以旅游者人次来表示的。

(二)单项旅游产品

单项旅游产品是指旅游经营者为满足旅游者在旅游过程中的各种需求而提供的旅游景点、旅游设施或服务。

一个整体旅游产品往往由一项项具体的单项旅游产品构成,它们之间相互补充,相互促进。

从需求者角度来看,旅游产品是旅游者为满足旅游欲望,支付一定的金钱、时间和精力而获得的一种经历。旅游者通过对旅游产品的购买和消费,获得心理上和精神上的满足。旅游者眼中的旅游产品,不仅仅是在旅途中体验的各项具体服务,而且是对一次旅游经历的总体感受。从供给角度来看,旅游产品是指旅游经营者凭借一定的旅游资源和旅游设施,通过生产和销售旅游产品,以盈利为目的,在旅游过程中提供的各类物质产品和服务。

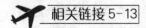
相关链接5-13

展示最美旅游产品,评选最美旅游景区

今天,由新华社新闻信息中心、黑龙江省旅游发展委员会、吉林省旅游发展委员会、辽宁省旅游发展委员会联合主办的2017"寻美东北"主题宣传活动在沈阳正式启动。本次活动将通过线上活动链接线下平台,全方位立体化地向全国乃至世界游客展现大东北旅游圈的品牌新形象。联合旅游OTA平台"飞猪旅行",共同打造东北旅游线上交易博览会,推出"避暑""秋色""海洋""温泉""冰雪"等系列主题旅游产品,加强东北旅游产业的交流、联动、发展和共融,帮助景区实现线上展览、展示、发布、销售。为扩大活动影响力,本次主题宣传活动将推出"寻美东北"首届东北景区评选活动,将以东北地区山水环绕、四季分明、历史悠久等特点,对域内景区进行一次大梳理,并分门别类地评选出"寻美东北"最美自然风光奖、"寻美东北"最佳人文景区奖、"寻美东北"最佳目的地奖、"寻美东北"新锐景区奖等若干奖项,通过"寻美东北"的评比,树立行业标杆,最大限度地发挥最美景区的示范作用。

(资料来源:吉林日报,2017-07-25,第002版)

二、旅游产品的特征

(一) 综合性

旅游产品通常是由食、住、行、游、购、娱等多种旅游吸引物、设施和服务组成的综合性产品。这种综合性既体现为物质产品与服务产品的综合,又体现为旅游资源、基础设施和接待设施的结合。

旅游产品的综合性还表现为旅游产品的生产涉及众多的行业和部门,其中有直接向旅游者提供物品和服务的旅馆业、餐饮业、交通部门、游览点、娱乐场所及旅行社等旅游企业和部门,也有间接向旅游者提供物品和服务的行业和部门;其中既有物质资料生产部门,又有非物质资料生产部门;既有经济类部门,还包含非经济类的政府部门和行业性组织等。旅游产品的综合性表明,旅游产品开发所涉及的因素较为复杂,制约条件也较多。任何一方面的供给不利,都会影响到旅游者对该地的选择,都会影响其他有关行业的成功经营。

(二) 无形性

旅游产品对于旅游者来说是一种"经历",对于旅游目的地和旅游企业来说,是借助一定的设施或条件所提供的服务。总之旅游产品属于无形产品,它的使用价值不是凝结到具体的事物上,而是存在于无形的服务中。只有当旅游者在旅游活动中享受旅游服务时,才能认识到旅游产品使用价值的大小。旅游产品的质量评价取决于旅游者个人的主观感受。

旅游产品无形性的特征表明,在大体相同的旅游基础设施条件下,旅游产品的生产和供应可能存在很大差异。旅游产品的策划应较多地依赖于开发无形产品,也就是提高旅游服务的质量和水平。

(三) 不可转移性

旅游产品具有不可转移性,一方面表现为旅游产品在空间上不可转移。旅游产品中的旅游资源、设施等产品在空间上相对固定,旅游者只能前往旅游产品生产地进行消费。正因为如此,交通运输成为旅游活动得以完成的重要技术手段。另一方面,产品的不可转移性还表现为所有权不可转移。一般产品被消费者购买后,所有权就转移到消费者手中,但旅游产品被购买后,不发生所有权的转移,只是使用权的转移。旅游者在购买旅游产品后,只能在规定的时间里获得旅游产品的暂时使用权,无权将旅游产品据为己有,甚至在很多情况下,旅游者无权将自己的使用权转让给他人。

(四) 生产和消费的同步性

旅游产品的生产和消费是同时进行的。旅游产品的生产过程,就是旅游者对旅游产品的消费过程,二者在时空上不可分割。旅游产品的生产必须要有旅游者直接加入,才能实现对旅游者的服务。因此在旅游产品的生产过程中,生产者与消费者必须直接产生联系,两者之间是一种互动的行为。

旅游产品生产与消费同步性的特征,使旅游产品无法像其他有形产品那样,销售不出去可以暂时储存起来。旅游产品的时间性很强,无论是一条旅游线路,还是一间客房,只要一天没有销售出去,就损失了一天的价值。这就要求旅游从业人员必须树立"顾客第一"的经营宗旨,努力开发适合旅游市场需求的旅游产品,完善旅游措施,提高服务质量,通过各种途径和措施平衡旅游者的时空分布,从而提高旅游资源和设施的利用率,实现更多的旅游产品价值转移,获得最大的经济效益。

(五)脆弱性

旅游产品的脆弱性是指旅游产品价值的实现要受到多种因素的影响和制约。旅游产品的脆弱性主要表现为旅游者的旅游需求容易受到主客观因素的影响。由于旅游消费是旅游者亲身前往旅游地的消费,旅游地的社会、政治、经济、自然等条件的变化都会影响旅游产品的价值实现。如恶劣气候、流行病、经济危机、战争、当地的政策变化等,都会导致旅游业的崩溃,使某一地区的旅游产品无人问津,而这一地区的旅游产品既不能贮存又不能转移。

旅游产品还受到季节和假日等外部因素的制约。如季节的温度差异、气候变化等,都会造成旅游市场的淡旺季。传统节假日和休假时间的增多,也会引起旅游周期性的波动,影响旅游产品价值的实现。所以旅游产品价值的实现较其他产品显得更为脆弱。

  教学互动 5-9

问题: 九寨沟地震后旅游业为什么进入"冰封期"?

2017年8月8日,四川省阿坝藏族羌族自治州九寨沟县境内,发生7.0级地震,震中位于北纬33.20度,东经103.82度。"九寨归来不看水"!世界自然遗产九寨沟,被世人誉为"童话世界",号称"水景之王"。然而这场地震,为九寨沟旅游蒙上了一层阴影。本次地震对九寨沟诺日朗瀑布、火花海等旅游景观和旅游基础设施造成较严重破坏。作为中国最宽的诺日朗瀑布原本瀑宽达到270米,但是震后,原本有多条的瀑布出水口汇聚成了一条大的出水口,其余位置则出现断流。火花海出现长50米、深约12米、宽20米的决口,景点受损严重,诺日朗到树正3公里边坡出现垮塌。同时,景区内的则查洼沟、下季节海、树正沟等景点也出现了山体垮塌、落石、边坡垮塌等情况,景区的多处栈道也遭到了破坏。当地政府正在科学审慎地制定自然遗产保护和恢复重建方案。因为这场地震,四川旅游业遭受重创,导致九寨沟今年的旅游旺季提前结束。

问题: 试运用旅游产品具有脆弱性的特点对上述事件进行分析。

三、旅游产品构成

旅游产品是综合性产品,其构成非常复杂,从不同的角度分析,其构成内容是不同的。这里从旅游产品的供给、旅游产品的需求和市场销售的角度分析旅游产品的构成。

(一)旅游产品供给构成

从旅游经营者或旅游目的地的供给来看,整体旅游产品主要由旅游资源、旅游设施、旅游服务和旅游线路等基本要素构成。

(二)旅游产品需求构成

一个完整的旅游产品必须满足旅游者食、住、行、游、购、娱等方面的需求。从旅游产品满足不同需求的角度来看,旅游产品由旅游饮食产品、旅游住宿产品、旅游交通产品、旅游游览产品、旅游购物产品以及旅游娱乐产品等单项产品组合而成。

(三)市场销售构成

从市场销售的角度来看,旅游产品则是由旅游核心产品、产品的形式部分和产品的延伸部分三部分构成的。

旅游核心产品是指向旅游者提供基本的、直接的使用价值以满足其旅游需求,主要包括食、住、行、游、购、娱六部分。产品的形式部分是指旅游产品的质量、特色、风格、声誉、组合方式等。产品的延伸部分是指旅游者在购买前、购买中、购买后所得到的附加服务的利益,即各种优惠条件、付款条件和旅游产品的推销方式。

实际上,任何一种旅游产品都是一个整体,不只用于满足旅游者的各种需求,还能得到相关的其他利益。旅游产品的主要内容和延伸部分都会决定旅游者对产品的评价,旅游经营者在进行旅游产品销售时,应注重旅游产品的整体效能,并在形式和延伸部分进行差异化设计,从而赢得竞争优势。

 同步案例5-9

旅游火了,日子美了

随着居民收入的增长和生活水平的提高,国内旅游需求蓬勃增长并不断升级。以往,相比旺盛的需求,旅游市场上的产品有点跟不上,游客的很多需求无法得到满足。这两年,旅游业立足于百姓需求,着重改善供给质量,推出了不少游客喜闻乐见的新产品。

旅游+互联网,出行更便利;旅游+产业,玩出新花样;旅游+农业,催生了一批以乡村旅游和休闲农业为特色的景点景区,也丰富了假期人们短途游的目的地;旅游+工业,一批沉淀了工业文化的工厂、港口、邮电的老厂房,成了人们了解历史、感受时光的好去处;旅游+教育,寓学于游的游学新产品,让行程更加丰富,得到越来越多家长的青睐;旅游+定制,体验不一般。

(资料来源:人民日报,2017-08-02,第010版经济)

讨论:目前我国出现了哪些旅游新产品?试就以上案例中提出的"旅游+互联网""旅游+定制"进行举例说明。

项目小结

- 旅游业是以旅游资源为依托,以旅游者为对象,有偿为其旅游活动创造便利条件,并由为旅游活动提供所需产品和服务的行业和部门所组成的综合性产业。

- 旅游业的构成有"三大支柱""五大部门"和"八个方面"三种观点。旅游业的"三大支柱"是指旅游业主要由三部分构成,即旅行社、交通运输部门和以旅馆为代表的饮食住宿部门;"五大部门"指"三大支柱"以外,还包括游览场所经营部门和各级旅游业管理组织;"八个方面"涉及两部分八个方面:一部分是直接满足旅游者旅游六大需要的六大行业,包括了食、住、行、游、购、娱六个方面;第二部分主要是由各级旅游管理机构和各种类型的旅游行业组织构成。旅游业具有综合性、敏感性、涉外性、服务性等特征。

- 旅行社是从事招徕、组织、接待游客等活动,为游客提供相关旅游服务,开展国内旅游业务、入境旅游业务或出境旅游业务的企业法人。旅行社是以营利为目的的服务型中介机构。欧美为代表的西方旅行社,按照旅游业务的范围,把旅行社划分为旅游批发商、旅游经营商和旅游零售商三类;我国将旅行社分为两大类:一是经营国内旅游业务和入境旅游业务的旅行社;二是经营国内旅游业务、入境旅游业务和出境旅游业务的旅行社。传统旅行社与在线旅行社并行发展。旅行社在旅游业中具有重要作用:旅行社是旅游活动发展的中枢与纽带,旅行社是旅游产品的组织者,旅行社是旅游产品的销售渠道,旅行社推动旅游业发展。旅行社业务按照不同范畴划分为不同类型:按经营范围可分为境内旅游、出境旅游、边境旅游、入境旅游和其他旅游业务;按业务项目可划分为营销业务、计调业务、接待业务。旅行社产品按计价形式分为团体全包价旅游、半包价旅游、小包价旅游、零包价旅游、单项服务;按旅行社服务方式分为预制旅游产品、定制旅游产品。

- 旅游饭店是以接待型建筑为依托,为旅游者提供住宿、餐饮及其他服务的商业性服务企业。旅游饭店是发展旅游业的重要物质基础,是旅游创收的重要渠道,并提供大量就业机会。根据饭店接待对象可把饭店划分为商务饭店、度假饭店、会议饭店、长住饭店;根据特定细分市场可划分为公寓饭店、汽车旅馆、青年旅舍。我国将旅游饭店分为一星、二星、三星、四星、五星(含白金五星级)。饭店集团是指以经营饭店为主的联合经营的经济实体,它在本国或世界各地直接或间接地控制两个以上的饭店,并以相同的店名和店标、统一的经营程序和管理水平、一致的操作程序和同等的服务标准进行联合经营。饭店集团分为饭店连锁集团和饭店合作集团两大类。旅游饭店未来将向社交功能化、高科技化、OTA强势销售、绿色化等方向发展。

- 旅游交通是指旅游者为了实现旅游活动,借助某种交通工具,实现从一个地点到另一个地点之间的空间转移过程。旅游交通是旅游业产生并发展的先决条件,旅游交通是旅游活动的重要组成部分,旅游交通收入是旅游创收的重要来源,旅游交通能促进旅游区的兴起和发展。现代交通体系包括航空交通、铁路交通、公路交通和水路交通。影响旅游者选择旅行方式的因素有旅行目的、运输价格、旅行距离、旅行偏好和经验。

- 旅游景区(tourist attraction),是指以旅游及其相关活动为主要功能或主要功能之一的区域场所,能够满足游客参观游览、休闲度假、康乐健身等旅游需求,具备相应的旅游设施并提供相应的旅游服务的独立管理区。旅游景区具有专用性、长久性、可控性等特征。按照旅游资源的特征旅游景区可以划分为自然类旅游景区、人文类旅游景区、主题公园旅游景区、综合类旅游景区;按照旅游景区的功能和设施划分为观光型旅游景区、度假型旅游景区、生态类旅游景区、科学考察型旅游景区、游乐型旅游景区;按照旅游景区的等级划分为AAAAA、AAAA、AAA、AA、A级旅游区(点)。

- 旅游商品是指旅游者在旅游活动中所购买的以物质形态存在的商品。旅游商品的类型包括旅游纪念品、旅游工艺品、旅游用品、旅游食品、其他旅游商品。旅游商品具有纪念性、独特性、便携性等特点。旅游商品的作用包括:旅游商品业的收入是旅游业收入的重要组成部分,旅游商品的发展有利于传承和保护传统的民间工艺,旅游商品业的发展有助于推动文化交流,旅游商品业的发展可以增强旅游活动的趣味性,旅游商品发展为社会提供了大量就业机会。

- 作为旅游活动六要素之一,旅游娱乐在旅游业内占有重要的地位。旅游娱乐的类型包括休闲类旅游娱乐产品、运动康体类旅游娱乐产品、文化观赏类旅游娱乐产品。旅游娱乐的作用包括：发挥行业带动作用，推动地区经济发展；完善旅游产业结构，丰富旅游文化生活；实现劳动力再生产，创造新型工作方式；旅游娱乐业是国家和地区旅游业发展水平的标志。

• 旅游产品是指旅游经营者为满足旅游者的旅游需求而生产或开发出来的有形的物质产品和无形的服务产品的总和。它既包括旅游资源、旅游设施以及可供旅游者使用的各种物品，也包括各种形式的旅游服务。旅游产品具有综合性、无形性、不可转移性、生产和消费的同步性、脆弱性等特征。旅游产品是综合性产品，其构成非常复杂，从不同的角度分析，其构成内容是不同的。这里从旅游产品的供给、旅游产品的需求和市场销售的角度分析旅游产品的构成。

项目检测

（一）复习思考题

1. 如何理解旅游业的内涵？
2. 列举旅游业的特征并加以阐释。
3. 我国旅行社是如何分类的？
4. 如何理解旅行社在旅游业中的作用？
5. 如何理解旅游饭店在旅游业中的地位与作用？
6. 旅游饭店的未来发展趋势有哪些？
7. 列举旅游交通在旅游业中的作用。
8. 影响旅游者选择旅行方式的因素有哪些？
9. 旅游景区应具备什么样的条件？
10. 旅游景区按照旅游资源的特征可划分为哪些类型？
11. 旅游商品具有哪些特点？
12. 旅游商品业在旅游发展中起着怎样的作用？
13. 旅游娱乐业在旅游发展中起着什么样的作用？
14. 旅游产品具有哪些特征？
15. 如何理解旅游产品的市场销售构成？

（二）实训题

1. 组织学生实地参观一个旅游景点，让学生了解该景点的类型、特点和级别等，并总结其在当地旅游活动中的地位和作用。
2. 进行社会调查，了解当地旅游业的构成及特点，并分析旅游业在当地国民经济中的作用，写出调查报告。
3. 学生实地考察一个旅游企业（旅行社或旅游饭店），了解该企业经营范围及特点，分析该企业的目标市场，写出调查报告。

拓展阅读

[1] 国家旅游局.全国旅游业改革创新典型案例（第一辑）[M].北京：中国旅游出版社，2017.
[2] 克劳斯·韦尔梅尔，克里斯廷·马西斯.旅游和休闲业：塑造未来[M].宋瑞，马聪玲，蒋艳，译.上海：格致出版社，上海人民出版社，2012.
[3] 吕佳颖，胡亮，黄欢.国际旅游业[M].北京：清华大学出版社，2017.
[4] 王健民.旅行社产品经营智慧[M].北京：旅游教育出版社，2008.

项目六 旅游市场

学习目标

- 了解我国旅游市场概况、国际旅游市场概况
- 理解旅游市场的概念,了解市场细分的概念、意义及基本方法
- 掌握旅游市场的客流规律
- 通过查阅资料、设计问卷等方式对本地客源市场进行调查与分析

项目导读

旅游市场有广义和狭义之分,本项目所讲的旅游市场指的是狭义的,即旅游客源市场,因为客源市场对于旅游业以及任何一个旅游企业或旅游目的地都非常重要。没有客源就形成不了旅游市场,旅游业、旅游企业或旅游目的地也就失去了其赖以生存和发展的基础。如果不了解旅游市场的规模、客源市场的所在、客流规律,不了解旅游企业或旅游目的地在市场竞争中的优势和劣势,那么旅游业的发展将是一种盲目的发展。

模块一 旅游市场概述

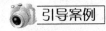引导案例

同程旅游聚焦细分市场

继推出全国中老年旅游服务品牌"百旅会"之后,同程旅游又陆续推出"同程好妈妈""同程精英会"以及"同程企福会"等社群品牌,立足于精准聚焦、细分用户。对此,记者采访了同程旅游创始人、同程国际旅行社(集团)总裁吴剑。

记者:请问贵企业为何会做出上述选择?

吴剑:移动互联网的红利消失后,该如何面对竞争激烈的市场与对产品和服务越来越"挑剔"的用户,都是在线旅游企业一直在思考的问题。目前在线旅游行业同质化经营的特色明显,只有提升用户体验,抓住细分市场,在用户需求中寻找机会,才能寻找到新蓝海。同程旅游拥有线上流量和大数据优势,以及全国超过350家的线下直营体验店,为细分用户提供具有针对性、多元化的场景活动和特色服务,是同程旅游聚焦细分市场的初衷。

记者:有观点认为,与面对"全体"游客的在线旅游相比,经营在线旅游细分市场以精细化及增值服务取胜。请问你认为在经营在线旅游细分市场时,主要依靠什么取胜?

吴剑:在经营在线旅游细分市场方面,只有专注细分市场的耕耘,更加深入研究和熟悉不同用户群体的需求,并通过差异化的产品和服务满足不同层次的需求,让用户觉得不可

或缺、不可取代,才最有可能成为细分市场的领先者。

记者:您认为旅游领域还有哪些尚待开发的细分市场,企业应该怎样去开发?

吴剑:随着消费者对旅游服务品质的要求不断提升,对深度游、品质游需求的不断增加,近年来中老年旅游、旅拍、蜜月、游学、亲子游、邮轮旅游等都成为增长较为迅速的细分市场。

(资料来源:朱筠.在线旅游为何聚焦细分市场[N].人民邮电,2017-03-24.编者根据需要作了删节)

思考:为什么要进行旅游市场细分?如何进行旅游市场细分?

一、旅游市场的概念

(一) 旅游市场的广义概念

广义的旅游市场是指旅游者和旅游经营者之间围绕旅游产品交换所产生的各种现象和关系的总和。它由三部分组成:一是旅游市场交换的主体,即旅游者和旅游经营者;二是供旅游市场主体交换的对象,即旅游产品;三是有助于旅游产品交换的手段和媒介,如货币、信息、中介人及必需的市场设施条件等。特别是在现代旅游市场中,旅游产品价格和汇率的变化、旅游信息的充足程度、旅游中介人的信誉,以及进行交易的手段、交易设施的现代化程度等,都直接对旅游产品的交换产生重要的影响。

(二) 旅游市场的狭义概念

狭义的旅游市场是指旅游产品的实际购买者或潜在购买者,也就是我们所说的旅游客源市场或旅游需求市场。狭义的旅游市场一般由旅游者、旅游购买力和旅游购买欲望构成。

本项目要阐述的就是狭义的旅游市场,即旅游客源市场。

二、旅游市场细分

(一) 旅游市场细分的概念

旅游市场细分是指依据旅游消费者的某一或某些特点,将整体旅游市场划分或分解为不同细分市场的工作过程。

(二) 旅游市场细分的意义

每一个客源市场的需求都是有差异的,对于大多数旅游企业或旅游目的地来说,一般都难有足够的实力来满足所有旅游消费者的需要,所以,有必要从整体旅游市场中,选择某些适合自己经营的客源人群作为自己的目标市场。对于有些旅游企业或旅游目的地来说,尽管它们可能客观上有能力满足多种类型旅游消费者的需要,然而出于优化经营的考虑,主观上并无意面向所有的旅游消费者人群提供服务。无论是出于上述哪一种缘故,大多数旅游企业或旅游目的地通常都需要对整体旅游市场进行细分,以便有效地开展经营。为了能够有效选择目标客源市场,旅游企业或旅游目的地首先需要以市场细分为基础,然后根据自己的供给能力和竞争实力,从所划分出来的诸多细分市场中挑选适合自己经营的目标市场。换言之,开展市场细分工作的直接目的,是为了选择和确定目标市场。

对于旅游企业或旅游目的地来说,进行市场细分有着多方面的意义,主要体现在以下三个方面:

1. 有助于选择和确定理想的目标客源市场

通过对整体旅游市场进行细分,便于旅游企业或旅游目的地分析各个细分市场的人群规模、需求特点和销售潜力。在此基础上,旅游企业或旅游目的地根据自己的供给实力及营销能力,有效地选定适合自己经营的目标市场。

2. 有利于有针对性地开发产品

通过市场细分工作的开展和目标市场的确定,旅游企业或旅游目的地根据这些目标市场人群的特点和需要,有针对性地开发产品。这样不仅可避免因盲目开发而造成的失误和浪费,而且可为实现顾客满意奠定基础。做到了产品对路,产品才更容易销售出去。

3. 有利于有针对性地开展营销

一个旅游企业或旅游目的地的成功经营,营销工作至关重要。"酒香也怕巷子深",好产品如果不为市场人群所知,就无异于不存在。另一方面,无论是旅游企业还是一个旅游目的地,可供使用的营销预算毕竟有限。如何使有限的营销预算发挥最大效用,也是旅游营销工作中一项重要而现实的课题。瞄准目标市场人群,有针对性地开展各项促销工作,不仅可以避免因促销宣传的盲目开展而造成的资源浪费,而且将有助于提高营销工作的绩效。

(三) 旅游市场细分的基本方法

对旅游市场进行细分的依据有很多,基本上可以归纳为四大类,分别是地理因素、消费者特征、需求或购买行为特点、消费者心理特点。由于各类依据中所涉及的具体标准往往有很多,因而不同的旅游目的地,特别是不同的旅游企业,通常都是根据自己的情况和需要,选择使用对自己营销工作的开展具有实际意义的细分标准。例如,旅游饭店使用的依据或标准很可能与旅游交通企业或旅行社有所不同。而且,即使同一家旅游企业,所采用的依据或标准也可能随着时间和市场条件的变化而做出调整。下面介绍旅游业最为常见的两类市场细分方法。

1. 依据地理因素对旅游市场进行细分

一个旅游企业或旅游目的地很容易发现,许多旅游者都是来自同一地域或行政区域。因此,旅游企业或旅游目的地常常会将产生旅游客源的地理区域或行政区域作为重要的市场细分依据。

对国际旅游客源市场细分而言,用作细分依据的地理因素可以是国别,也可以是洲别或世界大区等。例如,在进入 21 世纪之前,世界旅游组织(UNWTO)基于对全球旅游发展进行统计和分析的需要,曾按地理区域将全球国际旅游市场分作六大市场——欧洲市场、美洲市场、东亚和太平洋市场、非洲市场、中东市场和南亚市场。进入新千年之后,世界旅游组织对此做了调整,但仍按地理区域,将全球国际旅游市场更新为五大地区市场,分别为欧洲市场、美洲市场、亚太市场、非洲市场和中东市场。对于国际旅游接待国来说,则通常都是按游客来自的国别或地区去划分其入境旅游市场,并且有时会根据各个细分市场的重要程度排定其主次地位,如一级市场、二级市场、机会市场等。

对国内旅游客源市场的细分而言,用作细分依据的地理因素则通常为行政区(华北、东北、华东、中南、西南、西北)、省、市等行政区域。同样,对于具体的旅游目的地来说,有时也会根据各个细分客源市场的重要程度,分别将其列为自己的一级客源市场、二级客源市场或机会市场等。

对于旅游企业或旅游目的地来说,通过对客源市场做这类细分,不仅有助于了解自己旅游客源的地理分布状况,而且还会促使营销者进一步分析和发现为什么某些国家或地区产生的旅游者较多,而另一些国家或地区产生旅游者较少,从而为自己的旅游营销战略和方案提供必要的基础信息。

2. 依据旅游者的某些特征对旅游市场进行细分

一般来讲,较为常用的这类市场细分依据或标准包括:

(1) 旅游者的人口学特征,如年龄、性别、受教育程度、职业、收入水平等。

(2) 旅游者的来访目的,如观光旅游市场、度假旅游市场、商务旅游市场、会议旅游市场、体育旅游市场等。

(3) 旅游者来访的交通方式,如航空旅游者市场、邮轮旅游者市场、自驾游市场等。

(4) 旅游者的活动方式,如团体旅游市场、散客或自由行旅游市场。

(5) 旅游者的停留时间,如过夜旅游市场、一日游市场等。

选用上述依据或标准对旅游市场进行细分时,一般都是在已经确定了目标地域客源市场的情况下,对来自该地域市场的旅游者做进一步的人群细分。如历年的《中国旅游统计年鉴》中,除了使用洲别、国别或地区等地理因素对入境旅游市场进行细分之外,通常还会按入境旅游者的年龄、性别、职业、旅行方式等方面做进一步的市场分析。一般来讲,当站在旅游目的地的立场去细分旅游市场时,通常多是以地理因素为依据。而对于微观层次上的旅游企业来说,则更宜依据旅游消费者的特征对客源市场进行细分。二者又时常结合在一起,才能把目标客源市场分析透彻。

 同步案例 6-1

"红色旅游"市场细分

近来红色旅游出游人数呈现"井喷"之势,针对不同人群,各大旅行社纷纷设计特色线路,令市场更加细分。广州广之旅国际旅行社将"红色旅游"分类定义为亲子类、学子类、长者类、单位包团类等四类,针对不同人群的特点分别设计线路。该社负责人表示,"红色旅游"已成为不少企事业单位奖励旅游的途径,通过旅游,既提高员工思想觉悟,又达到放松身心、提高团队凝聚力的目的,这成为今年我们设计红色旅游行程的全新思路;纯粹的红色旅游难免给人沉重的感觉,根据不同出游人群推出不同行程,可使行程更丰富,我们在"亲子类"产品行程中增加了小学课本中涉及的红色旅游景点,并加入寓教于乐的亲子式行程。系列产品推出短短两周,广之旅组织红色旅游的团队人数已超过 2 000 人,较去年同期上涨 3 倍,客源由以往的机关事业单位包团为主,发展为亲子、学子、老人、单位团队等多种出游主体。

(资料来源:《羊城晚报》,2011 年 6 月 27 日,编者作了修改)

讨论: 为什么广之旅的红色旅游产品销量翻倍?从旅游市场细分方面考虑,如何拓展红色旅游的客源市场?

三、旅游市场的客流规律

旅游市场的客流规律,指的是旅游者在空间移动上体现出来一些普遍规律,主要指旅游者流向了哪里。无论是国际旅游还是国内旅游,在旅游者的流向上都具有一些共同的规律,主要表现在以下四个方面:

(一) 近距离旅游占绝对优势

一般来说,人们外出旅游的地域范围总是由近及远,近距离旅游占绝对优势。正因为如此,除极个别小国之外,绝大多数国家的国内旅游活动的规模总是远远大于出国旅游活动的,所以,无论一个国家、一个地区、一个城市或是一个景区,其邻近地区都是其最重要的客源市场,在所有客源市场中所占的比重极大。例如,美国出国旅游者的50%去了加拿大,加拿大出国旅游者的80%去了美国。这是由于近距离旅游费用低、时间短、习俗近、阻力小。

香港、内地互为最大旅游市场

数据显示,香港常年处于内地出境游目的地排名的第一位,很多内地消费者走向世界的第一站是香港。香港回归20年来,内地居民赴港人数大幅增至原来的18倍,从1997年的236万人次增长到2016年的4 277万人次,成为香港旅游市场迅猛增长的主要动力。同时,港人来内地的游客从1997年的3 977万人次增长到2016年的8 016万人次。香港和内地已经互相成长为最大旅游市场。

(资料来源:汪灵犀.香港内地互为最大旅游市场[N].人民日报海外版,2017-07-08.编者根据需要作了删节)

(二)旅游者流向经济发达的地方

一个地方的经济发达,本身就对人们有巨大的吸引力,因为经济发达所体现出来的现代城市风貌、文化艺术、社会发展成就等都吸引着众多的人前来参观体验。经济发达的地方,其旅游开发更成熟,其旅游供给也充足,旅游接待能力强,成为众多旅游者向往的目的地。另外,经济发达的地方,其商务、会议活动频繁,休闲娱乐活动丰富,新建场馆、主题公园众多,成为吸引旅游者的重要因素。例如,国际旅游市场中,欧美经济发达国家一直占据着世界旅游市场的重要地位,是世界重要的国际旅游目的地。在我国,像上海、深圳、广州等经济发达的地方看起来似乎旅游资源不丰富,但却是国内和国际旅游者云集的热门旅游目的地。

教学互动6-1

以上分析了旅游者流向经济发达的地方,其实,旅游者还主要来自经济发达的地方,试想想,为什么?

(三)流向政治、经济和文化中心

一般而言,一个国家和地区的政治、经济、文化中心都是大都市。它们或者是国家首都、地区首府,或者是经济中心城市,全面地反映出该国家和地区的物质条件、经济实力、交通设施等方面的水平,成为国家和地区的象征,能够使旅游者在政治、经济、文化等方面获得多种满足,因此受到旅游者的青睐;这些大城市其旅游开发能力也更强,往往成为某一地区的旅游集散地,许多景区都以这类城市为中心而分布,如果旅游者要前往观光,首先要到达这些城市。例如,在国际上,纽约、伦敦、东京、巴黎等大都市是世界著名旅游胜地,在我国,北京、上海、深圳等大城市和各省的省会是重要的旅游集散地。

(四)流向风景名胜区和文化特色显著地区

旅游的本质特征之一是审美,旅游者可以在风景名胜区和文化特色显著的地区得到自然美、艺术美和社会美的熏陶,从而达到良好的休息和身心愉悦的效果。旅游市场的竞争力也取决于旅游产品的特色,那些集景、意、境、情、美为一体的风景名胜区和文化特色区最能吸引旅游者。世界著名风景名胜区无一不是独具自然特色或文化特色的旅游资源,如地中海之滨、非洲天然动物园、埃及金字塔、中国万里长城、美国夏威夷等。

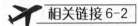

日本樱花吸引大量游客

3月和4月是日本传统的樱花赏花游旺季,美丽的樱花吸引了大量的各国游客。日本媒体报道,2015年大批中国游客涌入加剧了日本酒店住宿紧张状况,有的酒店房价甚至达到平时的3倍。2015年3月,日本政府向26.8万名中国游客发放了旅游签证,是2014年同期的2.5倍。东京上野公园平均每年接待赏樱游客超过200万人,2014年外国游客占四成,2015年外国游客占到五成,上野地区旅馆入住率普遍超过九成。

(资料来源:赵金玲.旅游概论[M].北京:旅游教育出版社,2016:7.编者根据需要作了删节)

模块二　国际旅游市场概况

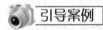

2016年国际游客量创新高,欧洲还是首选地

世界旅游组织的统计数据显示,2016年全球已登记的国际游客人数达12.3亿人次,但分布非常不均匀。

欧洲是国际游客的首选目的地,游客人数增长了2%至6.2亿人,西欧则没有增长。

法国尤其成为西欧的黑色地带,在一年半的时间里法国发生了3起恐怖袭击——巴黎2起,尼斯1起,使得游客敬而远之。当地官员和商业领袖都曾警告过恐怖袭击可能会给法国旅游业带来负面影响,数据也显示游客确实选择了其他国家。欧洲的其他国家,例如,西班牙和奥地利,吸引了更多游客。

2016年数据给我们的另一个启示是:随着小国吸引了越来越多的游客,它们急需完善旅游基础设施,比如一年四季都非常受欢迎的冰岛。欧盟数据显示冰岛的酒店住宿人数上涨了近20%。

另一方面,亚洲是一个全面成长的区域,去年的游客人数上升了8%(2 400万人次)。联合国指出,这得益于亚洲区域内游客的旅行兴趣及世界其他区域游客旅行兴趣的增加。

非洲也是一个亮点,国际游客到达人数上涨8%(5 800万人次),主要靠撒哈拉以南地区拉动增长。中东地区是人数下降的地区,国际游客下降4%至5 400万人次。

(资料来源:王梦尧译.2016年国际旅客量创新高,欧洲还是首选地[DB/OL].界面新闻,2017-01-29 http://www.jiemian.com/article/1089098.html)

思考: 从上述资料可以看出国际旅游市场的客流分布是怎样的?

一、国际旅游市场规模

自第二次世界大战结束以来,全球国际旅游市场的规模除了在某些个别年份遭遇挫折之外,总体上都是呈上升趋势,而且上升的速度还比较快。

表 6-1　1950—2015 年全世界国际旅游人次和国际旅游收入

年份	旅游人次(百万)	旅游收入(亿美元)
1950	25.3	21
1960	69.3	69
1965	112.7	116
1970	159.7	179
1975	214.4	407
1980	288.0	1 024
1985	329.5	1 174
1990	459.2	2 647
1995	561.0	3 807
2000	687.3	4 960
2005	806.2	6 800
2010	939.0	9 280
2015	1 184.0	12 600

(资料来源:根据世界旅游组织(UNWTO)有关数据整理)

根据世界旅游组织历年发布的统计数据(表 6-1),2015 年,全球的国际旅游客流量达到 11.84 亿人次,国际旅游收入达到 12 600 亿美元。与 65 年前的 1950 年相比,全球国际旅游客流总量增长了近 46 倍,全球国际旅游收入总量增长了 599 倍。纵观近十几年,从 2000—2015 年的数据可以看出,每隔 5 年,全球国际旅游人次分别增长了 17.3%、16.5%、26.1%,全球国际旅游收入分别增长了 37.1%、36.5%、35.8%,无论是国际旅游人次还是国际旅游收入,增长幅度都相当大。

根据世界旅游组织长期预测报告《旅游走向 2030 年》(Tourism Towards 2030),全球范围内国际旅游者到访量从 2010—2030 年,将以年均 3.3%的速度持续增长,到 2030 年将达到 18 亿人次。

二、国际旅游客流的分布

国际旅游客流分布是指全球范围内的国际客流的空间分布形态,也就是如此庞大的国际旅游客流在世界各地的分布状况如何,或者说,这些国际旅游者主要流向了世界上的哪些国家或地区。通过考察不同目的地的国际旅游接待量、国际旅游收入等指标,就可以看出全球国际旅游客流的空间分布状况。

根据世界旅游组织统计的 1986—1991 年的数据,国际旅游接待量(不含国际一日游接待量)居世界前 10 名的国家一直都是法国、美国、西班牙、意大利、匈牙利、奥地利、英国、墨西哥、德国和加拿大。而这10个国家的国际旅游接待人次合计,超过当时全球国际旅游人次总量的60%。在当年的这10大国际旅游接待国中,有7个是欧洲国家,3个是美洲国家。

进入21世纪后,世界10大国际旅游接待国的构成及其排名情况开始出现一些变化(见表6-2),其中最明显的变化是中国(内地)作为唯一的亚洲国家入围。根据世界旅游组织统计的2000年的数据,世界10大国际旅游接待国的构成和排名顺序依次为:法国、美国、西班牙、意大利、中国(内地)、英国、俄罗斯、墨西哥、泰国和德国。这10个国家的国际旅游接待人次合计,约占全球国际旅游人次总量的54%。在这10大国际旅游接待国中,欧洲国家有6个,美洲国家3个,亚洲国家则是中国。而之后的十几年里,世界前10的国际旅游接待地的构成和位次大多比较稳定,变化不大。

而从近几年的情况来看,法国、美国、西班牙、中国、意大利、土耳其、德国、英国、俄罗斯、墨西哥比较稳定地占据着国际旅游客源接待量的前10位。2014年,这10个国家的国际旅游者接待量占全球国际旅游者总量的43.4%,与2000年的54%相比,在全球国际旅游市场中所占的份额已经明显减少。当然这并不是说这些国家的国际旅游吸引力在下降、国际旅游者的接待量在下滑,相反的,这些国家的国际旅游接待量除个别国家个别年份呈现下滑外,总体上还都是呈增长趋势。世界10大国际旅游接待国所占国际旅游的市场份额下降,是因为新兴国际旅游目的地的旅游者到访量增长迅速。例如曼谷、首尔、新加坡、吉隆坡、台北等成为近年来国际旅游者热衷的目的地,曼谷接待国际旅游者的数量更曾在2012年、2013年雄居世界第一,最近这几年也多保持世界第二的国际旅游者接待量。另据世界旅游组织的预测,从2010—2030年,新兴目的地的旅游者到访量预计将以年均4.4%的速度增长,是发达国家或经济体年均2.2%增速的两倍。

表6-2 2000—2016年世界10大国际旅游目的地(接待量:百万人次)

年份及排名 国家	2000	排名	2004	排名	2006	排名	2013	排名	2014	排名	2016	排名
法国	75.5	1	75.1	1	79.1	1	83.6	1	83.7	1	84.7	1
美国	50.9	2	46.1	3	51.1	3	70.0	2	74.8	2	69.8	2
西班牙	48.2	3	53.6	2	58.5	2	60.7	3	65.0	3	60.7	3
中国	31.2	5	41.8	4	49.6	4	55.7	4	55.6	4	55.7	4
意大利	41.2	4	37.1	5	41.1	5	47.7	5	48.6	5	47.7	5
土耳其							37.8	6	39.8	6	37.8	6
德国	19.0	10	20.1	9	23.6	7	31.5	7	33.0	7	31.5	7
英国	25.2	6	27.8	6	30.7	6	31.1	8	32.6	8	31.2	8
俄罗斯	21.2	7			20.2	10	28.4	9	29.3	9	28.4	9
泰国											26.5	
墨西哥	20.6	8	20.6	8	21.4	8	24.2	10	29.1	10		10
泰国	20.4	9										
中国香港			21.8	7								
奥地利			19.4	10	20.3	9						

(资料来源:根据世界旅游组织(UNWTO)有关数据整理)

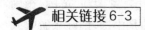

相关链接6-3

我国评出的"国际TOP10旅游目的地"

2016年5月5日,"全球旅游目的地盛典"颁奖典礼在海南国际会展中心举行,发布2015"国际TOP10旅游目的地"为:曼谷、首尔、巴黎、迪拜、东京、新加坡、威尼斯、纽约、悉尼、巴塞罗那。而博茨瓦纳奥卡万戈三角洲、南乔治亚岛、格陵兰岛、多瑙河、美国夏威夷火山国家公园、东部不丹、马尔代夫、突尼斯、日本北海道、乌干达获得2016国际10大旅游目的地推荐。

"全球旅游目的地盛典"由海口市人民政府和中国旅行社总社共同发起。据悉,此次旅游目的地的评选,坚持"全球视野,数据驱动"的原则,通过采集国内345个城市样本和国际193个主权国家数据,由专业评选和大众投票结果综合得出。

(资料来源:柾源.全球旅游目的地盛典:TOP10旅游目的地发布[DB/OL].人民网-海南视窗,2016-05-05. http://news.0898.net/n2/2016/0505/c231190-28281641.html 编者根据需要作了删节)

除国际旅游者接待量,国际旅游收入也是分析全球国际旅游市场的一项重要指标。世界前10名的国际旅游收入国/地区的构成和排名情况如下表6-3。

表6-3 2004—2014年世界10大国际旅游收入国/地区(单位:十亿美元)

年份及排名 国家/地区	2004	排名	2006	排名	2013	排名	2014	排名	2014份额(%)
美国	74.5	1	85.7	1	172.9	1	177.2	1	14.2
西班牙	45.2	2	51.1	2	62.6	2	65.2	2	5.2
中国	25.7	7	33.9	5	51.7	5	56.9	3	4.6
法国	40.8	3	42.9	3	56.7	3	55.4	4	4.4
中国澳门					51.8	4	50.8	5	4.1
意大利	35.7	4	38.1	4	43.9	6	45.5	6	3.7
英国	27.3	6	33.7	6	41.0	9	45.3	7	3.6
德国	27.7	5	32.8	7	41.3	8	43.3	8	3.5
泰国					41.8	7	38.4	9	3.1
中国香港					38.9	10	38.4	10	3.1
澳大利亚	13.0	10	17.8	8					
土耳其	15.9	8	16.9	9					
奥地利	15.4	9	16.7	10					

(资料来源:根据世界旅游组织(UNWTO)有关数据整理)

对比表6-2和表6-3可以看出,世界10大国际旅游收入国/地区与10大国际旅游目的地的构成与排名并不完全一致,但在国际旅游者接待量上排名靠前的国家/地区大多也能在国际旅游收入上排名靠前,毕竟国际旅游收入跟国际旅游者接待量还是紧密相关的。

从表6-3可以看出,多年来,美国一直是国际旅游收入最多的国家,近十几年来美国的国际旅游收入占全球国际旅游总收入的份额都超过10%,2014年更是达到14.2%,远远高于其他国家。西班牙的国际旅游收入多年来都排名世界第二,而法国、意大利、英国、德国这几个欧洲国家一直也稳居10大国际旅游收入国中。发展最迅速的是中国,国际旅游收入2004年是第7名,2014年已雄居世界第三了。而近些年,中国的澳门、香港也都进入了国际旅游收入的前10名,成绩斐然。

从2013—2014年的数据看,国际旅游收入排名前10的国家/地区中,欧洲国家有5个,美洲国家有1个,亚洲国家/地区有4个,亚洲国际旅游市场发展迅速。

世界10大国际旅游收入之和占全球国际旅游收入的份额,在20世纪90年代之前是超过60%,2006年占50.5%,2014年占49.5%,尽管份额在下降,但仅10个国家就占据了国际旅游总收入的近一半。份额之所以在下降,也是因为新兴国际旅游目的地的崛起占据了一部分市场。

如果我们按照世界旅游组织对全球五大旅游区的划分,对其中各个地区的国际旅游接待量作一番比较,可以更为清晰地了解全世界国际旅游客流的基本流向,以及全球国际旅游接待量的地区分布格局(表6-4)。

表6-4　1997—2016年全球国际旅游接待量的地区分布(单位:百万人次)

年份 地区	1997	2000	2004	2006	2016
全世界	619.6	686.8	763.3	846.4	1 236.0
欧洲	369.8(59.7%)	395.8(57.6%)	416.4(54.6%)	460.8(54.4%)	620(50.2%)
美洲	118.9(19.2%)	128.1(18.7%)	125.8(16.5%)	135.9(16.1%)	201(16.3%)
亚太	92.8(15.0%)	110.5(16.1%)	152.5(20.0%)	167.2(19.8%)	303(24.5%)
非洲	23.2(3.7%)	28.2(4.1%)	33.2(4.3%)	40.7(4.8%)	58(4.7%)
中东	14.1(2.3%)	24.2(3.5%)	35.4(4.6%)	41.8(4.9%)	54(4.4%)

注:括号内数据为该地区国际旅游接待量占全球国际旅游接待总量的份额。
(资料来源:根据世界旅游组织(UNWTO)相关资料整理)

从表6-4中的统计数据,我们可以看出:

(1) 在国际旅游接待量方面,欧洲在全球市场中一直都占有最大的份额,且一直都超过50%,这意味着,全球超过半数的国际旅游活动都是在欧洲开展,说明欧洲是当今世界上国际旅游接待的中心地区,也是世界上国际旅游业最发达的地区。

(2) 早些年,美洲的国际旅游接待量一直居于第二位,亚太地区处于第三位,形成"欧—美—亚太"三足鼎立的局面。

(3) 进入21世纪后,亚太地区的国际旅游接待量开始超过美洲,位居世界第二,美洲退居第三位,形成"欧—亚太—美"三足鼎立的新局面。

(4) 欧洲、亚太、美洲三个地区的国际旅游接待量合计,一直超过全球国际旅游总量的90%,1997年、2000年、2004年、2006年、2016年分别是93.7%、92.4%、91.1%、90.3%、91.0%。

(5) 欧洲在全球国际旅游接待量中所占的份额一直处于下降趋势,美洲所占的份额在总体上也呈下降趋势,而亚太地区所占份额除个别年份有所下滑,总体上都呈上升趋势。欧洲与美洲的国际旅游接待量占全球的份额在下降,并不是说欧洲与美洲的旅游业在下滑,其接待国际旅游者的数量在下降,而是因为,自20世纪80年代以来,随着欧美地区各国旅游需求市场的成熟,增长速度已经明显放缓。由于欧美地区的国际旅游客源主要为区内客源,以及欧美两地互为主要客源地,一些欧美国家的出国旅游市场规模已接近"封顶"程度,因而欧美地区区内及欧美之间的国际客源市场难以有很大的增长空间。而20世纪70年代以来,亚太地区经济发展迅猛,除了日本和澳大利亚等少数发达国家外,韩国、新加坡等国和我国的香港、台湾地区经济发展迅速,马来西亚、泰国等也实现经济起飞。特别是进入80年代后,作为亚太地区大国的中国和印度迅速崛起,所取得的经济发展成就更是令国际社会瞩目。总之,在亚太地区社会经济繁荣与发展的过程中,其国际旅游市场也发展迅速,占据了更多的国际客源市场份额。另外非洲和中东地区的国际游客接待量也呈上升趋势,分去了部分国际客源市场。

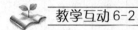

为什么欧洲在全球国际旅游接待市场中一直占最大份额?

表6-2、表6-3、表6-4反映出旅游活动或旅游客流的一些什么规律或特征?

三、国际旅游的客源分布

以上我们分析了全世界国际旅游客流的主要流向和地区分布格局,那么,这些国际旅游客源来自何处?其地理分布情况又是怎样的?通过考察不同目的地的国际旅游支出情况,可以很大程度上反映出全球国际旅游客源的空间分布情况。

根据世界旅游组织(UNWTO)的统计数据,20世纪90年代之前,在世界上排名前10名的国际旅游支出国一直都是美国、德国、日本、英国、意大利、法国、加拿大、荷兰、奥地利和瑞士。虽然其具体排名顺序有时会有变化,但这10大国际旅游支出国的构成范围保持了稳定。这10个国家的国际旅游支出额合计,大约占全球国际旅游支出总额的69%~70%左右。从地理分布上看,这10大国际旅游支出国中,有7个是欧洲国家,其国际旅游支出额合计,约占全球国际旅游支出额的39%;有2个是美洲国家,其国际旅游支出额合计,约占全球国际旅游支出总额的21%;亚洲国家只有日本,其国际旅游支出额约占全球国际旅游支出总额的10%。更为明显的是,这10大国际旅游支出国无一例外的都是世界上经济最发达的国家之一。

进入21世纪后,随着亚太地区经济的快速增长,出国旅游市场发展迅猛,全球10大国际旅游支出国的构成发生了一些变化(表6-5)。

表6-5　2005—2016年世界10大国际旅游支出国(支出额:亿美元)

支出额年份排名 国家/地区	2005		2006		2011		2012		2016	
	支出额	排名	支出额	排名	支出额	排名	支出额	排名	支出额	排名
中国	218	7	243	6	726	3	1 020	1	2 610	1
美国	692	2	720	2	787	2	837	3	1 220	2

续表 6-5

国家/地区	2005 支出额	2005 排名	2006 支出额	2006 排名	2011 支出额	2011 排名	2012 支出额	2012 排名	2016 支出额	2016 排名
德国	727	1	748	1	859	1	838	2	810	3
英国	596	3	631	3	510	4	523	4	636	4
法国	312	5	322	4	441	5	381	6	410	5
加拿大	184	8	205	8	333	6	352	7	290	6
韩国			182	10					270	7
澳大利亚					267	10	276	9	270	8
意大利	224	6	231	7	287	8	262	10	250	9
中国香港									240	10
日本	375	4	269	5	272	9	281	8		
俄罗斯	178	9	188	9	325	7	428	5		
荷兰	162	10								

(资料来源：根据世界旅游组织（UNWTO）相关资料整理)

从表 6-5 中的统计数据可以看出：进入 21 世纪后，就世界 10 大国际旅游支出国的构成范围而言，亚洲国家明显增加，除了日本之外，中国已稳居其中，韩国有时也会进入前 10。特别是中国（内地），出国旅游发展非常迅速，国际旅游支出在世界的名次上升很快，2011 年已排名第三，仅次于德国和美国；2012 年更是跃居世界第一，令世人瞩目；直到 2016 年，中国大陆旅游者的境外消费依然为世界第一，并遥遥领先于其他国家和地区，占总消费额的20.9%，是排名第二的美国旅游者境外消费总额的两倍多！中国除大陆外，香港也在全球境外消费排行中占据了第 10 位。

世界 10 大国际旅游支出国中，欧洲国家有 5~6 个，美洲国家有 2 个，亚洲国家和地区有 2~3 个。这些情况在很大程度上说明全世界国际旅游客源的地区分布状况，即全世界国际旅游客源主要产生于欧洲、美洲和亚太地区，其中，经济发达或经济发展迅速的国家提供了大量国际客源。

同步案例 6-2

中国大陆游客境外买买买，成世界第一

据世界旅游组织统计数据，2016 年，中国大陆游客境外消费总额达 2 610 亿美元，排名世界第一，占全球国际旅游总消费额的 20.9%。事实上，自 2004 年以来，中国大陆游客境外消费总额就开始保持两位数的增长。中国出境游已成为推动国际旅游业发展的首要力量，庞大的中国游客在推动世界旅游业经济增长的同时，也成为拉动旅游目的地国经济的重要力量。其中，日本、韩国和泰国等地受益最大。

根据商务部统计，在海外人均消费构成中，约有一半来源于购物。以赴日旅游为例，2015 年中国大陆访日游客人均消费额折合人民币约 17 300 余元。其中，57.1% 的支出用于购物/代购,17.7%用于住宿,14.9%用于饮食,7.7%用于交通,2.2%用于娱乐,另有0.4%用于其他消费活动。

(资料来源:伍策,梁靖.去年中国大陆游客境外消费总额达2610亿美元[DB/OL].中国网http://travel.gmw.cn/2017-07/17/content_25105163.htm 编者根据需要作了删节)

讨论: 如何看待中国大陆游客持续增长的境外消费?

模块三 我国旅游市场概况

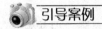引导案例

2016年我国旅游市场概况

2016年,全域旅游推动旅游经济实现较快增长。国内旅游市场持续高速增长,入境旅游市场平稳增长,出境旅游市场增速进一步放缓。国内旅游人数达44.4亿人次,收入3.94万亿元,分别比上年增长11%和15.2%;入境旅游人数为1.38亿人次,实现国际旅游收入1 200亿美元,分别比上年增长3.5%和5.6%;中国公民出境旅游人数达到1.22亿人次,旅游花费1 098亿美元,分别比上年增长4.3%和5.1%;全年实现旅游业总收入4.69万亿元,同比增长13.6%。全年全国旅游业对GDP的综合贡献为8.19万亿元,占GDP总量的11.01%。旅游直接就业2 813万人,旅游直接和间接就业7 962万人,占全国就业总人口的10.26%。

(国家旅游局数据中心:2016年中国旅游业统计公报,2017年11发布)

思考: 上述资料反映出我国旅游市场的哪些特点?

一、我国入境旅游市场

我国的入境旅游市场不但是我国国际旅游市场的重要组成部分,而且是我国旅游业发展的先导和支柱。就一般规律而言,国内旅游是国际旅游的基础,国际旅游是国内旅游的延伸,按照先国内旅游后国际旅游的顺序发展,入境旅游应该是国内旅游发展到一定程度的产物。然而,由于国情与经济发达程度不同,发展中国家通常是优先启动入境旅游市场来发展旅游业,其主要目的是取得更多的外汇收入,以支持本国的经济建设。我国亦是如此。

(一) 我国入境旅游市场的构成

一般来说,入境旅游市场是指一个国家或地区的外国客源市场。需要特别说明的是,由于具体的历史原因,我国的入境客源市场还包括华侨和港澳台同胞。因此,我国的入境旅游客源市场由三部分人员构成:外国人(包括外籍华人)、海外华侨和港澳台同胞。

同时,由于海外华侨所占的比重非常小,所以从2001年起,《中国旅游统计年鉴》中不再对入境旅游者中的海外华侨进行单独列项。从这个意义上,我们也可以简单地理解为,我国的入境旅游客源市场主要由两大部分人员构成——外国人和港澳台同胞。

表 6-6　1979—2016 年我国入境旅游规模(单位:万人次)

年份	1979	1985	1995	2005	2010	2012	2013	2015	2016
总计	418.3	1 774.83	4 627.07	12 029.22	13 376.23	13 240.54	12 907.77	13 382.0	13 844
外国人	36.24	137.05	588.67	2 025.51	2 612.69	2 719.16	2 629.03	2 598.5	2 815
香港同胞					7 932.19	7 871.30	7 688.46	7 944.8	8 106
澳门同胞					2 317.29	2 116.06	2 074.03	2 288.8	2 350
台湾同胞					514.06	534.02	516.25	549.9	573
港澳台合计	382.06	1 637.78	4 038.40	1 0003.71	10 763.54	10 521.38	10 278.74	10 783.5	11 029

(资料来源:根据《中国旅游业统计公报》整理而成)

从表 6-6 可以看出:

(1)近些年来,我国入境旅游者总数并没有一直呈增长状态,而是时增时降。但从较长时间段里来看,总体上还都是呈现出较大的增长,特别是与 21 世纪之前相比。如 2016 年跟刚刚改革开放后的 1979 年相比,我国入境旅游者总数增长了 30 多倍,其中外国旅游者更是增长了 70 多倍,入境港澳台同胞增长了近 29 倍。

(2)我国入境旅游者中,港澳台同胞所占的比重很大,但港澳台比重在下降,外国旅游者比重在快速上升。港澳台同胞在我国入境旅游者中的比重,1979 年为 91.3%,2016 年为 79.7%。而外国旅游者在我国入境旅游者中的比重,1979 年是 8.7%,2016 年是 20.3%。

(3)港澳台旅游者中,香港旅游者所占比重大。从 2010 年到 2016 年来看,香港旅游者超过港澳台旅游者总数的 70%。

2016 年我国入境游客的构成

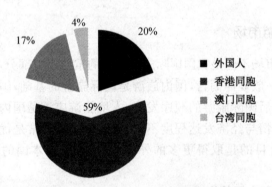

图 6-1　2016 年我国入境游客的构成

资料来源:《2016 年全年旅游统计数据报告》

2016 全年,入境旅游人数 1.38 亿人次,比上年同期增长 3.5%。其中:外国人 2 815 万人次,增长 8.3%;香港同胞 8 106 万人次,增长 2.0%;澳门同胞 2 350 万人次,增长 2.7%;台湾同胞 573 万人次,增长 4.2%。

(二)我国主要客源国市场

在我国的入境旅游客源中,由于港澳台旅游者的来源地域已经十分明确,因此要想了解入境旅游市场情况,我们还需要重点分析外国人来中国旅游的来源地域分布状况。

表 6-7 我国 10 大客源国的构成和排序

排序	1981	1991	2001	2005	2010	2013	2015	2016
1	日本	日本	日本	韩国	韩国	韩国	韩国	韩国
2	美国	美国	韩国	日本	日本	日本	日本	越南
3	英国	俄罗斯	俄罗斯	俄罗斯	俄罗斯	俄罗斯	越南	日本
4	澳大利亚	英国	美国	美国	美国	美国	美国	缅甸
5	菲律宾	菲律宾	马来西亚	马来西亚	马来西亚	越南	俄罗斯	美国
6	法国	马来西亚	新加坡	新加坡	新加坡	马来西亚	马来西亚	俄罗斯
7	新加坡	新加坡	菲律宾	菲律宾	越南	蒙古	蒙古	蒙古
8	德国	德国	蒙古	蒙古	菲律宾	菲律宾	菲律宾	马来西亚
9	泰国	泰国	英国	泰国	蒙古	新加坡	新加坡	菲律宾
10	加拿大	法国	泰国	英国	加拿大	澳大利亚	印度	新加坡

(资料来源:根据《中国旅游统计年鉴》整理)

在整个 20 世纪 80 年代,位居前 10 位的我国客源国构成一直维持不变,其中亚洲国家有 4 个(日本、菲律宾、新加坡、泰国),大洋洲国家有 1 个(澳大利亚),欧洲国家有 3 个(英国、德国、法国),美洲国家有 2 个(美国、加拿大)。

进入 20 世纪 90 年代后,我国主要旅游客源国的构成及其排序发生了一些明显的变化:俄罗斯、韩国、马来西亚、蒙古、缅甸这 5 个周边国家来我国旅游的人数迅速增加,这些国家进入我国 10 大旅游客源国行列。日本和美国一直是我国的主要客源国,但在我国的国际旅游市场中所占的比重有所下降,特别是美国,在 10 大国际客源中的排序由 20 世纪 80 年代中的第二位降到 2016 年的第五位。日本一直是我国第一大客源国,直到 2005 年,韩国超过日本成为我国第一大客源国,而日本成为我国第二大客源国,到了 2016 年,日本滑落至第 3 位。欧洲游客来我国旅游的规模虽然一直在不断增长,但增速相对缓慢。其中在 20 世纪 80 年代一直位居我国旅游业 10 大国际客源国之列的英、德、法三国,在 21 世纪后逐渐落于 10 大客源国之外。

以 2016 年为例,位居前 10 位的我国客源国依次为:韩国、越南、日本、缅甸、美国、俄罗斯、蒙古、马来西亚、菲律宾和新加坡。在这 10 大客源国中,亚洲国家有 8 个,美洲国家有 1 个,欧洲国家 1 个。亚洲国家占极大的比重,近程化特征非常明显。

如果按照洲别来分析,我国的入境外国旅游者的地区分布又是什么情况呢?

从图 6-2 可以看出,2016 年来我国旅游的外国旅游者中,亚洲占 67%,欧洲占 17%,美洲占 11%,大洋洲占 3%,非洲占 2%。

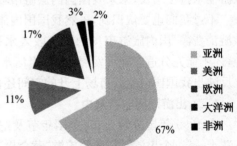

图 6-2 2016 入境外国游客各大洲占比

(资料来源:《2016 年全年旅游统计数据报告》)

教学互动 6-4

结合我国的入境旅游市场情况以及国际旅游市场的一些特征,谈谈我国作为旅游目的地在国际市场竞争中有什么优势和劣势。

二、我国国内旅游市场

国内旅游是指一个国家的居民离开自己的惯常居住地到本国境内的其他地方进行旅游。一般而言,国内旅游呈现从近及远、渐进发展、国内旅游先于出境旅游的普遍规律。这主要是因为国内旅游的路途比较短,所需要的时间和资金成本比较少,也不需要办理繁杂的手续等。国内旅游也因此具有强大的生命力,通常在旅游市场中占据最大比重,国内旅游的人次数总是远远高于国际旅游的人次数。

我国国内旅游市场是在改革开放以后逐渐发展起来的。1985 年,我国的国内旅游人次为 2.4 亿,到 20 世纪 90 年代后进入快速发展时期,多年来持续高速增长,目前已成为世界上规模最大的国内旅游市场。纵观近年来我国国内旅游市场的状况,可发现以下一些主要特点。

(一)市场规模大,发展潜力足

2016 年,我国国内旅游人数已达到了 44.4 亿人次,国内旅游收入达到 3.94 万亿元人民币(表 6-8),国内旅游市场规模已达到世界第一。

表 6-8　2010—2016 年我国国内旅游市场情况

年份	旅游人数(亿人次)	比上年增长(%)	旅游收入(万亿元)	比上年增长(%)	人均花费(元)
2010	21.03	10.6	1.26	23.5	598.2
2012	29.57	12.0	2.27	17.6	767.9
2013	32.62	10.3	2.63	15.7	805.5
2015	40.0	10.5	3.42	13.0	857.0
2016	44.4	11.0	3.94	15.2	887.4

从表 6-8 可以看出,我国国内旅游市场增长非常迅速,无论是旅游人数还是旅游收入,都保持两位数增长,令人振奋。随着我国国民经济持续健康发展、人民生活水平不断提高,旅游需求持续增长,未来我国国内旅游市场仍有巨大潜力。

不过我们也要认识到,虽然我国国内旅游人数已达世界第一,可是人均旅游次数、人均旅游消费额、国内旅游市场的经济收入水平等重要指标与国际水平相比还有比较大的差距,还不能充分适应经济发展、人民生活水平提高和旅游消费需求增长的需要。但这同时也反映出我国国内旅游市场上升的空间还比较大,市场潜力足。

(二)出游时间非常集中

自 1999 年国务院公布《全国年节及纪念日放假办法》后,国内旅游市场形成春节、"五一""十一"三个出游量集中的旅游"黄金周"。2004 年旅游"黄金周"全国国内旅游接待量是全年平均数的 9 倍,日接待总收入相当于全年平均数的 24 倍,呈现"井喷"现象。2008 年,放假制度再度进行调整,保留了春节、"十一"长假,增加了多个小长假。此后,春节、"十一"

两个长假仍是国内旅游的高峰期。近年来,春节和"十一"两个长假期间,国内旅游的人次和旅游收入情况如下表6-9所示。

表6-9 春节、"十一"两个长假期间我国国内旅游情况

年份	旅游人数(亿人次)	占全年比重(%)	旅游收入(亿元)	占全年比重(%)
2010	3.79	18.0	1 812.0	14.4
2012	6.01	20.3	3 119.0	13.7
2013	6.31	19.3	3 403.6	13.0
2015	7.90	19.8	5 661.3	16.6

(资料来源:根据国家旅游局《中国旅游业统计公报》整理而成)

从表6-9可以看出,春节、"十一"两个长假,国内旅游人次占全年的比重高达18.0%~20.3%,这两周的国内旅游收入占全年的比重也达到13.0%~16.6%,说明我国的国内旅游活动非常集中地发生在春节、"十一"这两个长假里,这跟放假制度是密切相关的,假日制度直接影响着旅游的高峰时间段,特别是在我国带薪休假制度还没有很好地落实的情况下,国内旅游大量地集中在春节、"十一"这两个长假的情况还会持续相当长的时间。

(三) 短程旅游比重大

目前我国国民中多数人的旅游支付能力仍比较有限,加之带薪休假制度没有很好地落实到位,人们缺少较长的假期,使我国国民的国内旅游活动多表现为短程旅游。根据数据统计,1~3日周边短途游的比例占七成以上。以2016年"五一"小长假为例,由于前后不好拼假,短线游和周边游成为出游的主力军,周边游出游人数占比40%,而同年"十一"黄金周,周边游市场占比超过70%,同比约增长15%。另外,人们在参加国内旅游活动时,每次外出的旅游天数也比较短,多为全程5天以下。还有抽样调查资料显示,我国有近六成的居民选择了当天返回的一日游。

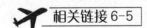

2015年国庆期间国内短途游占比超七成

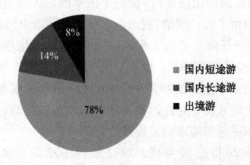

图6-3 2015年国庆期间国内短途游占比超七成

(资料来源:《2016—2017年中国旅游行业发展现状、发展趋势、发展前景分析》,中国产业信息,2016-11-28 http://www.chyxx.com/industry/201611/471985.html)

（四）散客比重大

随着人们对旅游个性化需求的增大,再加上现如今旅游信息通达、交通便捷等,人们对旅行社的依赖程度越来越小,对跟团旅游的兴趣大大下降,散客旅游占较大比重。如2010年,国内旅游总人数为21.03亿人次,经旅行社接待的国内过夜旅游者为14 147.25万人次,仅占全国国内旅游总人数的6.7%;而到2015年,全国国内旅游人数为40.0亿人次,经旅行社接待的国内过夜旅游者为15 335.5万人次,仅占全国国内旅游总人数的3.8%。由此可以看出,经由旅行社接待的国内旅游者所占比重极小,散客的比重非常大。

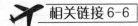

2016年国内旅游人数城镇和农村占比

根据国内旅游抽样调查结果,2016年全年,国内旅游人数44.4亿人次,比上年同期增长11%。其中,城镇居民31.95亿人次,增长14.03%;农村居民12.4亿人次,增长4.38%。国内旅游收入3.94万亿元,增长15.19%。其中城镇居民花费3.22万亿元,增长16.77%;农村居民花费0.71万亿元,增长8.56%。

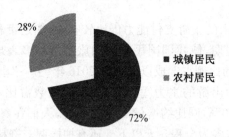

图6-4　2016年国内旅游人数城镇和农村占比

（资料来源：《2016年全年旅游统计数据报告》）

三、我国出境旅游市场

在国际文献中,出境旅游即出国旅游,指一个国家的居民跨越国界到其他国家或地区开展的国际旅游活动。但由于我国国情,我国的出境旅游包括出国旅游和港澳台旅游。

有必要说明的是,对于任何一个国家来说,本国居民的出境旅游不仅无助于本国的经济增收,反而会造成本国经济的"漏损"。也正是由于这一原因,在国际社会中,我们似乎见不到有人会基于发展本国或本地旅游经济的立场,去讨论本国或本地的出境旅游市场,也一般不会鼓励本国国民出境旅游。在此讨论我国的出境旅游问题,主要目的在于通过这一侧面去观察和发现我国国民旅游需求的发展及变化动向。

我国出境旅游产生于20世纪80年代。1983年,我国香港和澳门地区首开内地公民出境旅游的先河,其目的主要是为了方便内地居民到香港和澳门探亲。而我国出境旅游市场的真正开放是从东南亚各国开始的,1988年,泰国成为我国出境旅游的第一个目的地国家。自1990年起,我国政府又陆续将新加坡、马来西亚、菲律宾、韩国、澳大利亚和新西兰确定为公民出境旅游目的地国家。20世纪80年代至90年代,我国的出境旅游发展非常缓慢,出境旅游目的地国家总共才确定了 7 个。

进入 21 世纪以来,随着我国经济发展水平的不断提高和改革开放的继续深化,我国公民的出境旅游发展非常迅速,出境旅游市场十分活跃,表现出如下一些特征:

(一) 出境市场规模持续增大

表 6-10　1996—2016 年我国公民出境旅游人数

年份	出境人数(百万人次)	比上年增长(%)
1996	5.1	12.0
2000	10.5	13.4
2005	31.0	7.5
2010	57.4	20.4
2013	98.2	18.0
2015	117.0	9.0
2016	122.0	4.3

(资料来源:根据国家旅游局《中国旅游业统计公报》整理而成)

从表 6-10 可以看出,我国居民出境旅游的规模持续增大,到 2016 年,我国出境旅游者数达到了空前的 1.22 亿人次,继续蝉联出境旅游人次全球第一。出境人数比 20 年前的 1996 年增长了近 23 倍。各年份与上年相比,均保持比较大的增长速度,如 2013 年比上年增长 18%,2015 年、2016 年分别比上年增长 9%、4.3%,增速有所放缓。

(二) 出境旅游消费大幅增长

据世界旅游组织统计,2012 年,中国旅游者在境外花费上突破千亿美元,以 1 020 亿美元位居世界首位;至 2016 年,中国旅游者的境外花费已增至 2 610 亿美元,连续几年位居世界第一位,并遥遥领先于其他国家和地区。自 2004 年以来,中国旅游者的境外消费总额每年的同比增幅均达到了两位数。中国除内地以外,香港也在全球境外消费金额排行中进入前 10 位。2016 年,香港的境外消费总额达到 240 亿美元。

购物成为推动消费规模增长的重要原因,接近 50% 的出境旅游者表示购物是花费最高的项目。而据世界旅游组织的统计,全球旅游购物消费的 1/5 是来自中国旅游者。

(三) 出境目的地近程化特征明显

目前,中国公民出境旅游目的地已扩大到 151 个国家和地区,尽管可供选择的出境旅游目的地很多,但我国居民的出境旅游主要还是流向距离较近的一些国家和地区,以港澳台地区、日韩和东南亚等周边国家为主。以 2013 年为例(表 6-11),我国居民出境首站前 10 名的目的地中,有 9 个是距离我国比较近的港澳台地区、东亚和东南亚地区,距离较远的只有美国。

表 6-11　2013 年我国居民出境首站前 10 名的目的地

排名	出境首站	出境人数(万人次)	与上年比较(%)
1	中国香港	4 030.33	15.3
2	中国澳门	2 523.94	17.4

续表 6-11

排名	出境首站	出境人数(万人次)	与上年比较(%)
3	韩国	425.34	42.0
4	泰国	401.03	78.7
5	中国台湾	291.89	11.0
6	美国	196.69	14.2
7	日本	183.46	−6.5
8	越南	177.27	32.3
9	柬埔寨	169.06	−8.4
10	马来西亚	135.16	−1.5

(资料来源:国家旅游局《中国旅游业统计公报》)

(四)旅游者呈现"两高一低"特征

出境旅游者呈现出收入较高、学历较高、年龄较低的特征。据调查,出境旅游者中,月收入在 5 001~8 000 元的旅游者占 22.81%,大学专科及以上学历的超过 3/4,年龄在 25~44 岁的中青年超过 60%。

(五)旅游者普遍关注住宿和景区服务

根据中国旅游研究院的调研结果,在出境旅游中,旅游者认为住宿和景区的服务最为重要;过多的购物内容及行程中自费项目过多是影响旅游者满意度最主要的因素;出境旅游者对餐饮、住宿、娱乐、景区服务和目的地公共服务的评价较高,但对购物和旅行社服务的满意度较低。

项目小结

- 广义的旅游市场是指旅游者和旅游经营者之间围绕旅游产品交换所产生的各种现象和关系的总和。狭义的旅游市场是指旅游产品的实际购买者或潜在购买者,也就是我们所说的旅游客源市场或旅游需求市场。
- 旅游市场细分是指依据旅游消费者的某一或某些特点,将整体旅游市场划分或分解为不同细分市场的工作过程。
- 旅游市场细分的依据主要有两类:一是地理因素,如国别、洲别、世界大区或省、市等行政区域;二是旅游者的某些特征,常见的有旅游者的人口特征、来访目的、交通方式、活动方式、停留时间等。
- 旅游市场的客流规律主要表现为:近距离旅游占绝对优势,旅游者流向经济发达的地方,流向政治、经济和文化中心,流向风景名胜区和文化特色显著地区。
- 国际旅游市场客流分布概况:在国际旅游接待量方面,欧洲在全球市场中一直都占有最大的份额,且一直都超过 50%;如今国际旅游市场形成"欧—亚太—美"三足鼎立的局面;欧洲、亚太地区、美洲三个地区的国际旅游接待量合计,一直超过全球国际旅游总量的 90%。
- 国际旅游市场客源分布概况:全世界国际旅游客源也主要产生于欧洲、美洲和亚太地区,其中那些经济发达或经济发展迅速的国家提供了大量国际客源。
- 我国的入境旅游客源市场主要由两大部分人员构成——外国人和港澳台同胞。
- 我国国内旅游市场特点:市场规模大,发展潜力足;出游时间非常集中;短程旅游比重大;散客比重大。
- 我国出境旅游市场特点:出境市场规模持续增大,出境旅游消费大幅增长,出境目的地近程化特征明显,旅游者呈现"两高一低"特征,旅游者普遍关注住宿和景区服务。

项目检测

(一) 复习思考题

1. 什么是旅游市场?
2. 为什么要对旅游市场进行细分?其意义何在?
3. 简述进行旅游市场细分时常用的标准或依据。
4. 简述旅游客流的基本规律。
5. 简述国际旅游市场概况。
6. 我国入境旅游市场有什么特点?
7. 我国国内旅游市场有什么特点?
8. 我国出境旅游市场有什么特点?

(二) 实训题

1. 设计一份《大学生旅游市场调查问卷表》。
2. 了解你所在城市的旅游客源市场情况。

拓展阅读

[1] 戴斌.旅游改变世界[M].北京:旅游教育出版社,2016.
[2] 徐泛.中国旅游市场概论[M].北京:中国旅游出版社,2004.
[3] 郭英之,董坤,等.中国旅游市场:前沿理论与实证案例(英文版)[M].北京:科学出版社,2016.
[4] 国家旅游局数据中心.2015年中国旅游业统计公报[DB/OL].2016-10-18.http://www.cnta.gov.cn/zwgk/lysj/201610/t20161018_786774.shtml

项目七　旅　游　管　理

学习目标

- 了解各国旅游管理体制模式，旅游行业组织的性质、职能及种类，我国主要的旅游行业组织和旅游行业管理体制发展概况
- 理解旅游管理体制的含义及构成，旅游行业管理的对象、主体、主要内容及手段
- 掌握世界主要旅游行业组织，我国旅游行政管理部门的组织机构设置
- 应用旅游行业管理知识，实时实地了解国家和地方旅游行业的动态管理

项目导读

随着旅游活动规模的日益扩大，特别是随着旅游业在推动经济发展中所扮演的角色日渐重要，旅游业的管理也显得越发重要。目前世界很多国家或地区都对旅游和旅游业的发展给予了越来越大的关注，对其整个旅游经济活动和运行进行协调和管理，从政府部门和行业组织两方面加强旅游管理体制的建设。旅游行政部门和行业组织在旅游行业管理中发挥着重要作用。

模块一　旅游管理体制

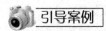 引导案例

让旅游管理体制创新全国开花

2016年5月10日至11日，国家旅游局在京召开首批全国旅游业改革创新先行区工作会议，积极督导全国旅游业改革创新先行区工作。

2月19日，国务院办公厅印发《关于加强旅游市场综合监管的通知》，就改革创新旅游市场监管机制和加强旅游市场综合监管工作进行了部署。通知强调，要加快建立权责明确、执法有力、行为规范、保障有效的旅游市场综合监管机制，进一步解决扰乱旅游市场秩序、侵害旅游者权益等突出问题。

国家旅游局局长李金早提出，改革创新旅游综合执法机制，鼓励推进旅游综合执法队伍等改革创新举措，为全域旅游发展提供综合执法保障。要把旅游市场环境治理纳入城市综合治理的范畴，加大治理力度，形成管理联动。建立健全"政府统一领导、部门依法监管、企业主体负责"的旅游安全责任体系与工作机制。

国家旅游局副局长杜江表示，与旅游业的综合性强、关联度高相比，当前旅游管理体制的矛盾突出表现为部门职能的不协调、不衔接、不匹配。要以整合为核心，创新旅游管理体

制,努力实现监管覆盖旅游活动全过程,贯通旅游产业全链条,逐步实现旅游行业管理向部门协调转变、向职能整合转变、向制度保障转变。为此,要积极推动"1+3+N"的旅游管理体制创新,"1"就是推动建立综合协调性强的旅游管理机构,"3"就是推动设置旅游警察、旅游工商所和旅游巡回法庭等专门机构,"N"就是推动建立与各部门职能相互包容衔接的各种旅游发展制度。

杜江要求,要紧紧依靠当地党委政府,推动旅游改革创新。旅游改革创新不是由旅游局牵头的改革,而是由地方政府主导的改革。旅游改革要取得实效,就必须在党委政府的统一领导下,将相关部门的力量整合起来,共同研究有哪些问题阻碍了旅游业的发展,如何突破和协调现有利益格局,通过科学合理的制度安排为旅游业持续健康发展提供强大的后劲。

(资料来源:范颖华.让旅游管理体制创新全国开花[N].中国旅游报,2016-05-13.编者根据需要作了删节)

思考:什么是旅游管理体制?我国现有的旅游管理体制是什么?世界各国的旅游管理体制有哪些基本模式?

一、旅游管理体制的含义

旅游管理体制是指国家对整个旅游经济活动和运行进行协调与管理的组织形式、机构设置、职权划分和管理制度的总和。旅游管理体制是旅游管理的基础和核心,渗透到旅游管理的各环节、各领域和各个方面,是旅游经济活动正常开展和旅游经济有效运行的重要保障,也是实现旅游经济发展目标的重要手段。

二、旅游管理体制的构成

(一)管理主体

管理主体一般包括两个方面:政府部门和行业组织。

政府部门主要包括中央旅游管理部门和地方旅游管理部门。中央旅游管理部门主要职能是运用法律、经济和行政手段,对旅游经济活动及其组织者进行控制、指挥、监督和管理,保证国家关于旅游业发展的方针、政策、战略及规划能够实现。地方旅游管理部门是各省、自治区、地、市、县的旅游局或旅游业主管机构,其主要职能是运用法律、经济和行政手段,对本地区旅游经济活动及其组织者进行控制、指挥、监督和管理,保证本地区旅游业的健康发展。

旅游行业组织是政府和企业之间的市场中介组织,是旅游行业利益的代表。例如全国旅游协会、全国旅游饭店协会、全国旅行社协会等,其主要职能是协助政府管理旅游市场,保护旅游行业各部门的合法权益,推动旅游行业自律机制的形成。

(二)管理对象和管理内容

旅游管理体制的管理对象是旅游市场。具体而言,就是培育市场机制,建立市场规则,维护市场秩序,规范市场行为,为企业的发展创造良好的外部环境。

旅游管理体制的管理内容主要是:通过长远规划和短期计划引导旅游业的投资和经营方向;通过产业政策和经济手段调节市场规则;建立执法队伍进行市场监督;开展行业性服务,培育和完善市场组织;优化配置重大的经济技术项目;组织全行业的市场促销;提高旅游业的整体形象；协调行业、部门之间的关系，形成有利于行业发展的市场体系；开展行业性的国际交流，建立旅游业国际合作体系。

（三）管理手段

行政、经济及法律是旅游管理体制的基本手段，具体可以概括为政策与法规手段、金融与财税手段、计划和审批手段、监理与检查手段、考核与评比手段、奖励与奖罚手段、舆论与宣传手段等。

三、各国旅游管理体制模式

由于各国的政治制度和经济体制各异，旅游业的发展过程也不一样，旅游资源也不尽相同，所以导致了各国旅游管理体制的不同模式。世界上许多国家都有专门的机构负责制定和实施旅游政策，这个机构被称为国家旅游组织。

> **相关链接 7-1**
>
> ### 国家旅游组织
>
> 国家旅游组织是指一个国家中为中央政府所承认，负责管理全国旅游行政事务的组织机构。一般地讲，一个国家的最高旅游行政管理机构通常都代表这个国家的国家旅游组织。国家旅游组织代表本国政府开展工作，负责组织和指导国家旅游政策的实施，引导本国旅游业朝最优化方向发展。国家旅游组织的基本职能一般包括：
>
> （1）组织和促进国家旅游战略的实施；
>
> （2）海外市场促销，包括在主要国际客源地区设立旅游办事处；
>
> （3）确定需要由国家重点支持的旅游开发地区，并负责由国家财政资助的旅游开发项目的审批及其开发工作的监督与控制；
>
> （4）就推进旅游业发展方面的有关配合问题，同其他相关政府部门进行协调；
>
> （5）旅游调研与统计，特别是分析和预测未来的市场需求；
>
> （6）在与旅游相关的外交事务中代表本国政府；
>
> （7）支持和参与旅游业人力资源的开发，即支持和组织旅游教育和培训，以满足旅游业对不同层次专业人才的需要。
>
> （资料来源：李天元.旅游学概论[M].7版.天津：南开大学出版社，2014）

就国家级旅游管理机构的设置而言，通常有以下几种模式。

（一）单设国家旅游部（局）模式

旅游部模式的特点是管理职能单一，即只负责旅游，机构为部级规格。全世界有包括菲律宾、墨西哥、埃及、南非等20多个国家设立了旅游部。

旅游局模式的特点是单一行使旅游管理职能，直属于国务院或内阁，规格低于"部级"，如泰国国家旅游局。2018年3月以前，我国也是采取国家旅游局模式。

采用该模式的国家大多数是发展中国家，主要原因是发展中国家对旅游创汇的期望很大，而旅游业有较强的综合性特点，要实现这一目的，发展旅游业，甚至使其在一定程度上超前发展，就必须借助于强有力的政府机构。

（二）混合职能模式

这一模式是指旅游管理部门并非单独设立，而是与一个或几个部门合在一起发挥职能，或者被设立在相关部门之下。

1. 旅游与交通相结合的模式

采用此模式的有：蒙古交通与旅游部、希腊旅游与航空部、尼泊尔旅游与民航部、斐济旅游和运输部等。

2. 旅游与工商业相结合的模式

采用此模式的有：西班牙工业、商业和旅游部，塞浦路斯工商旅游部等。

3. 旅游与文化相结合的模式

采用此模式的有：中国文化和旅游部，印度文化与旅游部，马来西亚文化、艺术和旅游部，意大利文化遗产与旅游部等。

4. 旅游与环境资源相结合的模式

采用此模式的有：刚果旅游与环境部，肯尼亚旅游与野生动物部，赞比亚旅游、环境和自然资源部等。

5. 旅游与其他部门相结合的模式

采用此模式的有：新西兰旅游与宣传部，印度尼西亚电讯旅游部，澳大利亚资源、能源与旅游部等。

6. 旅游局下设在其他部门的模式

采用此模式的有：美国商务部下设旅游局，新加坡旅游促进局归贸易和工业部管辖等。

混合职能模式为世界多数国家所采用，特别是西方发达国家大都采用这一模式，主要原因是这一模式能够较好地适应旅游业综合性较强的特点，有利于旅游部门与主要相关部门之间实现有效的配合协调。

（三）旅游委员会模式

这种模式的规格等同于一个部或比部高出半级，主要是适应旅游业综合性的特点，对旅游业的发展起到协调作用。因此，在很多国家属于协调部门，而非权力机构。这种模式只为前苏联和少数东欧国家所采用。

此外，为了适应旅游业综合性的特点，很多国家开始建立和健全旅游协调机构。例如我国于2014年9月建立了国务院旅游工作部际联席会议制度。尽管各个国家旅游协调机构的形式各异，但都有如下共同特点：一是成员的广泛性。凡与旅游业直接关联的政府部门，在该协调机构中无一不包。二是机构的权威性。该机构主要从事协调工作，多由政府总理或副总理亲自挂帅，成员或为有关部长、副部长，或为有关各部主管局长等。该机构一旦形成决议，政府各部门必须贯彻执行。三是旅游部门的主导性。由于协调机构服务的对象是旅游业，所以旅游行政部门的代表在该协调机构中大都处于主角地位。

同步案例 7-1

国务院旅游工作部际联席会议制度

2014年9月，为贯彻落实《中华人民共和国旅游法》，加强部门间协调配合，促进我国旅游业持续健康发展，经国务院同意，建立国务院旅游工作部际联席会议（以下简称联席会议)制度。

一、主要职能

在国务院领导下,统筹协调全国旅游工作。对全国旅游工作进行宏观指导;提出促进旅游业改革发展的方针政策;协调解决旅游业改革发展中的重大问题;研究旅游业改革发展中的其他重要工作;完成国务院交办的其他事项。

二、成员单位

联席会议由旅游局、中央宣传部、外交部、发展改革委、教育部、公安部、财政部、国土资源部、环境保护部、住房城乡建设部、交通运输部、农业部、商务部、文化部、卫生计生委、工商总局、质检总局、新闻出版广电总局、安全监管总局、食品药品监管总局、统计局、林业局、气象局、铁路局、民航局、文物局、中医药局、扶贫办共28个部门组成,旅游局为牵头单位。

国务院分管旅游工作的领导同志担任联席会议召集人,协助分管旅游工作的国务院副秘书长、旅游局主要负责同志和中央宣传部、发展改革委、财政部有关负责同志担任副召集人,其他成员单位有关负责同志为联席会议成员(名单附后)。联席会议可根据工作需要,邀请其他相关部门参加。联席会议成员因工作变动需要调整的,由所在单位提出,联席会议确定。

联席会议办公室设在旅游局,承担联席会议日常工作,旅游局主要负责同志兼任办公室主任。联席会议设联络员,由各成员单位有关司局负责同志担任。

三、工作规则

联席会议根据工作需要定期或不定期召开会议,由召集人或召集人委托的副召集人主持。成员单位根据工作需要可以提出召开会议的建议。在全体会议之前,召开联络员会议,研究讨论联席会议议题和需提交联席会议议定的事项及其他有关事项。联席会议以会议纪要形式明确会议议定事项,印发有关方面并抄报国务院,重大事项按程序报批。

四、工作要求

各成员单位要按照职责分工,主动研究旅游工作中的重大问题,认真落实联席会议议定事项。要互通信息,相互支持,密切配合,充分发挥联席会议作用,形成高效运行的长效工作机制。联席会议办公室要及时向各成员单位通报有关情况。

国务院旅游工作部际联席会议成员名单

召集人:汪　洋　国务院副总理

副召集人:毕井泉　国务院副秘书长　　　邵琪伟　旅游局局长
　　　　　王世明　中央宣传部副部长　　　朱之鑫　发展改革委副主任
　　　　　胡静林　财政部副部长

成　员:刘建超　外交部部长助理　　　　鲁　昕　教育部副部长
　　　　黄　明　公安部副部长　　　　　王世元　国土资源部副部长
　　　　李干杰　环境保护部副部长　　　陈大卫　住房城乡建设部副部长
　　　　冯正霖　交通运输部副部长　　　杨绍品　农业部党组成员
　　　　房爱卿　商务部副部长　　　　　杨志今　文化部副部长
　　　　徐　科　卫生计生委副主任　　　甘　霖　工商总局副局长
　　　　陈　钢　质检总局副局长　　　　聂辰席　新闻出版广电总局副局长
　　　　王德学　安全监管总局副局长　　滕佳材　食品药品监管总局副局长

徐一帆	统计局副局长	张建龙	林业局副局长
杜 江	旅游局副局长	矫梅燕	气象局副局长
傅选义	铁路局副局长	王志清	民航局副局长
童明康	文物局副局长	于文明	中医药局副局长
欧青平	扶贫办副主任		

讨论： 国务院旅游工作部际联席会议制度如何体现广泛性、权威性、主导性的特点？

（四）其他模式

一些国家和地区没有设立独立的旅游行政管理机构，而是通过旅游行业协会来指导、协调和管理旅游业。例如，由于传统体制上的原因，德国政府中未专门设部委级旅游管理机构。为了加强政府与旅游业界的联系沟通，政府专门指定一位联邦议会议员（副部长级）为旅游特派员，一位交通、建筑、住房部国务秘书（副部长级）担任德国旅游协会主席，主要负责上情下达、下情上传、政企协调，准确把握旅游业发展脉搏，及时研商有关问题，制定相关政策。

教学互动 7-1

问题： 世界各国旅游管理体制模式存在差异的原因是什么？

四、我国旅游行政管理部门的组织机构设置

（一）原国家旅游局*的组织机构

1. 原国家旅游局的主要职能

中华人民共和国国家旅游局是国家负责旅游业的宏观调控与管理，进行行业立法与监督，制定行业技术标准，指导旅游资源开发与利用，进行旅游业整体促销，加强旅游服务质量管理，维护旅游者权益的宏观性、战略性和政策性的旅游行业管理机构，是国务院主管旅游工作的直属机构。其主要职能如下：

（1）统筹协调旅游业发展，制定发展政策、规划和标准，起草相关法律法规草案和规章并监督实施，指导地方旅游工作。

（2）制定国内旅游、入境旅游和出境旅游的市场开发战略并组织实施，组织国家旅游整体形象的对外宣传和重大推广活动；指导中国驻外旅游办事机构的工作。

（3）组织旅游资源的普查、规划、开发和相关保护工作，指导重点旅游区域、旅游目的地和旅游线路的规划开发，引导休闲度假；监测旅游经济运行，负责旅游统计及行业信息发布；协调和指导假日旅游和红色旅游工作。

（4）承担规范旅游市场秩序、监督管理服务质量、维护旅游消费者和经营者合法权益的责任；规范旅游企业和从业人员的经营和服务行为；组织拟订旅游区、旅游设施、旅游服务、旅游产品等方面的标准并组织实施；负责旅游安全的综合协调和监督管理，指导应急救援工作；指导旅游行业精神文明建设和诚信体系建设，指导行业组织的业务工作。

（5）推动旅游国际交流与合作，承担与国际旅游组织合作的相关事务；制定出国旅游和边境旅游政策并组织实施；依法审批外国在我国境内设立的旅游机构，审查外商投资旅行

---

* 2018 年 3 月，我国将文化部、国家旅游局的职责整合，组建文化和旅游部。目前，组织机构尚未完全定型。

社市场准入资格,依法审批经营国际旅游业务的旅行社,审批出国(境)旅游、边境旅游;承担特种旅游的相关工作。

(6) 会同有关部门制定赴港澳台旅游政策并组织实施,指导对港澳台旅游市场推广工作;按规定承担大陆居民赴港澳台旅游的有关事务,依法审批港澳台在内地设立的旅游机构,审查港澳台投资旅行社市场准入资格。

(7) 制定并组织实施旅游人才规划,指导旅游培训工作;会同有关部门制定旅游从业人员的职业资格标准和等级标准并指导实施。

(8) 承办国务院交办的其他事项。

2. 原国家旅游局的组织机构设置

国务院旅游工作部际联席会议办公室设在旅游局,承担联席会议日常工作。

原国家旅游局的组织机构如图7-1所示。

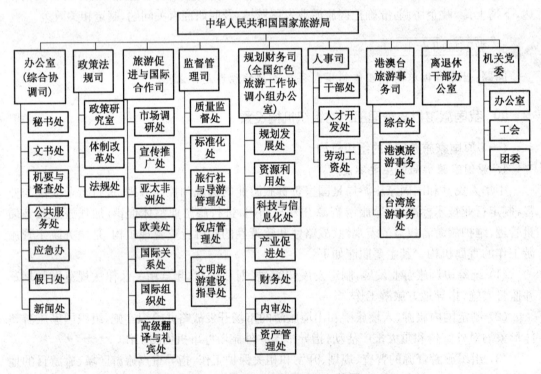

图7-1 原国家旅游局组织机构图

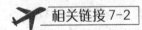

原国家旅游局各部门的主要职责

办公室:负责全局政务协调和重要事项督办;负责文电、会务、机要、档案等机关日常运转工作;承担信息、安全、保密、信访、政务公开工作;管理机关后勤行政工作(具体委托机关服务中心承担)。

综合协调司:协调旅游公共服务体系建设相关工作;研究拟定旅游消费政策;引导休闲度假;协调和指导假日旅游工作;承担旅游安全综合协调和监督管理工作;指导旅游应急、

救援和保险工作;承担旅游新闻宣传工作;推进旅游信息化建设(具体委托信息中心承担)。

政策法规司:承担相关法律法规草案的起草工作,拟订规章并监督实施;研究旅游经济运行中的重大问题,承担旅游体制改革的有关工作;承担机关有关规范性文件的合法性审核工作;承担旅游统计和国际旅游支出统计工作。

旅游促进与国际合作司:承担国内、国际旅游市场开发工作,组织开展重点旅游区域、目的地和线路的宣传推广工作;承担对外合作交流事务,推进中国公民出境旅游目的地的有序开放;承担外国在我国境内设立旅游机构的审批事宜;指导驻外旅游办事机构的业务工作。

规划财务司:拟订旅游发展规划并组织实施;承担旅游资源的普查、规划、开发和保护工作;协调旅游产业、旅游各要素和涉旅产业的发展;承担推动旅游新业态发展和区域旅游合作有关工作;指导重点旅游区域、旅游目的地和旅游线路的规划开发;引导旅游业社会投资;承担机关财务、国有资产管理和内部审计工作。

全国红色旅游工作协调小组办公室:负责红色旅游宣传促销、线路组织、管理服务、人员培训等工作;承担全国红色旅游工作协调小组办公室日常工作。

监督管理司:监督管理旅游服务质量和市场秩序,指导旅游精神文明建设和诚信体系建设;承担旅游标准的有关工作,拟订各类旅游景区景点、度假区及旅游住宿、旅行社、车船的旅游设施和服务标准并组织实施;指导旅游行业组织的业务工作。

港澳台旅游事务司:制定赴港澳台的旅游政策并组织实施;开展对港澳台旅游市场推广工作;按规定承担赴港澳台旅游的有关事务;依法审批港澳台在内地设立的旅游机构;指导驻港澳台旅游办事机构的业务工作。

人事司:承担机关和直属单位的人事管理、机构编制工作;指导旅游培训工作;拟订旅游从业人员的职业资格标准、等级标准并指导实施;承担旅游人才援藏工作。

机关党委:负责局机关和在京直属单位党的建设工作,承担局机关并指导在京直属单位党员的教育、管理和发展工作;负责实施党内监督和检查,按规定检查、处理党组织和党员违反党的章程和其他党内法规的案件;承担局党风廉政建设领导小组办公室日常工作;负责局机关并指导在京直属单位思想政治工作,承担机关精神文明建设工作;负责局机关和在京直属单位的工会、共青团、妇工委等群众组织和统战、侨务工作;承办上级党组织和局领导交办的其他工作。

离退休干部办公室:负责机关离退休干部工作,指导直属单位的离退休干部工作。

另外,国家旅游局还设有直属事业单位:机关服务中心、信息中心、旅游质量监督管理所、中国旅游报社、中国旅游出版社、中国旅游研究院。国家旅游局主管社团有:中国旅游协会、中国旅行社协会、中国旅游饭店业协会、中国旅游车船协会、中国旅游景区协会、中国旅游协会旅游教育分会、中国旅游协会旅游温泉分会。

(二) 我国省级旅游行政组织的机构设置

以下以江苏省旅游局为例,说明我国地方旅游局的组织机构及部门职责。

1. 主要职能

(1) 贯彻实施国家旅游业法律、法规、政策和标准,起草相关法规、规章草案,制定全省旅游发展政策并组织实施。

(2) 拟订全省旅游发展战略,编制旅游业发展中长期规划和年度计划,制订国民休闲旅游计划并组织实施;负责全省旅游统计工作及行业信息发布;组织全省旅游资源调查、规划、开发和相关保护工作。

(3) 制定全省国内旅游、入境旅游和出境旅游的市场开发战略并组织实施,组织全省旅游形象对外宣传和重大旅游促销活动;指导全省重点旅游区域、旅游目的地、旅游产品和旅游线路的规划开发,协调组织假日旅游、红色旅游和乡村旅游工作。

(4) 贯彻实施国家有关港澳台旅游的政策法规,组织对港澳台旅游市场的推广工作。

(5) 承担规范全省旅游市场秩序、监督管理服务质量、维护旅游消费者和经营者合法权益的责任;规范旅游企业和从业人员的经营与服务行为,受理旅游消费者投诉;组织拟订全省旅游区、旅游设施、旅游服务、旅游产品等方面的标准并组织实施;指导全省旅游行业精神文明建设和诚信体系建设。

(6) 负责全省旅游安全的综合协调和监督管理,指导协调旅游应急救援工作;承担全省旅游星级饭店、旅行社、旅游景区安全生产的监管工作。

(7) 拟订全省旅游人才培养规划,组织实施旅游从业人员职业资格制度和等级制度。

(8) 承办省政府交办的其他事项。

2. 内设机构

根据以上职能,江苏省旅游局设以下几个职能处(室)(见图 7-2),各职能处室的主要职能与国家旅游局的相关处(室)的职能相对应。

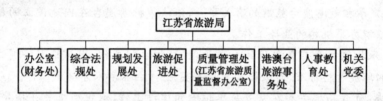

图 7-2 江苏省旅游局组织结构图

另外,江苏省旅游局还有以下几个直属机构:江苏省旅游发展研究中心、江苏省旅游局旅游信息中心、江苏省旅游局发展咨询中心、江苏省旅游培训中心、南京旅游职业学院。

同步案例 7-2

福建省旅游局更名为福建省旅游发展委员会

经福建省委省政府研究并报中央编办同意,近日,福建省旅游局正式更名为福建省旅游发展委员会,并由省政府直属机构调整为省政府组成部门,机构排序在现有省政府组成部门之后。福州、厦门、漳州等 6 市及平潭综合实验区已挂牌成立旅游发展委员会。

福建省旅游发展委员会下设办公室、政策法规处、规划财务处、产业发展处、行业管理处、市场开发处、港澳台旅游事务处、人事处、机关党委等部门。福建省旅委主要职能包括:

(1) 贯彻执行国家有关旅游工作的法律、法规和政策,起草并组织实施旅游工作的地方性法规、政府规章和政策。

(2) 研究拟订全省旅游市场开发战略并组织实施,组织全省旅游整体形象的对外宣传和重大推广活动,开拓旅游客源市场。按规定承担福建居民赴港澳台旅游的相关事务。

(3) 负责指导全省旅游资源开发和相关保护工作。指导重点旅游区域和旅游项目的规划与开发。监测全省旅游经济运行,负责全省旅游统计及行业信息发布工作。协调和指导假日旅游和红色旅游工作。

(4) 承担规范全省旅游市场秩序、监督管理旅游服务质量、维护旅游消费者和经营者合法权益的责任。规范旅游企业和旅游从业人员的经营和服务行为。组织实施旅游区、旅游设施、旅游服务、旅游产品等方面的标准。负责旅游安全的综合协调和监督管理,会同有关部门指导应急救援工作。指导全省旅游行业精神文明建设和诚信体系建设。

(5) 负责全省国内旅游、出入境旅游的宏观管理和指导,承担出境旅游事务和旅游签证相关工作。负责旅游对外交往与合作。

(6) 拟订并组织实施旅游人才规划。组织实施国家制定的旅游从业人员职业资格标准和等级标准,指导和组织旅游从业人员职业资格考试工作。

据了解,此前全国已有22个省区市先后设立了旅游发展委员会,包括海南、北京、云南、广西、江西、西藏、湖北、河北、黑龙江、四川、贵州、山东、甘肃、湖南、宁夏、辽宁、青海等,还有若干省份也在酝酿成立旅游发展委员会。

(资料来源:福建省旅游局正式更名为福建省旅游发展委员会[EB/OL].福建省旅游发展委员会官网http://www.fjta.gov.cn/ar/20170602000061.htm,2017-06-02.编者根据需要作了改动)

讨论:福建省为何将"旅游局"更名为"旅游发展委员会"? 名称更改背后意味着什么?

(三) 我国地市级旅游行政组织的机构设置

以下以南京市旅游委员会为例,说明地市级旅游行政管理机构的设置及职能。

1. 主要职能

(1) 负责贯彻实施国家和省有关旅游的法律、法规、规章和相应的标准;起草相应法规、规章,制定全市旅游发展管理政策并组织实施。

(2) 负责研究和制定全市旅游产业发展战略、政策、措施并组织实施;协调推动全市旅游产业发展,促进旅游产业与其他相关产业融合;协调解决旅游产业发展的重大问题。

(3) 负责编制旅游发展中、长期规划和年度计划,组织全市旅游资源的普查和相关保护工作;统筹全市旅游资源的规划、开发、整合、利用;组织编制全市各类旅游景区(点)、旅游度假区及特色旅游区域总体规划;指导全市重点景区、旅游区域、旅游目的地和旅游线路的规划开发与管理工作;制订国民休闲旅游计划并组织实施。

(4) 负责会同有关部门开展旅游产业投资促进和重大旅游项目的协调、服务工作;组织重要旅游项目建设的论证和审核工作,提出旅游项目的环境综合治理意见;管理旅游发展专项资金;监测旅游产业经济运行,负责旅游统计、分析和信息发布工作。

(5) 负责旅游行业标准化运作,组织拟订各类旅游景区(点)、旅游度假区、特色旅游街区、旅游星级饭店、旅行社、旅游车船及旅游设施的服务标准并组织实施。

(6) 负责制定全市旅游市场开发战略并组织实施;组织全市旅游整体形象的宣传和重大推广活动,组织协调重大旅游节庆和会展活动,培育南京市特色旅游品牌;负责旅游对外交流与合作,推动旅游区域合作,健全跨区域旅游合作体系;收集、发布国内外旅游市场动态信息;促进商务会展旅游、休闲度假旅游、新型乡村生态旅游等新型旅游业态发展;协调和指导假日旅游和红色旅游工作。

(7) 承担全市旅游公共服务体系建设和协调管理的责任,组织协调城市旅游公共服务设施建设、改造工作;建立健全旅游集散和咨询服务体系;组织推进旅游产业信息化建设;

指导旅游行业精神文明建设和诚信体系建设;指导旅游行业组织的业务工作。

(8) 负责全市各类旅游景区、旅游星级饭店、旅行社行业管理;承担规范全市旅游市场秩序、监督旅游管理服务质量、维护旅游消费者和经营者合法权益的责任;规范旅游企业和从业人员的经营及服务行为;受省旅游局委托依法负责设立旅行社及颁发导游证等相关事项。

(9) 负责全市旅游行业旅游安全的综合协调和监督管理;制定旅游行业突发事件应急预案并组织实施;组织协调旅游应急救援工作。

(10) 负责指导全市旅游行业人才培训工作,制定旅游行业人才培训规划、相关政策并指导实施;组织全市旅游从业人员职业资格和等级考试。

(11) 承办市委、市政府交办的其他事项。

2. 机构设置

南京市旅游委员会的内设机构如图7-3所示,各职能处室的主要职能与省级旅游局的相关处室相对应。

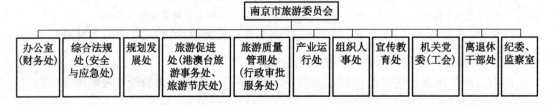

图7-3　南京市旅游委员会组织结构图

模块二　旅游行业组织

引导案例

中国旅游协会召开小费问题小型座谈会

2017年2月17日,以"小费问题的可行性探讨"为主题的小型座谈会在中国旅游协会召开。会上,魏小安、李仲广、乔杰、钟晖等业界专家和徐锦祉、辛涛、朱晓霞等旅游企业负责人以及业内外相关人士参加会议,与会人员就涉及小费在行业内的实际情况和未来趋势发表了意见。

(资料来源:中国旅游协会召开小费问题小型座谈会[EB/OL].中国旅游协会官网 http://www.chinata.com.cn.2017-02-17)

思考:"中国旅游协会"是一个什么组织机构?其召开小费问题小型座谈会的依据是什么?

一、旅游行业组织的性质与职能

(一) 旅游行业组织的性质

旅游行业组织是指为加强行业间及旅游行业内部的沟通与协作,实现行业自律,保护消费者权益,促进旅游行业及行业内部各单位的发展而形成的各类组织。

旅游行业组织通常是一种非官方组织,各成员采取自愿加入的原则,行业组织所制定的规章、制度和章程对于非会员单位不具有约束力。

旅游行业组织是对政府官方旅游行政管理机构的补充,在旅游行业管理中,发挥着重要作用。例如,2002年在国内引起极大反响和广泛讨论的《中国旅游饭店行业规范》就是由我国旅游行业组织——中国旅游饭店业协会制定和颁布的。它不仅是中国旅游饭店行业第一部行业规范,而且是整个旅游行业,乃至国内整个消费行业第一部行业规范,因而具有划时代的意义。

(二)旅游行业组织的职能

总的来说,旅游行业组织具有服务和管理两种职能。但需要指出的是,行业组织的管理职能不同于政府旅游管理机构的职能,它不带有任何行政指令性和法规性,其有效性取决于行业组织本身的权威性和凝聚力。

具体而言,旅游行业组织具有以下基本职能:

1. 作为行业代表,与政府机构或其他行业组织商谈有关事宜。
2. 加强成员间的信息沟通,通过出版刊物等手段,定期发布行业发展统计分析信息。
3. 开展联合推销和市场开拓活动。
4. 组织专业研讨会,为行业成员开展培训班和专业咨询业务。
5. 制定成员共同遵循的经营标准、行规会约,并据此进行仲裁与调解。
6. 对行业的经营管理和发展问题进行调查研究,并采取相应措施加以解决。
7. 阻止行业内部的不合理竞争。

二、旅游行业组织的种类

旅游行业组织按地域可分为全球性旅游行业组织、世界区域性旅游组织、全国性旅游组织和国内区域性旅游组织等。

旅游行业组织按会员性质可分为旅游交通机构或企业组织、饭店与餐饮业组织、旅行社协会组织,以及由旅游专家和研究人员组成的旅游学会等。

三、我国的旅游行业组织

教学互动7-2

问题:旅游行业的三大支柱是什么?由此你联想到我国有哪些旅游行业组织?

(一)中国旅游协会

中国旅游协会(网址:http://www.chinata.com.cn)是由中国旅游行业相关的企事业单位、社会团体自愿组成的全国性、行业性社会团体,是非营利性社会组织,具有独立的社团法人资格。它是1986年1月30日经国务院批准正式成立的第一个旅游全行业组织。

中国旅游协会的主要任务是:

(1)对旅游业发展的战略、管理体制和有关方针政策、国内外旅游业发展态势和实践经验等进行调查研究,向国务院、国家旅游主管部门和有关方面提供建议和咨询。

图7-4 中国旅游协会标志

(2) 联系各旅游行业组织、旅游学术团体以及旅游企事业单位,交流情况和经验,研究有关问题,探索解决方法,促进旅游经营管理水平的提高。

(3) 加强旅游经济等理论研究,开展学术交流活动。

(4) 编辑出版有关刊物、资料,传播交流国内外旅游信息和研究成果。

(5) 开展与国外旅游同行业组织的友好交往,促进旅游科技交流与合作。

(6) 向政府有关部门反映国内外旅游者的意见和建议,承担政府和旅游主管部门交办的任务,接受旅游企事业单位委托的当办事宜等。

目前协会设立了9个分会和专业委员会,即:温泉旅游分会、旅游城市分会、旅游教育分会、旅游商品与装备分会、休闲度假分会、休闲农业与乡村旅游分会、民宿客栈与精品酒店分会、妇女旅游委员会和民航旅游专业委员会。协会的组成具有广泛代表性。

教学互动7-3

问题:中国旅游协会为什么要召开小费问题小型座谈会?

(二)中国旅行社协会

中国旅行社协会(网址:http://cats.org.cn)成立于1997年10月,是由中国境内的旅行社、各地区性旅行社协会或其他同类协会等单位,按照平等自愿的原则组成的全国旅行社行业的专业性协会,经中华人民共和国民政部正式登记注册的全国性社团组织,具有独立的社团法人资格。

图7-5 中国旅行社协会标志

协会的主要任务是:

(1) 宣传贯彻国家旅游业的发展方针和旅行社行业的政策法规。

(2) 总结交流旅行社的工作经验,开展与旅行社行业相关的调研,为旅行社行业的发展提出积极并切实可行的建议。

(3) 向主管单位及有关单位反映会员的愿望和要求,为会员提供法律咨询服务,保护会员的共同利益,维护会员的合法权益。

(4) 制定行规行约,发挥行业自律作用,督促会员单位提高经营管理水平和接待服务质量,维护旅游行业的市场经营秩序。

(5) 加强会员之间的交流与合作,组织开展各项培训、学习、研讨、交流和考察等活动。

(6) 加强与行业内外的有关组织、社团的联系、协调与合作。

(7) 开展与海外旅行社协会及相关行业组织之间的交流与合作。

(8) 编印会刊和信息资料,为会员提供信息服务。

相关链接7-3

中国旅行社协会研究中心成立

为探索旅行社转型升级发展策略,强化协会决策咨询制度,提高协会工作水平和决策的科学性,为旅行社行业发展提供可靠的理论支撑,中国旅行社协会研究中心日前正式成立,并于2017年2月25日在京召开首次专家座谈会。

中国旅行社协会秘书长孙桂珍介绍,协会研究中心首批特聘专家共9名,主要来自协会会长、副会长单位和中国旅游协会旅游教育分会的提名推荐。座谈会上,专家结合各自的研究领域和方向,就中国旅行社协会2017年工作规划提出意见,建言献策。专家纷纷表示,研究中心将结合旅行社行业、会员企业、协会工作实际发展需要,针对行业发展的热点、难点问题深入研究,发挥好参谋顾问作用。

据介绍,研究中心作为中国旅行社协会的内设机构,将发挥业界专家的智慧,协助协会研究一些长远的、前瞻性的问题,参与行业发展规划制定、发展趋势研究、行业的调研以及相关标准、规范的研究制定工作,同时为协会工作提供咨询和建议等。

(资料来源:中国旅行社协会研究中心成立[N].中国旅游报,2017-02-28)

(三)中国旅游饭店业协会

中国旅游饭店业协会成立于1986年2月25日,是中国境内的饭店和地方饭店协会、饭店管理公司、旅游院校、饭店用品供应厂商等相关单位,按照平等自愿的原则结成的全国性行业协会。其宗旨是代表和维护中国旅游饭店业的共同利益,维护会员的合法权益,倡导诚信经营,引导行业自律,规范市场秩序;在业务主管部门国家旅游局的指导下,为会员服务,为行业服务,在政府与企业之间发挥桥梁和纽带作用,为促进中国旅游饭店业的健康发展做出积极贡献。

中国旅游饭店业协会的会员包括全国饭店业中知名度高、影响力大、服务规范、信誉良好的星级饭店,以及国际著名饭店集团在内地管理的饭店。

中国旅游饭店业协会于1994年正式加入国际饭店与餐馆协会(英文缩写为IH&RA),成为其国家级协会会员。

图7-6 中国旅游饭店业协会标志

中国旅游饭店业协会的主要任务是:

(1) 宣传、贯彻国家有关旅游业的发展方针和旅游饭店行业的政策、法规;向业务主管单位反映会员的愿望和要求。

(2) 组织会员订立行规行约并监督遵守,维护旅游行业的市场秩序。

(3) 进行饭店业的调查研究,对行业数据进行科学统计和分析,对行业发展现状和趋势做出判断和预测,向政府有关部门提供会员单位经营管理的成功经验,协助饭店业务主管单位搞好行业管理。

(4) 总结、交流旅游饭店的工作经验,收集国内外饭店业的信息。

(5) 接受政府有关部门委托或根据市场和行业发展需要,组织开展饭店的培训、研讨、考察及有关产品展览等工作。

(6) 对相关标准开展认证、参与实施等工作。

(7) 开展与海外饭店餐馆协会等相关行业组织之间的交流与合作。

(8) 编辑会刊《中国旅游饭店》和信息资料,建立中国旅游饭店网站,为会员单位提供信息服务。

(9) 协助国家旅游局检查旅游涉外饭店星级评定工作。

(四)中国饭店协会

中国饭店协会成立于1994年,是由从事饭店和餐饮业经营的企事业单位、有关产业链机构和经营管理人员自愿结成的全国性、行业性社会团体。其业务主管部门是商务部。其宗旨是:全面贯彻创新、协调、绿色、开放、共享的发展理念,建设资源节约型、环境友好型社会,以"品质化、互联网、产业链"为指引,面向住宿餐饮行业,反映会员愿望,传达贯彻国家有关政策,推进行业适应消费升级进行供给侧改革,促进行业向质量和品牌转型,提升行业人力资源队伍和管理服务水平,为推动住宿和餐饮业向现代生活方式转型做出贡献。

图7-7 中国饭店协会标志

中国饭店协会的主要任务是:

(1) 积极参与制定行业国家标准、行业标准与行业自律规则。受政府委托组织实施《绿色饭店》国家标准、《经济型饭店经营服务规范》《文化主题饭店经营服务规范》《商务饭店经营服务规范》《餐饮业服务质量评估规范》等数十个行业标准。

(2) 开展品牌服务,帮助优秀会员企业境内外上市、申请中国驰名商标、中华老字号等工作,开展"绿色饭店""中国美食名城""中国餐饮名店""国际餐饮名店"的品牌创建工作。

(3) 适应消费升级和产业结构调整的要求,推动公寓、温泉、民宿客栈、农家乐、休闲度假、特色餐饮、快餐团餐、火锅餐饮、健康养生餐饮等新业态的发展。

(4) 开展饭店职业经理人、客房、餐饮、财务、工程、人力资源、市场营销等全国饭店业培训活动。

(5) 出版《中国饭店业》会员刊物,及时更新协会官方网站(www.chinahotel.org.cn)和官方微信,方便会员单位及时掌握国内外饭店与餐饮业的最新动态。

图7-8 中国旅游车船协会标志

(五)中国旅游车船协会

中国旅游车船协会成立于1988年1月,是由全国各旅游汽车和游船企业自愿组成的联合组织,其业务主管部门是国家旅游局。

中国旅游车船协会的宗旨是:加强对旅游车船行业的理论研究和经验交流;组织旅游车船行业在信息、人才、物资诸方面的协作;促进我国旅游车船事业的改革与发展,更好地为旅游事业服务。

(六) 中国乡村旅游协会

中国乡村旅游协会,原名中国农民旅游业协会,于1987年12月成立。1990年10月29日协会第六次常务理事扩大会议上原则同意更名为"中国乡村旅游协会"。该协会是由广大乡村旅游事业的专家、学者、知名人士和有关的单位、团体等组成的乡村旅游领域中的全国性行业组织。其业务主管部门是国家旅游局。

该协会的宗旨是:大力发展具有中国特色的乡村旅游业,探索国际、国内旅游业发展的新趋势,促进我国乡村精神文明和物质文明建设,为中国旅游业的全面发展做出贡献。协会在政府有关部门和会员之间,发挥桥梁与纽带作用,为会员提供信息、经验和服务,维护会员合法权益。

四、世界旅游行业组织

(一) 世界旅游组织(World Tourism Organization——UNWTO)

世界旅游组织是联合国下属专门旅游机构,最早由国际官方旅游宣传组织联盟(IUOTPO)发展而来。1925年5月4日至9日在荷兰海牙召开了国际官方旅游协会大会。1934年在荷兰海牙正式成立国际官方旅游宣传组织联盟。第二次世界大战中该组织停止活动。1946年10月1日至4日在伦敦召开了首届国家旅游组织国际大会,并成立专门委员会研究重建该联盟。1947年10月在巴黎举行的第二届国家旅游组织国际大会上决定正式成

图7-9 世界旅游组织标志

立官方旅游组织联盟(International Union of Official Tourist Organizations——IUOTO),即世界旅游组织的前身,总部设在伦敦,1951年迁至日内瓦。1975年5月该组织改为现名,总部迁至马德里。1976年成为联合国开发计划署在旅游方面的一个执行机构。2004年,该组织成为联合国下属专门机构。为了避免混淆,从2005年起,世界旅游组织的英文缩写由原来的"WTO"改为"UNWTO",以示与世界贸易组织(WTO:World Trade Organization)的区别。

世界旅游组织是目前世界上唯一全面涉及国际间旅游事务的全球性政府间机构,同时也是当今旅游领域中最具知名度并且最具影响力的国际性组织。

世界旅游组织的基本宗旨是:通过推动和发展旅游,促进各国的经济发展与繁荣,增进国际间的相互了解,维护世界和平,并强调在贯彻这一宗旨时,要特别注意发展中国家在旅游事业方面的利益。

世界旅游组织成员分为正式成员(主权国家政府旅游部门)、联系成员(无外交实权的领地)和附属成员(直接从事旅游业或与旅游业有关的组织、企业和机构)。联系成员和附属成员对世界旅游组织事务无决策权。

我国于1983年10月5日加入世界旅游组织,成为该组织第106个正式成员国。1987年

9月,我国当选为世界旅游组织执行委员会新成员,同时为东亚和太平洋地区委员会副主席。

世界旅游组织的组织机构包括全体大会、执行委员会、秘书处和地区委员会。全体大会为最高权力机构,每两年召开一次,审议该组织重大问题。执行委员会每年至少召开两次会议。秘书处负责日常工作,秘书长由执委会推荐,大会选举产生。地区委员会属于非常设机构,负责协调、组织本地区的研讨会、工作项目和地区性活动,每年召开一次会议。地区委员会共有5个,分别为欧洲、美洲、亚洲和太平洋、非洲及中东。5个地区委员会的划分,和世界旅游组织在研究世界旅游业时惯用的统计分类方法一致,此5个地区就是全球五大旅游市场。

作为全面涉及国际旅游事务的机构,世界旅游组织在开展工作方面所涉及的活动很多。就全球性的活动而言,主要包括:

(1) 向发展中国家传播旅游目的地管理知识。在这方面,世界旅游组织以其在旅游领域内几十年的工作经验,帮助各国实现旅游业的可持续发展,以确保旅游经济效益的实现不会以破坏环境和当地文化为代价。

(2) 开展旅游统计与调研。世界旅游组织以其统计和调研工作而闻名。这方面的工作主要包括:制定有关旅游测量工作的国际标准,测量旅游对各国经济的影响,预测旅游发展趋势,出版旅游调研成果等等。

(3) 支持旅游领域的人力资源开发。近年来,这类工作主要涉及两个方面:一是为旅游教育工作设立标准,包括旅游教育机构的资质认证(TedQual)以及旅游专业毕业生的能力测试(GTAT)。这些工作的开展客观上起着推进旅游专业教学课程的标准化、使旅游专业学位具有国际可比性的作用。二是为成员国的旅游官员举办专题讲座,提供远程教育及实习机会。

(4) 采取务实措施推动世界旅游的发展。在这方面,世界旅游组织的工作主要包括:致力于消除或减少政府对入出境旅游的限制;制定有关旅行自由、残疾人无障碍旅行、旅行安全等方面的技术标准;充当国际旅游信息交换中心的角色。

除了上述全球性活动之外,世界旅游组织还通过其5个地区委员会开展地区性活动,其中包括:

(1) 作为成员国旅游行政机构与联合国开发计划署之间的桥梁和纽带,帮助促成特定的旅游开发项目。

(2) 为地区内的成员举办专题研讨会。

(3) 针对共同存在的问题,组织地区性会议,交流经验和探讨解决方案。

同步案例 7-3

UNWTO 第 22 届全体大会在成都成功举办

2017年9月16日,联合国世界旅游组织(UNWTO)第22届全体大会完成了所有议程,在中国成都圆满闭幕。

来自全球137个国家和地区、41个国际组织的1 000多名与会代表参加了本次大会,其中部长级参会者达到70余人。其间,共召开了6次全体大会、30余场专题和区域性会议,组织开展了技术考察等活动,并增加了国际智慧旅游论坛等内容。联合国世界旅游组织秘书长塔勒布·瑞法依说:"毫无疑问,UNWTO 第 22 届全体大会是 UNWTO 历史上参会人数最多、规模最大的一次盛会。"候任秘书长祖拉布·波洛利卡什维利说:"我对此次全体会议组织和宣传的高规格印象深刻。"

在各国代表共同努力下,大会取得了一系列成果。本届大会围绕可持续旅游发展的现状与前景展开讨论,共同规划设计了可持续发展的旅游方案;成功举办了"一带一路"旅游部长会议,发布了《"一带一路"旅游合作成都倡议》;产生了下一届联合国世界旅游组织秘书长;通过了《旅游道德框架公约》(草案);决定下一届大会于 2019 年在俄罗斯圣彼得堡举办。此外,大会期间,与会的 1 000 多名代表共同见证了世界旅游联盟在成都成立。该联盟是由中国发起成立的旅游业第一个全球性、综合性、非政府、非营利国际旅游组织,创始会员 89 家,来自五大洲 29 个国家和地区。

(资料来源:焦点新闻.中华人民共和国国家旅游局官网.编者根据需要作了整合)

讨论:(1)参加联合国世界旅游组织的 1 000 多名代表根据其代表身份分为哪几种类型?(2)其新一届秘书长是怎么产生的?(3)全体大会多长时间召开一次?

1971 年,世界旅游组织的前身国际官方旅游组织联盟根据非洲国家官方旅游组织的意见,提出创立世界旅游日的设想。1979 年 9 月 27 日,世界旅游组织第三次代表大会正式决定,每年的 9 月 27 日为世界旅游日。这是旅游工作者和旅游者的节日。创立该节日的目的在于加强旅游宣传,引起人们对旅游的重视,促进各国在旅游领域的合作。把 9 月 27 日定为世界旅游日,是因为国际官方旅游组织联盟于 1970 年 9 月 27 日在墨西哥城的特别代表大会上通过了将要成立的世界旅游组织的章程。此外,这一天恰好是北半球的旅游旺季刚过去,而南半球的旅游季节即将到来的时候,正是世界人民旅游、度假的好时节。

世界旅游组织为每年世界旅游日提出一个宣传口号(参见表 7-1),以突出旅游宣传重点。世界各国根据这一口号的精神,开展旅游宣传,共同推动世界旅游业的发展。

表 7-1 2000 年以来世界旅游日的宣传口号

年份	宣传口号
2000	技术和自然:21 世纪旅游业的双重挑战
2001	旅游业:和平和不同文明之间对话服务的工具
2002	旅游经济:可持续发展的关键
2003	旅游业:消除贫困、创造就业和社会和谐的驱动力
2004	旅游拉动就业
2005	旅游与交通——从儒勒·凡尔纳的幻想到 21 世纪的现实
2006	旅游让世界受益
2007	旅游为妇女敞开大门
2008	旅游:应对气候变化挑战
2009	旅游:庆祝多样性
2010	旅游与生物多样性
2011	旅游:连接不同文化的纽带

续表 7-1

年份	宣传口号
2012	旅游业与可持续能源:为可持续发展提供动力
2013	旅游与水:促进旅游业在保护水资源上的作用
2014	快乐旅游,公益惠民
2015	"十亿名游客,十亿个机会"
2016	旅游促进发展,旅游促进扶贫,旅游促进和平
2017	可持续旅游:一个促进发展的途径

相关链接 7-4

中国旅游日

中国旅游日(5月19日)是国务院于2011年批准的非法定节假日。该节日起源于2001年5月19日,浙江宁海人麻绍勤以宁海徐霞客旅游俱乐部的名义,向社会发出设立"中国旅游日"的倡议,建议将《徐霞客游记》开篇之日(5月19日)定名为"中国旅游日"。2009年12月1日,国务院下发了《关于加快发展旅游业的意见》,提出了要设立"中国旅游日"的要求。2009年12月4日,国家旅游局正式启动了设立"中国旅游日"的相关工作。2011年3月30日,国务院常务会议通过决议,自2011年起,每年5月19日为"中国旅游日"。

众所周知,徐霞客是我国明代伟大的旅行家、地理学家、史学家、文学家。《徐霞客游记》既是系统考察祖国地貌地质的地理名著,又是描绘华夏风景资源的旅游巨篇,因此将5月19日《徐霞客游记》开篇日确定为"中国旅游日",在文化内涵上与旅游联系密切,在时间上具有旅游的普适性。其时,全国大部分地区正值仲春和暮春,是旅游的黄金季节。另外,在认识上具有广泛共识,无论是政府部门、人大代表、政协委员,还是专家学者、普通百姓,都对这个日期较为接受,有现实的基础。

(二) 世界旅游业理事会(World Travel & Tourism Council——WTTC)

世界旅游业理事会成立于1990年,由美国前国务卿基辛格发起,总部设在伦敦。该组织是全球旅游业的商业领袖论坛组织,其成员包括全球旅游业中近百位最著名企业的总裁、董事长和首席执行官。作为全球范围内代表世界旅游业界企业们的唯一机构,对全球旅游业有着其独特的影响力和见解。该组织以"提升政府、公众认识旅游、旅行对经济和社会影响力"为核心任务,通过与各国政府通力合作,推动旅游

图 7-10 世界旅游业理事会标志

资源的开发,拓展国际旅游市场。WTTC为保持其组织的高规格和权威性,实行定额邀请加淘汰式会员制。会员企业必须达到全球性的经营范围,或者被认为是行业或者地区内的重要参与者,才有资格被邀请加入。

由世界旅游业理事会举办的世界旅游旅行大会自2000年起,每年4月或5月在世界不同城市召开,通过举办峰会、专项会议和社交活动,探讨全球旅游界关注的重大问题,旨在实现旅游业内公共及私有部门决策者最具实效的对话。大会的主要参加者包括WTTC会

员、相关国家政要、各国知名旅游企业领导、旅游学术界知名人士和世界著名媒体,被称为"旅游界的奥林匹克"。第十届世界旅游旅行大会于2010年5月25日至27日在中国北京举行,第十四届世界旅游旅行大会于2014年4月24日至25日在海南三亚海棠湾举行,显示了中国旅游业在国际旅游中的重要地位。

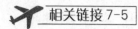
相关链接 7-5

2016世界旅游旅行大会聚焦"中美旅游年"

2016年4月12日,一年一度的世界旅游旅行大会在美国得克萨斯州达拉斯举行。此次大会吸引了众多国家政府、旅游旅行机构,以及知名的旅游业界企业的参与。与会者针对旅游安全、持续性,以及地缘政治动荡和科技发展对旅游业带来的影响做了深入讨论。在大会期间,中美旅游年受到了普遍关注。

大会主办方、世界旅游业理事会(WTTC)首席执行官大卫·斯科斯尔表示,旅游旅行已经构成世界经济的重要组成部分。全球的旅游业每年贡献7.2万亿美元,对全球经济的贡献率约占世界GDP总量的10%,同时也提供了世界上9%的就业(2.77亿个职位)。

大卫·斯科斯尔特别提到了中国旅游业的亮眼表现,他说,去年中国在股市和汇市经历了一些冲击,但是并未拖累旅游业增长。一旦人们开始旅行,他们就不愿停下脚步。中国旅游业已然是仅次于美国的全球第二大旅游业——将在未来十年中每年增长7%,超过4%的全球增速,并将在2024年超过美国的规模。

美国商务部部长普里茨克在讲话中也提到,旅游业除了在经济上的可观贡献,在增强国与国之间的联结和人民之间的相互了解方面有不可估量的作用。普利兹克表示,他十分看好中美两国间政府和私营企业合作共同推动旅游业发展。2016年也是中美两国领导人共同倡议发起的中美旅游年。如今,旅游年的各项合作正在由美国商务部和中国国家旅游局共同实施完成。目前,中美旅游年已经取得了一些阶段性成果,例如今年3月启动的"千名美国游客游长城活动"。

世界旅游业理事会的中国会员单位北京首旅集团代表在大会上表示,近年来中国出境游一直增长强劲,尽管世界经济增速放缓,但是去年中国消费者引发了一场旅游观光热潮。2015年,中国游客在中国内地以外地区的消费额达2 150亿美元,较2014年的1 400亿美元增长了53%。中国出境游人数、境外旅游消费连续三年位居全球第一,对全球旅游收入的贡献年均超过13%,国际影响力日益增强,旅游大国的地位和作用凸显。随着中国出境游市场的强劲增长,以及各国在政策面的持续向好,将带动全球的出境游规模和消费,旅游产业发展正顺势而上,成为拉动经济增长的主要驱动力。

泰国旅游体育部部长Kobkarn Wattanavrangkul女士在大会上宣布,明年的世界旅游旅行全球高峰会将在泰国曼谷举办。

(资料来源:王竹.2016世界旅游旅行大会聚焦"中美旅游年"[EB/OL].国际在线,2016-04-12)

(三) 太平洋亚洲旅游协会(Pacific Asia Travel Association——PATA)

在我国,人们通常将太平洋亚洲旅游协会简称为"亚太旅游协会"。该协会成立于1951年,最初用名为太平洋地区旅游协会(Pacific Area Travel Association),1986年更名为太平洋亚洲旅游协会。这是一个民间性、行业性、地区性、非政府间的国际旅游组织,其成员有国家旅游组织,也有各种旅游协会和旅游企业。

该协会的宗旨是发展、促进和便利世界其他地区的旅游者前来太平洋周边地区各国旅游,以及发展、促进和便利该地区内各国居民在该地区内开展国际旅游。由于该协会在推动旅游业发展方面所发挥的巨大而务实的作用,特别是其举办的太平洋旅游博览会,为会员提供了旅游产品供需的谈判场所和各种商机,因此该协会受到亚太地区旅游界的普遍重视。

图 7-11 太平洋亚洲旅游协会标志

该协会开展的工作主要体现在以下几个方面:

(1) 在信息服务方面,该协会通过其战略信息中心及时为会员提供有助于其业务策划、产品开发和市场营销工作的调研信息,使会员能够把握最新的行业发展趋势。

(2) 在市场营销方面,该协会的工作重点是影响世界上更多的人前来亚太地区旅游,以及促进本地区居民在本地区内开展旅游。为此,该协会致力于帮助各地会员提高营销技术和开拓新的客源市场。

(3) 在旅游开发活动方面,该协会的工作主要集中于改善和提升新兴目的地的设施与服务,提高现有旅游目的地的接待能力,维护区内各地的旅游资源,特别是保护区内各旅游目的地的遗产资源。

(4) 在旅游调研方面,该协会每年召开一次旅游调研工作会议,出版亚太地区旅游统计年度报告,并组织会员开展合作调查研究。

该协会组织举办的大型活动主要有两项:一是本协会的年会,另一则是商业性色彩较浓的 PATA 旅游博览会。全体成员参加的年会每年选在一个成员国中举办,主要讨论本地区旅游发展目前的状况、需要以及存在的问题。全体成员参加协会每年一度的年度业务会议。年度业务会议都有特定的选题,以帮助会员更新旅游业务知识。PATA 旅游博览会(PATA Travel Mart)旨在将旅游产品的买卖双方聚到一起,为其洽谈业务提供机会和场所。

目前,该协会的行政总部设在美国加州的奥克兰,运营总部自 1998 年 9 月迁至泰国的曼谷,其他办事机构分设在悉尼和摩纳哥。

我国国家旅游局于 1993 年代表中国加入该协会。

相关链接 7-6

亚太旅游协会(PATA)举行第 65 届年度峰会暨理事会选举会

2016 年 5 月 18—22 日,亚洲太平洋旅游协会(PATA)在美国关岛举行了第 65 届年度峰会暨理事会选举会。北京市旅游委派员参会,北京旅游行业协会、凯宾斯基饭店等业界代表同时参会。本届峰会以"探索蓝色大陆的秘密"为主题,下设"打破常规,求同存异""超级链接,无形资产""自驾跟团,孰优孰劣"等分议题,深入探讨了旅游行业在实现可持续发展进程中面临的机遇与挑战。

5 月 21 日下午,亚太旅游协会会员全体代表大会通过表决,选举北京市旅游发展委员会为亚太旅游协会新一届理事会政府理事单位(共有 14 个国家和地区旅游行政部门当选),卢川同志为理事,任期两年。

PATA 首席执行官马里奥·哈迪在 2015 年工作报告中分析介绍了世界及亚太旅游业的最新动态和趋势,多次提到与中国旅游业的合作成果,肯定了中国旅游业增长对全球旅游起到了重要推动作用。对于 2016 年的工作计划,PATA 制定了多项战略:通过充分与中国、日本、韩国等热点旅游市场的合作,加强 PATA 的区域领导地位;保持和提高与会员之间的关系;通过特定产品和服务,为会员带来更多的价值;提升 PATA 在亚太地区的媒体宣传领导地位;联合重要的行业合作伙伴,提高 PATA 品牌的实力和影响力;通过与行业伙伴的合作,联系亚太地区以外的目的地国家等。PATA 还特别表示要进一步加强与中国国家和地方旅游局的战略合作,推动亚太旅游业的快速增长。本届年会共有来自美国、中国、日本、韩国、泰国、马来西亚等 30 多个国家和地区的政府旅游部门和相关旅游企业 400 余名代表出席了会议。

(资料来源:北京市旅游委.市旅游委参加 2016 亚太旅游协会(PATA)第 65 届年度峰会暨理事会选举会[EB/OL].国家旅游局官网,2016-06-03.编者根据需要作了改动)

(四) 世界旅行社协会联合会(Universal Federation of Travel Agents' Association——UFTAA)

世界旅行社协会联合会于 1966 年 11 月 22 日成立于意大利的罗马。它由 1919 年在巴黎成立的欧洲旅行社组织和 1964 年在纽约成立的美洲旅行社组织合并而成,总部设在比利时的布鲁塞尔。

世界旅行社协会联合会是一个专业性和技术性组织,其会员是世界各国的全国性旅行社协会,每个国家只能有一个全国性的旅行社协会代表该国参加。联合会共有近 100 个国家的全国性旅行社协会参加,代表 1 500 多家旅行社和旅游企业。此外,联合会还接纳有营业执照的旅行社为"联系会员"。联合会的组织机构包括全体大会、理事会、执行委员会和总秘书处。主要活动为每年一次的世界旅行代理商大会,并出版月刊《世界旅行社协会联合会信使报》。

世界旅行社协会联合会的宗旨包括以下几个方面:团结和加强各国全国性的旅行社协会和组织,并协助解决会员间在专业问题上可能发生的纠纷;在国际上代表旅行社会员同旅游业有关的各种组织与企业建立联系,进行合作;确保旅行社业务在经济、法律和社会领域内最大限度地得到协调,赢得信誉,受到保护并得到发展;向会员提供所有必要的物质上、业务上和技术上的指导和帮助,使其能在世界旅游业中占有适当的地位。

(五) 国际饭店协会(International Hotel Association——IHA)

国际饭店协会是旅馆和饭店业的国际性组织,于 1947 年在法国巴黎成立,总部设在巴黎。该协会下设 8 个委员会:财务委员会、法律委员会、经济政策研究委员会、出版发行委员会、宣传推销委员会、旅行社业务委员会、旅馆专业培训委员会、会员联系事务委员会。

国际饭店协会的宗旨是:联络各国饭店协会,研究国际旅馆业和国际旅游者交往的有关问题;促进会员间的交流和技术合作;协调旅馆业和有关行业的关系;维护本行业的利益。

该协会的会员分为正式会员和联系会员。正式会员是世界各国的全国性的旅馆协会或类似组织;联系会员是各国旅馆业的其他组织、旅馆院校、国际饭店集团、旅馆、饭店和个人。该协会的主要任务是:通过与各国政府对话,促进各国政府实行有利于旅馆业发展的政策,并给予旅馆业支持;参与联合国跨国公司委员会有关国际旅馆跨国企业方面的工作;

通过制定和不断修改来完善有关经济法律文件;协调旅馆与其他行业的关系;进行调研、汇集和传播市场信息,提供咨询服务;为各会员提供培训旅馆从业人员的条件和机会。

该协会出版发行信息性双月刊《对话》、月刊《国际旅馆和餐馆》和季刊《国际旅馆评论》以及年刊《国际旅馆指南》《旅行杂志》和《旅游机构指南》等。

(六)国际航空运输协会(International Air Transport Association—IATA)

国际航空运输协会是一个由世界各国航空公司所组成的大型国际组织,其前身是1919年在海牙成立并在二战时解体的国际航空业务协会,总部设在加拿大的蒙特利尔,执行机构设在日内瓦。

国际航空运输协会从组织形式上是一个航空企业的行业联盟,属非官方性质组织,但是由于世界上的大多数国家的航空公司是国家所有,即使非国有的航空公司也受到所属国政府的强力参与或控制,它制定运价的活动,也必须在各国政府授权下进行,因此该协会实际上是一个半官方组织。它的主要作用是通过航空运输企业来协调和沟通政府间的政策,并解决实际运作的问题。

该协会的宗旨是:为了世界人民的利益,促进安全、正常而经济的航空运输,对直接或间接从事国际航空运输工作的各空运企业提供合作的途径,与国际民航组织以及其他国际组织通力合作。

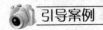

相关链接 7-7

国际航空运输协会:中国将成为世界最大航空市场

根据国际航空运输协会发布的消息,随着越来越多的人选择乘飞机出行,中国将于2024年超过美国,成为世界最大的航空市场。

国际航空运输协会发表预测指出,到2035年,航空旅行人数将达到72亿人次,比2016年的38亿人次几乎翻番。其中,中国境内值机人数、飞往中国以及从中国飞出的旅客人数将从2015年的4.87亿人次增加到2025年的9.27亿人次;相比之下,美国的航空乘客将从2015年的6.57亿人次增至2025年的9.04亿人次,增幅不到40%;印度航空旅行人数2025年将超过英国,成为世界第三大航空市场,乘机人数将从现有的2.56亿人次增至2.63亿人次;印度尼西亚将取代意大利,进入世界前十大航空市场。

(资料来源:国际航空运输协会.中国将成为世界最大航空市场[EB/OL].光明网,2016-10-28)

模块三 旅游行业管理的内容与方法

引导案例

土鸡卖"天价",监管不能缺位

据《现代快报》报道,扬州游客吴先生近日在连云港花果山景区游玩后,在景区门外一家饭店消费,遭遇店家宰客。他一共点了9个菜,账单价钱高达2 012元,其中一份野菜红烧土鸡更是被标出688元的"天价",后在警方的调解下,吴先生付了1 000元了事。

几个鸡块带一点蔬菜,竟被卖到688元。难怪有网友惊叹,这宰客得也太离谱。面对如此漫天要价,人们不禁要问,这家饭店为何宰客没商量?笔者认为,一方面是因为连云港餐饮行业价格放开,也就是各经营饭店可自行定价;另一方面是因为当地监管缺位,让明码标价和价格菜单成为"空中楼阁"。

按说,连云港放开餐饮行业价格是不该存在争议的。毕竟在市场经济条件下,少一些行政干扰,多一些市场自由调节和自行定价,更符合市场规律。但放开餐饮行业价格并不意味着可以漫天要价,还应遵循价值规律。如果当价格大大超出价值本身形成暴利,那就是不折不扣的宰客行为,这时就需要行政管理手段。显然,这家饭店的鸡块已经颠覆了价值规律,即便它有明码标价也早已超出合理区域,当地监管部门岂能坐视不理?

其实,纵观众多旅游景区餐饮业出现漫天要价的现象,一方面,经营成本确实偏高,但更重要的是当地监管部门的坐视不理乃至纵容,让他们成了一群"天价"制造者。反正来景区旅游,游客总是要就餐的,他们根本不会担心宰不到客。如果哪位游客因粗心不先行问价,等菜吃到肚子里就只剩挨宰的份了。到那时,他们硬把肉食鸡说成山鸡,硬把雪菜说成雪莲,游客又能奈何?

总之,那些不良饭店任性炮制出的"天价",以及不明码标价,已严重破坏了当地旅游市场秩序,当地监管部门不能再缺位。千万不要以为"天价"宰客,受伤害的只是游客。从长远看,更会自毁当地旅游景区的名声,影响外地客源流入,最终受伤害的还是当地的经济和形象。

(资料来源:王恩亮.土鸡卖"天价"监管不能缺位[N].中国旅游报,2015-08-03)

思考:为什么会出现"天价"土鸡现象?哪些部门可以对不良饭店进行监管?旅游行业管理的对象和主体是什么?管理的手段和内容又是什么?

一、旅游行业管理的对象和主体

(一) 旅游行业管理的对象

旅游行业管理的对象有狭义与广义之分。狭义的旅游行业管理对象是指直接从事旅游经营活动的企业,根据经营业务范围来分,可以分为旅行社业、以饭店为代表的住宿业、旅游交通运输业、旅游景区等四大旅游经营行业的企业。广义的旅游行业管理对象不仅包括直接从事旅游经营活动的企业,而且还包括旅游餐饮业、旅游娱乐业、旅游商品、旅游信息、旅游咨询等旅游辅助类行业,以及旅游教育、法律服务、医疗服务等旅游延伸行业的企业和社会机构。

(二) 旅游行业管理的主体

旅游行业管理的主体是政府主管部门和行业组织,与上述旅游管理体制的主体一致。

政府的基本功能是行政功能。行政功能有多种划分,从所发挥作用的领域看,可以划分为政治功能、经济功能、文化功能、社会功能等。其中,经济功能是通过政府管理经济的政府部门实施领导、组织和管理社会经济来实现的。行业管理也是政府经济功能的体现。

行业组织作为行业管理主体之一,既是政府管理职能的延伸,又是行业整体利益的代表,因此,其实质是介于政府和企业之间的市场中介性组织。

完整的行业管理主体应当是政府的行业管理部门与市场自发形成的行业管理组织的有机结合。因为市场自然形成的行业管理组织有活力,但缺乏权威;而政府的行业管理部门有权威,但容易顾此失彼,难以兼顾每一个具体行业的实际情况,缺乏应对市场竞争所必需的灵活性。

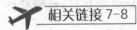

政府主导的行业管理模式

在国外,旅游业主要有以下三种行业管理模式:政府管理模式、企业管理模式、协会或组织管理模式。三种模式相互配合,发挥积极作用。

在我国旅游行业的管理工作中,政府一直发挥着主导作用。中央政府制定旅游业发展的总体规划;各地区政府部门根据本地实际情况,制定自己的旅游业发展规划,规定旅游业市场准入的标准,严格控制旅游项目的审批程序。总之,在旅游业的发展过程中,政府起着主导作用,而各旅游协会、组织、旅游企业等必须按照政府部门的相关规定,进行旅游业的行业管理工作。

政府主导的行业管理模式,确实促进了我国旅游行业的健康发展。相比国外其他两种管理方式,我国政府主导的管理模式,具有很多优点:第一,管理力度更大,效果更明显,有利于规范旅游市场,促进旅游业的正常运转;第二,提供大量的发展资金,为旅游业发展规划的具体实施提供物质保障;第三,更加容易获取信息,有利于旅游业向"国际化"发展。

但是这种旅游行业的管理模式也有其不足之处,随着我国经济的进一步发展,市场化水平进一步提高,这种政府主导的管理模式面临着巨大的挑战。政府必须转变职能,才能积极地应对挑战。

(资料来源:卢红梅.我国旅游行业管理中的政府行为与旅游管理体制探讨[J].现代营销,2014(07):028)

二、旅游行业管理的主要内容

(一)市场引导和监管内容

通过长远规划和短期计划,引导行业的投资和经营方向;通过产业政策和可能的经济杠杆,调节市场供求关系;通过建立执法队伍,进行运行监督。

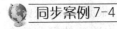

吉林省首支旅游警察队伍亮相长白山

连日来,细心的游客在长白山景区内外会发现这样一群人——他们着装整齐、精神饱满、穿着醒目的反光背心、统一佩戴有"旅游警务"字样的天蓝色袖标,在景区的各个景点和城区的大街小巷巡逻,他们就是长白山旅游警察。

2017年7月3日,长白山公安局全面启动旅游警察综合监管机制,这标志着长白山公安局成为吉林省首个设立旅游警察的公安机关。

据悉,旅游警察的职责是维护长白山旅游市场秩序和旅游治安环境;负责办理社会影响大、涉及侵害旅游活动参与者人身和财产安全的违法犯罪案件;依法监督检查、指导各旅游景点的内部安全保卫工作等。小到问路、物品遗失,大到被敲诈勒索,凡是与旅游相关的事情,旅游警察都会介入解决。

相关负责人介绍,建立旅游警察综合监管机制,就是为了更好地服务长白山旅游发展大局,提升旅游综合管理水平,旨在加强旅游安全管理,规范旅游市场秩序,通过不断加强统筹协作,形成整体合力,从而提升区域旅游形象,为长白山全域旅游发展保驾护航。

(资料来源:费菲.吉林省首支旅游警察队伍亮相长白山[N].中国旅游报,2017-07-21)

讨论:2015年10月5日,中国首支旅游警察——三亚市公安局旅游警察支队被正式批准挂牌成立。目前,全国大约已有14个省(区、市)成立了旅游警察队伍。为什么要建立旅游警察队伍?旅游警察的职责是什么?

(二)服务性内容

通过行业性服务,组织培育市场;直接进行重大经济技术项目的配置;组织行业性的市场营销,提高竞争力。

(三)协调性内容

协调与有关部门的关系,形成有利于行业发展的政策方针;指导和协调下级行业管理部门的工作;加强行业的国际联系,建立国际合作机制。

三、旅游行业管理的手段

(一)法律规范手段

我国目前可以依照的旅游法规有:《旅游法》《旅行社条例》《导游人员管理条例》《风景名胜区管理条例》《旅游涉外饭店星级的划分及评定》《游船星级的划分及评定》《旅游景区(点)等级的划分及评定》以及其他与旅游业相关的法规。例如关于低价旅游活动方面,《旅游法》第35条规定,旅行社不得以不合理的低价组织旅游活动,诱骗旅游者,并通过安排购物或者另行付费旅游项目获取回扣等不正当利益;《旅行社条例》第27条规定,旅行社不得以低于旅游成本的报价招徕旅游者。

同步案例7-5

国家旅游局公布处理20起"不合理低价游"等典型案件,依法治旅持续发力

2017年4月27日,国家旅游局召开新闻发布会,通报"不合理低价游"专项整治行动中查处的20起典型案件。

此次公布的20起典型案件,处罚金额最高的为海南省海口新国旅旅行社有限公司。该公司以总计3 840元的价格,组织了由34名游客参与的"海南三天二晚游",而该团队在旅游过程中的实际消费金额为15 276.55元。对此,海南省旅游委依据《海南经济特区旅行社管理规定》第十四条、第二十六条的规定,对其处以30万元罚款,对直接责任的主管人员石某某处以2万元罚款。

另一起不合理低价游案件中,云南天循国际旅行社有限责任公司以明显低于成本的每人600元团费,组织"昆明—大理—丽江—西双版纳七晚八天游"。昆明市旅发委依据《中华人民共和国旅游法》第三十五条、第九十八条"旅行社不得以不合理的低价组织旅游活动,诱骗旅游者,并通过安排购物或者另行付费旅游项目获取回扣等不正当利益"等规定,给予云南天循国际旅行社责令停业整顿一个月,并处20万元罚款的行政处罚。

国家旅游局有关负责人指出,此次通报的20起典型案件,是在国家旅游局督查督办下,地方旅游主管部门依据属地管理原则和《旅游法》等法律法规对违法违规企业作出的处罚。

案件查处中,各地坚持以事实为依据,以法律为准绳,对当事人主要违法事实、案件性质、处罚意见以及法律依据等都有清晰认定,充分体现了依法治旅的力度和成效。

(资料来源:国家旅游局官网 http://www.cnta.gov.cn/zwgk/scjd/201704/t 20170427_823545.shtml)

讨论: 国家和地方旅游主管部门对"不合理低价游"进行处理的手段是什么?具体的法律依据是什么?

(二)计划审批手段

我国政府部门积极制订包括旅游行业管理工作在内的旅游年度计划,同时鼓励制定旅游规划引导行业发展,行业管理工作的前瞻性得到了加强。严格执行旅行社企业设立许可、国际旅行社组团出境旅游经营资格许可、旅行社中越边境旅游经营许可、导游人员资格证书的颁发、旅游涉外饭店的审批及其星级评定等方面的管理制度。

(三)监理检查手段

监理检查手段被广泛应用于对各类旅游经营活动违规违纪行为的查处。被检查的对象既可能是企业,也可能是个人。检查的目的是维护市场秩序。主要通过旅游市场联合整治、旅游投诉理赔和旅行社年检等实现。

相关链接 7-9

三部委联合督察北京旅游市场秩序,"暑期行动"拉开序幕

2017年7月上旬,国家旅游局联合公安部、工商总局对北京市旅游市场秩序进行专项督查,拉开了全国旅游市场秩序综合整治暑期整顿行动的帷幕。此次督查,国家旅游局组织12个工作组对北京市313家旅游企业进行了随机抽检,查获涉嫌违法案件81起,涉案企业69家。同时还发现一批违法违规案件线索。

督查发现,北京"一日游"的问题严重,强制消费问题突出,长期以来一直为广大游客所诟病。同时,还存在企业和个人非法开展旅行社业务、超范围经营和组织"不合理低价游"等违法问题。其中,查获涉嫌非法经营案件38起,占比48%;涉嫌组织"不合理低价游"问题案件11起,占比13.5%。国家旅游局已将督查发现的违法案件列为督办案件,移交北京市旅游发展委员会做进一步调查处理。

国家旅游局相关负责人表示,通过组织大规模的督查行动,重点整治行业顽疾,坚决打击扰乱旅游市场秩序的违法行为,持续向行业、向市场传导整治压力,不断强化诚信经营导向,净化旅游消费环境,使幸福产业能给人民群众真正带来幸福感。

下一步,国家旅游局将继续组织开展对全国各地暑期整顿行动的督查工作,对旅游市场整治常抓不懈,努力实现旅游市场秩序的根本好转。

(资料来源:国家旅游局监管司.三部委联合督察北京旅游市场秩序,"暑期行动"拉开序幕[N].中国旅游报,2017-07-25)

(四)奖励指导手段

从1990年年底开始,我国每年都开展创优评先表彰活动,评出全国旅游行业先进集体和先进个人,评出全国十佳星级饭店、全国十强国际旅行社和全国十强国内旅行社,在旅游行业中广泛开展"青年文明号"和"文明示范窗口"等精神文明建设先进评选活动。这些活动有力地促进了我国旅游企业走上良性发展的轨道。

奖励指导手段主要体现在以下三个方面：一是指明前进和发展的总趋势；二是通过一种协商渐进的和平方式，说服大家自愿从事某项工作，遵守某项政策规定；三是公开相关的进程，以正式和非正式的各种渠道让有关各方了解管理的目的、意图、手段和步骤，尽可能地听取有价值的意见和建议。

（五）引导协调手段

除强制性的行政管理手段，我国还形成了一些引导旅游企业行为、服务旅游市场的制度和惯例，例如制定出台各级各类旅游规划、开展旅游标准化工作、旅游市场推广和旅游信息服务等。旅游市场引导和服务手段，体现了政府职能和行业管理方式的转变，更适应我国市场经济体制的发展状况，在今后的工作中应该得到进一步的强化。

旅游行业管理的每一次工作都包含协调。这是因为旅游产业涉及众多的产业部门和众多的行业以及若干具体业务项目，旅游管理职能也涉及众多的政府部门。纵横交错的复杂业务和职能结构，使得旅游业的任何一项政策建议和发展计划都需要取得广泛的支持才能推动进行下去。协调活动对实现旅游业发展的宏观和微观目标都十分关键。

四、中国旅游行业管理体制的发展情况

中国旅游行业管理体制发展的具体路径和内容如下：

（一）改革开放以前的旅游管理体制(1949—1977年旅游外事接待期)

改革开放以前，我国的旅游业呈现明显的政治特征，其主要职能就是外事接待。1963年以前，由于中国尚未成立专门旅游管理机构，因而只能由中国国际旅行社代替政府实施旅游管理职能。直到1964年，中国才成立旅游行政主管机构——旅行游览事业管理局。1965年，我国旅游业得到党中央、国务院的重视，并提出"政治挂帅，稳步前进，逐步发展"方针促进旅游业的发展。总体而言，"文革"之前中国旅游管理体制的特征是政企不分，实行"两块牌子，一套人马"的体制。"文革"期间，由于原有的政府管理体制被严重破坏，旅游工作一度陷入"瘫痪"状态，外事接待人数不断下降。这一时期，我国旅游管理模式是典型的政企合一，尚没有真正意义上的旅游企业，几乎不存在国内旅游。综合来看，由于这一时期的管理体制模式为政企不分，从而导致我国旅游业徘徊不前，甚至一度出现倒退的局面。

（二）中国旅游管理体制改革的起步阶段(1978—1991年旅游业培育期)

改革开放以后，党中央确立了以经济发展为本的经济体制改革模式，为促进旅游的快速发展，旅游管理体制也开始进行改革。1981年，国务院出台《关于加强旅游工作的决定》；1982年，旅游总局与国旅总社开始分家；1984年，国务院出台《关于开创旅游工作新局面几个问题的报告》，其核心要义是旅游管理部门简政放权；1985年，国务院继续出台《关于当前旅游体制改革几个问题的报告》和《旅行社管理暂行条例》；1986年，国家首次将旅游业列入国民经济和社会发展计划中；1988年，党的十三大确定"国家调控市场，市场引导企业"的原则，我国旅游管理体制改革得到进一步深化；1991年，国务院又出台《关于加强旅游行业管理若干问题请求的通知》，中国旅游业从此进入了产业化管制的时代。通过上述一系列政令的实施，极大地提升了国民旅游积极性，我国旅游事业出现了焕然一新的局面。在这一时期，中国旅游管理体制主要目的在于推动经济发展。

(三) 中国旅游管理体制改革的发展阶段(1992—1994年旅游产业形成期)

1992年以来,按照社会主义市场经济的各项要求,我国的旅游管理部门陆续开展了旅游行业的各项改革。1992年,全国试行《旅游商品定点生产企业审批及管理办法》。国务院于1993年明确"旅行游览事务局"为国务院直属单位,同年铁道部改制,广铁集团成立,市场环境与主管机构两方面的突变都标志着中国旅游业进入全新时期。1994年,国务院出台的《国家旅游局职能配置、内设机构和人员编制方案》对旅游管理体制改革产生了重要影响。在旅游产业的形成过程中,各级政府相继把旅游业作为国民经济发展的重要产业,甚至将旅游产业作为支柱产业、重点产业或先导产业来发展,从而大大促进了国内旅游的发展。

(四) 中国旅游管理体制改革的深化阶段(1995—2010年旅游产业发展期)

1995年,由国家旅游局发起,具有国际性意义的"全国旅游标准化技术委员会"在我国成立;1996年,国家旅游局颁布《旅行社管理条例》;1997年,铁道部开始实施资产经营责任制;1999年对外经济贸易部与旅游局联合行文《中外合资旅行社试点暂行办法》。这一系列政策法规,促进了旅行社业、旅游交通业的规范化发展。1998年,国务院办公厅印发国家旅游局机构改革"三定"方案,这一方案明确了国家旅游局的主要职能,这一时期官方把企业管理机制引进旅游管理体系,一些社团与协会开始进入旅游治理的主体中。

1995—2000年,中国旅游业开发了第一代旅游产品,旅游的内容以观光景区为主,主要采用两三天的短程游等走马观花的模式。初期的旅游产品比较单一,只能提供行、游、娱三个功能。自2001—2005年,中国旅游业以体验游为主要产品,因为旅游者需求升级,旅游产品多样化,旅游企业开始关注景点与人的互动,打造集吃、住、行、游、购、娱为一体的体验游;2006年以后,深度体验、主题文化等旅游形式得到了快速发展,旅游行程长达一周甚至几个月。这一时期是以经济建设型为主的体制,政府一直致力于资源配置,效果显著,从而使得旅游业得到了巨大的发展。

(五) 中国旅游管理体制改革的完善阶段(2011—2015年旅游产业成熟期)

2011年,我国人均GDP为5 431美元,按照经济学界的共识,当人均GDP达到5 000美元时,旅游业进入成熟的度假经济时期。度假客主要利用假日外出度假和休闲,进行以放松身心、康体、社交等为目的的旅游。随着互联网与旅游业的进一步深度融合,2014年我国在线旅游交易额达4 237.2亿美元。2015年1月,国家旅游局在西安启动"美丽中国——2015丝绸之路旅游年"仪式;至3月,国家发改委、外交部、商务部联合发布《推动共建丝绸之路经济带和21世纪海上丝绸之路的愿景与行动》,集中力量重建陆上与海上丝绸之路,突出旅游外交的经济带动作用。

在旅游发展成熟期,各地政府开始积极探索旅游业的转型升级,其具体做法主要有以下两个方面:第一,从休闲旅游中挖掘更多高层次的度假旅游产品;第二,一些中心城市与商务便利的旅游城市积极开发会展旅游。为促进商务旅游市场的良性发展,展览业协会与研究机构在这一时期积极发布年度发展报告,公布会展名城,各地开始出现协调商务旅行发展的专职部门。例如,北京旅游局新成立"高端旅游发展处",发展高端商务会展旅游;上海旅游局成立"国际旅游促进处",推广入境招揽式会议旅游产品;厦门在国内首次设置了与"旅游局"对等的"会展局",接管原商务局辖管的展览工作。

(六) 中国旅游管理体制的社会服务形成阶段(2016—2020年全域旅游时期)

2016年1月,中国政府多次重申"一带一路"政策思维,旅游局继续以"丝绸之路"为旅游宣传主题,加强与丝绸之路上的外交与旅游合作。目前,中国与印度等国家在合作方面已取得突破性进展。"美丽中国"与"神奇印度",同是人口大国,又都具有悠久的历史文化,再加上地理距离近,旅游消费价格相对便宜,中印旅游市场前景广阔。因此,中国政府倡议的"一带一路"政策,强化旅游外交中润物细无声的作用,使得中国旅游发展进入旅游大外交政策时期。同时,"大旅游""全域旅游""旅游服务社会"等概念也服务于旅游机构的自营媒体,这一时期最大的转变就是整体从景区旅游过渡到了全域旅游时期,中国旅游业的行政管制有望朝着"社会服务型"的旅游治理发展。

  教学互动7-4

小组讨论:"一带一路"经济发展战略对我国旅游业产生了哪些影响?

项目小结

- 旅游管理体制是指国家对整个旅游经济活动和运行进行协调与管理的组织形式、机构设置、职权划分和管理制度的总和。
- 旅游管理体制的主体有两个方面,即政府部门和行业组织;管理对象是旅游市场,即培育市场机制,建立市场规则,维护市场秩序,规范市场行为,为企业的发展创造良好的外部环境;行政、经济及法律是旅游管理体制的基本手段。
- 各国旅游管理体制模式有单设国家旅游部(局)模式、混合职能模式、旅游委员会模式及其他模式等。混合职能模式具体有旅游与交通相结合的模式、旅游与工商业相结合的模式、旅游与文化相结合的模式、旅游与环境资源相结合的模式、旅游与其他部门相结合的模式、旅游局下设在其他部门的模式等。
- 我国旅游行政管理部门的组织机构设置分三级,首先是由文化和旅游部作为国务院主管全国旅游业行政管理的直属机构,其次是各省、市、地区相应成立地方旅游行政管理组织,即省级(省、自治区和直辖市)旅游行政机构及地市级旅游行政机构。
- 旅游行业组织是指为加强行业间及旅游行业内部的沟通与协作,实现行业自律,保护消费者权益,促进旅游行业及行业内部各单位的发展而形成的各类组织,具有服务和管理两种职能。
- 旅游行业组织按地域可分为全球性旅游行业组织、世界区域性旅游组织、全国性旅游组织和国内区域组织等;按会员性质可分为旅游交通机构或企业组织、饭店与餐饮业组织、旅行社协会组织,以及由旅游专家和研究人员组成的旅游学会等。
- 我国主要的旅游行业组织有中国旅游协会、中国旅行社协会、中国旅游饭店业协会、中国旅游车船协会、中国乡村旅游协会。
- 世界主要的旅游行业组织有世界旅游组织、世界旅游业理事会、太平洋亚洲旅游协会、世界旅行社协会联合会、国际饭店协会、国际航空运输协会。
- 旅游行业管理的对象有狭义与广义之分。狭义的旅游行业管理对象是指直接从事旅游经营活动的企业;广义的还包括旅游辅助类行业,如旅游娱乐业、旅游商品、旅游信息、旅游咨询业等。旅游行业管理的主体是政府主管部门和行业组织,与前述旅游行业管理体制的主体一致。

- 旅游行业管理的主要内容主要有以下三方面：市场引导和监管内容、服务性内容、协调性内容。
- 旅游行业管理的手段有法律规范手段、计划审批手段、监理检查手段、奖励指导手段、引导协调手段。
- 中国旅游行业管理体制的发展路径：首先，改革开放以前的旅游管理体制，即旅游外事接待期；其次，中国旅游管理体制的改革经历了起步、发展、深化、完善阶段，即旅游业培育期及旅游产业的形成期、旅游产业发展期、旅游产业成熟期；再次，中国旅游管理体制的社会服务形成阶段，即全域旅游时期。

项目检测

（一）复习思考题

1. 如何理解旅游行业组织是政府和企业之间的市场中介组织？
2. 如何理解各国旅游管理体制模式的差异性？
3. 我国旅游行业组织的目前状况如何？
4. 简述世界旅游组织和太平洋亚洲旅游协会。
5. 如何理解旅游行业的管理对象？
6. 中国旅游行业管理体制的发展情况如何？

（二）实训题

1. 查阅资料，具体了解自己感兴趣的国家的旅游管理体制模式。
2. 利用互联网搜查世界上主要的旅游行业组织的动态新闻。
3. 浏览国家旅游局网站(http://www.cnta.gov.cn/)，列举出近半年来我国旅游行业管理的内容。
4. 试通过实地调研，看看自己学校所在地旅游局有哪些内设机构，其职能分别是什么。

拓展阅读

[1] 魏小安,韩健民.旅游强国之路[M].北京:中国旅游出版社,2003.

[2] 戴维·韦弗,劳拉·劳顿.旅游管理(第4版)[M].4版.谢彦君,潘莉,译.北京:中国人民大学出版社,2014.

[3] 田里.旅游管理学[M].大连:东北财经大学出版社,2015.

项目八 旅游影响

学习目标

- 了解旅游对社会文化的积极影响和消极影响
- 理解旅游对环境的积极影响和消极影响
- 掌握旅游对经济的积极影响及消极影响
- 应用辩证的观点分析旅游项目开发对当地的经济、社会文化及环境的正负影响

项目导读

旅游业是社会、经济发展到一定历史阶段的产物,同时,发展旅游业反过来又会对社会、经济以及文化与环境产生较大的影响。这些影响既有积极的一面,又有消极的一面。但从总体上讲,积极的一面要远大于消极的一面。正确认识旅游业,可以扩大国民经济、社会文化和环境所能产生的积极影响,努力抑制旅游业可能带来的消极影响,对于实现旅游业的可持续发展具有重要意义。

模块一 旅游的经济影响

引导案例

"零门票"促旅游转向产业经济

浙江天台山国家5A级旅游景区日前宣布,取消国清景区门票,免费开放。这是浙江省继西湖风景名胜区、绍兴鲁迅故里之后又一个免费开放的5A级景区。免费门票看似是在做赔本买卖,但实际上,展现的却是一种新的旅游产业发展思路。就像天台县委书记管文新说的那样:"我们用这一张免掉的门票,撬动全域旅游升级模式,助推整个第三产业实现大发展。"

一些旅游景区"零门票",不仅吸引更多游客慕名前往,带动周边经济发展,也为景区赢得更好口碑,起到良好的宣传效应,提升景区的知名度,促进旅游品牌得到更广泛传播,效果超过往常投入几百万、上千万的旅游宣传推荐。同时,"零门票"给旅游发展带来了观念转变,促进景区管理部门的经营思路开始淡化"门票经济"。一些旅游景区借鉴"零门票"模式,使旅游淡季不淡,带动旅游综合经济的发展。

(资料来源:吴学安."零门票"促旅游转向产业经济[N].人民日报海外版,2017-06-12.编者根据需要作了删节)

思考:为什么"零门票"会带动周边经济发展,会助推第三产业实现大发展?旅游发展

的经济影响有哪些?

一、积极影响

(一)增加外汇收入,平衡国际收支

增加外汇收入、平衡国际收支作用主要体现在国际旅游方面。由于国际旅游是不同国家间的旅游活动,随着旅游者从一国到达另一国,一国的货币也就随之从一国到达另一国。这样,就形成不同国家的外汇的流出和流入。由于发展国际旅游业可以获得外汇收入,因此受到各国的重视,在一些国家,旅游外汇收入已成为该国外汇收入的主要来源。

一个国家获得外汇收入的途径有:第一,贸易收入,是指商品出口的收入;第二,非贸易收入,是指有关国际保险、运输、旅游、利息、居民存款以及外交人员费用等方面的外汇收入;第三,资本外来收入,是指对外投资和贷款方面的外汇收入。旅游换汇收取的外汇属非贸易收入。旅游换汇较之出口商品的贸易换汇,具有换汇率高、结算及时、不受贸易壁垒影响三大优势。

1. 换汇率高

旅游出口(入境旅游)是一种无形贸易,而且旅游者必须前来旅游产品的生产地点进行消费,所以旅游出口可以节省掉商品外贸出口过程中所必不可少的运输、仓储、保险等方面的费用以及有关税项开支,另外,也不存在商品出口运销过程中难免会发生的损耗问题。

2. 结算及时

在外贸商品出口方面,从出口方的发货到进口方的结算支付,往往需要间隔很长一段时间,在有些情况下甚至会长达数月乃至几年。与之相比,在旅游出口方面,按照国际惯例,买方通常都需采用预付或现付的方式进行结算,因此卖方即旅游接待国能够立即得到外汇。

3. 免受关税壁垒影响

在传统的商品出口中,进口国往往会对进口商品的数量实行配额限制,一旦数量超过这一限额,便会提高进口关税。此外,即使对进口商品不做配额限制,为了控制进口商品的数量,进口国也会以调高进口关税作为常用手段。这就是所谓的关税壁垒。显然,在旅游出口方面,通常不存在国际旅游客源国实行关税壁垒的问题。

国际收支是指一个国家在一定时期内(通常为一年)同其他国家发生经济往来的全部收入和支出。当国际收入大于国际支出时,其国际收支差额表现为顺差;反之,则出现逆差。对大多数发展中国家来说,经济发展比较落后,物质商品出口量有限,但为了发展本国经济,又必须进口外国的先进技术和设备,这往往形成国际收支的逆差。因此,通过发展旅游创汇可以平衡国际收支,并增加外汇储备,以弥补贸易逆差。旅游出口是我国获取外汇的重要途径之一,2016年我国入境旅游继续保持着3.5%的增速,接待入境游客1.38亿人次,国际旅游收入达1 200亿美元,入境旅游对我国国民经济的发展起到了巨大作用。

相关链接8-1

旅游出口

在创汇的意义上,接待国际入境旅游同向海外出口商品并无区别。换言之,对于一个

国家来说，接待国际入境旅游也是一种出口，通常称之为旅游出口。与传统的商品出口有所不同的是，在旅游出口中，旅游接待国所出口的是旅游产品——即旅游者可在该国获得的旅游体验。由于旅游者需前来旅游产品的生产地点进行消费，因此旅游者的流向与产品出口的付款流向是相同的；而在传统的商品出口中，由于这些商品需运销于顾客所在之地，因此出口商品与商品付款的流动方向相反（见图8-1）。

商品出口：

出口国 ⇌ 进口国
（商品流动 / 付款流动）

旅游出口：

出口国 ⇌ 进口国
（旅游者流动 / 付款流动）

图8-1 商品出口与旅游出口的比较

（资料来源：李天元. 旅游学概论[M]. 7版. 天津：南开大学出版社，2014.）

教学互动8-1

小组讨论：目前，中国在发展国际旅游方面是顺差还是逆差？为什么？

（二）扩大内需，加快货币回笼

扩大内需、加快货币回笼的作用是对国内旅游而言的。

在任何一个实行纸币制的国家或地区，当人们持有的货币量超过了流通的商品价格总量，就有可能出现通货膨胀，产生货币贬值。因此，任何实现商品经济的国家都需要有计划地投放和回笼货币，以保持市场上流通的货币量与流通的商品量相适应，以维护社会经济的正常运行。财政回笼、信用回笼、商品回笼和服务回笼是国家货币回笼的四种主要渠道。

旅游业通过提供各类服务，满足人们的需要，而获取货币收入，就属于服务回笼的一种。在物质商品投放能力有限、难以及时扩大市场所需商品投入量的情况下，转移人们的购买趋向，鼓励人们多消费服务产品，则成为必要的货币回笼手段。发展国内旅游可以拓宽消费领域，吸纳剩余购买力，从而减轻由于人们手头货币过多对市场造成的压力，促进市场稳定和繁荣。很多国家和地区把旅游作为扩大内需的重要手段，采取了一系列支持发展旅游的措施，如增加职工的法定假日和实行带薪假期、引导旅游产品开发、加强旅游服务管理等。

（三）增加政府财政税收

税收是国家提供公共产品的资金来源。国家旅游税收主要来自两个方面：一是来源于国际旅游者，主要包括入境签证费、出入境商品海关税、机场税和执照税。二是来自旅游业的各相关营业部门，包括企业的营业税和所得税等。旅游企业通过为旅游者提供服务而取得收入，而将其中的一部分以营业税和所得税的形式上缴国家和地方政府，形成国家财政收入。因此，旅游业发展规模越大，旅游收入越大，国家财政收入水平也就越高。旅游业对国家财政收入的贡献，不仅来自于直接从事旅游产品生产的旅游企业，还应包括非旅游产业中间接从事旅游业务、为旅游者提供服务的企业。

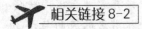
相关链接8-2

一日游盛行的背后催生出"入城税"

威尼斯城市不大，游客完全可以在一天之内就游完水城，体验威尼斯之美，这也促使了一日游业务的增长。但与此带来的负面影响却不容小觑，不在水城过夜，而且许多游客还自带食物，这样一来，当地政府的财政收入便大大减少，长期处于超负荷状态的公共基础设施因没有足够多的资金而得不到整修，处于危险边缘。

于是，意大利政府于2015年拟定了一项有关在威尼斯征收"入城税"的草案，不论是乘坐飞机、火车还是渡船进入威尼斯的游客都成了征税对象，"入城税"10～115元人民币不等，政府希望通过此举能有效缓解进入威尼斯旅游的游客人数。

除了征收"入城税"，早在1999年9月，威尼斯就开始征收"厕所使用税"，游客进入厕所不仅要支付使用费外，还要额外缴纳5元人民币的使用税。从实施多年的实际情况看，威尼斯居民对征收"厕所使用税"持赞同态度，越来越多的国外游客也表示理解。

政府通过征收"厕所使用税"及"入城税"，提高财政收入，用于修补城内的公共基础设施，这一点针对威尼斯旅游业的实际情况看，也是合情合理的举措。

（资料来源：底伊乐. 欧洲旅游业又受挫？威尼斯再下逐客令[EB/OL]. 界面新闻, http://www.chinata.com.cn/info/5179.jspx, 2017-06-14）

（四）带动相关行业发展

旅游业是一项综合性产业，关联性强，它的发展一方面有赖于国民经济各行业的综合发展，另一方面也可以带动和促进国民经济许多行业的发展。旅游业对相关产业的带动作用主要体现在以下几方面：

1. 对第一产业的带动作用

旅游者消费对农产品需求的增加带动了农业发展，对特产的需求促进了旅游地经济作物的生产，旅游者观光和参与的需要促进了观光农业的发展。

2. 对第二产业的带动作用

旅游业的发展，可以带动旅游商品、交通、餐饮、娱乐等设施设备制造业的发展，从而促进整个制造业的发展。为了吸引旅游者，适应客源市场要求，旅游目的地兴建酒店、扩建旅游饭店，开辟新的旅游景点，建造会议大厦、博物馆、展览馆，修建城乡道路、车站、码头、机场及相应的供水、排水、供电、通信等基础设施和服务设施，带动了建筑业的发展。

3. 对第三产业的带动作用

旅游者需要的各种服务，推动着商业、电信、娱乐等第三产业的迅速发展，从而促进国民经济结构的改善。旅游者从四面八方汇聚到旅游地，对现代化的交通运输提出了经济、安全、便利、舒适、快捷的要求，现代旅游业是建立在现代交通运输业的基础上发展起来的，而旅游业的发展，又大大促进了交通运输业的发展。

（五）促进地方经济发展，缩小地区差别

通过发展旅游业促进地方经济发展，在国内外是屡见不鲜的。旅游业的发展要凭借旅游资源，而旅游资源分布一般都是较为广泛的。有些地方就其经济发展来说较为落后，交

通不便，人民生活水平不高，但是却有着某些特色的旅游资源。在旅游业没有得到发展之前，这些旅游资源在那里闲置，也不能显示出它自身的价值，但是一旦旅游业有了发展，对该地的经济发展就会立即发挥出巨大的带动作用。

世界任何一个国家和地区其经济发展水平是不平衡的。而旅游在缩小这种地区差别方面能够起到一定的积极作用。旅游业是见效快、永久性的扶贫开发项目。如果说国际旅游可以引起旅游客源国的财富向旅游目的地国转移，在一定程度上使国际间的财富再分配，那么国内旅游则可以把国内财富从客源地向目的地转移，使国内财富在区域间进行再分配，从而缩小地区间的经济差别。

同步案例8-1

广西百色市乡镇靠乡村旅游脱贫

"过去一过完春节，年轻人就进城打工了，街上只剩下老人和孩子，静悄悄的，哪里像现在这么热闹！"广西壮族自治区靖西市新靖镇旧州街居民朱德明向记者感慨道。靖西市隶属百色市，地处中越边境，全市90%以上人口是壮族。2014年9月，旧州街被国家民委命名为首批"中国少数民族特色村寨"。2015年7月，旧州街又荣获了"广西特色旅游名村"称号。和朱德明一样，当地一些贫困户这些年逐步靠乡村旅游脱了贫，不少人过上了小康生活，老街上游客和住户的欢笑声不断。

乡村旅游不仅给山区农民带来了全新的生活方式，也提升了村民们脱贫致富的干劲，点燃了他们的创业梦想。在百色市田东县祥周镇新洲村，村民潘壮宇去年利用家里几兄弟的土地，办起了家庭农场。家庭农场内有鱼塘、葡萄园、儿童游乐场、游泳池、烧烤设施、土菜馆等。"每到周末就有很多市民驾车到我们这里休闲娱乐，有的游客在离开时还购买我们养殖的土鸡、土鸭。"村民们说。

如今在百色市，乡村旅游已经成为不少农民脱贫致富的好路子。据百色市旅游部门统计，2015年百色市乡村旅游接待人数达到723万人次，在全市去年逾200亿元旅游总收入中，乡村旅游总收入达到52.17亿元，近2万人通过乡村旅游脱贫。

（资料来源：广西百色市乡镇靠乡村旅游脱贫[N].兵团日报，2016-04-25.编者根据需要作了删节）

讨论：旅游为什么能扶贫脱贫？

（六）增加就业机会

就业问题是任何国家在经济发展过程中都必须面临的一个重要问题。它不仅关系到每个劳动者的生存和发展，而且也关系到整个社会和国家的安定繁荣。虽然任何部门和行业都能为社会提供一定的就业机会，但是旅游业在提供就业方面有得天独厚的优势。一是作为劳动密集型产业，旅游业就业容量大。以饭店业为例，在低工资成本地区，例如在远东、亚洲和非洲，每增加一间客房，可为1.2~2.0人提供直接就业机会。二是旅游业就业岗位层次众多，就业门槛较低，包容性强。旅游业一方面需要高素质的管理与技术人才，另一方面很多工作，尤其是旅游交通、旅游餐饮、旅游商品、旅游景区等行业的大多数工作并不需要很高的技术，对年龄要求也不十分苛刻，能为尚不具备技术专长的青年和下岗职工提供就业机会。同技术程度要求较高的制造业等行业相比，旅游业就业门槛较低，只需短期培训即可很快胜任。据一些发达国家的统计，旅游业安排就业的平均成本要比其他经济部门低36.3%。联合国世界旅游组织秘书长塔勒布·瑞法依表示,世界上就业人口中每11人就有1人从事与旅游相关的行业。

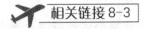相关链接8-3

全域旅游大词汇——旅游就业

习近平总书记强调,"加快发展旅游业,能拓宽更大的就业空间"。旅游产业链条长、关联产业广,对就业的带动作用非常显著,对社会就业综合贡献度达到10.26%。数据显示,2015年,旅游创业创新拉动直接就业约为339.45万人,占全国旅游直接就业的12.13%;直接和间接旅游就业合计约为952.3万人,占全国旅游综合就业的12.04%。其中,新型住宿业态数据显示,我国民宿客栈总数42 658家,从业者近90万人。全国经济型酒店门店家数超过1.7万,员工总数20万人。

2016年12月5日,国家发展改革委、国家旅游局联合发布《关于实施旅游休闲重大工程的通知》,提出2020年我国旅游就业总量达到5 000万人,旅游业就业对社会就业的贡献率超过10%。以工业旅游为例,据测算,未来5年,中国工业旅游接待游客总量将超过10亿人次,旅游直接收入总量超过2 000亿元,新增旅游直接就业超过120万人,带动间接就业新增超过600万人。同时,基于互联网、移动互联网和大数据技术的创业创新不断出现,在线租车、在线度假租赁、VR旅游、旅游互联网金融、旅游大数据中介公司等新业态不断出现,旅游业已成为社会广泛就业的重要渠道。

(资料来源:全域旅游大词汇——旅游就业[N].中国旅游报,2017-07-12)

(七)推进对外开放,扩大经济交流

实行对外开放,可以促进旅游业的发展;旅游业的发展,反过来又可以推动对外开放。二者是相互促进、相辅相成的。

在20世纪80年代初,中国旅游发展的重要标志,就是在一些重点旅游城市兴建一大批旅游涉外饭店。1982年后,我国第一批较大型的旅游饭店相继在全国重点旅游城市建成,并投入使用,对入境客人的接待能力迅速增强,这为中国对外开放创造了良好的条件。

中国在兴建旅游饭店的过程中,最早地利用了外资,因此旅游业是外商来中国进行投资的最早的行业之一,也是中国实行对外开放后取得的重要成果之一。由于旅游对外接待能力的提高,使中国有条件举办大型的对外经济交流活动,例如每年两届的"广交会"期间,广州各大小旅游饭店爆满,各大公园、旅游景区游人络绎不绝,每届交易会的成功,都包含着广州旅游业的一份功劳。不少地方有一种比较流行的提法——"旅游搭台,经贸唱戏",充分而形象地说明了旅游在扩大对外开放、促进经济交流中的重要作用。

跨地区的旅游活动,实现了不同地区的经济交往。不同地区之间旅游者之间的交流,带来了不同地区之间的货币流、商品流、信息流、人才流,所有这些,对各地区的对外开放起到了很大的促进作用。

二、消极影响

(一)可能引起物价上涨,生活成本增加

由于旅游者的收入水平较高,旅游者的消费能力通常高于旅游地居民,大量旅游者的到来,会造成当地物价上涨,特别是衣、食、住、行等生活必需品,会损害当地居民的利益,使其生活成本增加。同时,随着旅游业的发展,土地价格也会迅速上升。大量事实表明,在不成熟的旅游地兴建饭店时,土地投资只占全部投资的1%,旅游业发展后,能占到20%。地价上涨,不仅影响当地经济,而且影响了当地居民的住房建设与发展,尤其严重的是会鼓励当地居民和其他土地所有者出售土地。尽管他们从中可以获得短期利益,但会因此失去土地,甚至不得不放弃原来的职业,而从事其他陌生的职业,同时会给他们的心理和生活造成很大的压力,从而出现新的社会不公平问题。

(二) 可能使产业结构发生不利影响

在一些农业资源占优势的国家或地区,从事旅游服务所得高于务农收入,因此使得大量的劳动力弃田而从事旅游业,致使当地劳动力不足,造成大片田地荒芜。其结果是,一方面旅游业的发展扩大了对农副产品的需求,然而另一方面却是农副业产出能力的下降,导致产业结构不健康,危害当地经济发展。如果再加上前述农副产品价格上涨的压力,很可能还会影响当地经济和社会的稳定。

(三) 过分依赖旅游业会影响国民经济稳定

旅游业在国民经济各行业中不是关系国计民生的行业。一个国家或地区不宜过分依赖旅游业来发展自己的经济,基于以下几点原因。

1. 旅游具有季节性

作为现代旅游活动主要组成部分的消遣度假旅游有很强的季节性。旅游接待国或地区在把旅游业作为基础产业的情况下,淡季时不可避免地会出现劳动力和生产资料闲置严重及失业问题,从而会给接待国或地区带来严重的经济问题和社会问题。

2. 旅游需求具有不确定性

旅游需求很大程度上取决于客源地区居民的收入水平、闲暇时间和有关旅游的流行时尚,而这些都是旅游接待国或地区所不能控制的。如果客源地经济不景气,其居民对外旅游的需求,势必会下降。在这种情况下,接待地区很难保住和扩大市场。此外,一旦客源地居民对某些旅游地的兴趣爱好发生转移,则会选择新的旅游目的地,从而使原接待区的旅游业衰落,至少是出现相当长一段时间的萧条。

3. 旅游供给具有脆弱性

从供给方面来看,旅游需求还会受到接待地区各种政治、经济、社会乃至某些自然因素的影响。一旦这些非旅游业所能控制的因素发生不利变化,也会使旅游需求大幅下降,旅游业乃至整个经济都将严重受挫,造成严重的经济和社会问题。

(四) 可能会导致盲目投资与重复建设

旅游开发过程中,由于当地政府的政绩导向和投资商的趋利动机影响,往往竞相开发旅游项目,可能会导致出现盲目投资、重复建设的现象,造成了人力物力财力的浪费。当地旅游企业或因客源市场不足而效益低下,或因恶性竞争而惨淡经营,甚至倒闭。

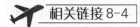
相关链接8-4

广州主题公园重复建设低效管理致接连倒闭

上世纪80年代中期,包括东方乐园、南湖乐园以及太阳岛乐园在内的广州三大乐园热闹登场。开业之初的东方乐园游人摩肩接踵。

到20世纪90年代中后期,各种主题公园角逐羊城。以世界大观兴建成功为代表,相继出现各类主题公园,包括科学科幻、机动游乐、动物观赏等,让人眼花缭乱。但随着行业竞争趋于惨烈、经营不善等原因,珠三角地区就有飞龙世界(1999年倒闭)、太阳岛乐园(2002年倒闭)、森美反斗乐园(2004年倒闭)、明思克航母主题公园(2005年破产)、世界大观(2005年拍卖流拍)等多个项目接连关门大吉。到了2004年,连当年"欣欣向荣"、成为许多广州市民童年记忆一部分的东方乐园,也在相伴了市民19载后轰然倒下。据称,投资6亿元、占地为48万平方米的广州世界大观,每月的门票收入只有60万~70万元,而鼎盛时期则高达两三千万元。

上世纪90年代初,全中国都在建设"世界公园",深圳、广州、北京、成都、上海都曾经掀起过一阵主题公园消费热潮。但严重的重复建设和低效管理,很快就让主题公园成了房地产泡沫破裂的典范。例如,成都的世界乐园早在2003年就宣布关门,2004年成为成都纺织高等专科学校校区的一部分。

(资料来源:广州主题公园接连倒闭[N].香港文汇报,2005-10-07)

模块二 旅游的社会文化影响

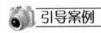
引导案例

旅游的社会文化功能及其实现

经过30多年的高速发展,现阶段我国旅游业已进入大众化发展阶段,对国民经济的影响范围和程度不断扩大,社会影响也正逐步扩张和凸显。在此背景下,我们不仅要关注旅游业显著的经济功能,更要关注其逐步浮现的社会文化功能,提前做好战略布局。

大众旅游时代已然到来,旅游与现实生活不再是两个并行的世界,旅游已经成为从生活质量角度衡量社会发展水平的重要指标,对社会系统产生的影响也逐渐显现。

旅游能成为增进民族融合和社会稳定的黏合剂。民族团结是民族工作的重点。旅游业是以人为本、改善民生、提升人民生活质量的产业,是以跨区域人员流动和交往为主体内容的休闲活动。在西藏、新疆、青海、宁夏等民族地区,旅游资源丰富、人文风情浓郁,在交通等公共基础设施配合下,发展旅游大有可为。通过发展民族旅游,不仅能让老百姓富裕起来,更能让不同民族的百姓在旅游社区有更多生活上的交集。有了生活上的交集自然就有思想观念上的交集,彼此之间也就逐渐形成和谐稳定的关系。对消除偏见、传递国家形象和提升国家软实力有突出作用。旅游是世界服务贸易往来的主要内容,也是传播文明、交流文化、增进友谊的桥梁。通过旅游服务贸易"走出去""请进来",是让全世界了解中国、发展友谊与达成合作的有效途径,能显著提升国民素质,促进文化传承和社会再发展。旅游是一种移动的文化碰撞,对旅游主体和客体来说都是一场思想盛宴。本地居民通过与游客交往看到了不一样的世界,思想变得更加开阔和丰富。外来游客通过旅游活动看到了别开生面的异地风情,增加了学识,提升了修养。发展旅游还能有效推动文化遗产保护和传统文化传承。一些已经或濒临消逝的习俗,在旅游带来的商业滋养下呈现出新的价值和活力。婺源的晒秋、布依族的八音坐唱、丽江的纳西古乐,如果不是因为旅游带来的市场需求,恐怕早被现代文明所遗忘。旅游还具有促进社会再发展的功能。旅游作为一种高级精神需求,能较好满足人们"求新、求知、求乐、求闲"的心理需求,将成为幸福导向型产业,促进社会再发展。

(资料来源:唐晓云.旅游的社会文化功能及其实现[N].光明日报,2015-01-11)

思考:旅游活动的主要功能除了经济功能之外,还有什么功能?其具体体现在哪里?旅游对社会文化有哪些方面的影响?

一、积极影响

(一)促进社会文化交流与发展

文化沟通、文化交流是文化发展的前提。客观上,旅游起着促进不同地区、民族、国家文化之间相互沟通和相互交流的作用。

旅游活动对文化沟通、文化交流和发展的促进作用十分明显,主要体现为:第一,旅游通过旅游者之间以及旅游者与旅游地之间的直接交流与接触,进行文化之间的交流和影响,这种影响方式更为直接深刻。第二,因为旅游者各自不同的文化背景和知识结构,旅游所产生的社会文化影响是复杂而立体的。第三,旅游更多地表现为一种和平的民间文化交流方式,这种方式使得彼此间的文化交流更顺畅。旅游通过自身的传播优势,打破了之前相对封闭和褊狭的文化背景,增长了不同地区人们的见识,有利于知识的积累和创造。一些自然科学学者通过旅游可以加深他们对自然的了解,为他们的科考研究提供便利。社会人文科学的学者,可以通过旅游了解不同地区的人文风情,为其研究提供资料。旅游尤其会激发文学家的创作灵感,古今中外很多文学上的传世佳作都创作于旅途。

教学互动8-2

问题:旅游活动对文化沟通和交流的促进优势体现在哪些方面?

(二)促进民族文化保护复兴

由于了解和体验不同文化是旅游者的主要动机之一,旅游地在旅游开发中就有可能重视历史文化遗产的保护和开发利用,以便尽可能多地吸引旅游者。"二战"以来,随着世界旅游业的蓬勃发展及旅游产业经济优势的凸显,许多国家或地区都逐渐对民族传统文化采取了系统的保护、挖掘和利用措施,以使本国、本地旅游业更具特色和魅力。因此,一些原先几乎被人们遗忘了的传统习俗和文化体育活动又得到开发与恢复,如云南抢救整理了纳西古乐;几近湮灭的文物古迹得到维护、整修甚至重建,如我国的江南三大名楼。更有意义的是一些国家或地区从经济建设总体的高度研究民族传统文化的保护和发展,把民族传统文化遗产的保护和开发纳入城乡总体建设规划之中。这些原先即将湮灭的文化遗产,不仅随着旅游的开发而获得了新生,而且成为旅游接待国或地区所特有的文化资源,他们不仅受到旅游者的欢迎,而且使当地人民对自己的文化增添了自豪感。

(三)增强民族自信心和自豪感

在旅游过程中,由于交流频繁,人们往往会对自己的国家、民族身份产生强烈的关注,所以,在旅游活动过程中,每个民族通过积极展示自己、张扬自己,产生强烈的民族认同感,进而激发自己内心深处的民族自豪感。例如,旅游者在国内旅游,亲眼目睹祖国的壮丽山河,在国外旅游,亲耳听到外国人对祖国历史文明和建设成就的称颂,人们的民族自尊心和自豪感就会得到格外激发和增强,从而加深对祖国的热爱之情。

(四)推动科学技术交流和发展

科学技术的发展是旅游活动产生和发展的前提条件,但在旅游发展过程中旅游活动又不断对旅游地的科学技术提出新的要求,要求与旅游活动有关的交通运输工具、通信以及旅游服务设施和设备等更加快速、便利、舒适和安全。尤其对发展中国家来说,旅游是刺激这些领域加快发展的重要因素。另外,在旅游交流的过程中,以科学考察和商务为主要目的的旅游活动会给旅游地直接带来先进的科学技术思想和成果,促进国家间及地区间的科学技术的交流。

(五)改善社会环境,利于和谐社会形成

旅游活动的开发与社会环境的关系是非常密切的。没有一定的社会环境,旅游活动就无法正常进行;适应并推进旅游发展,首先要营造一个良好的社会环境。旅游者外出旅游最关心的是安全问题,如果不能保障安全,宁可待在家里而不去旅游。想要保障旅游者的安全,必须从多方面来入手,如交通安全、饮食安全、住宿安全、购物安全等,只有社会各有关部门进行严格和有效的治理,并坚持不懈,才能产生效果。为了方便旅游者,特别是外国旅游者的游览,旅游目的地会广设中、英、日等语言的路牌路标,旅游地的各个旅游点和景观也会配有外语的说明书。在车站、机场、码头和其他地方也会设立旅游咨询点,随时能回答并协助解决旅游者的各种问题。旅游地居民对待旅游者应友善亲热、彬彬有礼,并愿意对需要帮助的旅游者伸出友爱之手。旅游业的发展会促使这种良好的社会环境的形成。

发展旅游业有益于社会公民的身心健康,有利于构建和谐社会,主要体现在以下几个方面:修身养性,陶冶情操,有利于旅游者的身心健康,实现自我完善和自身可持续发展;促进人与自然的和谐,增加人与自然的亲和力,增强人们的环保意识;提高公民的文化水平和文明意识;增进旅游者对社会的了解,尤其是对不发达地区的了解,增强公民的社会责任感等。例如,我国的南方人到西北地区旅游,能更真切地了解当地人对水的珍视,从而强化了节约用水的意识,提高自身的文明素养。

(六)促进世界和平

一方面旅游是一种很好的民间外交形式,有助于增进世界各国人民的友谊,实现彼此相互理解和相互尊重,从而促进世界和平;另一方面,旅游的存在和发展取决于是否保持持久的和平,各国政府充分理解旅游业在经济和社会等方面的重要性,为了发展旅游业,必须努力维护世界和平,因此旅游会间接地对实现世界和平做出贡献。

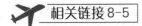
相关链接8-5

海峡两岸关系

20世纪80年代末,台湾当局允许两岸的探亲活动。两岸人民通过探亲为纽带,亲身感受到了政治宣传之外的大陆和台湾。这样在加深两岸情感沟通的同时也逐步削弱了两岸敌对的政治气氛。随着大陆赴台游客的逐年递增,两岸间通过游客在不断巩固两岸的文化联系和民族情感,这有利于不断消除两岸间的政治敌对,为维护两岸和平创造良好的氛围。不同国家或地区之间国民间的旅游能促进彼此的交流、了解,有助于维护世界的和平。

(资料来源:文豪.浅谈旅游的社会文化功能[N].韶关日报,2011-11-26.编者根据需要作了删节)

 教学互动8-3

问题: 在一些历史时期,一些国家出于政治的需要,对一些民族进行诋毁、打压,进而制造不同民族间人们的敌对和仇视。请问如何化解人们之间的敌对和仇视?旅游活动的开展可以起到什么社会作用?

二、消极影响

旅游在对社会产生多方面积极影响的同时,也会对社会产生一些消极影响。

(一)社会不良思想滋生

一方面,旅游者通过旅游活动,会将其价值观、人生观和道德观有意无意地带进旅游目的地,从而对当地居民产生潜移默化的影响,这种影响既可能是积极的,也可能是消极的、负面的。例如,受西方社会生活方式和思想意识的影响,会使接待地的传统道德观念发生裂变和扭曲,旅游者在旅游接待地往往出手阔绰,在这样的刺激和诱惑下,接待地部分居民极易失去淳朴美德,民族和地区自卑感和媚外思想会逐渐加重。另一方面,旅游者也可能从旅游目的地将当地一些不健康的甚至丑恶的东西和价值观带回本国或居住地,从而产生一些不良的社会影响。这些都需要旅游目的地国家和地区的政府和人民保持清醒的头脑,并采取必要的措施予以引导和抵制。

(二)民族文化产生异化

旅游是文化的交流,是具有不同文化背景的旅游者和旅游接待地居民的交流。

一方面,旅游者一般来自经济较发达地区,大多数旅游者传承的是所谓的"强势文化",而少数民族地区经济相对落后,所以旅游者所带来的文化对当地文化有较大的冲击力;另一方面,旅游者与当地居民的接触肤浅而短暂,接触范围有限,但对当地居民来说,他们同旅游者的接触是长期不断的,他们接触的不是某个旅游者,而是不同时期前来旅游的旅游者群体。所以,少数民族文化相对于外来文化而言,往往成为一种"弱势文化"。在整个文化交流中,旅游地的语言、民族服饰、建筑形式、饮食习惯以及思想观念都因吸收外来文化的某些成分而发生较大改变,进而被异化、同化,甚至消失。例如,现在少数民族地区不会使用自己本民族语言的青少年大有人在;西装、夹克衫、牛仔裤正在被越来越多的少数民族青年所喜爱;傣族地区的传统干栏式建筑因受汉族建筑的影响,已不再是真正意义上的竹楼;麦当劳、可口可乐等正在冲击着少数民族地区的传统饮食文化。

(三)地方文化过度商品化

旅游产业的发展,既可使传统文化得到保护和发展,又能使传统文化受到歪曲和冲击。特别是在外来异质文化的冲击下,一些国家和地区的民族文化正在变味,逐渐被商品化。例如,传统的民间习俗和庆典活动应该都是在特定的传统时间、地点,按照传统规定的内容、程序和方式举行的。但是很多这种活动随着旅游业的开展,不再按照传统规定的时间和地点举行,为了接待旅游者,随时都会被搬上"舞台",为了迎合旅游者的兴趣,活动内容被随意修改,表演的节奏明显加快。因此,这些活动虽然被保留下来,但在很大程度上已经失去了其传统上的意义和真正的文化价值。还有,为了满足旅游者对纪念品的需要,当地传统工艺品被大量生产,很多粗制滥造的产品充斥于市,这些产品实际上已不能表现传统的风格和制造技艺,使得当地文化的形象和价值受到损害和贬低。

 同步案例 8-2

表演艺术庸俗化

在丰厚报酬的诱惑下,日趋商品化的传统文化面临着庸俗化的危险。美国旅游经营者发现,夏威夷人传统好客意识已明显减弱。前来欢迎旅游者的当地人为旅游者脖子上戴的花环由于费用高和旅游者数量的增多,现已被塑料花环取代,这种具有了商业性质的礼节令旅游者感到失望。在中国西北地区哈萨克族的传统风俗"姑娘追"也失去了群众娱乐与男女青年表达爱情的原有意义,在旅游创收的驱动下变质为讨价还价的商业表演。有些西方社会学家认为,流行于埃及与土耳其的腹舞(俗称"肚皮舞")虽被称为东方著名表演艺术,其实只是为了取悦西方旅游者而编出来的节目。持有这一看法的依据是此种显示女性人体美的舞蹈,在社会上所起的作用与占有当地人口多数的穆斯林所信奉的教义、教规完全背道而驰。

(资料来源:刘琼英.旅游学概论[M].桂林:广西师范大学出版社,2014:178)

讨论:艺术表演庸俗化是由什么导致的?

(四)目的地居民正常生活受干扰

为了适应开展旅游活动的需要,旅游接待地区的设施在数量和质量上会有所改善,方便了当地居民的生活,但是,旅游旺季的时候,旅游者往往和当地居民争夺这些设施的使用。特别是在接待地综合接待能力有限的情况下,外来旅游者的大量到来,使当地居民的生活空间变得相对狭小,当地有限资源的供应也变得很紧张,给当地居民带来诸多不便。

 同步案例 8-3

欧洲旅游业又受挫? 威尼斯再下逐客令

本周,意大利当局颁布了一条新禁令,为保护当地遗产,威尼斯决定不再建新酒店或翻新扩修酒店。这是继巴塞罗那颁布禁令后,又一旅游胜地做出了同样的举措。

著名水城威尼斯自从成为人们喜爱的旅游胜地之后,便出现了几家欢喜几家愁的局面。过多的游客涌入城市,给威尼斯带来了诸多麻烦。1951年的威尼斯还是一个拥有17.5万居民的美丽水城,而现今已下降到了仅有5.5万人。这些威尼斯人并不是不爱自己的家乡,而是迫于无奈被游客"逼走"的。

轮式行李箱造成的噪音污染使当地居民无法入眠。随地乱扔垃圾、试图跳入威尼斯大运河洗澡、在城市花园中搭帐篷、在运河河岸边组织聚餐等等不文明的行为,恶化了城市环境带,让当地居民对游客大为反感。大量游客的出现还导致抢劫偷盗行为增多,当地居民不得已选择离开这座城市。

此外,旅游业的繁荣也导致城市楼价的上涨与租金的升高,致使当地居民无力承担高昂的房价;城市经济适用房更加紧缺,Airbnb等平台提供的短租房屋数量却在大大增加;如遇到暴雨洪水时,威尼斯大部分地下室和低楼层都会受到雨水的侵蚀,无法居住。这些都导致了当地居民人数的大幅度下降,威尼斯人们心中有苦说不出。

最终,一场接一场的大游行爆发。一张张写着"游客走开!"的传单在大街小巷随处可见,人们举起行李箱上街反对外来游客的光顾。一个名为"不要大邮轮"的活动在港口举行,反对巨型游轮的停靠。

2015年10月,联合国教科文组织派专员考察威尼斯,并撰写了78页的报告。报告指出经过圣马可广场(Piazza San Marco)前泻湖的游轮是对水城的最大威胁。巨型游轮除造成污染之外,掀起的浪潮让威尼斯的侵蚀问题加速恶化。此外,运河上的船只运输也显得紊乱,而扩大运河的工程可能让脆弱的泻湖生态系统失去平衡。报告还指出,因为缺少旅游政策,过多的旅客让威尼斯更加脆弱,几乎被酒店所占据,居民很难在此生活。因此,联合国教科文组织要求意大利当局针对威尼斯的近况提出紧急应对的措施,否则,威尼斯将被列入世界遗产的黑名单,最终可能被除名。

过度的酒店开发,加之Airbnb短租的火爆,使得威尼斯现今面临着重创。如再不进行应对,威尼斯不仅仅只失去世界遗产的头衔,更重要的是可能会变成一座空城。

(资料来源:底伊乐. 欧洲旅游业又受挫? 威尼斯再下逐客令[EB/OL]. 界面新闻,http://www.chinata.com.cn/info/5179.jspx,2017-06-14)

讨论:意大利当局为什么颁布新禁令?

模块三 旅游的环境影响

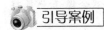

噪音污染大,上海低空旅游项目被叫停

刚过去的"五一"期间,上海首次开通直升机低空游览黄浦江的项目,但随后,环保部门接到爆发式的居民投诉。该项目对外运营仅仅一天半,便从5月3日起被叫停。

记者了解到,运营该项目的是一家较成熟的管理公司,之前首开先河,在厦门开通低空旅游项目。但高密度城市和沿海城市毕竟不同,虽然后来上海低空旅游项目将飞行高度由原来的200米上调至300米以减轻对地面人群的噪音干扰,两条飞行线路也绕开了原航路中的密集居民区及学校,但许多市民和网友仍对此议论纷纷。

(资料来源:于飞. 噪音污染大,多地低空旅游被叫停[N]. 金陵晚报,2015-05-12. 编者根据需要作了删节)

思考:旅游对环境会有哪些影响? 旅游和生态环境是什么关系?

一、积极影响

(一)提高了人们环境保护意识

旅游不仅能够提高目的地人们的环境意识,也有助于旅游者环境意识的提高。作为目的地居民,他们亲眼目睹了良好的环境质量带来了旅游者,带来了经济收入,使他们逐渐摆脱贫困走上了富裕道路,他们的环境意识自然就提高了。而作为旅游者,旅游地优美的环境使得他们的身心获得了最大的愉悦,他们无形中认识到了良好的生态环境的重要性,环保意识也随之提高。

（二）改善了目的地环境质量

旅游者总是希望在山清水秀的良性生态环境中获得"回归大自然"的体验,得到身心的恢复。旅游业的发展对旅游资源的保护和开发提出了迫切的要求,也促进了旅游区生态环境的治理工作的开展。随着景区的开发,城市到景区的公路建设和绿化带建设,使生态环境质量得到提高。旅游能促使当地政府采取有效措施为旅游者创造一个"清洁"的生态环境,包括控制大气、水及噪声污染,设计出符合生态美学原则的建筑景观,大力开展城市绿化建设,加强城市污染的治理工作以及排污和回收设施的建设等。另外,发展旅游使得目的地的名胜古迹得到保护和恢复,居民生活基础设施得以改善,休闲娱乐场所数量得以增加,从而提高了目的地居民生活的物质环境质量。

（三）提供了环境保护资金来源

过去虽然也强调环境保护,然而受资金的限制,很多旅游地达不到期望的环境标准。随着旅游活动的开展,旅游业收入成为环境保护经费的重要来源,有力地促进了环境保护工作的开展。因此,通过承载力下的适度旅游开发,获得旅游收入,可以筹措到一定的环境保护资金,用于景区内外环境质量的改善。

二、消极影响

教学互动8-4

问题:旅游业曾经被认为是无烟工业,意思是旅游业投资少利润高,又不会像工业那样对环境造成污染,你同意这个观点吗？说说你的理由。

（一）污染自然环境,破坏生态环境协调

随着旅游业的开发和旅游者的来访,固体垃圾、废气、废水等被直接排放在自然环境中,旅游目的地不可避免会发生恶性变化。

1. 固体废弃物污染

旅游活动对环境卫生的影响主要表现为固体废弃物污染。在很多风景名胜区,随处都可见到旅游者丢弃的各种固体废弃物。垃圾污染现已成为我国很多风景名胜区的十分普遍而又棘手的问题。

我国大多数旅游者喜欢将各种食品如点心、糖果、饮料等带到户外食用,或是到旅游区附近的土特产品店、餐饮店大吃大喝,这给当地制造出许多垃圾。例如,南岳衡山每年约产生6 000吨的经营垃圾、2 000吨的旅游垃圾。某些山地的低谷几乎成为登山游人丢弃杂物的垃圾桶。这些垃圾的处理是一大难题,因为"没有一种废弃物的处理方法是全然安全的",如处理设备要耗电、耗能,而且部分污染防治设备会产生二次公害（如焚化炉可能排出含有有毒物质的废气）,再次威胁环境,甚至损害大众健康。

2. 水体污染

旅游者大量涌入,旅游区的餐厅、宾馆等生活接待设施的生活污水排放量增加,固体垃圾增多;旅游船舶使用量增加,废弃油污排放量增大。上述废水油污如果不经过净化处理,就会成为水体的直接污染源。如桂林漓江,每逢旅游高峰季节,旅游船只几乎是首尾相接,组成浩浩荡荡的"船队",不仅破坏了桂林山水的意境,而且船舶排放的污物大大超过漓江

的自净能力,造成江水污染。很多水边地区,如海滨、泉点、河边等地为发展旅游业而修建度假村、休闲中心,其餐厅、宾馆等排放的污水和垃圾也是水体的污染源。

随着度假旅游活动的日益兴盛,海滨、湖畔、河边等地涌现各种水上运动项目,如水上摩托艇、划船、踩水、游泳、垂钓、跳水、潜水、驾驶帆船等,极大地丰富了人们的度假生活内容,同时也给水体环境带来了巨大的冲击。如水上摩托车活动不仅对沙滩及海岸线产生侵蚀作用,而且其产生的涡流也会影响海域生态,如影响珊瑚礁内的浮游生物和鱼类,漏出的油污还会污染水体,甚至会释放化学物质,威胁水体生物的健康。

3. 大气污染

旅游者进入旅游区,旅游交通运输量增大,机动车等交通工具废气排放量增多,旅游区内的宾馆、饭店等生活锅炉排放的废气,酒店空调和制冷设备中燃油的使用,加上众多旅游者呼出的二氧化碳,都会对旅游区的大气环境造成污染。例如,旅游宾馆饭店对大气的污染源主要是供水、供热、供能的锅炉烟囱、煤灶的排气等,释放出来的主要是燃烧煤、煤气和液化气产生的二氧化硫、二氧化氮、一氧化碳和烟尘等,总量虽较工业小,但排放源分散、高度低、距景点近,且多无除尘设施,对旅游地大气质量影响大。

4. 噪声污染

旅游者大量涌入,旅游景区景点人满为患,旅游者嘈杂声、商家的叫卖声、交通工具的轰鸣声、娱乐活动的喇叭声等都会加重当地的噪声污染。例如,威尼斯每年会接待2 000多万旅游者,这一数字还有望在未来20年内翻番,除了旅游者的嘈杂声外,旅游者拖着自己的行李箱走街串巷也造成污染,轮式行李箱造成的噪音污染已使得当地居民无法入眠,以致威尼斯当局起草了关于旅游者携带轮式行李箱的规定,即旅游者不得在威尼斯市内使用超重的轮式行李箱,违者将被处以最高3 800元人民币的罚款。另外,还有一些新开发的旅游项目如直升机低空游览,也会直接产生噪音污染。

(二) 改变地表,冲击土壤结构

随着各自然区域内旅游活动的开展,旅游设施开发与日俱增,已使很多完整的生态地区被逐渐分割,形成岛屿化,使生态环境面临前所未有的人工化改造,如地表铺面、植被更新、外来物种引入等。无论是陆地还是水域表面都可能受到旅游活动的影响,岩岸、沙滩、湿地、泥沼地、天然洞穴、土壤等不同的地表覆盖都可能承受不同类型的旅游冲击,尤其是地表植物所赖以生存的土壤有机层往往受到最严重的冲击。如露营、野餐、步行等都会对土壤造成严重的人为干扰。土壤一旦受到冲击,物理结构、化学成分、生物因子等都会随之发生变化,并最终影响土壤上植物的种类与生长,动物也会随之迁徙或减少。

(三) 干扰和破坏动植物生存

旅游者在旅游活动中对植物有意无意的践踏往往会引起一系列的相关反应,如土壤压实、土壤结构破坏、地表水流失以及生物多样性降低等。在旅游风景区修建道路、缆车等对山体和周围植物环境造成破坏。野营篝火活动会破坏森林。兴建宾馆、停车场或其他旅游设施,大面积的地表植被被剔除,甚至还从外地搬来其他土壤以符合工程上的要求。尤其是高尔夫球场的建设,为塑造出适宜挥杆的坡地环境,常常改变整座山头的模样,原生植被几乎全被挖除,重新种上外来草种。

旅游者从事户外旅游活动,对生存其中的动物尤其是较为敏感的鸟类和哺乳动物造成干扰。如西双版纳的象谷,由于大规模旅游者的进入,影响了野象的生活规律,使经常出没于原始森林溪水旁的野象,现在只是偶尔有一两头到此活动;旅游者从事水上活动也可能对水鸟族群造成威胁,使水鸟不能好好孵蛋、导致失温,天鹅或水禽还可能对被钓客的钓钩挫伤,或食入钓鱼用的小铅块而丧命。有珍禽异兽资源的旅游地为了吸引旅游者满足其猎食的喜好,捕杀野生动物,造成这些动物族群数量下降甚至绝迹。

 同步案例8-4

旅游热威胁南极生态环境

近年来,南极洲旅游迅猛增长。据国际南极旅游组织协会统计,2015/2016年度,全球有超过3.8万人到南极旅游,其中中国游客有近4 100人,占10.6%。而仅在10年前,造访南极的中国人只有99人。2017年5月该组织发布数据显示,中国已超越澳大利亚成为南极游的第二大客源国,过去一年中国游客人数为5 324人,比上一年度增长25%。业界相信,中国人赴南极旅游的市场还有惊人的增长潜力。但科学家警告,游客增长正对南极洲脆弱的生态系统形成冲击,并呼吁采取行动保护南极洲。

国际南极旅游组织协会曾推出"南极探访须知",被业界当作探访南极的环境标准。但是游客违反规则是常有的事,例如,不遵守规则乱走、抽烟以及离动物太近等。

野生动物学家还曾在南极的马阔里岛上发现过大约有7 000只帝企鹅幼雏和成体企鹅的尸体,堆积在该岛南端一个海湾的边缘处。经初步调查认为,这些企鹅的死亡,可能是因为惊吓而乱蹿、乱撞所致。而这种惊吓,很可能来自于人类。南极洲是阿德利企鹅的家园,现在岛上除了企鹅的聒噪声还多了一种奇怪的声响,那就是照相机的快门声。

人类活动导致南极洲污染日益严重。

外来物种或微生物的侵入,或将南极洲某个部分的动植物带到这个大陆某个其他的地域,都会破坏南极的生态系统。英国南极考察处一研究小组发现,一种来自格鲁吉亚南部地区的昆虫——摇蚊在南极西格尼岛上大量繁殖。它能分解垃圾,可释放出大量营养物质渗入土壤,改变本地物种的生活。

而近10多年来,科学家们发现,南极的许多生物体内都检测出"六六六"等污染剂、汞等重金属、烷烃等烃类化合物;南大洋的海水、沉积物、颗粒状有机物、陆地植物地衣等,也有这些污染物的存在,甚至还检测出放射性物质。

1989年,一艘阿根廷海军的补给船"巴希亚·帕雷索"号运送旅游者到美国的帕尔默科考站参观,撞上岩石后倾覆,漏油高达72.75万升,虽然没人丧生,但泄漏的油渍污染了附近的企鹅、海豹和鸬鹚的栖息地。2007年,加拿大多伦多的"探索家"号邮轮在南极遇险,船体完全沉没,由于援救及时,没有造成人员伤亡,但"探索家"号船舱内的燃油泄漏严重污染了附近海域。

大自然有一定的自净能力,但南极由于温度低,自净能力很差。一块香蕉皮,在南极需要180年的时间才能被分解。据人民网报道,上个世纪50年代,日本在南极刚刚建站时,队员们的环境保护意识还不强,随地大小便习以为常。20多年后,新的队员来站,出外考察之际,竟然误把老队员留在冰窝中的硬邦邦的粪便当作天外来客——陨石拣回保存。南极的自净能力由此可见一斑。

显然,人类活动排放的废物、垃圾和热量,矿产资源的勘测和冰盖的钻探等,都不同程度地影响着南极的环境。

（资料来源：任娜.旅游热威胁南极生态环境[N].沈阳晚报,2007-11-28;宋媛.南极旅游热引发环境忧思[N].国际先驱导报,2013-05-20;刘妹媚.不断升温的南极旅游热[N].深圳晚报,2017-06-06.编者根据需要作了整合）

讨论："巴希亚·帕雷索"号和"探索家"号邮轮在南极遇险,对南极具体造成了什么影响？随着南极旅游热的升温,南极的生态环境会受到哪些方面的影响？

相关链接8-6

探访南极你不能不知这些规矩

5米原则：在南极,看企鹅必须保持5米以上距离,看海豹保持15米以上距离。严禁触摸企鹅和海豹等动物。遇到企鹅走过来,人要主动让路。

四不可原则：一是不可喂食、触摸鸟类和海豹或接近、摄影,而改变他们的生态行为,尤其是当他们正在孵蛋或换毛的时候。二是不可损伤植物,例如：不步行、行驶或登陆在青苔覆盖的土地或斜坡上。三是不可使用枪械或炸药,尽量保持最小声音,避免惊吓野生动物的生态作息。四是不可携带任何动植物到南极地区,例如：猫、狗、花草等。

（资料来源：刘妹媚.不断升温的南极旅游热[N].深圳晚报,2017-06-06）

（四）危及历史古迹，破坏原始风貌

长期大量接待来访旅游者,会使当地历史古迹的原始风貌甚至其存在寿命受到威胁。这不仅仅与旅游者的触摸攀爬及乱刻乱画等不当行为有关,而且旅游者接待量的增大本身就会影响历史古迹的存在寿命。

首先,由于部分旅游者的文化修养不高,认识不到文物古迹的珍贵和不可替代性,盲目地在文物上刻画或坐卧在文物古迹上拍照等,这些不文明行为会造成文物古迹不同程度的损耗和破坏。

其次,众多的旅游者在游览过程中,呼出的二氧化碳气体中含有大量的水分,使文物古迹受到侵蚀,特别是一些古老洞穴、佛教石窟中的壁画和雕像等文物古迹表现得非常明显。由于洞穴和石窟中原本湿度就高,再加上众多旅游者呼吸作用所带来的大量水分,加快了珍贵的壁画和雕像的腐蚀速度。另外,照相机的闪光灯,旅游者的汗水、指印,也会使得壁画和雕像受到腐蚀。如著名的敦煌石窟,因受照相机闪光灯及数以百万计旅游者的汗水、呼吸(二氧化碳)和指印的破坏和腐蚀,许多壁画的逼真细节已失去光泽,变得暗淡模糊,红色和肉色逐渐变为黑色。

再次,众多旅游者的脚踏也会损害文物古迹。如我国的万里长城长期以来由于大量旅游者的攀登,造成挤踏破坏,很多地方已受到严重损害；北京的故宫由于旅游者川流不息,曾将大殿内的金砖踩出凹坑,广场和通道的金砖也损害得很厉害,有人估算,故宫铺地的"金砖",每年磨损达10～20毫米；颐和园蜿蜒700余米的彩饰长廊的地砖几年就要更换一次。

（五）盲目开发和过度开发造成对景观环境的破坏

旅游设施建设项目的规划不当或开发过度,会使当地原有的景观环境遭到破坏,即所谓的"开发污染"。旅游开发的实质是在自然山水或原有风景区的基础上添加人工建筑,使之适应旅游活动开展的需要。但现今很多的旅游开发,只考虑迎合其主观上认定的旅游者

的兴趣所在的审美特点,忽视或根本不顾及该项目建设同周围景观环境的协调,从而造成对该地景观环境的侵害。如山东泰山、北京西山、中岳嵩山森林公园等,索道悬空,电线杆插天,严重破坏了山岳风景区的原有生态;浙江普陀山是我国四大佛教名山之一,昔日"见屋皆寺庵,逢人尽僧尼",现在山上山下,摊店林立,现代化娱乐设施遍布全山,流行音乐已淹没了寺院传来的梵音,此情景,与佛教圣地的庄严氛围相去甚远;黄果树瀑布下游7公里处的天星景区,修了一个体积过大、黄色琉璃瓦屋顶的茶室,与景区的一个天然喀斯特盆景公园特色很不协调,破坏了自然美,违反了自然法则。

项目小结

- 旅游对经济的积极影响有:增加外汇收入,平衡国际收支;扩大内需,加快货币回笼;增加政府财政税收;促进相关行业的发展;促进地方经济发展,缩小地区差别;增加就业机会;推进对外开放,扩大经济交流。
- 旅游对经济的消极影响有:可能引起物价上涨,生活成本增加;可能使产业结构发生不利影响;过分依赖旅游业会影响国民经济稳定;可能会导致盲目投资与重复建设。
- 旅游对社会文化的积极影响有:促进社会文化交流与发展;促进民族文化保护复兴;增强民族自信心和自豪感;推动科学技术交流和发展;改善社会环境,利于和谐社会形成;促进世界和平。
- 旅游对社会文化的消极影响有:社会不良思想滋生;民族文化产生异化;地方文化过度商品化;目的地居民正常生活受干扰。
- 旅游对环境的积极影响有:提高了人们环境保护意识;改善了目的地环境质量;提供了环境保护资金来源。
- 旅游对环境的消极影响有:污染自然环境,破坏生态环境协调;改变地表,冲击土壤结构;干扰和破坏动植物生存;危及历史古迹,破坏原始风貌;盲目开发和过度开发造成对景观环境的破坏。
- 旅游对自然生态环境的破坏体现在固体废弃物污染、水体污染、大气污染和噪声污染等方面。
- 旅游业是社会、经济发展到一定历史阶段的产物,同时,发展旅游业反过来又会对社会、经济以及文化与环境产生较大的影响。这些影响既有积极的一面,又有消极的一面。但从总体上讲,积极的一面要远大于消极的一面。

项目检测

(一)复习思考题

1. 试归纳旅游的发展对目的地经济的积极影响和消极影响。
2. 有观点认为,对于我国这样一个大国来说,其经济不宜过分依赖旅游业。你是赞同还是反对这种观点?为什么?
3. 如何理解"文化是旅游的灵魂,旅游是文化的载体"?辅以案例说明。
4. 举例说明旅游对环境的影响。

(二)实训题

调查本地某一旅游景区,分析旅游发展对当地的经济、社会文化和环境产生的一系列影响,以小组形式开展研讨,形成调研报告。

拓展阅读

[1] 林越英.旅游影响导论[M].北京:旅游教育出版社,2016.
[2] 何景明.乡村旅游发展及其影响研究[M].北京:知识产权出版社,2013.
[3] 陈清,张义君.中西文化差异对跨文化旅游的影响[J].中外交流,2017(7):36-37.
[4] 何建民.生态环境保护与旅游业发展相互促进[N].中国旅游报,2017-10.

项目九 旅游业发展趋势

学习目标

- 了解世界旅游业的发展趋势
- 理解我国旅游业的发展趋势
- 掌握旅游业可持续发展的概念、目标和具体措施
- 通过阅读资料、案例分析、小组讨论等方式学习知识,培养旅游可持续发展观,并能在日常生活和旅游活动中加以运用

项目导读

旅游业是世界经济中持续高速增长的战略性、支柱性、综合性产业。当今,随着经济全球化及世界经济一体化的深入发展,世界旅游业更是进入了快速发展的黄金时代,旅游正成为人类大规模移动的一种社会、经济、文化现象。未来,世界和中国旅游业也将继续保持良好发展势头,并呈现出一些新的趋势和特征。旅游业的可持续发展是未来要解决的重要课题。

模块一 世界旅游业发展趋势

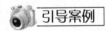 引导案例

2016年全国旅游工作会议发布的全球旅游五大趋势

1. 各国纷纷制定旅游发展战略,以增强本国综合竞争力。世界已经进入"旅游时代",旅游基本实现了休闲化、大众化和社会化,成为人们的一种普遍生活方式和基本权利。大力发展旅游业,正成为世界各国增强综合竞争力的战略决策。

2. 世界经济复苏乏力,旅游业发展逆势而上。联合国世界旅游组织数据显示,2015年上半年,国际游客达5.38亿人次,同比增长4%,继续超过全球经济增长速度。

3. 旅游业自身的可持续发展及其对全球可持续发展的重要影响,正引起国际社会的高度关注。旅游业是世界公认的资源消耗低、就业机会多、综合效益高的产业,是现代服务业的重要业态,也是许多国家产业结构调整的重要方向。

4. 中国旅游对世界旅游的影响力与日俱增。国际社会普遍认为,把脉世界旅游业大势,必须关注中国旅游走向。

5. 国际旅游抗风险能力面临诸多挑战。暴恐事件、病毒疫情、自然灾害、环境污染、国际政治矛盾等问题层出不穷,形势严峻。

（资料来源：人民网-旅游频道. 2016-01-29 http://travel.people.com.cn/n1/2016/0129/c41570-28096155.html）

思考：结合2016年全国旅游工作会议发布的全球旅游五大趋势，大胆畅想一下未来世界旅游业的发展趋势。

一、总体保持稳定增长趋势

过去60年来，世界旅游业发展一直长盛不衰，期间虽然也有波动，但总体上呈现高速增长态势。旅游业增长高速、持续、稳定，没有哪一个行业可与之相提并论。世界旅游及旅行理事会发布的《2011—2021旅游业经济影响报告》认为，尽管目前世界经济增长受到了很多挑战和不确定因素的影响，但旅游业却一直是增长速度最快的部门之一，而且成为推动经济和就业增长的主要力量。旅游业在全球经济的重构中发挥着重要作用，已成为世界上最大的产业。目前，世界旅游业产值已占到全球经济总产值的10%以上，旅游业在GDP中所占比重持续提高。据世界旅游组织预测，2010—2020年国际旅游活动的年均增长率将为4.8%，2020年全球国际旅游人次将达到16亿人次，2020年全球国际旅游消费收入将达到2万亿美元。

根据世界旅游组织长期预测报告《旅游走向2030年》（Tourism Towards 2030），全球范围内国际旅游者到访量从2010年到2030年将以年均3.3%的速度持续增长，到2030年将达到18亿人次。

二、发展重心继续东移

欧洲和美洲是国际旅游业的两大传统市场。到2002年，亚太地区国际旅游接待量所占份额开始超过美洲而跃居世界第二位，全球旅游市场形成欧、亚太、美三足鼎立的新格局。亚太地区在世界旅游业中的地位大幅度提升，其中尤以中国旅游业的崛起贡献最大，被国际旅游界普遍认为是"未来最有发展前景的旅游目的地"。亚太地区接待的国际旅游人数占比一直呈上升趋势，2016年已达到24.6%，预计未来还会继续呈上升趋势。

虽然到目前，欧洲仍然是最大的入境旅游目的地，旅游者接待量占全球的比重仍超过50%，但随着全球经济重心从大西洋地区向太平洋地区转移，亚太地区成为未来国际旅游业的热点区域，世界旅游业发展重心继续东移。欧洲旅游业的统治地位未来可能发生动摇，美洲旅游业保持较平稳发展，而亚太地区持续快速增长，其他地区的发展也会越来越快。还有预测称，亚太地区的国际旅游接待量占全球的比重到2030年将超过36%，而欧洲的比重则会降至41%。

三、国际旅游市场客流和客源均趋向分散化

随着世界经济的迅速分化和重新改组，形成美国、欧盟、日本、俄罗斯、中国、东盟、中东、非洲、南美洲等几大经济力量相抗衡的态势，新兴旅游目的地国家和旅游客源国不断涌现，国际旅游市场客流和客源相对分散的趋势日渐明显。

国际旅游市场客流方面，根据世界旅游组织发布的数据，2015年，中国国际旅游收入已超越西班牙排名至第二，仅次于美国；泰国国际旅游收入跃居世界第五；中国香港排名第九；墨西哥上升至第17位。分区域来看，2015年的国际旅游收入，北美洲、亚太地区以及中

东地区增长了 4%,欧洲增长了 3%,非洲增长了 2%,加勒比地区、中美、南美则增长了 7%。从中可以看出,一些原来经济状况较落后的地区随着经济形势的好转,成为引人注目的新兴国际旅游目的地,国际旅游市场客流分散化趋势明显。

国际旅游市场客源方面,据世界旅游组织的统计,2016 年,境外消费总额前 50 位的国家和地区中,有 9 个国家与地区的增幅达到了两位数,分别是越南(28%)、阿根廷(26%)、埃及(19%)、西班牙(17%)、印度(16%)、以色列(12%)、乌克兰(12%)、卡塔尔(11%)和泰国(11%)。这 9 个国家和地区里面,除西班牙外,基本都是新兴旅游客源国且分布各大洲,国际旅游市场客源分散化趋势明显。

教学互动 9-1

为什么国际旅游市场客流和客源都会趋向分散化?

四、旅游方式和内容日益多样化

随着世界各国经济的发展和人民生活水平的提高,人们将更加关注精神生活,不满足于传统的游山玩水,而要去体验更多的美好经历,对旅游更注重质量与品质,更追求个性化与自我参与,旅游方式和内容日益多样化。体验性、参与性的旅游项目大受欢迎。有专家认为,游够了名山古刹、园林古迹,未来人们会游空气(拥有良好空气的目的地)、游阳光(拥有灿烂阳光的目的地)、游海洋(旅游活动将向大海扩展)、游天空(如乘坐热气球、滑翔伞旅游)、游极地(南极成为人们热衷的目的地)。

未来,散客旅游也会越来越多,商务、会议旅游将成为团体旅游的主体,地区性旅游和中程旅游将成为旅游的主体,人们外出旅游的次数将增多。

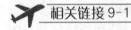相关链接 9-1

从"3S"到"3N"

长期以来,人们把"3S",即阳光(Sun)、海水(Sea)、沙滩(Sands),称为最具有吸引力的旅游资源,许多国家的游客曾热衷于到热带海滨休闲度假,消除疲劳,放松心情。然而,由于全球环境恶化,许多美丽的海滨也未能幸免,遭到不同程度的破坏。随着生态旅游的兴起、人们环境意识的觉醒,游客的旅游热点已从"3S"转向"3N",即到大自然(Nature)中,怀着人类曾经与自然和谐相处的怀旧(Nostalgia)情结,使自己在融入自然中进入天堂(Nirvana)的境界。这就是未来旅游的热点——"3N"旅游。

(资料来源:邵世刚.旅游概论[M].北京:高等教育出版社,2015)

同步案例 9-1

国外的特色旅游

随着旅游热潮的兴起,世界各国正开展激烈的"游客争夺战",各式各样的特色旅游项目争相出台。

新加坡海底旅游:新加坡建设东南亚第一座海底城——"海底迷你城",游客可由一条透明的隧道进入一间两层的像水族馆的室内,在那里欣赏 7 000 多条鱼和独特的海洋生态及海底景色,有兴趣的游客还可以在有效的安全措施下潜水畅游。

泰国的军事旅游:将军事基地开放用作观光之用,泰国军队期望每年从旅游中获得 5 000 万美元收益。目前,军事旅游的客人可以尝试打靶、行军、骑自行车、越过障碍等课程,并学习掌握野外生存能力,还能参观有历史意义的军事遗址及博物馆等。

德国的小说旅游:组织者带领文学爱好者沿着德国名著中主人公的足迹,游历书中描写的各个地方和名胜古迹,深刻体会书中人物的思想感情。

美国的地震旅游:游人下榻的寓所与众不同,是由极轻的材料建成,并配有制造"地震效果"的特殊设备。只要控制台按下电钮,顷刻间"房屋震颤"、梁柱断裂、墙壁倒塌、床铺倾覆,并伴有地震蓝光。由于颇富刺激性,有不少人前往一试为快。

英国的怀旧旅游:为迎合一些人思古怀旧心理,英国让游客体验古代原始的生活方式。游客可在几天内尝遍近百种野生植物,体验野外觅食、捕兽、取皮、煮食等过程。入夜后,觅洞而卧……

(资料来源:叶森森.国外的特色旅游[N].安溪报-安溪新闻网,2012-07-06,编者根据需要作了删节)

讨论:针对上述各国特色旅游项目,你有何感想?试设想一种新颖的旅游方式或旅游项目。

五、国际旅游对旅游安全更为重视

旅游业是一个比较脆弱的产业,易受多种因素的影响,其中,安全的旅游环境对旅游业的影响尤其突出。影响国际旅游安全的主要因素有:①局部战争和冲突;②恐怖主义活动;③旅游目的地政局不稳定;④传染性疾病流行;⑤恶性交通事故发生;⑥社会治安状况恶化等。

随着人们出行意愿的增强,旅游的安全因素越来越成为旅游者选择旅游目的地的关键因素,而加强安全保障是一个国家发展旅游业要重点考虑的问题。另外,随着网上旅游交易所占比重的日益增大,网络安全也将对旅游业发展产生重大影响。

相关链接9-2

独自出游的七个安全小贴士

美国《赫芬顿邮报》总结了独自出游的七个安全小贴士,让你能够更安全地享受旅行。

第一,请拒绝"玩的就是心跳"。去土耳其攀岩看日出听起来可能是个很精彩的故事,但一个人出游,一旦受伤了,你可能连讲故事的小命都没了。极限运动还是留到有伴儿的时候再玩吧。另外,请给自己上一份旅游保险以防万一。

第二,请保持联系。请至少告诉一个亲人或朋友你住在什么酒店,你要去的下一个城市是哪里。请多给亲朋好友发邮件,让他们知道你过得如何。

第三,请不要戴耳机。戴着耳机很容易降低你的警惕心。请注意观察你周围的环境,好音乐还是留到酒店房间里欣赏吧。

第四,请勿声张"独游"状态。让陌生人知道你独自一人可不是什么好事,万一你遇见了坏人,则很有可能"独自一人"身陷险境。

第五，请小心你的饮料。有些聪明的旅行者只喝罐装密封的啤酒，如果你要喝酒，请点罐装密封的啤酒，或全程仔细观察酒保制酒的过程。最后，请走大道回到酒店。

第六，请按当地风俗穿着打扮。不合风俗的打扮只会增加你的"游客风情"（如果你还拿着一张地图就更像游客了），能保障你安全的秘诀之一就是要了解当地的风俗习惯、融入当地生活。

第七，待人待事心态开放。请多和其他旅行者或当地居民交流，交换有用的信息，比如哪里的青年旅社好，哪里提供住宿和早餐，形成互助的氛围。

(资料来源：陈梦圆. 独自出游的七个安全小贴士[DB/OL]. 环球网，2014-11-07. http://go.huanqiu.com/html/2014/tips_1107/5672.html 编者根据需要作了删节）

模块二　中国旅游业发展趋势

引导案例

在线旅游开启定制化时代

近年来，消费者在旅游方面的个性需求持续增长，定制旅游应运而生。众多互联网创业者也看中这一市场，在线定制旅游方兴未艾，世界邦旅行网、6人游旅行网、游心旅行网等主打定制旅游，途牛网、携程网等几大OTA也提供定制旅游服务。

定制旅游的一般模式是：消费者与旅行顾问进行交流，提出自己的个性化需求，然后由旅行顾问根据实际情况来做相应的行程定制与路书。

世界邦旅行网以提供"个性化行程定制服务，高性价比、高质量境外自助游"为目标，采用达人定制模式：达人与世界邦达成具体项目合作模式（达人类似于项目管理者），然后由达人针对顾客进行行程规划，行程中与客户沟通、指导，交易完成后达人获取相应的报酬。

6人游旅行网采用的是旅游顾问模式。由具有旅游目的地资源和经验的旅游顾问为顾客进行服务：为顾客提供前期的行程规划，在旅行途中充当客户的远程管家，针对具体问题提供解决方案。

游心旅行网则融合了达人定制和旅游顾问两种模式——公司既有达人，又有旅游顾问，由顾问和达人为客户提供1对1的服务。

(资料来源：蒋龙龙. 在线旅游开启定制化时代[N]. 通信信息报，2015-11-11. 有删减)

思考：以上资料反映了我国旅游业发展的哪些趋势？上文所列举的定制旅游的三种模式各有什么优缺点？试畅想定制旅游的未来：有何发展趋势？如何做好定制旅游？

改革开放以来，我国旅游业实现了从"事业型"向"产业型"的转变，产业形象和地位不断提升，在国民经济和社会发展中的地位和作用不断增强，在世界旅游业中的地位不断提高。当前，中国已实现了从资源大国向旅游大国的转变，正在从旅游大国向旅游强国前进，不仅已成为亚洲的旅游强国，而且正在跻身世界旅游强国之列。中国旅游业的发展，呈现出稳步壮大的趋势。

一、市场格局发生变化，三大市场并举

国务院2009年提出，新时期我国旅游业发展的基本政策为"坚持以国内旅游为重点，积

极发展入境旅游,有序发展出境旅游"。这表明,中国旅游业在经历了非常规发展阶段后开始进入常规发展。这一变化不仅体现在三个市场(入境旅游、出境旅游、国内旅游)的格局上,更重要地体现在国家政策上,意义深远。

目前我国旅游业的三大市场(入境旅游、出境旅游、国内旅游)都呈现出稳步上升的趋势。我国居民的旅游需求将随经济的发展而有更多的增长,居民消费的国内旅游将从过去偏于观光的选择扩展为更多样更全面的休闲旅游,国内旅游的增长仍将快于全国 GDP 的增长,国内旅游市场潜力巨大;随着我国居民收入水平的不断上升,人们出境旅游的热情依旧不减,出境旅游市场继续保持增长,在相当长的时间里会继续蝉联出境旅游人次全球第一的地位;入境旅游作为增加外汇的重要手段,国家会始终重视、积极发展,随着我国旅游业的不断完善发展,入境旅游总体上会一直呈现增长趋势。

二、更加注重旅游的参与性、体验性、个性化

我国旅游业经过过去几十年的快速发展,从最初长期积存的旅游需求释放所引发的井喷现象,逐渐走向理性成熟,人们会更加注重旅游的品质,旅游消费的心理体验需求将会持续增长。无论是消费者还是旅游经营者,都会更加注重旅游的参与性、体验性、个性化。

与传统的观光旅游相比,人们更喜欢一些参与性的旅游活动,如迪斯尼乐园、常州环球恐龙园等主题公园,张家界的"天梯"、玻璃桥,一些景区里的滑草、划船、漂流等项目。这些设施很受欢迎,给人们一种特别的体验、难忘的经历。转变相对静态的观光旅游模式,增强旅游产品的参与性,是符合市场需求的,也必然有较大的市场发展空间。

前些年人们较多地提倡休闲旅游以及近年来一些人推崇的慢旅游理念,其实都强调的是提高旅游质量与丰富旅游体验,强调放慢旅游节奏,加强深度体验。从走马观花式旅游向深度体验式旅游转变,是未来旅游发展的必然趋势。

随着人们自我意识越来越强、个性需求越来越需要得到释放,个性化或将成为未来人们对旅游的基本要求之一,人们需要按照个人的需求和喜好进行旅游活动,高度自由性和灵活性的旅游产品将会受欢迎,具有很强个性化的定制旅游产品将有较大发展潜力。

同步案例 9-2

麦田亲子游俱乐部的"博物馆之夜"系列旅游产品

在我国,博物馆往往是相对较冷门的景点,尽管其展品丰富、展品或主题鲜明或文化底蕴深厚,但常见的橱窗展示的方式,未能激发出人们太大的兴趣。但近年来,麦田亲子游俱乐部设计组织的"博物馆之夜"系列旅游产品却取得了很大的成功,并在全国各大城市推广。例如,在北京中国古动物馆开展的"夜宿恐龙馆"活动,招募对象是5~12岁亲子家庭,具体活动有:①手绘恐龙T恤,并穿上自己亲手涂绘的恐龙T恤;②夜游博物馆,中科院古生物专家全程陪伴,讲解古动物知识,解答问题;③恐龙密室寻宝;④恐龙石膏浮雕制作;⑤三叶虫化石修复;⑥观看古生物3D电影;⑦学习搭帐篷,夜宿恐龙馆;⑧制作地层三明治早餐;⑨活动结束后,每个小朋友获得化石一枚。

讨论: 麦田亲子游俱乐部的"博物馆之夜"旅游产品为什么能取得成功?

三、旅游市场细分会不断加剧，旅游服务会越来越精细

随着旅游市场竞争越来越激烈，各旅游公司为争夺客源，提升品牌竞争力，会越来越注重细分市场，提供更加符合人们需求的服务。例如，有的旅行社将邮轮游作为自己的特色产品；有的旅行社将老年人作为自己的主要客源，主攻银发市场；凯撒旅游以经营出境旅游为主打业务，塑造出"欧洲旅游专家"的品牌形象；主打亲子游的麦田旅游公司，成为我国亲子游的一大品牌；阿里巴巴旗下的旅游平台飞猪则聚焦年轻客户群体，聚焦出境游。诸如此类的旅游公司的细分及旅游产品的细分在未来会有增无减。市场的细分化，也促进旅游服务更深入地契合人们的旅游需求，旅游服务会越来越精细。例如，以代理签证起家并壮大的百程旅行网，推出英美签证一对一陪签服务、携手银行推出法国签证多年多次资料简化服务；以精心打造原创线路为发展目标的斑马旅游，会为带着小朋友的游客准备安全座椅、儿童沙滩玩具，为出游的蜜月夫妻在酒店里准备惊喜蛋糕等。优质精细的服务是旅游者追求的重要体验，也是旅游企业争夺客源的利器之一，在未来会体现得越来越明显。

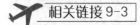
相关链接9-3

游 客 腕 带

据资料，美国宾夕法尼亚州某度假区引入了一种腕带系统，游客佩戴这种腕带后，不需携带钥匙就可以打开自己的房间门，不需携带现金或银行卡即可进行购物。类似这样的精彩服务，未来在中国很多旅游目的地都将成为现实。

（资料来源：赵金玲.旅游概论[M].北京：旅游教育出版社，2016）

四、在线旅游行业将持续快速增长

在线旅游行业是依托互联网，以满足旅游消费者信息查询、产品预定与服务评价为核心目的，涵盖包括航空公司、景区、酒店、租车公司、海内外旅游局等旅游服务供应商、搜索引擎、OTA、电信运营商、旅游资讯及社区网站等在线旅游平台的新兴旅游业态。在线旅游行业是旅游业与互联网行业发展相融合的产物，发端于1999年携程旅行网的成立。

近年来，酒店、机票、旅游度假产品、景区门票、租车等都快速实现在线化。中商产业研究院发布研究报告显示，2012—2016年中国在线旅游市场交易规模增速保持在30%以上，其中2016年全国在线旅游市场交易规模达到7 394.2亿元，同比增长56%。2015年9月，中国国家旅游局局长李金早提出，"我国在线旅游交易未来5年将创造1万亿元的市场红利"，预期中国在线旅游行业将会迎来新的跨越式发展机遇。

教学互动9-2

试分析在线旅游行业的迅速发展对旅游业产生了哪些影响？

五、智慧旅游带动旅游业向现代服务业转变

智慧旅游，也可称为"智能旅游"，是利用云计算、物联网等新技术，通过互联网、移动互联网，借助便携的终端上网设备，主动感知旅游资源、旅游经济、旅游活动、旅游者等方面的

信息,及时发布,让人们能够及时了解这些信息,及时安排和调整工作与旅游计划,从而达到对各类旅游信息的智能感知、方便利用的效果。智慧旅游需要强大的技术平台支撑,它以强大的信息技术为支撑,为旅游行业内各主体提供各种旅游信息。

2014年,"美丽中国之旅——智慧旅游"成为中国旅游宣传主题,国家旅游局强调,将在智慧服务、智慧管理、智慧营销三方面着力,以促进旅游资源和产品的开发和整合,以信息化带动旅游业向现代服务业转变。国务院在《"十三五"旅游业发展规划》中提出,要建设一批国家智慧旅游城市、智慧旅游景区、智慧旅游企业、智慧旅游乡村,建设"12301"智慧旅游公共服务平台,建立面向游客和企业的旅游公共服务平台,完善旅游公共信息发布及资讯平台、旅游产业运行监管平台、景区门票预约与客流预警平台、旅游大数据集成平台。智慧旅游拥有广泛的应用前景,它不仅引领世界旅游的发展潮流,成为现代服务业与科技结合的典范,还可改善管理平台,增强竞争优势,满足旅游者的个性需求。中国旅游市场将全面进入信息化、智能化的时代。

 教学互动9-3

智慧旅游在你所在地有哪些应用?

六、自由行将成主要旅游方式

随着人们旅游的个性化需求越来越高,越来越多的人喜欢根据自己的意愿安排旅游活动,不喜欢跟团旅游,不需要旅行社和导游帮助,自行预定购买交通、住宿、景点门票等,自行出游,这种旅游方式被人们称为自由行。

近年来,自由行发展迅猛。中国国家旅游局发布的2016年旅游业统计公报显示:2016年全国国内旅游人数44.4亿人次,而全国旅行社共组织国内游客15 604.9万人次,经旅行社接待的国内游客为17 088.6人次,可见由旅行社组织或接待的国内游客人数只有1亿多,在总体旅游人数中所占比重较小,自由行人数规模非常大。

出境旅游方面,2016年我国公民出境旅游人数达到1.22亿人次,经旅行社组织出境旅游的总人数为5 727.1万人次,只占出境旅游总人数的46.9%,自由行比例高达53.1%。

自由行人群庞大,增长迅速,反映出人们追求自由、个性化、无拘无束、真正放松的旅游需求。同时,随着旅游电商迅猛发展、网络信息日益开放、网络系统服务日臻完善,人们能更自由便捷地获得全面又细致的旅游信息,未来,自由行在旅游活动中所占的比重会越来越大,将成为人们主要的旅游方式。

 教学互动9-4

游客选择自由行了,旅行社怎么赚钱?

七、养老旅游将成为旅游市场新增长点

进入21世纪以来,人口老龄化已经成为全世界所面对的共同趋势。中国作为最大的发展中国家,这一问题尤其突出。中国正经历全球历史上规模最大、速度最快的人口老龄化进程。老龄化既是经济和社会发展的严峻挑战,同时也是发展"银发经济"的重要契机。

现代老年人已经不再简单地满足于最基本的物质生活需求,追求更高层次的旅游休闲活动已经成为一种新的消费意愿。同时,老年消费者具有可观的购买能力。"旅游+养老"已经成为一种新型养老方式,不仅为老年人提供了一种高品质的休闲养老方式,也为经济发展创造了新的需求。"旅游+养老"将推动优势旅游企业和养老机构实施跨地区、跨行业、跨所有制的兼并重组,打造旅游业和养老业跨界融合的产业优势,产生"1+1>2"的效果。

目前,我国养老形式和内容发生了巨大变化,已经形成候鸟式养老模式、立体养生养老模式、住房养老模式、农家式休闲养生养老模式、旅居式养老模式、异地循环养老模式等诸多新模式。随着新一代信息技术以及互联网技术的发展,智慧旅游与养老产业将会深度融合,旅游养老资源将会在智慧平台作用下得以重组整合,一些新型的旅游养老组织方式、旅游产品、旅游业态将不断涌现,旅游养老供给将会更加丰富。

相关链接9-4

人口老龄化

年龄超过65岁的人口比率超过总人口的7%就被称为老龄化社会,比率超过总人口的14%被称为老龄社会,比率超过总人口的21%被称为超老龄化社会。据国家统计局数据,截至2014年年底,我国60周岁及以上的老年人口21 242万人,占总人口的15.5%,65周岁及以上人口13 755万人,占总人口的10.1%。专家预测,我国从2020年起将会迎来"超老龄化"社会。

模块三 旅游业可持续发展

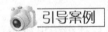
引导案例

2017年,"国际可持续旅游发展年"

2017年,是联合国大会确定的"国际可持续旅游发展年"。这是联合国第三次做出以旅游为主题的"国际年"活动的决议。第一次是将1967年确定为"国际旅游年",第二次是将2002年确定为"国际生态旅游年"。

这次"国际年"主题强调的不是可持续旅游本身的发展,而是突出强调"可持续旅游"在全球发展中应当发挥的作用和应当做出的贡献。也就是说,可持续旅游对全球发展的贡献会超出经济或环境单一领域,也并非限于旅游一个部门,它事关国际社会普遍接受的联合国《2030年可持续发展议程》和《可持续发展总目标》的实现。

根据联合国2030年可持续发展总目标,特别突出地确定了5个方面:一是包容与可持续的经济增长,不是一般的外汇收入或者单纯地对GDP增长的贡献。二是社会包容,要落实到就业和消除贫困,而就业又不仅仅是增加就业人数和机会,而是强调通过旅游发展促进"有效就业"和"体面的工作"。三是环境保护,突出了资源的有效利用和气候变化,这直接涉及可持续性的消费和生产。四是文化价值观,保持文化的多样性和遗产保护,要向社会释放正能量。五是促进相互了解,促进和平与安全。

为响应联合国决议,丰富2017"国际可持续旅游发展年"内容,中国国家旅游局从2016年起推出旅游促进可持续发展10大举措:举办首届世界旅游发展大会、推出促进绿色旅游发展行动方案、推出公共服务和目的地建设行动方案、推出旅游信息化行动方案、推出旅游产业促进行动方案、推出旅游促进创业创新行动方案、推出乡村旅游和旅游扶贫行动方案、推出旅游市场秩序治理行动方案、推出文明旅游促进行动方案、推出旅游人才队伍建设行动方案。

(资料来源:张广瑞."可持续旅游发展"需要大家共同努力[N].中国旅游报,2017-01-04.编者根据需要作了删节)

思考:旅游业的可持续发展有什么意义?

一、可持续发展概述

(一) 可持续发展理论的缘起

工业革命之后近300年的时间里,人类走上了一条经济增长与环境保护相背离的道路,主要表现为人类掠夺式地向大自然获取资源,肆无忌惮地向大自然排放废弃物。这就造成了全球性的资源恶化和生态破坏,危及了人类的生存环境。

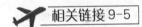

人类面临的全球环境问题主要有哪些

目前,已经威胁到人类生存并已被人类认识到的环境问题主要有:①全球变暖;②臭氧层破坏;③酸雨;④淡水资源危机;⑤资源、能源短缺;⑥森林锐减;⑦土地荒漠化;⑧物种加速灭绝;⑨垃圾成灾;⑩有毒化学品污染。

20世纪60年代以来,一系列针对当代人口、粮食、能源、资源和环境这五大问题的密切关注和热烈讨论,使人类意识到所面临问题的严峻性。

1972年6月5日至16日,在瑞典首都斯德哥尔摩举行了联合国第一次人类环境会议,会上发布了《人类环境宣言》,首次提出了"环境与发展"这一主题。这次会议的口号是——"只有一个地球",从此人们有了共同管理好人类共有家园的意识。同时,会议建议将6月5日定为"世界环境日"。同年,联合国大会通过了此项决议。"世界环境日"的意义在于提醒全世界注意全球环境状况与人类活动对环境的危害。

1980年,国际自然保护联盟推出《世界自然保护大纲》,主要针对自然资源提出保护,其提出可持续发展的概念及实现途径至今仍有指导意义,鉴于此,世界上50多个国家根据自己的具体情况也制定了本国的自然保护大纲。

1983年,世界环境与发展委员会(WCED)成立,发表了著名的《共同的危机》《共同的安全》《共同的未来》三个纲领性文件,三个文件都提出了"可持续发展战略"。

1987年,世界环境与发展委员会主席布伦特兰(G. H. Brundtland)夫人发布了《我们共同的未来》报告,对当前人类发展和环境保护等方面进行了全面和系统的分析,提出的可持续发展概念得到大家的广泛接受和认同,掀起了可持续发展的浪潮。

1992年,在联合国环境与发展大会上,全球100多个国家的首脑共同签署了《21世纪议程》，即著名的《地球宣言》，它宣布全世界人民应遵循可持续发展原则，并采取一致行动，使可持续发展上升为国家间的准则。

之后，各国政府相继发表宣言和行动计划，可持续发展成为20世纪和21世纪人类经济和社会发展的重大课题。

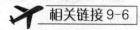相关链接9-6

《21世纪议程》

《21世纪议程》，即著名的《地球宣言》，是1992年6月3日至14日在巴西里约热内卢召开的联合国环境与发展大会通过的重要文件之一，是一个涉及内容广泛的实施可持续发展战略的行动计划，为世界各国提供了一个旨在鼓励发展的同时保护环境的全球可持续发展各个领域的行动蓝图。

《21世纪议程》共20章，78个方案领域，20余万字。大体可分为可持续发展战略、社会可持续发展、经济可持续发展、资源的合理利用与环境保护四个部分。每个部分由若干章组成。每章均有导言和方案领域两节。导言重点阐明该章的目的、意义、工作基础及存在的主要难点；方案领域则说明解决问题的途径和应如何采取的行动。

《21世纪议程》虽没有法律约束力，但为各国制定环保和发展战略，保护环境、增强国力、加快经济增长提供了权威性的原则指导和依据，各国纷纷据此制定了自己的21世纪议程，我国于1994年3月25日由国务院通过了《中国21世纪议程》，并纳入国民经济与社会发展计划中予以实施。

（二）可持续发展的概念

目前得到国际社会普遍认可的可持续发展概念，是1987年《我们共同的未来》中提出的。可持续发展就是既满足当代人的需求又不损害后代人满足其需求的发展；既实现经济发展的目的，又要保护人类赖以生存的自然资源和环境，使子孙后代能安居乐业，永续发展。

（三）可持续发展的基本内容

可持续发展概念包括人类需要、资源限制和公平三个要素，具体包括以下六个方面的内容：①强调发展是第一位的；②强调生态、经济和社会的持续性；③强调发展机会选择的平等性；④强调经济发展与环境保护的整体协调性；⑤强调建立和推行一种新型的生产和消费方式；⑥强调人类的文明发展与观念转变。

二、旅游可持续发展概述

（一）旅游可持续发展的缘起

1989年4月，在荷兰海牙召开的"各国议会旅游大会"上第一次明确提出旅游可持续发展概念，形成了旅游可持续发展的思想、原则结论以及建议措施。

1990年，在加拿大召开的"地球90国际大会"上阐述了旅游可持续发展理论的主要框架和主要目标，较全面地反映了可持续发展的内容。

1992年，联合国环境与发展大会通过的《21世纪议程》中有7处直接提到了旅游业，随后《21世纪议程》又被转化成为旅游业的行动纲领《关于旅游业的21世纪议程——实现与环境相适应的可持续发展》,之后又有《可持续旅游发展宪章》《可持续旅游发展行动计划》《关于旅游业社会影响的马尼拉宣言》等文件陆续发布。

1999年10月,世界旅游组织第13届大会通过的《全球旅游道德规范》第三条明确规定了有关旅游可持续发展的问题。

(二)旅游可持续发展的内涵

旅游可持续发展是指以资源和生态环境承受能力为基础,以符合当地经济、文化发展状况和社会道德规范为标准,以实现旅游资源的永续利用,促进旅游发展的经济效益、社会效益和环境效益的统一,既满足当代人的需要,又不对后代人满足其自身需要的能力构成危害为目标的发展思想和发展道路。

旅游可持续发展的实质,就是要求旅游与自然、文化资源和人类生存环境形成一个整体,即旅游、资源、人类生存环境三者的统一。

(三)旅游可持续发展的目标

旅游可持续发展是一个多层次的、多元构成的目标体系,主要目标体现在以下几个方面:

1. 保护生态环境不受污染和破坏

要使旅游业实现可持续发展,关键是要使各类资源免受污染和破坏,维持生态系统的生产力和功能,维护良好的生态环境,保护其自我调节和正常循环能力,增加生态系统的完整性、稳定性和适应性。由于旅游发展过程中充满各种各样的矛盾,所以要尽量避免和减少旅游开发和旅游者的活动对环境造成影响。坚决维护旅游生态系统的平衡,保证旅游资源的持续利用,这是旅游业可持续发展的基本目标和准则。

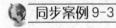
同步案例9-3

海螺沟的"垃圾银行"与环保公益活动

位于四川省甘孜州的海螺沟景区,以冰川为主,属于脆弱资源型景区,一旦游客将垃圾丢弃在冰川、冰川裂缝、悬崖峭壁等地方,保洁人员收集起来难度极大,也对环卫人员的生命安全造成极大威胁。个别冰缝、崖壁上的垃圾无法彻底清除,既影响了景区的形象,更破坏了自然生态环境。

2015年2月21日,结合"善待地球、保护冰川"环保公益活动和"捡垃圾、兑礼品、存信誉"活动,海螺沟景区设立全国首家景区"垃圾银行"。每位进入海螺沟的游客都能免费领到一个印有"存垃圾,得信誉,一路风景,携手同行"的清洁袋。在游览的过程中,游客可以将自己产生的垃圾或者在路上捡到的垃圾放入清洁袋内,装满一袋可兑换海螺沟明信片,两袋可兑换海螺沟雪菊,三袋可兑换纪念奖章,五袋可兑换红石公园门票,十袋荣获"海螺沟环保大使"(凭本人身份证五年内免票游景区)。同时还开通有海螺沟"垃圾银行"微信公众号,吸引更多游客参与环境保护。

在旅游活动中,海螺沟将环保理念很好地植入其中。以"和孩子一起画一条街——海螺沟环保课堂小义工之旅"公益活动为例,其具体活动内容如下:①人文景点参观。包括红色教育基地毛主席驻地旧址、天主教堂、茶马古道文化等。②冰川考察。专家带领各亲子家庭近距离实地观看冰川,徒步原始森林,进行自然课堂教育、水源检测,激发家长和孩子对于资源、环境的珍惜和保护,期间,在景区活动的全程,参与人员还都将进行捡垃圾活动。

③绘画环保。由专业老师带领家庭,以亲子共同作画形式参与景区"最美环保宣传长廊"绘制活动,在指定街道的墙面进行以冰川科普、水源保护、珍稀动植物保护等为题材的环境手绘活动,通过环保自然教育的学习和实践后,以绘画的形式将其留在海螺沟景区,并成为一道独特的风景。

（资料来源：海螺沟景区网站http://www.hailuogou.com/2016/liangdian_0927/746.html 中国网http://www.china.com.cn/travel/txt/2017-08/03/content_41339643.htm 编者根据需要作了删节）

讨论：海螺沟"垃圾银行"的设立及其旅游活动安排对你有什么启示？

2. 满足旅游者高质量体验的需要

旅游业可持续发展在社会方面要达到的主要目标之一就是满足旅游者的需求。对旅游可持续发展的追求不能忽视了旅游者的体验需求,不能降低旅游质量。例如自驾车旅游,从环保的角度来看,其载客量少,人均能耗高,对环境的污染比公共交通大,但我们却不能因此制止或倡导人们不要自驾车旅游,因为自驾车旅游给旅游者带来自由、便捷、舒适、特别的体验,在现在甚至未来相当长的时间里都有很大的市场需求。

当然,旅游的可持续发展会使旅游资源和旅游者二者之间形成良性循环,旅游可持续发展带来的旅游资源的高质量、旅游环境的高品位也会大大提高旅游者的旅游品质,丰富旅游者的旅游体验。我们需要在旅游的可持续发展与旅游者的体验需求之间把握好度,寻找到一个平衡点。

3. 满足旅游地居民的需求

要千方百计地满足旅游地居民对就业、粮食、能源、住房、水、卫生保健、休闲娱乐等方面的需求,提高旅游地居民的生活质量,防止急功近利地利用旅游发展经济,防止急于利用旅游脱贫而对旅游资源进行掠夺式的开发。例如,现在很多城市建设体育休闲生态公园、举办马拉松比赛等,优化了城市环境,丰富了当地居民的业余生活,实实在在地提高了当地居民的生活品质。

4. 实现高效性

以最小的资源成本和投资获得最大的经济效益、社会效益和环境效益,并且充分考虑环境成本的效率,把环境污染费用和自然资源的耗费计算在成本之内,以关注旅游业的长远利益。例如,近几年一些景区跟风兴建的玻璃桥、玻璃栈道,固然能吸引年轻人,为景区带来经济效益,但这些项目的建设对景区的环境、景观、自然资源的破坏不容忽视。又如,一些投入巨资建设的博物馆、纪念馆等,却人气不旺,甚至门可罗雀,其社会效益没有被充分地发挥出来,没有体现出高效性。

5. 实现公平性

旅游的可持续发展要求体现社会公平,保证旅游资源和旅游收益的公平分配,包括同代人的公平发展和公平分配以及代际间的公平发展和公平分配。同代人之间的公平要求一部分人的发展不能损害另一部分人的利益,旅游地的开发与发展不能损害当地居民的利益,要让当地居民受益。不同代际间的公平要求"能为现在的主人们和客人们提供生计,又能保护和增进后代人的利益,并为其提供同样的机会"。例如,地方政府应将旅游收入的一部分用来改善旅游环境,以提高旅游者的旅游体验,还应将一部分旅游收入用来提高当地人的生活水平和生活品质,以保证旅游者与当地居民之间的公平性。而一个地方在进行旅游开发时应保留部分资源暂不开发留待后人,以实现当代人与后代人之间的公平性。

(四)旅游可持续发展的具体措施

1. 坚决贯彻落实旅游可持续发展观

纠正"旅游消费是一种感觉消费和精神消费,旅游资源可以永续利用""有资源就可开发""充分利用本地区的丰富资源,加大开发力度,力争在短期内取得可观的阶段性成果"之类的错误或片面的发展观,真正把旅游开发和旅游发展统一到与社会、环境协调一致的可持续发展思路上来,让可持续发展观成为旅游业发展的最重要准则。

2. 避免走"先污染后治理"的老路

以牺牲自然环境的巨大代价来换取经济利益,"先污染后治理"的老路、错路,世界上许多国家许多地方都为此付出了沉重的代价。旅游开发必须在规划中充分论证开发的社会和环境影响,广泛听取专家和群众的意见,特别要重视对旅游资源、生态环境的消极影响,对不确定、有争议的项目不可贸然动工,宁可适度放慢旅游经济增长的速度,也不能损害旅游资源和生态环境的长足发展。

同步案例 9-4

不能走"先污染后治理"的老路——平潭龙凤头沙滩的警示

福建平潭最令人魂牵梦萦的沙滩,一是紧挨着县城的海坛湾,沙滩绵延25公里,被誉为"黄金海岸",尤其南段的龙凤头海滨浴场,是游人的最爱;二是坛南湾连绵22公里的沙滩,有"白金海岸"之美誉。

但随着平潭房地产的兴起,城关出现大量自建房。由于监管缺失,人们无节制地滥采乱挖沙地,加上生活污水直接从城关排向海湾,美丽的沙滩出现大面积黑化、臭化、泥化。更糟糕的是,龙凤头沙滩突然被3公里多长的海堤,拦腰截成两半。原来,龙凤头是个大风口,每当台风来临,风大浪高,对县城安全构成威胁,于是在龙凤头沙滩上建造了防洪防浪堤。海堤建成后,龙凤头附近开始修建宾馆、酒店,开发旅游项目。游客逐年增多,管理却没有跟上,对沙滩环境的污染与破坏越来越严重。

后来,不仅很快拆除了龙凤头海堤,还建起污水处理厂,截住了生活污水。同时,分三期进行沙滩生态修复。仅一期修复工程,修复岸线长约1.4公里,总补沙量近40万立方米,总造价为3 000多万元。

如今,修复后的龙凤头海滨沙滩容貌不减当年,沙滩尽头还建起了广场、公园、木栈道,以凸显平潭海洋文化。多次举办国际沙雕节、台湾美食节、沙滩音乐节、国际风筝滑板冲浪赛、海峡两岸马拉松比赛,打造一系列平潭旅游节庆品牌,迎来众多游客。

(资料来源:东南网,http://news.163.com/14/1112/09/AARD8PO100014AEE.html 2014-11-12,编者根据需要作了删节)

讨论:对"先污染后治理",我们会付出什么代价?如何避免走"先污染后治理"的老路?

3. 建立一套旅游生态持续性评价体系和管理机制

为了实现旅游可持续发展,必须要建立一套旅游生态持续性评价体系和管理机制,提高生态旅游环境质量评价指标的科学水平。所有旅游地都要有其"环境承载力",即在不至于导致该地的环境质量和来访游客的旅游体验出现不可接受的下降这一前提下,一个旅游目的地所能承受的最大旅游活动量。相应的管理机制要有较大的决策权,对破坏旅游资源和生态系统,缺乏可持续发展观的旅游项目实行一票否决制,从制度上保障旅游可持续发展观的落实。

4. 坚持旅游开发的时序性

旅游开发要有先有后,既要考虑当前,又要考虑到未来,绝不能损害了后代的生存利益生活质量。对部分资源先保护起来,暂时不开发,不要急功近利地见到资源就开发,把资源一股脑全开发利用完了。例如,西安周围的秦始皇陵和许多汉唐帝陵,大部分没有进行开发而是加以保护,这一方面是考虑到目前的科技还不能保证地下文物一旦出土不被破坏,另一方面也是为了给后人留置一些开发的对象和空间。杭州的南宋太庙遗址出土后予以回填也是基于这种考虑。

5. 倡导文明旅游,杜绝旅游污染

旅游者的行为在很大程度上也影响着旅游地的环境质量。旅游者的不文明行为,如乱扔垃圾、随地吐痰、乱写乱画、触摸文物雕像等,积少成多,也会污染环境,破坏旅游资源,对旅游的可持续发展造成危害。对此,相关部门要加强宣传教育,倡导文明旅游,同时配之以严格的处罚规定。对于旅游者的不文明行为,不处罚或罚而不严,不利于旅游资源的保护,也不利于良好社会风气的形成。

教学互动9-5

如果你是一名导游,在促进文明旅游方面,你可以做些什么?

项目小结

- 世界旅游业的发展趋势:总体保持稳定增长趋势;发展重心继续东移;国际旅游市场客流和客源都趋向分散化;旅游方式和内容日益多样化;国际旅游对旅游安全更为重视。

- 我国旅游业的发展趋势:市场格局发生变化,国内旅游、入境旅游、出境旅游三大市场并举;更加注重旅游的参与性、体验性、个性化;旅游市场细分会不断加剧,旅游服务会越来越精细;在线旅游行业将持续快速增长;智慧旅游带动旅游业向现代服务业转变;自由行将成主要旅游方式;养老旅游将成为旅游市场新增长点。

- 可持续发展就是既满足当代人的需求又不损害后代人满足其需求的发展;既实现经济发展的目的,又要保护人类赖以生存的自然资源和环境,使子孙后代能安居乐业,永续发展。

- 旅游可持续发展是指以资源和生态环境承受能力为基础,以符合当地经济、文化发展状况和社会道德规范为标准,以实现旅游资源的永续利用,促进旅游发展的经济效益、社会效益和环境效益的统一,既满足当代人需要,又不对后代人满足其自身需要的能力构成危害为目标的发展思想和发展道路。

- 旅游可持续发展的目标:保护生态环境不受污染和破坏;满足旅游者高质量体验的需要;满足旅游地居民的需求;实现高效性;实现公平性。

- 旅游可持续发展的具体措施:坚决贯彻落实旅游可持续发展观;避免走"先污染后治理"的老路;建立一套旅游生态持续性评价体系和管理机制;坚持旅游开发的时序性;倡导文明旅游,杜绝旅游污染。

项目检测

(一) 复习思考题

1. 世界旅游业有哪些发展趋势？
2. 中国旅游业有哪些发展趋势？
3. 什么是可持续发展？
4. 什么是旅游可持续发展？

(二) 实训题

查找旅游业可持续发展案例加以分析，并讨论在我们的日常生活中及旅游活动中，我们可以为旅游业的可持续发展做哪些事。

拓展阅读

[1] 魏小安,蒋曦宁.中国旅游发展新常态、新战略[M].北京:中国旅游出版社,2016.
[2] 戴斌.天下:旅游学术随笔集(二)[M].北京:旅游教育出版社,2013.
[3] 魏小安.旅游业态创新与新商机[M].北京:中国旅游出版社,2009.
[4] 李云鹏,胡中州,黄超,等.旅游信息服务视阈下的智慧旅游概念探讨[J].旅游学刊,2014(5):106-113.
[5] 国务院."十三五"旅游业发展规划[DB/OL].中华人民共和国中央人民政府网站,2016.12.

项目十 旅游职业

学习目标

- 全面了解主要旅游职业的工作职责
- 理解旅游职业的特点和类别、旅游职业素质的内涵和特征、旅游职业生涯规划的含义和作用
- 掌握培养旅游职业素质的途径和方法、旅游职业生涯规划的流程和内容
- 树立为就业和事业而努力学习的信念,提高旅游职业素质,具备初步的旅游职业生涯规划能力

项目导读

人们外出旅游活动,需要各种各样的服务,如游览、住宿、交通、行程安排服务等,提供这些服务的是各个企业、岗位的工作人员,这就形成了各种旅游职业。旅游从业人员各司其职,各尽所能,为旅游者提供全面、周到的优质服务,撑起了旅游业的一大片蓝天。旅游业是现代服务业的标杆行业,是服务标准最高的行业之一,所以,对旅游从业人员的职业素质要求非常严格。作为旅游专业的从业者要努力学习,加强实践,不断提高自身的职业素质;同时,为了在旅游领域干出一番事业,更要认清环境,分析自己,确立目标,及早进行旅游职业生涯规划。

模块一 旅游职业分析

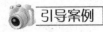

旅游就业岗位稳定增多

据世界经济论坛(WEF)发布的《2017年旅游业竞争力报告》,2016年,全球旅游业总收入为7.6万亿美元,共提供2.92亿个工作岗位,即全球每10个工作岗位中,就有一个来自于旅游业,这表明旅游业已成为推动世界经济发展的隐形支柱产业。预计未来10年,旅游业将以平均每年3.9%的速度增长,旅游业将占世界GDP的11%以上,总共雇佣3.8亿名员工。

在我国,旅游业成为"稳增长、调结构、惠民生"的重要力量。《2015年中国旅游业统计公报》(国家旅游局,2016年10月)中显示,2015年,我国旅游直接就业2 798万人,旅游直接和间接就业7 911万人,占全国就业总人口的10.2%。预计"十三五"期间,我国旅游业每年新增直接就业人数100万人左右,到2020年,旅游业直接就业人数由"十二五"末的2 798万人将达到3 300万人,旅游人才数量由"十二五"末的670万人提高到825万人。(《"十三

五"旅游人才发展规划纲要》,国家旅游局,2017年7月)

2015年,江苏省旅游从业人员达到454.5万人,约占全省就业人数的10%,其中直接就业人数100万以上;30万乡村旅游从业人员中,农民直接就业24万人,带动200万农民间接就业增收,乡村旅游从业人员人均收入突破2万元。预计到2020年,江苏省旅游就业总数将达到500万人。(《江苏省"十三五"旅游业发展规划》,江苏省旅游局,2017年2月)

思考: 为什么旅游业提供的工作岗位越来越多?面对逐年增加的旅游就业岗位,你做好准备了吗?对将来从事旅游职业有什么想法?

一、认识旅游职业

(一) 旅游职业的含义

《中华人民共和国职业分类大典(2015)》中对职业的界定是:"职业是指从业人员为获取主要生活来源所从事的社会工作类别。"职业与社会分工相联系。随着社会的发展,社会分工日益精细和精细化,产生众多行业,出现各种岗位。社会成员进入不同的行业和岗位工作,拥有了专门的职业。人们在某个特定领域发挥个人能力,持续从事工作,为社会做出贡献,从而获得报酬,满足了生活需要,构成了职业。

旅游业的发展,形成了各种工作领域,需要大量的从业人员。人们进入旅游行业工作,就构成了旅游职业。旅游职业是指人们在旅游业领域,利用个人旅游专门能力,创造物质财富和精神财富,获得合理报酬的相对稳定的工作。

(二) 旅游职业的特点

旅游职业具有社会性、持续性、功利性、规范性等职业的一般共性,也有服务性、多样性等自身特点。

1. 社会性

职业是从业人员在特定社会生活环境中所从事的一种与其他社会成员相互关联、相互服务的社会活动。人们从事旅游职业,承担社会角色,为社会做出贡献,获得社会认可。

2. 持续性

旅游职业是人们在一段时间内持续从事的旅游工作。

3. 功利性

人们从事旅游职业,是为了获得现金或实物等合理报酬,满足生活需要,实现个人价值。旅游志愿者虽然劳动却没有获得报酬,不属于职业范畴。

4. 规范性

旅游职业活动必须符合国家法律、行业法规和社会道德规范。

5. 服务性

旅游业属于现代服务业,人们从事旅游职业,最终目的是为旅游者提供吃、住、行、游、购、娱等方面的服务。旅游前场岗位(例如旅行社导游、酒店前厅等岗位)直接为旅游者服务,后场岗位(例如总经理、人力资源部、财务部等岗位)承担服务保障职能。

6. 多样性

旅游职业包括众多子行业(旅游景区、旅游饭店、旅行社、旅游餐饮、旅游规划设计、旅游电子商务、旅游度假区、旅游休闲俱乐部、会展业等)和工作岗位,岗位之间联系紧密。旅游从业人员轮岗、换岗比较频繁,甚至在不同子行业之间调换。旅游工作人员在做好本职工作的同时,常常需要兼做其他岗位的工作。

(三) 旅游职业分类

职业分类是以工作性质的同一性为基本原则,对职业进行的划分与归类。

根据工作性质,旅游职业可以分为负责人类、专业技术类、服务类。负责人是国家行政机关、企事业单位的决策和管理人员,例如旅游局局长、企业董事、总经理(不包含中层、基层管理人员)。专业技术人员承担企业各类专门技术工作,例如人力资源管理、市场营销、会计等专业人员,以及设备工程、计算机网络工程、园艺等技术人员。服务人员承担对客服务职能,例如酒店前厅、餐饮、客房、康乐等部门的从业人员(包含对客服务部门的管理人员)。

表 10-1 旅游职业分类一览表

职业大类	职业小类	职业
企事业单位负责人	国家行政机关负责人	国家旅游部门负责人
	企业单位负责人	旅游企业董事 旅游企业经理
	社会团体负责人	社会团体负责人
专业技术人员	商务专业人员	市场营销专业人员 商务策划专业人员 会展策划专业人员
	人力资源专业人员	人力资源管理专业人员 人力资源服务专业人员
	会计专业人员	会计专业人员
	经济专业人员	经济规划专业人员
	林业工程技术人员	园林绿化工程技术人员 园林植物保护工程技术人员
	园艺技术人员	园艺技术人员
	机械工程技术人员	设备工程技术人员
	电子工程技术人员	计算机网络工程技术人员 信息系统运行维护工程技术人员 电工电器工程技术人员
	行政事务办事人员	秘书 公关员 后勤管理员 其他办事人员
社会生产服务人员	旅游及公共游览场所服务人员	导游 旅游团队领队 旅行社计调 旅游咨询师 休闲农业服务员 公共游览场所服务员

续表 10-1

职业大类	职业小类	职业
社会生产服务人员	文化、体育和娱乐服务人员	讲解员
	住宿服务人员	前厅服务员 客房服务员 旅店服务员
	餐饮服务人员	中式烹调师 中式面点师 西式烹调师 西式面点师 餐厅服务员 营养配餐员 茶艺师 咖啡师 调酒师
	健身和娱乐场所服务人员	康乐服务员 游泳救生员
	销售人员	营销员 电子商务师 旅游商品营业员 收银员 旅游摊商
	采购人员	采购员
	软件和信息技术服务人员	呼叫中心服务员
	服装洗染人员	洗衣师
	仓储人员	仓储管理员
	安全保护服务人员	保安员
	交通运输服务人员	旅游汽车驾驶员 旅游船舶驾驶员 水上救生员

注：本表据《中华人民共和国职业分类大典（2015）》制定。"行政事务办事人员"原系"办事人员"大类，本表将之归为"专业技术人员"大类。

根据职务层级，旅游职业可以分为高层（如总经理、业主代表）、中层（如行政总监、人力资源部经理）、基层（如主管、领班、导游员、保安员）工作。

根据企业性质，旅游职业可以分为旅游景区、旅游饭店、旅行社、旅游餐饮、旅游规划设计、旅游电子商务、旅游度假区、旅游休闲俱乐部、会展、游览车公司等职业类别。

随着旅游业的发展，产生很多新业态，当然也随之出现越来越多的旅游新职业。

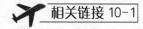
相关链接 10-1

统筹推进五支旅游人才队伍建设

1. 旅游行政管理人才队伍。建设一支理念先进、勇于创新、求真务实、奋发有为的高素质旅游行政管理人才队伍,以各级旅游行政管理部门领导干部为重点,大力提升旅游行政管理人员的综合行政能力和行业管理水平。

2. 旅游企业经营管理人才队伍。适应旅游企业规模化、品牌化、国际化发展需要,以旅游企业领军人才和职业经理人为重点,以建立现代企业制度、提升经营管理水平为核心,加快推进旅游企业经营管理人才队伍职业化、市场化、国际化。

3. 旅游专业技术人才队伍。适应旅游业创新发展、智慧发展、绿色发展的需要,着力打造一支高层次旅游专业技术人才队伍,大力提高专业技术水平和研发创新能力。重点加强旅游基础理论研究和应用研究、教育教学、规划、统计和数据管理、导游、讲解员、旅游营销等旅游专业技术人才的培养开发。

4. 旅游技能人才队伍。适应旅游消费大众化、需求品质化、个性化的需要,大力推进旅游技能人才特别是高技能人才队伍建设,提升旅游饭店、旅行社、旅游景区、旅游休闲度假区、旅游互联网平台、旅游公共服务机构等旅游企事业单位服务技能人员的职业技能和服务水平。

5. 乡村旅游实用人才队伍。围绕实施乡村旅游扶贫工程,推进乡村旅游实用人才队伍建设,提高乡村旅游从业人员综合素质、经营能力、服务水平。加强乡村旅游重点村村干部、示范户和带头人、特色技艺传承人、乡村旅游创客、营销人员的培训开发。

(资料来源:国家旅游局:"十三五"旅游人才发展规划纲要,2017年7月)

二、主要旅游职业分析

有的职业是旅游行业普遍存在的,我们将之称为普适性旅游职业,例如市场营销、人力资源管理专业人员。有的职业是旅游子行业(旅行社业、旅游饭店业、景区行业等)所特有的,我们将之称为特殊性旅游职业,例如旅行社计调、导游、旅游饭店前厅服务员、景区讲解员等。职业是工作类别,其中还可包含许多具体工作岗位。

教学互动 10-1

自读"主要旅游职业分析"部分,找一找有哪些你感兴趣的职业,同时,想一想全面了解各种旅游职业的性质与职责有什么意义。

(一)普适性旅游职业

1. 旅游企业总经理

经董事会或出资人聘任,或经职代会选举,或经上级任命的旅游企业负责人。

主要工作职责:在公司规定的职权范围内,领导企业日常经营管理工作,主持设置企业内部组织机构,拟定规章制度,行使人事任免权等。

2. 旅游市场营销专业人员

从事旅游市场分析、品牌建设与推广、产品宣传促销、生产经营决策咨询服务的专业人员。在旅行社,营销工作通常称为外联工作。

主要工作职责:开展市场调研,收集市场信息,分析消费趋势,研究市场定位;制订新产品开发计划;塑造产品品牌形象;研究并提出产品定价建议;策划并组织实施产品销售、促销活动;管理客户关系,开展售后服务。

3. 旅游商务策划专业人员

从事旅游企业商务活动调查、分析、设计的专业人员。

主要工作职责:确定旅游商务活动目标,开展活动前期调查,进行商务活动创意,制定活动方案,指导活动实施,进行活动评估。

4. 旅游人力资源管理专业人员

从事旅游企业人力资源规划设计、招聘配置、培训开发、团队建设、绩效考核、薪酬福利、劳动关系管理的专业人员。

主要工作职责:编制单位人力资源发展规划和年度计划,进行定员定额和工作岗位分析;建立人员绩效考核体系,制定标准,组织实施绩效考核;制订、实施单位人员招聘、甄选和配置计划;制订单位人员职业生涯发展规划和职业技能开发计划,组织培训活动;制定、实施单位人员薪酬福利和激励保障方案;协调、处理单位内部的劳动关系;开展企业文化建设。

5. 旅游企业会计专业人员

从事旅游企业会计核算和会计监督的专业人员。

主要工作职责:进行单位会计事项的会计核算,进行单位经济活动会计监督和控制;参与拟定企业经济计划,考核、分析财务预算及执行情况;制定单位办理会计事务的具体办法。

6. 旅游企业秘书

在旅游企业行政办公室协助领导办理日常事务、文书档案、会议组织等工作的人员。

主要工作职责:负责印章管理、通信管理、日程管理、接待来访等日常事务管理;搜集信息,开展调查研究;撰写公文,处理文书,管理档案,管理、使用办公设备;协调处理单位内外关系;督办领导交办的工作;安排会议,布置会场,进行会议服务。

7. 旅游企业公关员

从事旅游企业信息传播、关系协调、形象管理事务的咨询、策划、实施和服务等工作的人员。

主要工作职责:收集、监测和分析与企业形象有关的公众信息,提出企业形象管理的建议;开展企业公众形象传播工作,制订计划,发放宣传材料,进行新闻发布;做好企业公共关系的沟通,协调公众;协助解决企业与公众之间产生的矛盾,处理公关危机事件。

(二) 旅行社特有职业

1. 导游

从事旅游向导、讲解及旅途服务工作的人员,包括地接导游、全程陪同导游。

主要工作职责:代表旅行社接待旅游者,执行旅行社行程计划,陪同、带领旅游者完成旅游行程安排;讲解旅游途中和旅游目的地相关的文化、历史、科普、风貌等知识;落实游程中的住宿、餐饮、交通、娱乐、购物等事项;提示旅途中的安全注意事项,采取必要措施,防止危害发生;协调、处理旅途中的突发事件。

2. 旅游团队领队

从事出境旅游团队全程陪同服务,并协调督促境外接待社履行旅游行程计划等工作的人员。

主要工作职责:全程陪同出境旅游者(团队),维护旅游者合法权益;预告行程安排,解说目的地国家(地区)旅游事项;协助旅游者办理出入境、登机(船)和行李存取等手续;协调、督促境外接待社完成旅游行程计划;提示旅途安全注意事项,采取必要措施,防止危害发生;提醒旅游者维护国家利益和民族尊严,防止、劝阻旅游者参与违反我国法律的活动;提醒旅游者遵守目的地的法律,尊重当地宗教信仰、风俗习惯等。

3. 旅行社计调

从事旅行社产品设计与实施,旅游服务的采购,旅游业务协调、服务监控、费用结算等工作的人员。

主要工作职责:根据游客特点和市场需求,实地考察旅游线路,设计开发旅行社产品;核算旅游成本,确定旅游产品价格;对住宿、餐饮、交通等相关旅游服务进行询价、预订;与地接旅行社联系洽谈,落实合作接待旅游团事宜;安排导游或领队,并按照旅游产品要求分解落实行程安排;全程监控导游带团情况,协调处理旅游过程中的突发事件;负责审核、结清旅游费用。

(三) 旅游饭店特有职业

1. 前厅服务员

在旅游饭店前厅为宾客提供迎送、入住登记、结账、咨询等服务的人员。

主要工作职责:进行前厅部门日常管理;迎送宾客,提运宾客行李;办理房间预订,提供问询服务;为旅游者登记住宿,分配客房,核发客房磁卡或钥匙;保管宾客物品;收费结账;进行公关推销与协调。

2. 客房服务员

在旅游饭店、游船等住宿场所,清洁和整理客房,并提供宾客迎送、咨询、住宿等服务的人员。

主要工作职责:进行客房部门日常管理;在客房区域迎候宾客,接待住宿,登记访客;办理住宿宾客委托事项;整理和清洁客房和楼层区域的卫生,消毒器皿;补充客房用品;收发、洗涤客衣;维护客房设备设施,报修;宾客退房时进行核查、登记、保管宾客遗留物品;进行客房日常管理与成本控制。

3. 餐厅服务员

在餐厅中安排顾客座位,点配菜点,进行宴会设计、装饰、布置等就餐服务的人员。

主要工作职责:进行餐厅日常管理;根据宴会要求,设计整体台型以及器皿餐具配置;餐前对餐厅的桌椅、照明、空调等设备进行检查,准备餐具、酒具、水具等器具;与厨房沟通,了解当日菜品、饮料、酒水、水果等资源供应情况;迎宾送客;向顾客推荐、介绍菜点酒水,记录、传递宾客所点菜单;进行上菜、报菜名、布菜、斟酒倒水、更换餐具等席间服务;席后引导宾客结账付款,清理餐厅,清洗、消毒、分类保管餐具和酒具。

4. 茶艺师

在酒店大堂吧、茶室等场所,展示茶水冲泡方法、流程和技艺,传播茶文化知识的人员。

主要工作职责:鉴别茶叶品质;根据茶叶种类,选择相适的水质、水量、水温和冲泡器具,选配茶点;根据茶艺要求,选配音乐、服装、插花、熏香等;展示、解说茶水冲泡流程和技巧;介绍茶叶、名泉、品茶、茶故事等茶文化知识。

5. 咖啡师

在咖啡馆、西餐厅、大堂吧等咖啡服务场所,开展咖啡拼配、焙炒、制作及咖啡技艺展示工作的人员。

主要工作职责:进行咖啡服务场所日常管理;鉴别咖啡豆,依据咖啡豆的特性,选用、拼配咖啡;使用咖啡设备,焙炒、调配咖啡,制作咖啡饮品;制作与咖啡有关的轻食;展示咖啡技艺,推介特色咖啡饮品;维护保养咖啡设备、器皿。

6. 调酒师

在餐厅或酒吧,进行酒水配制、销售及调酒技艺展示工作的人员。

主要工作职责:进行酒吧日常管理;装饰酒吧,陈设酒水;设计酒品调制方案,调制混合酒、鸡尾酒或时令饮品;进行调酒技艺表演,推介酒店的特色饮品。

7. 康乐服务员

在旅游饭店的健身和娱乐场所,为宾客提供服务的人员。

主要工作职责:进行康乐部门日常管理;迎送宾客,介绍康乐设施的使用方法,进行技术指导;进行游泳池、健身房、棋牌室的设备维护;采取措施预防伤害事故的发生,处理意外情况;保持康乐场所卫生、舒适。

8. 旅店服务员

在旅店、旅社、民居客栈等场所,为旅游者提供咨询、住宿、客房、餐饮、结算、代办等综合服务的人员。

主要工作职责:迎宾送客、问讯查询、预订客房;办理住宿和访客登记;进行收发信件、存物、订票、订餐等委托服务;清洁、整理客房和公共区域卫生;消毒器皿,保管物品;维护设备设施;收费、结账。

同步案例 10-1

某五星级酒店餐饮部的工作岗位设置

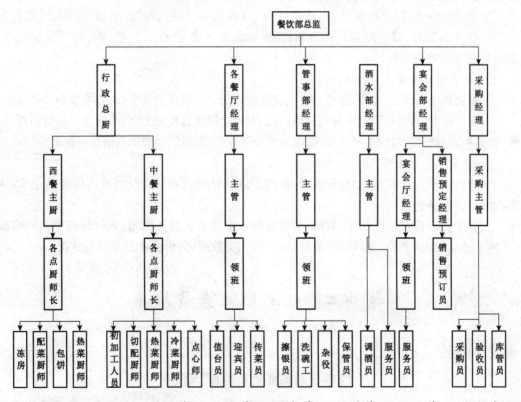

餐饮部管理功能包括前场管理(迎宾管理、服务管理、传菜管理、酒水管理、宴会管理)

和后厨管理(中餐管理、西餐管理、库房管理、采购管理)。

讨论:餐饮部包含哪些职业类别?设置工作岗位的依据是什么?

(四) 旅游景区特有职业

1. 公共游览场所服务员

在公园、博物馆、展览馆等公共游览场所,为旅游者提供综合服务工作的人员。

主要工作职责:提供游览信息咨询服务;预定、出售门票;检票;管理、操作、维护游乐设施;公布游览项目内容、时间。

2. 讲解员

在旅游景区(点)从事接待、解说、引导等工作的人员。

主要工作职责:创作、编写旅游景点讲解词;为旅游者现场讲解,引导旅游者参观人文、自然景观以及展览;策划组织展览活动;提醒观众保护文物、景观、生态等资源。

3. 休闲农业服务员

在休闲农业场所,为旅游者提供讲解、指导、咨询的人员。

主要工作职责:带领旅游者游览,介绍休闲农业场所的情况和特色,讲解当地农村民俗、农耕文化、农事体验、农业科技、农业生产等知识;指导旅游者参加农事体验活动项目;提供信息咨询服务。

(五) 其他特殊性旅游职业

1. 旅游咨询员

在旅游咨询服务场所,提供旅游信息服务工作的人员。

主要工作职责:提供旅游产品、旅游线路、旅游资源、住宿、餐饮、交通、购物、气象等方面的信息咨询服务;发放旅游宣传资料;协助旅游者预定吃、住、行、游、购、娱等旅游服务;帮助旅游者维护合法权益。

2. 会展策划专业人员

从事会展项目调研、策划、运营、推广、服务的人员。一般在会展中心、会展策划公司就业。

主要工作职责:开展会展主题可行性研究,制定会展项目实施方案;实施会展项目招商、招展、赞助和运营管理;策划会展开幕式、闭幕式及其他活动;提供会展项目信息咨询服务。

3. 旅游电子商务师

在旅游电子商务网站(如携程网、同程网、飞猪网)或酒店、旅行社、景区等旅游企业,从事在线运营服务的人员。

主要工作职责:设计、制作、编辑、美化及维护旅游电子商务网站;进行旅游产品网络推广、网上预定、在线交易、支付等商务活动;采集相关数据,分析企业网络经营状况。

模块二 旅游职业素质培养

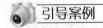 引导案例

文明出游需要更多导游"天使"

前不久和家人跟随旅游公司组织的散团出行,本来是以散心为主,看不看美景倒真没

在意。没有想到的是此次出行,大大超出了我的想象,既观赏了美景,又学习到了一些旅游常识,还体验到了美女导游热心诚恳的帮助和良好的服务,想来令人难忘。

以前跟团出行过一些地方,但唯有这次出行令我神清气爽,倍觉超值。美女导游不但服务热情,而且时时处处为游客着想,令大家感动。看看这个安全带扎了没有,有没有晕车的。一遍又一遍地提醒,一个又一个地询问,不厌其烦,仿佛面对的就是自己的亲人,是一次家庭的快乐出行。刚到达景区即赶上突如其来的一场大雨,部分游客心情有点糟。美女导游见此,主动活跃气氛,既给大家讲解景区的地理特点和周边的风土人情,又购买了矿泉水发给大家,使大家在不知不觉中度过了不爽的一瞬。在雨停后到达第一个景点歪头崮,正好遇到了平时难以见到的云海,大家非常兴奋,纷纷拍照留念。此时的美女导游便主动为单行和合影的游客担当摄影师的角色,不停地给大家拍照,没有一句怨言。

最令人难忘的是有一个小朋友喝完饮料后,随手将铝罐扔在了不远处的石缝中。孩子父母还没有反应过来,美女导游便急急地走过去俯下身子,伸手将铝罐取出,然后放在了不远处的垃圾桶中。见到此景,游客无不动容,纷纷跷起大拇指,连孩子父母也红着脸连说"谢谢"。美女导游用自己的无声举动给大家上了一堂环保课,让同行者受益匪浅。

说实话,植被茂密且富含氧离子的景区非常美,给我留下了比较好的印象,但令我印象最深的还是美女导游的热情和文明举动,这一切都深深地印在了我的脑海中。如果有机会再次出行,还是愿意跟随这样的导游,因为有她心里踏实,她们才是游客真正的亲人。

(资料来源:齐鲁晚报,2015 年 4 月 14 日)

思考:为什么这位美女导游受到旅游者的喜爱和信任?从她身上,体现了怎样的职业素质?

一、认识旅游职业素质

(一) 旅游职业素质的特点

旅游职业素质是旅游从业者完成本职工作所必需的自身条件,是驱动员工做好本职工作的各种个性特征的集合。一个人要胜任旅游职业,必须具备相应的职业素质。

旅游职业素质具有职业性、整体性、稳定性、发展性等特征。

1. **职业性**

不同的职业对素质的要求是有差异的,旅游从业人员需要有特殊的专门职业素质。

2. **整体性**

旅游从业人员的职业素质是各方面素质的总和。对职业素质的评判,要整体考察其职业道德、职业能力、心理素质、知识素养等各个方面,不能单从某一方面看。

3. **稳定性**

旅游职业素质是在长期学习和执业过程中逐渐形成的,一旦形成则不会遗忘或丢失,具有相对的稳定性。

4. **发展性**

为了更好地适应社会、行业发展的需要,旅游从业人员应该与时俱进,持续提高职业素质,优化素质结构,不断发展自我。

(二) 旅游职业素质的内容

旅游职业素质主要包括职业能力素质、职业道德素质、职业心理素质、知识素养、身体素质等方面。

职业能力素质是旅游从业人员完成工作任务所具备的主观条件,例如旅游策划能力、导游讲解能力、前厅服务能力等。

职业道德素质是同旅游工作紧密联系的、符合职业特点所要求的道德品质,例如爱岗敬业、遵纪守法、热情待客、诚实守信等。

职业心理素质是人们在旅游职业中体现出的心理能力,例如正常的智力、良好的个性、积极的内在动力、较强的心理适应能力等。

知识素养是旅游从业人员对旅游业务知识和其他科学文化知识的综合内在储备。旅游从业人员首先要做"专家",系统掌握与旅游职业直接相关的专门业务知识,例如旅游企业产品开发、市场营销、人力资源管理、财务管理、质量管理、旅游策划、旅游服务、旅游政策法规、旅游地理等方面的知识;其次要做"博士",博览群书,广泛学习政治、经济、历史、哲学、文学艺术、宗教、习俗、科技、建筑、心理等方面的基本知识。

身体素质是旅游从业人员在旅游工作中所表现出来的力量、速度、耐力、灵敏、柔韧等身体机能。健康的体魄是做好旅游工作的基础。身体素质一方面来自于遗传,另一方面来自于体育锻炼和营养状况。

(三) 旅游职业素质的养成

旅游从业人员能否在岗位工作中顺利完成任务、在职业生涯中取得突出成就,关键取决于个人职业素质的高低。职业素质并非与生俱来,也很难一蹴而就,需要长期、系统地学习和积累。制约与影响职业素质养成的因素很多,除了先天因素(生理素质)之外,还包括教育程度、家庭环境、社会环境、实践经验、工作经历等。旅游专业学生在校期间,一定要努力学习,加强实践,结交诤友,积极培养和提高自身职业素质,有意识地摈除消极因素的影响。

二、旅游职业能力

旅游职业能力可分为旅游岗位工作能力和旅游职业核心能力两个方面。

旅游岗位工作能力是指旅游从业人员从事具体岗位工作所需要的能力,可以表述为技能或技术。例如,旅行社从业人员应该具备产品设计开发能力、外联能力、计调能力、导游服务能力、门市接待能力等。

旅游职业核心能力,是旅游从业人员从事旅游职业所需要的基本能力,是担任任何旅游岗位工作均需要的通用能力,包括解决问题能力、人际沟通能力、团结协作能力、创新能力。

(一) 解决问题能力

解决问题的能力是所有旅游从业人员必备的职业能力,是旅游学子在未来职场竞争中取胜的核心能力。

旅游从业人员除了做一些程式化、标准化的工作之外,经常要解决各种各样的问题,大到发展战略、市场竞争方面的企业经营问题,小到如何应对旅游者生病、空调不制冷等服务问题。当然,一个人职位越高,就需要更强的解决问题的能力、更多的决策技巧。好的决策,能让事业蒸蒸日上,不好的决策也能导致企业每况愈下。基层员工采取恰当的解决问题对策,能够有效提升工作效能和服务质量,对于企业发展也至关重要。

同步案例 10-2

困 难 的 决 策

吴迪是旅行社的专职导游,他在导游行业干了 10 年,在当地小有名气,也攒了不少钱,现在准备创业,成立一家属于自己的旅行社。如今,他面临许多问题,如资金筹措、旅行社选址、组织机构设置、人员招募、产品定位、产品创新、市场推广,等等。过去他从事导游工作驾轻就熟,对于经营旅行社有了较为充分的准备和自信,但是一旦创业,则面临许多现实的问题和挑战,他应对这些不确定因素缺乏经验,没有十足把握。面对这些问题,他要做出困难的决策。

讨论: 如果换做你,你该怎样解决这些问题?

如何更好地解决问题呢?解决问题的关键在于科学合理的决策。旅游从业人员要善于发现问题,寻找解决问题的途径和方法,做出正确的决策。那么什么是"问题",什么是"决策"呢?问题是指现实和理想状态之间存在的差距,决策就是在至少两个解决问题的方案中进行选择。

1. 努力提高自身的认知能力

决策者的认知能力决定了问题能否得到顺利、恰当解决。世上无难事,只怕有心人。旅游从业人员(包括旅游学子)要有自信,相信"天生我材必有用",平时要勤动脑筋,砥砺自己的聪明才智,逐渐做到准确诊断问题并且做出高质量决策。

2. 要掌握解决问题的科学程序

采用系统方法解决问题和进行决策,能够收到比较好的效果。

解决问题的科学流程是:认清问题→分析问题→寻求解决方案→选择方案→实施方案→评估决策。

认清问题是解决问题的基石。首先要发现问题,意识到问题的存在;其次要充分了解问题的来龙去脉,做出准确界定。

分析问题主要是找出产生问题的真正原因,抓住主要矛盾,以便于"对症下药",为解决问题指明正确的方向。

寻求解决方案是决策的重要环节。为了有效解决问题,要努力寻找尽可能多的可行方案,不要贸然按照过去的经验立即决策,有时候还要吸纳别人的意见。有了众多备选方案,才能做出比较理想的决策。

选择方案就是对备选方案慎重权衡利弊,评估风险与收益,从中选择最佳方案。分别列出每个解决方案的利和弊,选择利大于弊的解决方案。

实施方案就是将决策付诸行动,充分利用各种有利资源,有条不紊地推进工作。在实施过程中,还可以根据实际情况适当调整方案。

评估决策是解决问题的最后一个步骤,目的是总结经验教训,为以后更好解决类似问题提供借鉴,同时可以提高决策者解决问题的能力。

(二) 人际沟通能力

人际沟通能力是旅游从业人员必备的一项基本职业能力。旅游业属于现代服务业,几乎所有的旅游工作都是直接与人打交道。旅游工作是集体劳动,非常强调各部门配合,所以工作人员的沟通能力非常重要。一个人际沟通能力不强的旅游工作者,将很难顺利有效地开展工作。

1. 旅游人际沟通的内容

(1) 旅游企业内部员工之间的沟通。一个旅游企业员工要完成自己的工作任务,离不开与其他员工(上级、下级、平级员工)的协助和支持,需要友好、畅通、有效的沟通。一个企业内部的人际关系良好,人际沟通顺畅,能够提高工作效率,增强员工凝聚力。

(2) 旅游企业员工与旅游者之间的沟通。沟通能力强的员工能够迅速了解旅游者的需求,准确表达自己的思想情感,根据旅游者的客源地、文化程度、职业、年龄、地位等特征,提供有针对性的服务,得到旅游者的认可与喜爱,提高服务质量,展示旅游企业良好的形象。

(3) 与其他旅游企业之间的沟通。旅游是旅行社、景点、酒店、交通部门等旅游部门共同合作的过程,这就要求旅游从业人员具有较强的外联沟通能力,以保证旅游活动的顺利进行。

2. 人际沟通能力提升的途径

(1) 学一点人际沟通的知识。读一些人际沟通方面的经典书籍,掌握沟通原则、技巧等。

(2) 多参加人际沟通的实践。能力的形成离不开实践。旅游专业学生要珍惜各种实践机会,例如在课堂、班会上积极发言,经常参加演讲、辩论、座谈会等活动,开展旅游志愿者、勤工俭学等社会实践,加入学生会、学生社团组织,从而切实提高人际沟通能力。

(3) 要克服心理障碍。一些内向的学生,要努力跨越心理这道坎,不要羞于与人尤其是与陌生人交流,要有自信、有动力、有热情地主动与人交流,逐渐做到善于与人交流。

(4) 提高语言能力。语言是人际沟通的基础。首先,要规范语言,学好普通话,至少达到"二级乙等"水平,避免南腔北调式的语言沟通;其次,要提高语言表达水平,努力做到简洁、清晰、准确、生动,不但善于口头交流,而且会写文通句顺、条例清晰的旅游实用文;再次,要加强外语口语交际能力,旅游工作常常与外国人打交道,提高外语口语水平可以更好地为外国旅游者服务,也可以拓展自己的工作范围。

(三) 团结协作能力

旅游工作是细致、繁多、复杂的,要求团队成员必须目标一致、精诚团结、紧密合作、相互支持、协调一致,才能顺利完成,获得理想绩效。团队合作为工作注入无穷的能量,具有莫大的潜力。百川入海,才会形成蔚然大观,才能激发惊涛骇浪。作为一个旅游工作者,只有融入团队,善于协作,才能充分发挥个人才华。据国外一项对34个行业的125家企业所做的调查,近40%的高层管理者认为在所有的工作素质中,"团队合作"排名第一。

如何提高自身的团结协作能力呢?

1. 培养个人服从团队的意识

虽然团队成员的个人目标与团队目标不可能完全一致,但一个优秀的旅游工作者应该自愿服从团队目标,能够为了团队利益而牺牲个人荣誉。旅游从业人员必须清醒地意识到自己的成绩其实是团队合作的结果,从不把自己看成是成功的唯一贡献者。

2. 帮助、支持队友

旅游从业人员要学会与队友共同进步；能够主动帮助同事解决困难，改进工作，对队友提出建设性意见；要经常为队友提供精神支持，认可队友的想法，肯定队友的成绩，鼓励队友的进步，倾听队友的心声。队友必然会投桃报李，反过来支持自己的工作。

3. 学会信任队友

团队合作是基于信任的，信任会转化为激励，从而产生更高的工作效能。要相信队友的能力，与队友共担风险，乐于向他们分享拟定观点，不要对同事疑神疑鬼，担心别人背后说自己的坏话。

4. 提高认识负面问题的境界

没有十全十美的组织，旅游企业也常常存在各种负面问题。有人习惯于从自己的利益出发看问题，喜欢发牢骚，这种愤世嫉俗的情绪会挫伤团队士气，影响同事关系，妨碍实现目标。一个好的团队成员，从来不发牢骚，不愤世嫉俗，而是站在更高的层面，思考问题的根源，寻找改进的方法，向领导提出合理化的建议。

5. 学会分享快乐

旅游的真谛是快乐。旅游工作者要做一个快乐的人，培养兴趣，培养幽默感，与同事们分享快乐，展示发自内心的微笑，从而增进队友感情，也提高个人的亲和力。当然，幽默要讲究分寸，不可流于油滑。

教学互动 10-2

组织同学们玩"信任摔"的游戏。2人一组，前后站立，一人往后倒去，跌落在另一人的手臂中。有的同学出于生理或心理原因，不愿玩这个游戏，可以担任观察员。当游戏结束后，组长根据下面的问题，分享心得体会。问题：这个游戏是怎样培养团队合作的？参与者从中学到了什么？

（四）创新能力

创新是指能够富有新意并且切实有效开展工作的能力。新意是指工作方法或想法具有原创性，是非常规的。

中国旅游业正处于转型发展的关键时刻，面对旅游供给侧改革、旅游信息化、旅游需求多样化、旅游产品多元化等新情况，必须进行全面创新，探索旅游宏观管理、经营模式、融资形式、产品开发、公共服务、市场营销的新思路、新方法、新模式。对于旅游企业来说，只有不断创新，才能建立起自己产品的核心竞争力。中国旅游协会会长、北京首都旅游集团董事长段强先生说："你的牌子影响力很大，但你的创新经营和管理不如人。客人来了就招待，什么价格都可以来，也不想吸引客人，你是在依仗这个牌子。一时半会儿的，也能挣点小钱，长期下去，连牌子都会被别人代替掉，我们绝不能吃牌子的老本。"可见，创新是旅游企业发展的不竭源泉。

培养创新型人才对于旅游业发展具有重要意义。国家旅游局、教育部发布的《关于加快发展现代旅游职业教育的指导意见》（旅发〔2015〕241号）指出："围绕大众创业、万众创新和促进旅游就业等相关要求，大力开展旅游创新创业教育。各职业院校要围绕创新创业教育目标要求，促进专业教育与创新创业教育有机融合，挖掘和充实各类专业课程的创新创业教育资源,在传授专业知识过程中加强创新创业教育。"创新人才为旅游业所急需,处于人才需求的高端。如果一个旅游工作者具有创新能力与精神,他的事业前景无疑是光明的。

创新能力表现出各种特质。有创新能力的人比一般人更善于变通,往往从新的角度看问题。创新的思维需要广博的知识,丰富的理论知识是创新组合的原料。创新思维的关键是具有洞察力,洞察力让人知道什么信息有用,什么信息不相干,帮助人们高瞻远瞩,贯穿新旧思想,联接看似无关的事物,从而产生创见。善于创新的人在工作和生活中一直保持好奇心,喜欢探索,涉猎广泛,善于发散性思维;他们具有独立思考的精神,不盲目跟风;他们积极面对批评,吸取有用的信息;他们做工作持之以恒,全力投入;他们不怕挫折,耐得住寂寞,不易受外界的负面干扰。

同步案例10-3

创造新的旅游体验

四川康辉国际旅行社总经理周小丁先生,以前做导游的时候,曾经带着一个德国团到大理古城。最后一晚,他在一片漆黑的夜幕中,带着德国游客缓缓走过沉睡的街道,登上大理古城的城墙。本来有说有笑的他,一路上始终沉默不语,让德国游客惴惴不安,只是茫然地默默跟着他走。回到宾馆,他把游客召集起来,问大家刚才听见了什么。游客无言以对。他说:"你们真的什么也没有听见吗?可我听见了。我听见苍山上的松涛,洱海上的浪吟,远处的阵阵狗吠,隐隐约约的母亲的摇篮曲。这一切,构成了大美的天籁之声。"他说完,一片沉寂。忽然一个德国老太扑上来抱住他,热泪盈眶地说了一句话:"周先生,如果年轻五十岁,我会嫁给你!"

(资料来源:百度文库.中国旅游营销的新趋势及旅行社的应对之策[DB/OL]. https://wenku.baidu.com)

讨论:周小丁的导游服务令旅游者感动、动容,他是怎么做到的?

三、职业道德素质

职业道德是指从业人员在职业活动中应该遵守的,主要依靠社会舆论、传统习惯和内心信念来维持的行为规范的总和。旅游职业道德建设有利于提升旅游从业人员的素质,改善旅游企业经营管理,提高服务质量,抵御旅游行业的不正之风,推动旅游业的发展,推动社会主义精神文明建设。在一定意义上,要做好旅游管理与服务工作,职业道德比专业水平更重要。

(一)敬业爱岗,忠于职守

"敬业爱岗,忠于职守"是旅游职业道德最基本的规范,是旅游从业人员主动、创造性地做好本职工作的思想基础。敬业,就是敬重所从事的旅游职业;爱岗,就是热爱自己的本职工作。忠于职守,就是严格遵守职业纪律,尽职尽责,具有强烈的职业责任心和事业心。

一个敬业爱岗、忠于职守的旅游工作者把自己所从事的职业看成生活的目的、生命的意义,并把自己的精力、心血倾注到工作中。我们要有坚定的职业理想,立志为旅游事业的发展贡献青春和力量,实现个人价值;要认真履行岗位职责,追求卓越,努力成为一个优秀的旅游工作者;要提升精神境界,把旅游工作看成是精神需要,是幸福源泉,从工作中感受快乐。一个人"身在曹营心在汉""这山望着那山高",对旅游工作缺乏兴趣和热情,不但自己觉得痛苦,也干不好工作。

同步案例 10-4

我是个快乐的旅游工作者

真忙啊,天天加班!四月份是火爆的旅游季节,咨询旅游的单位和个人络绎不绝。新门店即将开业,事情繁多,我一直忙忙碌碌,觉得充实而快乐!或许是因为我喜欢这个行业,虽然有时也累、也烦,但想想工作中的收获,就觉得很高兴。这是一份值得去付出的工作,因为它给我带来了很多很多!

我们的回头客越来越多了,使我非常欣慰,这说明了通过我们共同的努力,这家小小的旅行社逐步得到了朋友们的认可!今天接到电话,是一个不认识的幼儿园老师打来的,她听了朋友介绍,向我们咨询亲子游。我仔细听取了她的要求,主动向她介绍了几个线路,特别推荐了南京科技蔬菜园、梅花鹿一日游的线路,这个项目比较适合小朋友,活动场地开阔,园内参与项目多,能搞各种各样的亲子活动,给小朋友带来笑声。我给她发了邮件,希望能尽快确定下来,多一个新的合作单位。

我热爱我的旅游工作,特别享受工作成就感。哈哈,继续加油!相信我们的旅游事业会越来越好!

(资料来源:阿里巴巴商友圈南京千秋旅行社专栏,https://club.1688.com/)

讨论:这位旅游工作者非常忙碌、劳累,但仍然觉得快乐而充实,为什么?我们从她身上学到了什么?

(二) 遵纪守法,廉洁自律

"遵纪守法,廉洁自律"是旅游从业人员正确处理个人与集体、国家之间关系的行为准则。遵纪,就是遵守单位规定的行为规范;守法,就是遵守国家法律政策,依法行事;廉洁自律,就是不贪不义之财,以集体利益为重,自觉遵守规范。

旅游企业的工作环节众多,分工细、要求高、时效性强,职业纪律是保证各项工作顺利开展的基本手段。旅游从业人员要自觉遵守纪律,把纪律的外在强制力,转化为内在的自我要求,转换为职业责任心。

国家针对旅游业颁布了许多法规、政策,以保障旅游业正常运行和发展,维护企业员工和旅游者的权益。旅游从业人员应该认真学习旅游政策法规,以指导自己的职业活动。

旅游行业牵涉方方面面的利益。旅游从业人员要做到不贪、不占,自觉抵御不正之风,维护集体和顾客利益,要有慎独意识,养成高尚情操,塑造良好的个人形象。

(三) 诚实守信,珍惜声誉

"诚实守信"是指旅游从业人员真诚实在,言行一致,表里如一,严守诺言,做到"言必行,行必果",从而赢得良好的个人声誉和企业信誉。

待人要真诚。真诚是别人能感受到的,而谎言迟早是要暴露的。旅游从业人员只有诚实守信,才能获得领导的信任、同事的好评和顾客的信赖。

对客服务时,要坚持服务标准,履行合同约定,不偷工减料,不欺客骗客。例如,旅行社导游不任意改变旅游线路和项目,不随意增加旅游景点和进店购物,不降低服务标准,而是按质保量地开展服务,维护企业形象。

诚实是需要胸怀和胆识的。遇到问题时,能本着实事求是的精神解决;如系自身失误,应主动承担责任,改正错误,以诚信赢得谅解。

(四) 热情服务,宾客至上

"热情服务,宾客至上"是旅游职业道德的精髓,是赢得旅游者满意和信赖、提高旅游产品质量、提高旅游企业竞争力的基础。

孔子曰:"有朋自远方来,不亦乐乎!"旅游从业人员要对旅游者充满真挚感情,发自内心地欢迎宾客到来,对待旅游者要主动热情,用真心、爱心、耐心、细心来提供周到、细致的服务。

旅游业界有一句格言:"游客就是上帝。"对这句话的正确理解是,旅游服务要把宾客放在第一位,以宾客为中心,以宾客满意为衡量工作优劣的标准。要学会换位思考,想宾客之所想,让旅游者享受到快乐,感受到尊重。

(五) 文明礼貌,优质服务

"文明礼貌"是旅游从业人员待人接物的基本行为准则。孔子说:"不学礼,无以立。"文明礼貌是中华民族的优良传统。旅游业是窗口行业,旅游工作者是文明的倡导者、宣传者、力行者,是文明的使者。文明礼貌的核心是尊重,表现为礼仪,旅游从业人员要对旅游者以礼相待,做到仪表整洁,举止大方,谈吐文雅,态度友善,报以发自内心的尊重和善意;能够根据不同国家和地区的习俗特点,给予旅游者特殊的礼遇。

"优质服务"就是为旅游者提供标准化、个性化结合的服务。要严格遵守旅游工作规范,做到标准化、程序化、细致化;要尽可能了解旅游者需要,提供无微不至的个性化服务。

(六) 钻研业务,提高技能

"钻研业务,提高技能"是旅游从业人员做好本职工作的关键,是开展优质服务、提高工作效率的重要前提。

只有具备丰富的专业知识、过硬的职业技能,才能为旅游者提供专业服务,成为一个优秀的旅游人才。旅游从业人员要有强烈的责任感,对待自己要做到高标准、严要求,拥有强烈的求知欲和上进心,不断地充实自己,提高自己,刻苦钻研,成为旅游管理和服务的行家里手。

作为旅游专业学生,在校期间应该树立远大理想,利用有利条件和教学资源,掌握科学的学习方法,认真学习,加强实践,做到会学、乐学、学会、学精、学以致用。

四、旅游职业心理素质

旅游职业心理素质是指从事旅游职业所必备的稳定的、基本的心理品质。职业心理素质重在养成,心理素质是在个体先天素质的基础上,经过后天的教育、环境、自身努力、阅历等因素的影响下而形成的,是认知、情感、行为的整合。良好的职业心理素质决定了一个人在职业生活中发挥自己的潜力,施展自己的才华,取得事业成功与自我价值的实现。旅游从业人员和旅游专业学生,必须正确认识和对待自己的心理素质,采取积极措施,调适不良心理,培养良好的职业心理素质。

(一) 正确认识自己,树立自信

知人为聪,知己为明;知人不易,知己更难。我们应该对自己有充分的认识,了解自己的优势和劣势,把主观愿望和客观条件结合起来,取长补短。要强化自信心理,自信才能承担。面对社会竞争,我们应该相信"天生我材必有用",不要因为自己的学历、长相、性格、智商等因素而觉得低人一等,而应该抛弃自卑,树立自信。我们应有意识地改善自己的人格品质,克服不适应职业发展的不良品质,做到自信乐观,宽容豁达,开拓进取,自强不息。

(二)脚踏实地,正视社会现实

人是社会之人,职业是社会赋予的。旅游从业人员应该保持正视社会现实的健康心态,积极投入社会,适应社会,奉献社会,而不能逃避社会,不满社会,对抗社会。旅游业是我国发展速度最快的行业,就业环境好,晋升机会多,职业发展前景光明,但是也存在职业起步较低、工作难度较大以及行业不正之风等问题。旅游专业学生必须正确认识社会现实,把握社会需求,从实际出发选择职业,脚踏实地地做好岗位工作,不能好高骛远,眼高手低。要努力适应社会,放弃"以自我为中心"的不良心态,顾全大局,培养同理心,发扬集体主义。针对"旅游服务是伺候人、低人一等"的错误观念,我们应该树立"我为人人,人人为我""宾客满意,我们快乐"的正确价值观。

(三)意志坚强,正确对待挫折

从事旅游职业,难免要面对各种压力、挫折甚至不公正待遇,例如任务繁重、工作差错、顾客刁难、同事嘲讽、领导不公等。旅游从业人员要把这些不利因素看成试金石,看成锻炼自己、提高自我的机会。孟子说:"天将降大任于斯人也,必先苦其心志,劳其筋骨,饿其体肤!"我们要保持乐观积极的心态,勇于向挫折挑战,百折不挠,知难而进。遇到失败,要检讨自己,认真分析失败原因,总结经验教训,从头再来,而不是牢骚满腹,怨天尤人。

(四)把控自我,提高自制力

旅游从业人员要能自主调节、支配个人行为和情绪。良好的情绪是顺利完成旅游工作的润滑剂。旅游从业人员常常面对复杂局面,遇到各种困难,产生焦虑、愤怒或低落的情绪,这时,必须严格控制消极情绪,高度集中注意力,解决问题,做好工作。情绪问题取决于自己的内心,所以要正确认知事物,转换角度思考问题,把不快乐变成快乐。旅游专业学生要时刻警惕各种不良诱惑,不能玩物丧志,荒废年华,应加强自控,始终把注意力放在如何增强自身实力方面,勤学苦练,参加有益活动,不断增强自身实力,为将来的职业发展打下良好基础。

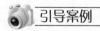 教学互动 10-3

小组讨论:面对未来从事旅游职业,每个人谈谈自己在职业素质方面具有的优势和劣势,以及如何提高自身的职业素质。

模块三 旅游职业生涯规划

引导案例

以坚韧和坚持顶出一片天

韩璐梅从小目睹锦江宾馆铺红毯接待外宾的大场面,产生了酒店情结。大学毕业后,她果断选择了酒店行业。

这个身高170厘米，会英文口语且性格开朗的22岁四川姑娘被面试官相中，安排进了酒店前厅部。在经过一个月的魔鬼训练之后，韩璐梅通过考核，如愿以偿地做上可以面对面与外宾交流的前厅接待工作。刚刚走上工作岗位，难免会出现沟通不顺的情况，她就加上肢体语言。她用热情和亲切，赢得了客人的欢迎。有的客人觉得她就像自己女儿一样，每次来住店会特别带巧克力之类的礼物给她。

通过工作历练，她迅速成长，懂得了勇于承担的职业精神和"对任何人一视同仁地照顾"的职业态度，迅速成长为一个酒店人。

韩璐梅19年来在喜达屋努力工作，不断进步。通过密集的培训、过关拿证书、晋升、调岗、再培训进入下一个循环，螺旋式上升，紧张而有序地向前迈进。从最初的前厅接待员晋升为接待经理，被调岗转入培训经理、人力资源总监，直到现在的总经理。每一次调岗都要做心态上的调整，韩璐梅把调岗看成一种挑战：换岗和晋升意味着每一个别人下班的日子你在学习，每一个别人按部就班的时刻，你在加速前进，这其中牺牲的不只是时间和精力，更重要的是心力，需要有坚强的意志，要去克服困难。尽管有焦虑，但是她十分清楚在喜达屋调岗对每一个员工意味着什么。

因为出色的表现，韩璐梅参加了集团在新加坡举办的"Starwood Careers Executive Track"活动，从几百家酒店选出来的17人，只有三个是后台岗位，韩璐梅就是一位，是唯一的人力资源总监。

机会总是青睐有准备的人。2011年，韩璐梅成为喜达屋集团中国区第二位女性总经理，成为一名女性领导人，担任新开业的郑州喜来登酒店总经理，更大的挑战和压力也随之而来。

"总觉得喜达屋让我有归属感，它的平台让我体现价值。"韩璐梅总结道，"喜达屋不止提供一份工作，它培养的是一种职业感，你会知道你走上这条路，不止是每个月挣这一份工资，而是会长久地获得发展、会进步、会成为一个不一样的人。"

（资料来源：搜狐旅游. http://travel.sohu.com, 2014.12. 据原文改编）

思考： 从韩璐梅的成长经历中你获得了什么启发？什么是职业生涯，如何规划我们的职业生涯？

一、认识旅游职业生涯规划

（一）旅游职业生涯规划的含义

职业生涯是指一个人一生的职业经历，即一个人一生职业、职位的变迁及职业理想的实现过程。职业生涯规划是对一个人的职业生涯做出系统的总体安排。

旅游职业生涯规划是指正在或准备从事旅游职业的人员在综合分析主客观因素的基础上，研判个人职业倾向，确定职业发展目标，并为实现目标做出行之有效的安排。

🌱 **教学互动 10-4**

同学们选择了旅游专业，说明大家对职业选择有了基本方向。每个同学对自己从事旅游职业有何展望？用一张字条，写明自己愿意从事的职业及其原因，汇总起来，展示统计结果。

（二）旅游职业生涯规划的作用

善于规划职业生涯的人，能在事业上取得更大的成功。具体作用在于：

1. 帮助自己明确职业发展目标

"有志者，事竟成"，旅游职业生涯规划可以帮助我们树立职业发展目标。职业发展目标主要包括自己将来从事的职业、担任的职务、取得的成就等，像灯塔一样照亮前行的道路。

2. 提醒自己抓住职业发展的关键、重点

人的精力和时间是有限的，旅游从业人员通过职业生涯规划，做到"有所为，有所不为"，根据行业需求、个人特点与职业目标，明确自己职业生涯发展中的关键环节，重点突破，取得事半功倍的效果。

3. 鼓励自己全面提升综合素质

通过探索自我，旅游从业人员可以充分认识到自己的劣势和缺点，有意识地改进，制订学习和实践计划，全面提升综合素质，增强自身实力，为职业发展打下坚实基础。

4. 鞭策自己努力工作，取得成果

有目标，有计划，还要有行动。在职业生涯规划的指引下，旅游从业人员产生使命感、进取心，激发自己不断努力，积极向上，创造辉煌的事业。

5. 驱动自己激发潜能

旅游从业人员只有了解到自身独特的职业潜能（职业能力倾向），才能在职业发展中扬长避短，选择适合自己、能够发挥自身特长的职业发展方向，帮助自己在竞争中脱颖而出。

6. 促使自己学会反省

孔子说："君子一日三省吾身。"为了避免走错路，走弯路，旅游从业人员对照职业生涯规划中定下的奋斗目标、行动方案，不断进行自我反省，及时修正自己的行为，保证自己早日实现理想。

二、旅游职业生涯规划的流程和内容

职业生涯规划的一般流程是"探索自我→探索职业环境→确定职业生涯目标→制订行动计划→评估与反馈"。这是一个循环的流程。

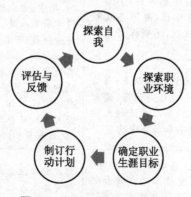

图 10-1　职业生涯规划流程图

下面说明每个环节的工作内容。

(一) 探索自我

探索自我就是充分认识自己的职业价值观、职业兴趣、职业性格、职业能力,弄清自己从业的主观条件,为选择一个适合自己的职业指明方向。

职业价值观决定一个人想做什么,职业兴趣决定着一个人喜欢做什么,职业性格决定一个人适合做什么,而职业能力决定一个人擅长做什么。探索自我时,可以把自己和别人作比较,分析自己的优势、劣势,确定自己的职业方向;也可以借助于各种职业发展测评工具,客观评价个人的职业性格。MBTI 职业性格测试、霍兰德职业兴趣测评是国际上比较权威的职业发展测评工具。

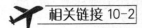
相关链接 10-2

霍兰德职业兴趣理论

美国职业指导专家霍兰德(John Holland)于 1959 年提出了霍兰德职业兴趣理论,成为最具影响力的职业发展理论之一。他认为人的人格类型、兴趣与职业密切相关,兴趣是人们活动的巨大动力,凡是具有职业兴趣的职业,都可以提高人们的积极性,促使人们积极地、愉快地从事该职业,且职业兴趣与人格之间存在很高的相关性。Holland 认为人格可分为现实型、研究型、社会型、常规型、事业型、艺术型六种类型。

他根据其丰富的职业咨询经验和职业类型理论,编制了霍兰德职业兴趣自测(Self-Directed Search)工具,是有效的择业测评工具。

人格倾向	特点	典型职业
现实型(R)	愿意使用工具从事操作性工作,动手能力强,做事手脚灵活,动作协调。偏好于具体任务,不善言辞,做事保守,较为谦虚。缺乏社交能力,通常喜欢独立做事	喜欢使用工具、机器,需要基本操作技能的工作。对要求具备机械方面才能、体力或从事与物件、机器、工具、运动器材、植物、动物相关的职业有兴趣。如:技术性职业(计算机硬件人员、摄影师、制图员、机械装配工)、技能性职业(木匠、厨师、技工、修理工、司机、农民)
研究型(I)	抽象思维能力强,求知欲强,肯动脑、善思考,不愿动手。喜欢独立的和富有创造性的工作。知识渊博,有学识才能,不善于领导他人。考虑问题理性,做事喜欢精确,喜欢逻辑分析和推理,不断探讨未知的领域	喜欢智力的、抽象的、分析的、独立的定向任务,要求具备智力或分析才能,并将其用于观察、估测、衡量、形成理论,最终解决问题的工作。如科学研究人员、工程师、电脑程序人员、医生、系统分析员、产品设计人员、旅游策划人员
社会型(S)	喜欢与人交往、不断结交新的朋友、善言谈、愿意教导别人。关心社会问题、渴望发挥自己的社会作用。寻求广泛的人际关系,比较看重社会义务和社会道德	喜欢要求与人打交道的工作,能够不断结交新的朋友,从事提供信息、启迪、帮助、培训、开发或治疗等工作。如:教育工作者(教师、教育行政人员)、社会工作者(咨询人员、公关人员、导游、讲解员、接待员)
常规型(C)	尊重权威和规章制度,喜欢按计划办事,细心、有条理,习惯接受他人的指挥和领导,自己不谋求领导职务。喜欢关注实际和细节情况,较为谨慎和保守,缺乏创造性,不喜欢冒险和竞争,有自我牺牲精神	喜欢要求注意细节、精确度、有系统有条理,按特定要求或程序组织数据和文字信息的职业。如:秘书、办公室人员、记事员、会计、行政助理、图书馆管理员、出纳员、打字员、投资分析员

续表

人格倾向	特点	典型职业
事业型（E）	追求权力、权威和财富，具有领导才能。喜欢竞争，敢冒风险，有野心、抱负。为人务实，习惯以利益、权力、地位等来衡量做事的价值，做事有较强的目的性	喜欢要求具备经营、管理、劝服、监督和领导才能，以实现机构、政治、社会及经济目标的工作。如项目经理、销售人员、营销管理人员、政府官员、企业领导、法官、律师等
艺术型（A）	喜欢以艺术形式创作来表现自我才能，实现自身的价值；具有特殊艺术才能和个性；乐于创造新颖的、与众不同的艺术成果，渴望表现自己的个性	喜欢的工作要求具备艺术修养、创造力、表达能力和直觉，并将其用于语言、行为、声音、颜色和形式的审美、思索和感受。如演员、导演、艺术设计师、雕刻家、建筑师、广告制作人、歌唱家、作曲家、乐队指挥、小说家、诗人、剧作家

注：霍兰德职业兴趣测试：http://www.apesk.com/holland/index.html。
（资料来源：根据百度百科《霍兰德职业兴趣测试》改编。https://baike.baidu.com）

（二）探索职业环境

探索职业环境是对与旅游职业相关的社会环境、行业环境、组织环境进行调查分析，来研判社会对人才的需求，预测行业发展的前景，据此设计职业生涯。

社会环境是职业面对的宏观环境，包括政治、经济、文化环境，它对职业生涯具有长远影响。行业环境是行业的规模、发展趋势以及人才需求等状况，它决定职业生涯的行业指向。组织环境是微观环境，是指职业生涯规划者所在组织的经营、文化、人力资源、发展战略、前景等状况。职业环境既为旅游从业人员提供各种机会，也带来许多挑战。探索职业世界的目的就是了解社会需求，敏锐抓住机会。

（三）确定职业生涯目标

确定职业生涯目标，是职业生涯规划的灵魂。在旅游行业，一个人的事业成败，取决于有没有正确的奋斗目标。目标指引从业者的方向，鼓励他持之以恒，突破挑战，走向成功。职业生涯目标包括长期目标、中期目标和短期目标。

表10-2 旅游职业生涯目标示例

类型	时限	举例
长期目标	从业5年以上	从业8年，成为高星级酒店部门经理，年薪15万；从业15年，成为高层管理人员，年薪30万。获硕士学位
中期目标	从业2～5年	从业5年，成为高星级酒店部门主管或副经理。年薪8万
短期目标	从业2年内（不计在校时间）	在校期间，成为优秀毕业生；从业2年，成为酒店领班，年薪5万。获本科文凭

由于旅游行业发展速度快、人才需求量大，为旅游从业人员提供了很多的职位晋升机会。作为旅游从业人员和旅游专业学生，一定要抓住机遇，尽早确立职业发展目标，并为之努力。

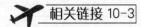
相关链接 10-3

高职高专旅游大类毕业生职位晋升空间大

2013届大学生毕业三年内，57%的人获得职位晋升，其中，本科这一比例为54%，低于高职高专毕业生(60%);平均获得职位晋升0.9次,其中,本科为0.8次,略低于高职高专毕业生(1.0次)。

在毕业生所学的专业方面,2013届高职高专旅游大类毕业生毕业三年内获得职位晋升的比例最高(68%),晋升的次数最多(1.2次)。

在毕业生从事的行业方面,在"住宿与饮食业"就业的2013届高职高专毕业生毕业三年内获得职位晋升的比例最高(74%),晋升的次数最多(1.5次)。

在毕业生从事的职业方面,从事"经营管理"职业类的2013届高职高专毕业生毕业三年内获得职位晋升的比例最高(85%),晋升的次数最多(2.0次)。

(资料来源:麦可思研究院.就业蓝皮书:2017年中国高职高专生就业报告[R].北京:社会科学文献出版社,2017.6)

(四)制订行动计划

能不能实现目标,关键在行动。计划是行动的指南,主要指落实目标的具体措施,包括工作、学习、社会实践、锻炼身体等方面的安排。制订行动计划要根据实际情况,量力而定,要有可行性,并行之有效。例如,在工作方面,采用什么样的技巧,提高工作效率;在职业素质方面,如何加强理论学习、技能培训,提高心理素质;在人际关系方面,如何构建自己的朋友圈,如何树立个人良好形象。

(五)评估与反馈

职业生涯规划是一个动态的过程,随着社会环境的变化,原来的规划可能与现实情况产生偏差,这就需要进行必要的调整。在实施职业生涯规划的过程中,定期对职业环境、个人条件进行评估,根据反馈的结果,及时修正职业生涯发展的目标、步骤、措施等。

同步案例 10-5

旅游职业生涯规划书

为了进一步了解自己,了解社会,确定职业发展目标,激励自己为之奋斗,努力学习和工作,保障自己以后职业生涯的发展,获得事业成功,我进行了职业生涯规划。

一、自我分析

(一)个人志向

我的志向是成为旅游接待业或旅游教育培训的高级人才,进而拥有自己的旅游企业。

(二)能力分析

我具备了较强的语言表达能力、组织管理能力以及文字处理能力,在必要时能够进行换位思考,能够对问题进行缜密的分析。

(三)职业兴趣

	现实型(R)	研究型(I)	艺术型(A)	社会型(S)	事业型(E)	常规型(C)	最高分
兴趣倾向	0	2	1	7	6	6	8
个人经历	1	4	2	7	5	7	8
人格倾向	4	3	4	6	4	5	8
总分	5	9	7	20	15	18	24

社会型：关心社会的公平和正义，责任感强，具有较强的人道主义倾向，社会适应能力强。善于表达，善于与周围的人相处，喜欢通过与他人讨论来解决存在的问题。善于通过调整与他人的关系来解决存在的难题。

（四）职业价值观

在10种职业价值观类型中，我得分较高的类型是服务型、创业型。

服务型：希望自己的工作对他人和社会有所帮助。得分：15分。

创业型：希望建立或创造完全属于自己的东西，例如：作品、公司等。得分：10分。

（五）职业性格

我的性格类型为热情主动地帮别人把事情做好。

特征：注重与别人的关系，善于给他人实际关怀，善解人意并有很强的责任心。热情，有活力，乐于合作，并能圆满地完成任务。做事很实际，有条理，做事彻底且有一致性。善于在经验和事实之上做出决策，将事情安排妥当。喜欢安全和稳定的环境，支持现存制度，注重并很好地遵守社会约定规范，忠于自己的职责；不喜欢做需要掌握抽象观点或客观分析的工作。

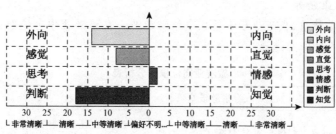

偏好清晰程度图

（六）360°评价

家人：懂礼貌，诚实，富有爱心，独立能力和自理能力很强；有点好高骛远，有时会杞人忧天。

老师：性格开朗，学习认真，踏实，有上进心；条理性不够，创新能力还需加强，学习方法需要改进。

同学：性格随和，开朗直爽，热情，能力比较出众；做事心急有点冲动，有时会蛮干，易钻牛角尖。

密友：目标明确，待人诚恳，勤奋认真，考虑问题和处理事情细致；意志不坚定，易动摇，有些想法不切实际，遇到难题易退却。

（七）自我分析小结

我自身所具备的能力和条件与希望从事的旅行社职业具有较高的匹配性。

二、职业环境分析

（一）家庭环境分析

| (1) 出生公务员家庭，生活小康。
(2) 父母的社会关系比较广泛。
(3) 从小父母的教育比较开明。
(4) 父母在我读大学时离异。 | (1) 赡养父母的经济压力小。
(2) 自己的职业生涯有回旋的余地。
(3) 思想要开放，处理事情更理性。
(4) 更懂得珍惜眼前的东西。 |

(二)旅游行业分析

我国旅游市场规模稳步扩大,旅游业在创新发展中继续领跑经济增长。2015年,实现旅游业总收入4.13万亿人民币,同比增长11%。国内旅游人数40亿人次,比上年增长10.5%;入境旅游人数1.34亿人次,比上年增长4.1%;全年全国旅游业对GDP的直接贡献为3.32万亿元,占GDP总量比重为4.9%;综合贡献为7.34万亿元,占GDP总量的10.8%。

随着旅游业的发展,旅游人才供不应求,尤其是管理人员和技术人员。目前,旅游直接就业2 798万人,旅游直接和间接就业7 911万人,占全国就业总人口的10.2%。国家旅游局预计,"十三五"期间,我国将增加旅游直接就业人口500万人。

(三)意向企业分析

××国际旅行社有限公司是经国家旅游局批准设立的与国际接轨的现代公司制旅游服务专业机构。拥有以专科以上学历为主干的高层次旅游管理队伍和高素质专业导游队伍,具有强大的外联能力、票务能力、计调能力和接待能力。公司的企业文化是"出位出众,绝非平庸",具有积极向上的职业氛围,重视人才培养。

三、职业目标分析

(一)待选职业分析

根据我的个人特质,我毕业后希望从事旅游职业。在旅游业中可选职业很多。通过以下表格将分析本人的职业选择。

旅游业岗位横向分析表

	旅行社	旅游饭店	旅游规划	旅游培训
分析	社会接触面广,工作时间灵活,自主性强,可以满足自己对新事物的好奇心;但是,职业稳定性不强,整体薪酬水平一般	人际接触广泛,工作的规范性强,职业晋升比较快,高层的薪酬水平高;但是,工作环境沉闷,工作时间不够灵活	工作环境轻松,时间非常灵活,薪酬可观,人才需求缺口大;但是需要经过研究生阶段的进修,人才需求以研究生为主,门槛高	属于新型行业,竞争的压力不大,成本低,回报较高。但是,需要有相当多的专业实践经验,对自身人际网络的要求很高
结论	适合	基本适合	不适合	基本适合

旅行社业岗位纵向分析

	人力资源管理	行政管理	接待服务与管理	市场营销
分析	具有良好的人际沟通能力和协调能力	具备良好的组织、管理能力和独立工作的能力	掌握旅游服务、管理方面的基本操作技能,具有较强的旅游接待、服务和管理等业务能力	具有较强的客源市场分析、拓展能力和旅游产品推销能力
结论	符合	符合	基本符合	不太符合

(二)职业目标SWOT分析

1. 优势因素

有一定的交际能力;有一定的管理能力;有较强的组织和领导能力;思维敏捷,创新意识较强;做事认真负责,有团结合作意识;做事细心。

2. 弱势因素

缺少从事精细工作的耐心;自信心不足,做事过于追求完美;过分在意别人的情感和想法;易敏感;总是容易陷入情感和细节中;易满足。

3. 机会因素

国家重视服务行业的发展;在云南旅游行业是支柱产业并且云南正在实行旅游的二次创业,就业形势比较乐观;家庭有一定的社会关系网,能给自己的就业和创业提供帮助。

4. 威胁因素

由于世界性经济危机的影响,大学生就业压力较大;同行业的就业竞争比较激烈。

(三)职业目标确定

通过以上分析,最终确定自己的目标职业为:旅行社业管理人才。

四、职业生涯规划实施计划

(一)职业路径

管理路径:导游员→旅行社的中层管理人员→旅行社高级管理人员或独立创业。

(二)阶段性目标

1. 短期目标(2016—2017年)

(1)总目标:获得毕业证书、职业资格和能力证书,进入旅行社成为一名基层工作人员。

(2)分目标:

学业能力:分别进入旅行社、酒店实习;争取获得优秀实习生荣誉;完成毕业设计,获良好以上等第;获得毕业证书。

职业资格:获得国家导游员资格证书、英语四级证书、普通话二级甲等以上证书。

2. 中期目标(2018—2022年)

(1)总目标:做好导游工作,考取高级职业资格证书,成为旅行社中级管理者,储备创业资金。

(2)分目标:成为合格的旅游工作者,升任至公司中高级岗位,建立人际关系网络,取得相关高级资格证书,熟悉旅游行业相关运营规则,储备20万以上的创业资金。

3. 中长期目标(2023—2032年)

成为大型旅游公司的高级管理者,或者拥有自己的旅游公司(旅行社)。

(三)职业目标实施计划(具体措施略)

五、职业规划评估

(一)职业备选方案

1. 从事旅游教育培训工作→成为优秀的旅游教育培训者。

2. 进入饭店工作→成为饭店业高级管理者。

(二)职业规划评估方法

采取职业生涯阶段评估表来对自己的职业生涯进行评估和调整。

(三)职业规划评估过程

目标→分析、反馈→评估结果→修正→调整后的结果→重新匹配→新目标

（四）职业规划评估时间

一般情况下，我会在半年之内进行评估规划；当出现特殊情况时，我会随时评估并进行相应的调整。

主要时间点：

1. 大学毕业：如果旅行社业没有合适的工作岗位，则实施备选方案，进入旅游饭店工作。

2. 晋升为公司中层之后：如果不能继续晋升，则跳槽至其他旅行社或进入旅游饭店担任中层管理人员。

3. 中长期目标完成之后：如果无法实施自己的长期目标，则利用自己十余年积累的经验、资金以及人脉，从事旅游教育培训工作，成为一名优秀的旅游培训者。

（资料来源：根据云南省首届大学生职业生涯导航设计大赛一等奖作品改编）

讨论：（1）根据此文提炼职业生涯规划书的写作基本格式；（2）从这份职业生涯规划受到启发，思考并介绍自己的职业发展方向和行动计划。

项目小结

- 旅游职业是指人们在旅游业领域，利用个人旅游专门能力，创造物质财富和精神财富，获得合理报酬的相对稳定的工作。
- 旅游职业具有社会性、持续性、功利性、规范性、服务性、多样性等特点。
- 根据工作性质，旅游职业可以分为负责人类、专业技术类、服务类。
- 每一类旅游职业都有特定的工作职责。
- 旅游职业素质具有职业性、整体性、稳定性、发展性等特征。
- 旅游职业素质主要包括职业能力素质、职业道德素质、职业心理素质、知识素养、身体素质等方面。
- 旅游职业核心能力包括解决问题能力、人际沟通能力、团结协作能力、创新能力等。
- 旅游职业道德主要包括：爱岗敬业，忠于职守；遵纪守法，廉洁自律；诚实守信，珍惜声誉；文明礼貌，优质服务；钻研业务，提高技能。
- 旅游职业最需要的心理素质包括：正确认识自己，树立自信；脚踏实地，正视社会现实；意志坚强，正确对待挫折；把控自我，提高自制力。
- 旅游职业生涯规划是指正在或准备从事旅游职业的人员在综合分析主客观因素的基础上，研判个人职业倾向，确定职业发展目标，并为实现目标做出行之有效的安排。
- 职业生涯规划的流程：探索自我→探索职业环境→确定职业生涯目标→制订行动计划→评估与反馈。

项目检测

（一）复习思考题

1. 结合旅游业的发展谈谈旅游职业的多样性。
2. 从工作性质、职务层级、企业性质、职业适用性几个方面，分析旅行社导游属于什么工作类别。
3. 如果你是一家景区的总经理，你如何设置职业岗位？

4. 分析你自身的职业素质的不足。
5. 举例说明旅游职业核心能力。
6. 如何提高自己的创新能力?
7. 如果没有进行职业生涯规划,会对你未来的职业发展造成什么负面影响?

(二) 实训题

1. 制定《导游人员守则》

(1) 实训目的

通过制定《导游人员守则》,学会将旅游职业素质的相关知识运用于旅游管理和服务工作中,同时进行自我教育,提高自身的职业素质。

(2) 实训任务

假如你是扬州九州行国际旅行社人力资源经理,为了提高导游人员的综合素质和服务水平,通过集体研究,制定一份《导游人员守则》,对导游人员的职业道德、职业能力提出原则性要求。

(3) 实训成果

完成一份《扬州九州行国际旅行社导游人员守则》,在全班交流。

(4) 实训指导

守则是指某一社会组织或行业的所有成员,在自觉自愿的基础上,经过充分的讨论,达成一致的意见而制定的行为准则,具有概括性、针对性、准确性、可行性、通俗性。写作格式由标题、日期、正文三部分组成。

守则的标题由适用对象加文种组成,如《高校学生守则》《扬州九州行国际旅行社导游人员守则》。

有些守则需要在标题下方正中加括号标注日期,例如"(2017年9月1日)"。有的守则在日期后还注明发布机关。

守则的正文内容涉及成员应该遵循的基本原则和规范,一般在指导思想、道德规范、工作和学习态度等方面,提出基本原则。篇幅一般比较短小,多采用通篇分条式写法,要注意条目清晰,逻辑严谨,语言简洁。

2. 编制《旅游职业生涯近期规划》

(1) 实训目的

学会分析自己的人格特质、旅游职业环境,制订行动计划,完成一份《旅游职业生涯近期规划》。

(2) 实训任务

- 运用职业心理测试软件或者网站(例如,才储网 http://www.apesk.com/),测试自己的职业兴趣、职业价值观、职业性格、职业能力等。
- 通过360°评价,通过同学、家长、密友、老师或其他认识的人,了解自己的职业(工作与学习)态度、能力、协作精神等。
- 通过网络查询,了解旅游业发展的最新情况与形势。
- 确定初步的职业方向,并制订一份简要的行动计划(主要是近期在校学习、实践以及就业的方案)。

（3）实训成果

完成一份《旅游职业生涯近期规划》，并制作PPT，在全班交流。

（4）实训指导

完成任务时，可以参考以下表格。

旅游职业生涯近期规划表

探索自我	自我分析	职业价值观	
		职业兴趣	
		职业性格	
		职业能力	
	360度评价	家长的评价	
		老师的评价	
		同学的评价	
		朋友的评价	
探索环境		旅游业政策	
		旅游业现状	
		旅游业发展趋势	
		人才需求	
		组织环境	
职业目标		企业类型	
		职务层级	
		工作性质	
行动计划		学习计划	
		实践计划	
		工作计划	

拓展阅读

[1] 魏凯,狄保荣.旅游职业道德[M].2版.北京:中国旅游出版社,2017.

[2] [美]安德鲁·杜布林.心理学与工作[M].王佳艺,译.北京:中国人民大学出版社,2007.

[3] 郑红,钟栎娜,张德欣.旅游创业启示录[M].北京:旅游教育出版社,2016.

[4] 董捷,徐初娜.旅游专业学生就业创业指导[M].北京:清华大学出版社,2012.

[5] 胡善风.旅游职业素养与职业规划[M].合肥:合肥工业大学出版社,2016.

[6] [美]罗伯特·里尔登,珍妮特·伦兹,加里·彼得森,等.职业生涯发展与规划[M].4版.侯志瑾,等,译.北京:中国人民大学出版社,2016.

[7] 戴斌.创业照耀旅游的星空[M].北京:旅游教育出版社,2015.

参 考 文 献

[1] 李天元.旅游学概论[M].天津:南开大学出版社,2014.
[2] 李长秋.旅游学概论[M].北京:旅游教育出版社,2014.
[3] 李云霞,李洁,董立昆,等.旅游学概论[M].北京:高等教育出版社,2008.
[4] 吴普.让旅游装上科技的马达[N].北京:中国旅游报,2017-04-12(3).
[5] 张琪,孙璟璠.新技术引领旅游新潮流[N].人民日报海外版,2016-08-18(10).
[6] 李晓红.线上线下旅游企业融合发展成趋势[N].北京:中国经济时报,2015-04-28(1).
[7] 王珂.旅游火了,日子美了[N].人民日报,2017-08-2(10).
[8] 夏日,叶浩然.智慧旅游下的旅行社产品创新[J].广西经济管理干部学院学报,2015(3).
[9] 徐旋旋,肖迎元,许庆贤.基于社交网络的个性化旅游景点推荐方法[J].天津理工大学学报,2017(4).
[10] 黄恢月.包价旅游合同旅行社的责任需厘清[N].中国旅游报,2016-03-25(A03).
[11] 禧琳.旅游学概论[M].北京:北京理工大学出版社,2015.
[12] 朱华.旅游学概论[M].北京:北京大学出版社,2014.
[13] 王德刚.旅游学概论[M].北京:中国人民大学出版社,2012.
[14] 单浩杰,张薇.旅游学概论[M].北京:北京大学出版社,2013.
[15] 赵金玲.旅游学概论[M].北京:旅游教育出版社,2016.
[16] 刘伟.旅游概论[M].北京:高等教育出版社,2015.
[17] 邵世刚.旅游概论[M].北京:高等教育出版社,2015.
[18] 邵世刚.旅游概论练习册[M].北京:高等教育出版社,2015.
[19] 丁林.旅游学概论[M].北京:机械工业出版社,2013.
[20] 周武忠.旅游学概论[M].北京:化学工业出版社,2009.
[21] 刘佳.李金平提出新旅游发展六要素:商养学闲情奇[EB/OL].http://travel.people.com.cn/n/2015/0115/c41570-26391660.html.
[22] 李正德.基于实践调查的延安市体验性红色旅游产品开发模式与认知评价研究[D].西安:陕西师范大学,2016.
[23] 梁苏丽.新疆民俗旅游资源的体验性评价研究[D].乌鲁木齐:新疆师范大学,2013.
[24] 郑阮元.中国义乌国际商贸城购物旅游开发研究[D].兰州:西北师范大学,2014.
[25] 张其惠,王鉴忠.修学旅游研究述评[J].辽宁经济职业技术学院,辽宁经济管理干部学院学报,2010(6):41-42.
[26] 张岩.日本修学旅游发展对我国的启示[N].中国旅游报,2008-06-04(11).
[27] 耿进娜.浅析探险旅游发展现状及对策[J].经济研究导刊,2013(4):189-190.
[28] 陈盈颖.温州工业旅游开发研究[D].南宁:广西师范大学,2016.
[29] 李芸,毛建明,曹松罗.扬州发展休闲农业的优势及对策[J].扬州教育学院学报,2010(3).
[30] 方忠文.京津地区汽车露营旅游发展前瞻[N].中国旅游报,2006-03-29(13).
[31] 丛剑梅.基于SWOT分析的中国邮轮旅游发展策略研究[D].大连:大连海事大学,2012.
[32] 魏小安,李劲松.对国人旅游行为与文明旅游的深层次思考(下)[N].中国旅游报,2006-10-18.

[33] 刘琼英.旅游学概论[M].桂林:广西师范大学出版社,2014.
[34] 刘姝娟.不断升温的南极旅游热[N].深圳晚报,2017-06-06.
[35] 章艺,郑昭彦.旅游学概论[M].上海:华东师范大学出版社,2012.
[36] 邵晓晖,刘春.旅游学概论[M].南京:东南大学出版社,2014.
[37] 黄安民.旅游学概论[M].北京:清华大学出版社,2015.
[38] 王恩亮.土鸡卖"天价"监管不能缺位[N].中国旅游报,2015-08-03.
[39] 范颖华.让旅游管理体制创新全国开花[N].中国旅游报,2016-05-13.
[40] 张广瑞.导游的"工匠精神":匠心与匠艺并重[N].中国旅游报,2016-12-18.
[41] 吴学安."零门票"促旅游转向产业经济[N].人民日报海外版,2017-06-12.
[42] 唐晓云.旅游的社会文化功能及其实现[N].光明日报,2015-01-11.
[43] 文豪.浅谈旅游的社会文化功能[N].韶关日报,2011-11-26.
[44] 麦可思研究院.就业蓝皮书:2017年中国高职高专生就业报告[R].北京:社会科学文献出版社,2017.
[45] 胡善风.旅游职业素养与职业规划[M].合肥:合肥工业大学出版社,2016.
[46] 董捷,徐初娜.旅游专业学生就业创业指导[M].北京:清华大学出版社,2012.
[47] 郑红,钟栎娜,张德欣.旅游创业启示录[M].北京:旅游教育出版社,2016.
[48] 胡善风,许继伟.旅游职业规划[M].北京:科学出版社,2010.
[49] 陈定樑.旅游服务心理素质与职业发展能力训练教程[M].杭州:浙江工商大学出版社,2011.
[50] [美]安德鲁·杜布林.心理学与工作[M].王佳艺,译.北京:中国人民大学出版社,2007.
[51] 国家职业分类大典修订工作委员会.中华人民共和国职业分类大典[M].北京:中国劳动社会保障出版社,中国人事出版社,2015.
[52] 魏凯,狄保荣.旅游职业道德[M].2版.北京:中国旅游出版社,2017.
[53] 廉月娟.旅游养老发展趋势及实现路径[N].中国旅游报,2017-01-10.
[54] 李云鹏.旅游信息服务视阈下的智慧旅游概念探讨[J].旅游学刊,2014(5):106-113.
[55] 张凌云.智慧旅游的基本概念与理论体系[J].旅游学刊,2012(5):66-72.